BURT FRANKLIN: RESEARCH & SOURCE WORKS SERIES 656
History, Economics and Social Science 230

ZWEI BÜCHER

ZUR

SOCIALEN GESCHICHTE

ENGLANDS

Adolf Held.

Druck von Hartmann & Beck D'dorf.

ZWEI BÜCHER

ZUR

SOCIALEN GESCHICHTE

ENGLANDS

VON

ADOLF HELD

Volume 1

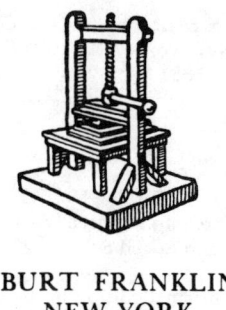

BURT FRANKLIN
NEW YORK

Published by LENOX HILL Pub. & Dist. Co. (Burt Franklin)
235 East 44th St., New York, N.Y. 10017
Originally Published: 1881
Reprinted: 1970
Printed in the U.S.A.

S.B.N.: 8337-16468
Library of Congress Card Catalog No.: 75-146355
Burt Franklin: Research and Source Works Series 656
History, Economics and Social Science 230

Reprinted from the original edition in the Princeton University Library.

Vorrede des Herausgebers.

Das Werk von Adolf Held, das nun mit dem Titel „Zwei Bücher zur socialen Geschichte Englands" erscheint, war ursprünglich bestimmt, den ersten Band einer „socialen Geschichte Englands von der Mitte des 18. Jahrhunderts bis zur Gegenwart" zu bilden. Dieser erste Band sollte die „Grundlagen der modernen Verhältnisse" schildern, nämlich die Entwicklung der politischen und socialen Ideen, welche das neuere England beherrschen; und die Entwicklung der Grossindustrie durch deren Uebermacht die wirthschaftlichen Zustände ihre jetzige Gestalt erhalten haben.

Ein zweiter Band sollte dann die Neubildungen in der Verfassung und in der Gesetzgebung darstellen: zuerst die Bewegung der gewerblichen und handeltreibenden Mittelclasse zur Durchführung der Parlamentsreform nebst den Versuchen der Arbeiterclasse, diese Reform zu einer radicalen zu machen; dann die gesetzlichen Neuerungen im Gebiet des Armenwesens, der Fabriken, der Zölle, des Handels, der Banken und Finanzen; endlich die Anfänge socialer Organisationen wie Sparcassen, Versicherungswesen, Gewerkvereine und die Bestrebungen zur sog. Cooperation: all dies jedoch nur so weit es etwa bis zum Jahr 1832 gediehen war.

Die Zeit von 1832 bis 1850 sollte dann in einem dritten Bande ähnlich behandelt werden und die Zeit nach 1850 war einem vierten Bande vorbehalten. Ueber die Zeit des Erscheinens der späteren Bände hat der Verfasser nichts zu versprechen gewagt, er wollte vorläufig nur den ersten Band veröffentlichen.

Der leitende Gedanke des ganzen Unternehmens war offenbar: nicht eine einzelne Erscheinung des politischen oder socialen Lebens herauszugreifen, sondern so umfassend als möglich alle politischen und socialen Regungen in ihrem natürlichen Zusammenhang aufzufassen. Schon im Jahr 1875 schrieb Held gelegentlich in einem Briefe: „Ich habe stets die politische Seite der socialen Frage im Auge gehabt"; und man wird sofort bemerken, dass er bei der Darstellung des Wirkens wesentlich politischer Männer stets den socialen Anschauungen derselben eifrig nachspürt.

Das Werk sollte eine noch unabgeschlossene Entwicklung zum Gegenstande haben. Der Verfasser zweifelte daher, ob es überhaupt möglich sei, sich dabei kühl objectiv als Darsteller dessen, was gewesen ist, zu verhalten; seinerseits war er entschlossen, dies nicht einmal zu versuchen: er sprach es offen aus, dass er als Historiker und Politiker zugleich auftrete. Und in demselben Gefühl fügte er hinzu: „Ich schreibe über England — als Deutscher — für Deutsche." —

Die Vorbereitungen zu dem Werke begannen schon früh. Als erster Schritt dazu ist wohl eine Vorlesung zu betrachten, die er als Professor in Bonn für das Wintersemester 1874/75 über „Geschichte der socialen und socialpolitischen Bewegungen in den letzten hundert Jahren" ankündigte. Doch gewann er bald die Ueberzeugung, dass er die Bücherschätze Englands an Ort und Stelle kennen lernen müsse und brachte die Monate Juni, Juli und August des Jahres 1875 in London zu. Ein Jahr darauf, im Herbste 1876, stand ihm bereits der Plan des Ganzen fest.

Im Winter 1876/77 hielt er eine Vorlesung „über sociale Geschichte Englands", und in jener Zeit entstand bereits ein Theil der Beiträge zur Literaturgeschichte, die jetzt im Ersten Buche vereinigt sind, und zwar jedenfalls die Darstellung Bentham's (Cap. 3) und die der Nationalökonomen (Cap. 2). Die übrigen Theile dieses Buchs sind in der Zeit vom Herbst

1877 bis Herbst 1878 entstanden, je nachdem die Bücher zu erlangen waren.

Dann begann die Sammlung des Stoffes für die Geschichte der Grossindustrie und dauerte vom Herbst 1878 bis zum Frühjahr 1880 — sie erforderte einen neuen, kürzeren Aufenthalt in London (März 1880).

Die Abhandlung selbst, die jetzt das Zweite Buch bildet, wurde ganz im Sommer 1880, aber freilich nur als Entwurf, niedergeschrieben.

Sogar eine Vorrede fügte der Verfasser damals schon hinzu, der wir folgende Stelle entnehmen:

„Zum Schlusse drängt es mich, denjenigen zu danken, welche mir bei der langen Arbeit werthvolle Unterstützung geleistet haben. Zu grossem Danke bin ich meinen deutschen Fachgenossen verpflichtet, deren gelehrte Arbeiten auf dem Gebiet der Geschichte socialer Entwicklungen Licht verbreitet haben, und denjenigen meiner englischen Freunde, die mir, wie Mr. Ludlow, Generalregistrator der Hülfscassen, im Einzelnen manchen Weg gewiesen haben. Besonders aber danke ich hiermit öffentlich denjenigen Bibliotheken, ohne deren liberale Hülfe ich nicht hätte arbeiten können. Zweimal habe ich bei längerem Aufenthalt in London die Schätze des British Museum benutzen können, welche in so ausserordentlich angenehmer Weise auch dem Ausländer zur Verfügung gestellt werden. Die Mehrzahl aber aller von mir benutzten Bücher entstammte deutschen Bibliotheken, da ich ja als Professor den grössten Theil der Arbeit an meinem Wohnort in Deutschland leisten musste.

In erster Linie muss ich wohl die herzogliche Bibliothek zu Gotha nennen, die aus dem Nachlass des Prinzen Albert eine Sammlung älterer englischer Parlamentspapiere bekommen hat, wie sich keine von gleicher Vollständigkeit irgendwo anders in Deutschland finden dürfte.

In Bezug auf Literatur bin ich der Hof- und Staatsbibliothek in München und der Universitätsbibliothek in Göttingen zu besonderem Danke verpflichtet.

Unentbehrliche Ergänzung zu den von den genannten Orten empfangenen Werken boten mir die Universitätsbibliothek in Bonn und die kgl. Bibliothek in Berlin, welchen beiden ich noch speziell für Neuanschaffungen zu danken habe; ferner die beiden in nationalökonomischen Kreisen altberühmten Bibliotheken: die Commerzbibliothek in Hamburg und die Bibliothek des kgl. statistischen Bureaus in Berlin."

Diese Worte des Dankes waren die letzten, die der Verfasser an seinem Werke schrieb.

In Briefen an seine Freunde meldete er dann mit Genugthuung am 26. Juli 1880: „die Niederschrift des ersten Bandes ist fertig"; und fügte am 1. August hinzu: „im Winter 1880/81 will ich das Ganze überarbeiten."

Wenige Tage darauf reiste er zur Erholung in die Schweiz und fand dort am 25. August 1880 bei einer Kahnfahrt am Ausflusse des Thuner Sees, wenig über sechsunddreissig Jahre alt, durch einen Unfall seinen Tod in den Wellen.

Nach dem Begräbniss, das in Bonn stattfand, war die erste Sorge seiner Witwe, Frau Elise Held, geb. Uellenberg, dem verwaisten Werke gewidmet, das in den Kellern der Reichsbank in Berlin hinterlegt war. Die Veröffentlichung schien möglich wenn ein Herausgeber an die Stelle des Verfassers trete, und war erleichtert durch die fortdauernde Bereitwilligkeit des schon früher gewonnenen Verlegers, Herrn Carl Geibel jun. Als wünschenswerth wurde es allerseits angesehen, dass das Werk spätestens im Herbst 1881 auf den Markt komme.

Ich konnte, vom 1. April 1881 an, dieser Aufgabe hinreichende Zeit widmen und war als Freund des Verstorbenen gern bereit dazu.

Wie nicht anders zu erwarten war, befanden sich die verschiedenen Theile des Werks in sehr verschiedenem Zustande.

Vorrede.

Zunächst erkennt man sofort, dass die kurze „Einleitung" (S. 3 bis 41) noch aus der Zeit der Vorbereitungen stammt: sie ist nicht nach den Quellen gearbeitet. Aber als Bindeglied für die beiden Haupttheile und auch weil sie manche thatsächliche Angaben enthält, die später als bekannt vorausgesetzt werden, wurde sie doch nach einigen Kürzungen beibehalten.

Das Erste Buch — die Literaturgeschichte — bereitete ernstere Schwierigkeiten. Die einzelnen Stücke lagen getrennt vor, die meisten offenbar fertig; einige allerdings (z. B. der Abschnitt über die Radicalen, Cap. 4, besonders § 3, S. 322) gewiss nicht in endgültiger Gestalt. Aber was ganz und gar fehlte, war die endgültige Anordnung: die Schriftsteller lagen in der Reihenfolge der Bearbeitung, und zufällig gerade die frühesten zuletzt. Bei der Leichtigkeit des Schreibens war es dem Verfasser sogar bequem gewesen, sie so durch Uebergänge mit einander zu verbinden, obgleich die Anordnung ausdrücklich als eine vorläufige bezeichnet war.

Hier blieb dem Herausgeber nichts übrig, als tief, jedoch vorsichtig, einzugreifen. Es wurden vier Hauptgruppen gebildet: die politischen Individualisten (Cap. 1 und 3); die ökonomischen Individualisten oder Nationalökonomen (Cap. 2); die aus dem politischen und ökonomischen Individualismus hervorgegangenen Parteihäupter oder Radicalen (Cap. 4) und endlich die Socialisten (Cap. 5). Die politischen Individualisten wurden noch getrennt in die älteren, die wesentlich unter dem Einflusse der Losreissung der amerikanischen Colonien und der französischen Revolution von 1789 gestanden (Cap. 1), und die jüngeren, welche noch die späteren Zeiten mit erlebt hatten (Cap. 3).

Aus dieser Umordnung ergab sich die Nothwendigkeit neuer Uebergänge — doch wurde manche Erwähnung von Schriftstellern, die jetzt erst an späterer Stelle stehen, z. B. Bentham's, geschont, um nicht die ursprünglichen Bestandtheile zu sehr zu zerreissen. Hinzugefügt wurde nichts — denn auch der Rückblick (Cap. 4 § 5; S. 338), der nicht in der Handschrift stand, ist fast ganz aus Sätzen des Verfassers gebildet. —

Das Zweite Buch — Grossindustrie — erscheint fast so wie es der Verfasser entworfen hatte, nur etwas eingehender in Capitel und Paragraphen gegliedert. Der stoffliche Inhalt desselben macht es auch an den Stellen werthvoll, wo man die Pflege der Form vermisst. Die Sorge des Herausgebers war hierbei ganz auf die richtige Lesung der zum Theil sehr schwierigen Handschrift beschränkt.

Um aber doch dem Leser eine Vorstellung davon zu geben, in welcher Form dieser Theil hätte erscheinen können, wenn die letzte Ueberarbeitung stattgefunden hätte, wurde als erster Anhang ein Vortrag über Handwerk und Grossindustrie beigefügt, den allerdings der Verfasser beizufügen keinen Grund gehabt haben würde. Aber nur so war es nun möglich, den Leser mit der Stilart bekannt zu machen, die den Verfasser am besten kennzeichnet: es ist die Rede, mit der er vor Allem auf die Gesinnung seiner Hörer wirkt.

Auch beim zweiten Anhang, der die Belegstellen enthält, war nur für richtige Lesung zu sorgen, wobei allerdings, wie bei dem ganzen Werke, die viel zu zerstreuten Quellenschriften nicht benutzt werden konnten: es lagen nur die Abschriften oder Uebersetzungen vor.

Nur die englischen Gesetze wurden nach den „Statutes at Large" auf der Strassburger Bibliothek genau verglichen, worüber in einem besondern Theil des Registers das Nöthige gesagt ist.

Mithin hat sich die Herausgabe ganz innerhalb der Grenzen einer philologischen Behandlung bewegt. Es ist in das Werk nichts Fremdes hineingetragen. Was hier vorliegt, ist dem Inhalt nach ganz und gar die Frucht der Arbeit des Verfassers.

Strassburg i. E., 16. September 1881.

Georg Friedrich Knapp.

INHALT.

Einleitung

Seite

zur socialen Geschichte Englands von 1760 bis
1832 . . . . 1—41

§ 1. Die Grundbesitzer 4
§ 2. Handelspolitik 8
§ 3. Die unteren Classen 16
§ 4. Arbeitergesetze 20
§ 5. Armen- und Heimathsgesetze 28
§ 6. Stocken der Gesetzgebung 38

Erstes Buch.

Sociale und politische Literatur von 1776 bis
1832 . . . . 43—386

Vorbemerkung über den Ursprung der neuen
politischen Ideen 45

Erstes Capitel. Die älteren Individualisten.

§ 1. Priestley und Price 61
§ 2. William Paley 76
§ 3. William Godwin und Thomas Spence 89
§ 4. Thomas Paine 115
§ 5. Burke 131

Zweites Capitel. Die Nationalökonomen.

§ 1. Adam Smith 154
§ 2. David Ricardo 175
§ 3. Robert Malthus 204
§ 4. Die conservativen Nationalökonomen (Chalmers. Sadler) 233

Inhalt.

Drittes Capitel. Die neueren Individualisten.

	Seite
§ 1. Jeremias Bentham	246
§ 2. Die Benthamiten. (Westminster review)	278

Viertes Capitel. Die Radicalen.

§ 1. John Cartwright	288
§ 2. Cobbett	293
§ 3. Carlile, Attwood, P. Thomson, Elliott	322
§ 4. Letzte Steigerung des Radicalismus	329
§ 5. Rückblick	338

Fünftes Capitel. Die Socialisten.

§ 1. Robert Owen	343
§ 2. Owens Schüler (A. Combe und W. Thompson)	378

Zweites Buch.

Entwicklung der Grossindustrie . . . . . 387—666

Vorbemerkung über Quellen und Literatur . . 389

Erstes Capitel. Verfall der alten Handwerksordnung.

§ 1. Die alten Ordnungen	407
§ 2. Lehrlingswesen	414
§ 3 Lohnregulirungen	432
§ 4. Technische Vorschriften	465
§ 5. Preistaxen und Marktpolizei	471
§ 6. Competenzbegrenzungen verschiedener Gewerbe	477
§ 7. Zünfte	479

Zweites Capitel. Entartung des Mercantilsystems.

§ 1. Das Mercantilsystem	493
§ 2. Handelspolitischer Schutz der Textilindustrie	497
§ 3. Handelspolitischer Schutz der übrigen Industrien	515
§ 4. Handelspolitischer Schutz des Ackerbaus	521
§ 5. Bekämpfung der Schutzzölle	529
§ 6. Rückblick und Vorblick	533

Drittes Capitel. Der Sieg des grossen Capitals.

§ 1. Das Capital und die Formen der Industrie	536
§ 2. Die Herrschaft der Hausindustrie	550
§ 3. Die modernen Verkehrsverhältnisse	563

Viertes Capitel. Die Fabrikindustrie.

§ 1. Manufacturen und Fabriken 578
§ 2. Die Reihenfolge der Erfindungen 589
§ 3. Opposition von Arbeitern und Capitalisten gegen Maschinen und Fabriken 604
§ 4. Einwirkung der Fabrikindustrie auf die Landwirthschaft 609

Fünftes Capitel. Die Lage der Fabrikarbeiter.

§ 1. Frauen- und Kinderarbeit 611
§ 2. Gesundheits- und Wohnungsverhältnisse 632
§ 3. Moralität 640
§ 4. Geschäftsstockungen 651

Sechstes Capitel. Rückblick 663

Erster Anhang.

Vortrag über Handwerk und Grossindustrie 667—686

Zweiter Anhang.

Belegstellen (zur Entwicklung der Grossindustrie) 687—756

A. Lehrlingswesen bei den Seidenbandwebern 689
B. Resolutionen der Uhrmacher (über Lehrlingswesen) 692
C. Die Weber wollen das Aufkommen der Fabriken verhindern 694
D. Erklärung der Spitalfieldsfabrikanten (über Löhne) . 695
E. Die Hausweber verlangen ein gesetzliches Lohnminimum 696
F. Man strebt nach einem Einigungsamt 699
G. Vorschlag von Fielden, betr. Einigungsamt 703
H. Sir Robert Peels Bericht über die Beschäftigung von Kirchspiel- und anderen Kindern 706
J. Ueber die Zustände in den Kohlenbergwerken . . . 709
K. Zustände der arbeitenden Kinder in Gewerben und Manufacturen 714
L. Gesundheitszustand der arbeitenden Bevölkerung von Grossbritannien 720

Inhalt.

M. **Frauen und Kinder in den Gewerben.**
1. Geistiger Zustand der Kinder in Wolverhampton und Sheffield 736
2. Erziehung des weiblichen Geschlechts 739
3. Wichtigkeit der Schulbildung 740
4. Die Arbeiter in den Bergwerken 741
5. Zusammenfassung über den moralischen Zustand der Kinder in Bergwerken, Gewerben und Manufacturen 746

N. Das Gangsystem 752

Verzeichniss der angeführten Gesetze 757
Verzeichniss der benutzten amtlichen Schriften 761
Verzeichniss der vorkommenden Namen und Werke 766

Verbesserungen 778

Einleitung

zur socialen Geschichte Englands

von 1760 bis 1832.

Einleitung

zur socialen Geschichte Englands

von 1760—1832.

Seit Gneist kennen wir das Wesen der berühmten und beneideten englischen Verfassung des vorigen Jahrhunderts, wissen wir, wie sie sich geschichtlich entwickelt hat und auf welchen socialen Verhältnissen sie beruhte. Wir betrachten sie nicht mehr mit den Augen Montesquieu's und wir lächeln, wenn in ihr noch die politischen Wortführer aus der Zeit von 1848 Verwirklichung demokratischer Ideale erblickten.

Es existirte keine Constitution, die in Artikeln und Paragraphen alle Verfassungsbestimmungen zusammengefasst hätte; die Verfassung wie sie galt und wie sie geübt wurde, war nicht die rationelle Consequenz irgend eines principiellen Gedankens, sondern das Product der gesammten Geschichte des Volks und ebendeshalb ihrer Zeit wirklich die beste Verfassung, die es gab.

Es herrschte eine kleine, aber nach unten nicht abgeschlossene Aristokratie unter einem Königthum, dem es seit den Tagen der „Magna charta" nie gelungen war, unbeschränkt zu sein, und dessen beschränkte Macht 1688 nicht neu constituirt, sondern nur neu anerkannt und definirt wurde. Die Aristokratie (nobility und gentry) regierte nicht nur im Parlament, sondern sie verwaltete auch den Staat durch die Ehrenämter des Selfgovernments, die sie als staatliche Pflicht übernahm.

Das Wahlrecht der wenig zahlreichen Mittelclasse — es gab nach Gneist im Durchschnitt des vorigen Jahrhunderts nur etwa 200,000 Wähler — liess diese indirect an der politischen Herrschaft theilnehmen, wenn es sich auch nur auf das Parlament, nicht auf die Verwaltungsämter bezog. Die Masse des Volks nahm an politischen Herrschaftsrechten nicht Theil, sondern ihr waren nur bürgerliche Rechte sicher garantirt, sie war geschützt und gefördert in ihrem Streben nach Erwerb.

Wir haben eine nicht rechtlich abgeschlossene herrschende Classe, die ihrerseits durch das staatliche Pflichtgefühl beherrscht wird und mit dem ganzen Volk organisch zusammenhängt, weil die jüngeren Söhne der Herrschenden ins Volk hinabsteigen, die Herrschenden selbst durch neuernannte Pairs und neuerworbenen grossen Grundbesitz sich stets ergänzen — und wir haben ein freies wohlhabendes Volk.

Die Aristokratie war keine dem Volke gegenüberstehende Kaste, sondern die geachtete und geliebte Spitze des Volkes selbst, und regierte für das Volk.

Das Detail der Englischen Verfassung zu schildern, ist nicht Aufgabe dieses Buchs. Nur ein Blick auf die eigentlich sociale Gesetzgebung und die socialen Verhältnisse sei gestattet. Wir fragen, wie die Dinge zu Zeiten des Regierungsantritts von Georg III. (1760) standen.

§ 1. Die Grundbesitzer.

Der Kern der regierenden Aristokratie waren die grossen Grundbesitzer (nobility und gentry), denen sich wenig zahlreiche Kategorien der städtischen Gentry anschlossen.

Das politische Uebergewicht des Grossgrundbesitzes beruhte auf seiner gewohnheitsgemässen Uebernahme der localen Verwaltungsämter, und dem für dieselben bestehenden hohen Census, sowie darauf, dass zwar die Städte im Unterhaus stark vertreten waren, aber so, dass manche volkreiche Städte gar keine oder wenige Vertreter wählten, wohl aber zahlreiche wahlberechtigte Burgflecken bestanden und in den Städten die Wählerschaft aufs Aeusserste beschränkt und faktisch in der Hand benachbarter Aristokratenfamilien war. Diese gesetzlichen Institutionen wären aber unwirksam, ja undenkbar gewesen, hätte sie nicht die politische Bildung der Gentry getragen — und hätte nicht der Grossgrundbesitz alter Familien den grössten Theil des Grund und Bodens beherrscht.

Schon Wilhelm der Eroberer wusste das Feudalrecht in England so zu gestalten, dass der Besitz grosser Feudalherren nicht zur Grundlage einer die Staatseinheit gefährdenden politischen Macht werden konnte. Die eigentliche Leibeigenschaft verschwand in England schon im Mittelalter. Dem Adel ist es nie gelungen das formelle Recht auf Begründung von Fideicommissen auf ewige Dauer zu erringen. Aber es ist noch heute das allgemeine Recht des Landes, dass nach Intestaterbfolge nur der älteste Sohn Grund und Boden erbt, und es herrscht namentlich unter den grösseren Grundbesitzern die Sitte der entails, denenzufolge der derzeitige Grundbesitzer seinen Grundbesitz wenigstens für eine bestimmte Zeit, nämlich bis zum erreichten 21. Lebensjahr des ungeborenen Kindes eines der zur Zeit des Rechtsactes lebenden Erbberechtigten auch unveräusserlich zu machen vermag. Die beständige Erneuerung dieser entails bewirkt eine factische fideicommissarische Gebundenheit des Grund und Bodens; der grosse Grundbesitz wird dadurch erhalten, er kann sich ausdehnen, nur selten zerfallen. Ja das Aufkommen der grossen Industrie begünstigte die Ausdehnung des geschlossenen grossen Grundbesitzes, weil die in der Fabrikation erworbenen grossen Reichthümer das Zusammenkaufen und Festlegen des noch käuflichen Bauernbesitzes ermöglichten, während die ehemaligen kleinen Bauern zu ländlichen Tagelöhnern oder zu städtischen Fabrikarbeitern degradirt wurden.[1)]

[1)] Ein weiteres grosses Hinderniss der Theilung eines vorhandenen Grundbesitzes sind die grossen juristisch formellen Schwierigkeiten und die Kosten des Verkaufs von Land. Siehe darüber Wren Hoskyns, The Land Laws of England, in: Systems of Land Tenure in various countries, published by the Cobden Club. 2. Auflage. London 1870. S. 95 ff.

Merkwürdiger Weise ist es noch heute unmöglich, über das Maass der Ausdehnung des Grundbesitzes, d. h. über die Zahl der überhaupt vorhandenen Besitzer und die Grösse ihrer Besitzungen etwas Genaues zu sagen, obgleich ein neuerer Versuch statistischer Aufnahme (von 1875) vorliegt.[1]) Denn sie lehrt uns zwar, dass die Grundbesitzvertheilung in England nicht so schlimm ist wie in Irland und Schottland, da die Zahl der sogenannten grundbesitzenden Familien in England 22,5 %, in Schottland 17 %, in Irland 5,7 % aller Familien ausmacht; sie lehrt uns auch, dass ein neuer städtischer Mittelstand existirt und allem Anscheine nach aufblüht — sie sagt uns aber Nichts über die eigentliche Vertheilung des Grundeigenthums zwischen grossen Grundherren, mittleren und kleineren Bauern.

Cliffe Leslie und Andere werden wohl frühere Zahlenangaben modificiren müssen — jedoch ihre Behauptungen über das Verschwinden des selbständigen kleinen und mittleren Bauern und über die fortgehende Verschlechterung der Verhältnisse seit der Mitte des vorigen Jahrhunderts sind keineswegs entkräftet.[2])

Jedenfalls ersehen wir auch aus Adam Smith (1776), dass zu Anfang der Regierung Georg's III. der Grossgrundbesitz

---

[1]) Return of owners of Land in England and Wales excl. the Metropolis, presented to both houses of Parliament. London 1875. 2. Vol. Siehe darüber Conrad in den Jahrbüchern für Nationalökonomie und Statistik von Hildebrand u. Conrad. 1. Jahrgang II. Bd. 5. u. 6. Heft. Jena 1876.

[2]) Cliffe Leslie, Land systems and industrial economy, London 1870, S. 160 ff. beweist das Verschwinden der yeomen, spricht davon, der letzte Census habe 30,766 Grundbesitzer nachgewiesen und die 300,000 des Duke of Argyll beruhten auf Verwechslung von freeholders mit peasant proprietors, spricht von der zunehmenden politischen und ökonomischen Abhängigkeit der Pächter.

Ausserdem weisen wir noch auf folgende Schriften hin:

Ein Aufsatz von Shaw Lefevre im Januarheft der Fortnightly Review von 1877 „Economic Law and English Landownership" sucht die Zahl der Eigenthümer von landwirthschaftlich benutztem Land (excl. der Corporationen) festzustellen. Siehe auch Frout de Fontpertuis im Journal des Economistes, August 1877. Ferner sind zu nennen:

herrschend war, und dass die Bauern der Regel nach nicht Eigenthümer, sondern Pächter waren. Es war den Engländern lange vor den continentalen Völkern gelungen, den Bauer bürgerlich frei zu machen, aber ökonomische Folgen des Feudalismus hielten sich dort um so länger. Die Aufhebung der Leibeigenschaft und Erbunterthänigkeit ist längst vollzogen, — die Schaffung eines wirklichen Bauernstandes mit Grundeigenthum aber um so schwieriger geworden. „Free trade in Land" verlangen heute Cobden's Schüler — wir sehen, dass diese Frage, zu deren Lösung das 19. Jahrhundert berufen scheint, gleich den meisten grossen socialen Fragen der Gegenwart, um die Mitte des vorigen Jahrhunderts bereits geboren war [1]).

Arthur Young, Political Arithmetic; added a memoir on the corn trade by governor Townall. London 1774; und

E. Nasse, Mittelalterliche Feldgemeinschaft und Einhegungen des 16. Jahrhunderts in England. Bonn 1869;

die für weitere Studien über diesen Gegenstand wichtig sind.

[1]) Es handelt sich offenbar um zwei Fragen:
1. um Einrichtungen, die den Landerwerb erleichtern und dadurch die Concentration des Grundbesitzes vermindern;
2. um Einrichtungen, welche das Recht der Pächter bessern, diese sichern und zu Meliorationen befähigen.

Für Jeden, der radicalen Umwälzungen abhold ist, müsste die zweite Frage als die zur Zeit praktisch wichtigste erscheinen, umsomehr, als gutsituirte Pächter auch einen starken und gesunden Bauernstand repräsentiren können und die Allgemeinheit des Pachtsystems die bei uns so beklagenswerthe Ueberschuldung der landwirthschafttreibenden Grundbesitzer erschwert. S. darüber W. E. Bear: The Relations of Landlord and Tenant 1876 (Cobden Club Brochüre). Ueber das bestehende Recht in Bezug auf Grundeigenthum und seine Vererbung sind die Four Reports on Real Property 1829, 1830, 1832 und 1833 zu vergleichen. — Es geht daraus hervor, dass in einzelnen Theilen Englands das Primogeniturerbrecht nicht besteht, dass das Recht äusserst verwickelt und den Rechtsgelehrten selbst theilweise unklar ist; dass insbesondere der gänzliche Mangel öffentlicher Grundbücher eine schwer empfundene Quelle von rechtlichen Schwierigkeiten ist (s. report 2). Interessant sind auch die Auseinandersetzungen im 3. report über die verschiedenen Arten von Land tenure und der Grundsatz, dass formell kein Unterthan Grundeigenthümer sein kann, sondern Jeder einen superior Lord haben muss — eine feudale Anschauung,

Der grosse Grundbesitz — oder wie wir wohl sagen können — der erbliche grundbesitzende Adel hatte also bei allem Wandel der politischen Verhältnisse ökonomisch nicht verloren, vielmehr seinen Besitz auszudehnen und zu befestigen gewusst. Auf Grundlage dieses Besitzes trug er schwere politische Lasten — er besorgte unentgeltlich die locale Verwaltung und die Arbeit im Parlament. Es bleibt ein grossartiges Verdienst dieses Standes, dass er sich der höheren Pflichten der höheren Stellung immer bewusst blieb, dass die Selbstverwaltung eine wahrhaft staatliche war und nicht einmal bis zur Decentralisation der Gesetzgebung, zur Autonomie der einzelnen Theile des Staats, geschweige denn zur Staatsauflösung führte. Der herrschende Landadel hatte auch frühzeitig gelernt, den reichlichen Genuss gewerblicher Producte unnützer Beherrschung unthätiger Unfreien vorzuziehen. Er zog die Mitwirkung bei der Regierung eines grossen Landes der selbständigen Tyrannei in einem kleinen Bauernreiche vor — er bedrohte auch die Freiheiten des Volks im Ganzen nicht; er schützte sie vielmehr und beförderte den Aufschwung des Wohlstandes im ganzen Reiche durch eifrige Pflege aller wirthschaftlichen Interessen.

§ 2. Handelspolitik.

So gross diese englische Aristokratie, namentlich gegenüber dem gleichzeitigen französischen Adel dasteht — den-

---

die einmal tief eingelebt ist, und ob sie gleich ihre volle Bedeutung im alten Sinne nicht mehr hat, doch noch allerlei practische Consequenzen nach sich zieht, z. B. darin, dass die Grenze zwischen Rechtsverhältnissen, die nach unserer Auffassung Eigenthum und solchen, die Erbpacht sind, sehr schwer zu ziehen ist. Die erwähnten reports halten den Zustand im Allgemeinen für gut, schlagen nur Detailreformen vor, und verzichten gänzlich auf radicale Reform. Man darf auch an diesen Zustand bei einem durchweg aristokratisch empfindenden Volk nicht ohne Weiteres unseren Maassstab anlegen. Ueber das Festhalten der Engländer an ihren historisch gewordenen Institutionen vergl. Bernhardi, Versuch einer Kritik der Gründe für grosses und kleines Grundeigenthum. Petersburg 1849 — ein noch heute nicht übertroffenes wissenschaftliches Werk über diese Fragen.

noch vergass auch sie nicht, gelegentlich ihre Herrschaft im Staate im einseitigen ökonomischen Standesinteresse auszubeuten. So sehen wir, dass sie das Aussterben eines bäuerlichen Grundeigenthümerstandes, dessen Existenz für den Staat von der höchsten Wichtigkeit ist, nicht hinderte, sondern in ihrem Interesse förderte. Sie that noch mehr: Sie verschaffte und erhielt sich Kornzölle. Der Adel begnügte sich doch nicht allein mit der Ehre im Staate zu herrschen und den Erwerb der Kaufleute und Industriellen durch Schutzzölle und Schifffahrtsgesetze zu fördern — er suchte gleichzeitig auch die Pachtrente der eigenen Güter künstlich zu steigern.

Das freiheitliebende und freiheitgewohnte englische Volk begehrte nach keiner Colbert'schen Gewerbepolitik im Innern des Landes; aber gegenüber dem Auslande und den eigenen Colonien entwickelte es die Grundsätze der merkantilistischen Politik bis zum vollendetsten Maasse, so dass nicht mit Unrecht die heutigen Schutzzöllner in anderen Ländern auf die grosse Jugend des englischen Freihandelssystems hinweisen.

Diese merkantilistische Schifffahrts-, Zoll- und Colonialpolitik war aber durch die Kornzölle zu einem höchst künstlichen Bau gegenseitiger Benachtheiligungen und Begünstigungen umgestaltet, für den schliesslich die Frage dringend werden musste, ob die Gesammtvortheile oder die Gesammtnachtheile überwogen. Diese Frage hat eine spätere Zeit (1846) beantwortet resp. gelöst. Hier interessirt uns nur, in Kürze zu sehen, dass und wie die regierende Gentry nicht nur politischen Ehrgeiz, sondern auch Erwerbssinn besass.

Die merkantilistische Politik Englands setzte sich zusammen aus den Navigations-, den Zollgesetzen, der Colonialpolitik und den damit zusammenhängenden Rechten der privilegirten Compagnien.

Seit 1381 hatte man begonnen, den Handel nach England und aus England auf englische Schiffe zu beschränken; unter Elisabeth wurde das Verbot der Einfuhr auf fremden Schiffen in einen Zoll verwandelt. Es folgte die berühmte Navigationsacte von 1651, welche hauptsächlich den Zwischenhandel der Holländer zu vernichten und ihm gegenüber die Selbständigkeit des englischen Seehandels zu befördern bestimmt war. Das Hauptgesetz war dann das Statut 12. Karl's II. Cap. 18 (aus dem 12. Regierungsjahr Karl's II., vom Tode Karl's I., 1649, an gerechnet) von 1660, dem noch Zusätze folgten. Dieses Gesetz bestand bis zu Anfang unserer Periode in voller Kraft, und erst der amerikanische Unabhängigkeitskrieg veranlasste die ersten Abschwächungen, nach denen sich sehr langsam die allmälige Abschaffung entwickelte.

Adam Smith selbst gesteht zu, dass die Navigationsgesetze die eine gute Folge gehabt hätten, dem Lande eine starke Kriegsmarine zu verschaffen, die dann mittelbar durch den gewährten Schutz auch der Handelsmarine vortheilhaft war. Unleugbar haben politische Motive, Streben nach selbständiger unanfechtbarer Macht des Vaterlandes bei der Ermessung und Erhaltung dieser Gesetze mitgewirkt. Ebenso gewiss aber waren dieselben zugleich rein handelspolitischen Motiven entsprungen, wie denn in dieser Zeit das Streben, die Handelsblüthe des eigenen Landes im Gegensatz zu anderen Staaten zu heben, überhaupt untrennbar mit dem Streben nach politischer Macht zusammenhing und die Handelsinteressen als solche in der Politik vielfach eine dominirende Stellung einnahmen. Auch dürfen wir wohl Adam Smith gegenüber behaupten, dass die Navigationsgesetze ihrerzeit dem Aufblühen des englischen Seehandels direct gedient haben. Aehnlich wie Schutzzölle wirkten sie als ein Lehrgeld, welches die Nation zahlte, um in Bezug auf Schiffbau und Schifffahrt den übermächtigen Holländern schneller ebenbürtig zu werden, und sie zuletzt in Folge der grösseren natürlichen Hülfsquellen des Landes zu überflügeln.

Nach dem Gesetz von 1660[1]) wurde zur inländischen Küstenfahrt kein Schiff zugelassen, das nicht englisches Eigen-

---

[1]) Näheres darüber mit Quellenangabe bei Kleinschrod, Grossbritanniens Gesetzgebung über Gewerbe, Handel und innere Communicationsmittel 1836; darin jedoch viele Fehler in den Verweisungen.

thum ist, von einem Engländer geführt und wenigstens zu $^3/_4$ von Engländern bemannt ist; nach späteren Bestimmungen musste es auch bei Strafe eines Zolls in England gebaut sein. Der Handelsverkehr mit den anderen europäischen Staaten wurde dahin normirt, dass Einfuhr nach England theils nur auf englischen Schiffen gestattet war, theils die Einfuhr auf fremden Schiffen den Fremdensteuern unterlag. Gewisse Artikel durften wegen des Zwischenhandels nach dem Gesetz von 1662 von den Niederlanden und Deutschland nach England gar nicht gebracht werden.

Von Afrika, Asien und Amerika durften alle Güter nur auf englischen Schiffen und direct von den Ländern des Ursprungs importirt werden. Aller Ein- und Ausfuhrhandel mit englischen Colonien war auf englische (und in den Colonien selbst gebaute aber englisch bemannte) Schiffe beschränkt. Nicht naturalisirte Fremde durften in den Colonien nicht Handel treiben, mehrere wichtige Artikel durften nur direct nach England oder englischen Colonien gebracht werden. Nach den Colonien durften nach dem Gesetz 15. Karl's II. Cap. 7 (1663) europäische Waaren nur von England aus importirt werden.

Der Handel mit den Colonien war aber nicht nur in der angegebenen Weise allgemein beschränkt, sondern auch noch speciell durch die Privilegien von Handelscompagnien, von denen die ostindische im Anfang des vorigen Jahrhunderts nach langem Kampfe mit dem Parlament, das dem Monopol nicht günstig war, ihr Privilegium gesichert hatte.

Monopolisirte Handelsgesellschaften waren eine Einrichtung, die zwar im allgemeinen Geiste des Merkantilsystems begründet war, insofern sie Gelegenheit gab, durch specielle Regierungsmaassregeln den Handelsgeist anzuspornen, die aber in England weniger populär war, weil sie nicht alle Engländer gegenüber dem Auslande, sondern einen Theil der Engländer gegen den andern schützte. Dennoch wurde im Jahre 1701 die Südseegesellschaft privilegirt, die 1720 schmählich zusammenbrach und die schon 1600 gegründete ostindische

Compagnie wurde die grösste monopolisirte Handelsgesellschaft, welche die Welt gesehen hat. Die Geschichte dieser Gesellschaften ist sehr lehrreich, zunächst weil sie der factische Ausgangspunkt unseres modernen Actienwesens sind, dann aber insbesondere deshalb, weil sie zeigen, wie Monopole von Privaten nur eine vorübergehende Berechtigung haben und schliesslich sich entweder selbst ruiniren, oder aber vom Staate als ein Staat im Staate nicht mehr geduldet werden können. Wir gehen auf die Geschichte resp. Aufhebung der ostindischen Compagnie nicht näher ein; es genügt hier zu erwähnen, dass auch diese merkantilistische Einrichtung England im vorigen Jahrhundert nicht fremd war, wenngleich das Parlament zumeist aus politischen Gründen die durch königliche Praerogative geschaffenen Monopole stets bekämpfte[1]).

Was Zölle betrifft, so bestanden solche in England ebenso wie in anderen Ländern schon frühzeitig im Mittelalter; ein entschieden protectionistischer Charakter derselben zu Gunsten der inländischen Gewerbe trat zunächst unter Eduard IV. hervor: 1464 wurde — nachdem schon früher der Waarenhandel ausländischer Kaufleute verboten worden war, der Import von Tuch aus allen Ländern und der Import von allen Waaren ausser Lebensmitteln aus den Ländern des Herzogs von Burgund verboten. Es folgten später unter Karl II. und Georg I. zusammenfassende Tarifirungen, aber, da daneben beständig eine Masse specieller Zölle aufgelegt wurde, so war das Zollwesen keineswegs so einfach und systematisch regulirt, wie das Schifffahrtswesen. Eine solche Regulirung erfolgte erst 1787 durch Pitt's Consolidationsacte. Indessen kann man sagen, dass lange vor Anfang unserer Periode wohl der Geist des Merkantilsystems bis zum Uebermaass im englischen Zollwesen herrschend war. Es war der Handelsbilanz

---

[1]) Siehe Macaulay, Geschichte England, Cap. 19. Wichtig ist in Bezug auf Monopole aller Art insbesondere: An Act concerning Monopolies and Dispensations, 21. James I. C. 3 (1623). Alle Licenzen und Patentbriefe, „für das alleinige Recht des Kaufs, Verkaufs, der Production oder des Gebrauchs von irgend Etwas im Königreich" werden für absolut nichtig erklärt.

zu Ehren die Einfuhr überhaupt, zum Schutze der inländischen Industrie die Einfuhr fremder Manufacte auf's Aeusserste beschränkt, die Ausfuhr inländischer Rohproducte vielfach verboten, dagegen die Einfuhr gewisser wichtiger Rohmaterialien und die Ausfuhr von Manufacturartikeln prämiirt. Es sollten dem inländischen Gewerbe billige Rohstoffe, ausschliesslicher Absatz im Innern des Landes, gewinnreicher Absatz nach dem Ausland gesichert werden.

Zu den Rohstoffen gehört nun ganz unbedingt auch das Getreide, und die Industriellen haben an billigem Getreide wegen der Löhne und ihres Einflusses auf die Productionskosten das höchste Interesse. Dem merkantilistischen System entspricht daher Erschwerung der Getreideausfuhr, Erleichterung der Einfuhr.

Freilich sind von allen merkantilistischen Maassregeln nur die Einfuhrzölle auf Manufacte in der beabsichtigten Weise wirksam gewesen. Die auf die Ausfuhr bezüglichen Maassregeln hielten der Erfahrung gegenüber weit weniger Stand. Und was Ausfuhrerschwerungen von Getreide speciell betrifft, so ist klar, dass solche bei guten Ernten dem Inlande nur schaden, bei schlechten Ernten aber wegen der natürlichen Repressalien anderer Länder erst recht verderblich werden müssen. Kurz, da die Getreideernten nach Art und Zeit verschieden ausfallen, und es in der Natur der Dinge liegt, dass das Land mit jeweilig günstiger Ernte dem mit schlechter Ernte aushilft, so ist das Getreide unter allen Waaren diejenige, für welche voller Freihandel zu allen Zeiten und unter allen Verhältnissen dem Bedürfniss der Bevölkerung am unbedingtesten entspricht, bei der jede künstliche Handelsbeschränkung stets direct oder indirect mehr Nachtheil als Vortheil bringt.

Indessen solche Erwägungen waren es nicht, die in früheren Jahrhunderten in England einen Ausschluss des Getreides von der allgemeinen merkantilistischen Zollpolitik in Bezug auf Rohstoffe bewirkten, und die eigenthümliche Behandlung des Getreides war keineswegs eine freihändlerische.

1360 war Kornausfuhr, ausser in besonderen Fällen, verboten, 1394 wurde sie allgemein, ausser nach mit England in Feindschaft lebenden Staaten, erlaubt. Dies wurde 1494 bestätigt, jedoch so, dass die Ausfuhr in bestimmten Fällen zum Vortheil des Landes beschränkt werden konnte und 11 Jahre später wurde die Ausfuhr von dem Preise des Getreides abhängig gemacht.

Waren die bisherigen Ausfuhrerleichterungen mehr durch das Agriculturinteresse als durch Freihandelsideen durchgesetzt, so wurden diese Anfänge auch nicht zur baldigen Durchsetzung vollständigen Freihandels mit Getreide weiterentwickelt, sondern 1463 gelang es, die Einfuhr fremden Korns zu verbieten, so lange der Preis des Korns nicht im Inlande eine bestimmte Höhe erreicht hatte. Es wurde also der inländische Grundbesitz gegen zu starkes Sinken der Getreidepreise geschützt.

Trotz einiger Schwankungen in der Gesetzgebung der folgenden hundert Jahre stand seit Elisabeth das Princip freier Getreideausfuhr innerhalb gewisser Grenzen fest.

Wenn auch die Getreidepreise, bis zu deren Erreichung die Ausfuhr gestattet war, wechselnd normirt und dem Weizen zugleich Ausfuhrzölle auferlegt waren, so wurden doch die Einfuhrzölle auf Getreide sehr hoch normirt und fielen nur bei exorbitant hohen Getreidepreisen ganz weg.

Gewiss war bei vielen Vertheidigern dieses Systems der Gedanke lebendig, es sollten dadurch gleichzeitig die Interessen der Getreideproducenten und Consumenten befriedigt, erstere gegen zu niedrige, letztere gegen zu hohe Preise geschützt werden. Abgesehen aber davon, dass man zwar den kleinen und mittleren Getreidebauer heben wollte, bei dem englischen Landsystem aber die gegen zu niedrige Getreidepreise geschützte Person immer mehr nicht der Bauer, sondern der Grundbesitzer war, so ist klar, dass dadurch der durchschnittliche Getreidepreis erhöht, sehr häufig ein Preis hervorgebracht wurde, der höher war, als er bei vollem Freihandel gewesen wäre, fast nie einer, der niedriger war, als der Preis bei vollem Freihandel. Es konnten dadurch nur die Differenzen zwischen dem höchsten und niedrigsten Preis gemildert werden, indem das mögliche Minimum der Preise erhöht wurde, während man eine Steigerung des bei Freihandel möglichen Maximums der Preise nicht zuliess. Das System begünstigte das Agriculturinteresse in den meisten Fällen; das Interesse der Consumenten wurde nur gegenüber absolutem Einfuhrverbot oder beständigen hohen Einfuhrzöllen und gegenüber unbedingter einseitiger Ausfuhrfreiheit, nicht gegenüber dem Freihandel begünstigt, da das Ausfuhrverbot bei einer gewissen Höhe des Preises auf immer höhere Preise beschränkt wurde und die Ausfuhrzölle niedrig waren.

Die einseitige Begünstigung des Landbauer- oder richtiger Grundbesitzer-Interesses tritt noch deutlicher in den Weizenausfuhr-Prämien des Jahres 1689 hervor, die bis 1773 bestanden. Sie wurden allmälig bei der Lage der inländischen Nachfrage nutzlos, da aber die Einfuhrzölle um so mehr ausgebildet wurden, so kam die Begünstigung des Landinteresses durch das Kornzollsystem im Jahre 1815 auf den höchsten Punkt.

Die Kornzölle haben später die eigentliche Veranlassung zur vollständigen Abschaffung des gesammten Protectivsystems gegeben. Dies geschah freilich in einer Zeit, wo die industriellen Schutzzölle den englischen Industriellen ganz werthlos geworden waren, während ihnen die Kornzölle entschieden schadeten. Aber ganz abgesehen von dieser Lage der Dinge in der Zeit von 1839—1846, wird man unbedingt zugestehen müssen, dass industrielle Schutzzölle die inländische Industrie auf Kosten ihrer Consumenten, d. h. auf Kosten des vom Ackerbau lebenden Theils der Bevölkerung begünstigen, und dass Zufügung von Kornzöllen zu den Industriezöllen die Wirkung der letzteren wieder ausgleicht, indem Kornzölle die Ackerbauer auf Kosten der Industriellen begünstigen. Diese Combination war sonach geeignet den natürlichen Interessengegensatz zwischen Grundbesitz und Industrie auf's Aeusserste zu schärfen, zugleich aber vor Allem dazu, dem objectiven Beobachter das gesammte Schutzzollsystem als einen inneren Widerspruch erscheinen zu lassen. Man begünstigte die Industriellen; aber als man einsah, dass man dieselben nicht einseitig begünstigen dürfe, ermässigte man die Begünstigung nicht, sondern ergänzte sie durch eine Beschädigung auf anderer Seite. Jeder der beiden Stände war begünstigt und beschädigt zugleich. Da der Mensch im Allgemeinen sein Interesse als Producent stärker empfindet, als sein Interesse als Consument, so konnte das System dem kurzsichtigen Egoismus beider Stände lange schmeicheln. Für das Staatsganze aber waren die Kosten der Aufrechterhaltung des verwickelten Systems jedenfalls ein Nachtheil und die grundbesitzende Gentry untergrub ihre politische Stellung, indem sie den Interessen der Gewerbetreibenden nicht nur diente, sondern damit wetteiferte.

Lange Zeit konnte der allgemeine Glaube, dass Beeinflussung der Preise durch die Zollpolitik im allgemeinen Interesse nothwendig sei, den kurzsichtigen Egoismus der Grundbesitzer entschuldigen, resp. ihnen selbst ihre interessirten Motive verhüllen, ähnlich wie auch die Jagdgesetze zu Gunsten der reichen Grundbesitzer durch die Pflicht des Staats, die Armen zur Arbeit anzuhalten und von luxuriösen Vergnügungen abzuhalten, gerechtfertigt werden konnten. Am Ende des vorigen und im Anfang dieses Jahrhunderts jedoch konnte über das Vorhandensein solcher Motive kein Zweifel mehr herrschen.

§ 3. Die unteren Classen.

Was die Gesetzgebung über das Verhältniss gewerblicher Arbeiter zu ihren Arbeitgebern angeht, so war an derselben die regierende Gentry wenigstens in Anbetracht der landwirthschaftlichen Arbeiter direct interessirt, indirect aber durch den Zusammenhang des gewerblichen und des Arbeiterrechts mit dem Armenrecht. Wir werden sehen, dass die regierende Gentry diese wichtigsten Theile der socialen Gesetzgebung und Verwaltung durch Nachlässigkeit verkommen, und auf dem Gebiete des Armenrechts speciell sich schwere Fehler zu Schulden kommen liess.

Das Gewerbe- und Arbeiterrecht beruhte zu unserer Zeit noch auf der Gesetzgebung der Elisabeth. Diese Gesetzgebung[1]) war zumeist eine Codificirung älterer Gesetze und Statuten, und strebte im Geiste des die Staatseinheit vertretenden Königsthums allen Ständen und Parteien gerecht zu werden; doch ist nicht zu verkennen, dass von dem Geiste des älteren Rechts, das in Erinnerung an die alte Unfreiheit den vermögenslosen Arbeiter als ein im allgemeinen Interesse zum Arbeiten verpflichtetes Wesen behandelte, noch deutliche Spuren in der Gesetzgebung der Elisabeth übrig geblieben sind, wenn auch einseitige Härte gegen' das Proletariat erst im Laufe der Zeit schärfer hervortrat.

Blackstone, wenngleich englisch conservativ, war doch von den Ideen des Individualismus und des Staatsvertrags wesentlich beeinflusst. So sagt er Buch I, Cap. 1: „Die absoluten Rechte jedes Engländers, die man im politischen und weiteren Sinne des Worts gewöhnlich Freiheiten nennt, beruhen auf Natur und Vernunft und sind von gleichem Alter mit unserer Verfassung . . . . . . Die durch verschiedene Gesetze definirten Rechte bestehen aus einer Reihe persönlicher Freiheiten, die in der That nichts Anderes sind, als entweder jener Rest natürlicher Freiheit, den die Gesetze der Gesellschaft dem allgemeinen Interesse nicht zu opfern brauchen, oder aber solche bürgerliche Privilegien, welche die Gesellschaft an Stelle der von den Individuen aufgegebenen natürlichen Freiheit begründet hat. Sie waren einst durch Erbschaft oder Kauf die Rechte aller Menschen. In den meisten anderen Ländern aber wurden sie mehr oder weniger beschränkt und zerstört, so dass sie jetzt als die eigenthümlichen Rechte des englischen Volks betrachtet werden können. Man kann sie in drei principielle Hauptpunkte zusammenfassen: Das Recht der persönlichen Sicherheit, der persönlichen Freiheit und des Privateigenthums."

---

[1]) Siehe Sir Frederic Eden, Bart., The State of the Poor, London 1797, 3 Bände; ferner John Wade, History of the middle and working classes. London 1835. Kleinschrod, Grossbritanniens Gesetzgebung etc. 1836. Brentano, Das Arbeitsverhältniss 1877 und Brentano, Arbeitergilden 1871. S. auch Blackstone, Commentaries on the laws of England. 4 Bände, namentlich Band 1 u. 4. Ich benutzte die 15. Auflage, London 1809.

In dieser Blackstone'schen Zusammenfassung ist der Begriff der „persönlichen Freiheit" sehr der Erklärung bedürftig. Es stellt sich bei dieser Erklärung heraus, dass die persönliche Freiheit sehr beschränkt werden kann — nur nicht durch Willkür. Ihr wesentlicher Inhalt ist der, dass Niemand, ausser auf Grund eines Gesetzes, verhaftet und ausser Landes verwiesen werden kann, und dass in England keine Art von Sklaverei geduldet ist (Buch I. Cap. 14). Keineswegs aber liegen in diesem Recht der persönlichen Freiheit alle diejenigen Rechte, die wir heute in den Worten „Freizügigkeit und Gewerbefreiheit" zusammenzufassen pflegen.

Die Freizügigkeit war vielmehr zunächst durch das mit dem Armenwesen zusammenhängende Niederlassungsrecht beschränkt, dann aber durch den Zwang zur Arbeit, der gegen unbeschäftigte Vermögenslose geübt wurde.

Dieser Arbeitszwang war nicht etwa nur ein indirecter durch Versagung von Armenunterstützung, kann auch nicht als exceptionelle Polizeimassregel gegen gefährliche Vagabunden aufgefasst werden — er war eine principielle Freiheitsbeschränkung im Interesse der allgemeinen Ordnung und der Production.

Blackstone unterscheidet Buch I. Cap. 14 vier Arten von Arbeitern, die er noch servants (Diener) nennt — ein Ausdruck, der erst durch die neueste Gesetzgebung (employers and workmen act von 1875) aus der officiellen Terminologie verschwunden ist. Die vier Arten von Arbeitern, resp. „Angehörigen der dienenden Klasse" sind:

1) Hausgesinde (menial servants),
2) Lehrlinge (apprentices),
3) Arbeiter, die auf Tage oder Wochen gedungen sind und nicht im Hause des Dienstherrn wohnen,
4) höhere Arbeiter als Aufseher, Faktoren, Verwalter.

Es können nur unverheirathete zwischen 12 und 60, verheirathete Männer unter 30 Jahren, Frauen zwischen 12 und 40 Jahren, wenn ohne sichtliche Unterhaltsmittel, zum Gesindedienst in Landwirthschaft oder gewissen Gewerben gezwungen, Armenkinder können zwangsweise als Lehrlinge untergebracht, alle Personen ohne Mittel können zur Arbeit gegen obrigkeitlich festgestellten Tagelohn gezwungen werden, und trotz des entgegenstehenden Common Law haben nur Personen, die eine 7jährige Lehrzeit durchgemacht haben, das Recht zu selbständigem Betrieb der betreffenden Gewerbe.

Das Armenrecht beruhte auf dem Grundsatz, dass jeder Arbeitsfähige zur Arbeit angehalten, jeder Arbeitsunfähige aus Gemeindemitteln unterstützt werden solle. Das Armenwesen ist in England mehr als in irgend einem anderen Lande eine Frage von höchster politischer und socialer Bedeutung. Während in Frankreich noch heute die Armenunterstützung der Hauptsache nach milden Stiftungen der verschiedensten Art obliegt und die öffentliche Armenpflege der Gemeinde dem Nationalgeist widerstrebt — während in Deutschland die Armenpflege in ländlichen Gemeinden noch vielfach höchst patriarchalisch, in einzelnen Städten (Elberfeld, Crefeld) aber in mustergültiger Weise durch Combination freiwilliger Kräfte und öffentlicher Mittel geregelt ist — ist in England die Armenfrage seit der Sekularisation des Kirchenguts unter Heinrich VIII. bei der geringen Zahl ländlicher Besitzer und der Masse des industriellen Proletariats der wichtigste Zweig der lokalen, d. h. überhaupt der inneren Verwaltung des Landes, und hängt mit dem Arbeiterrecht in der maassgebendsten Weise zusammen [1]).

Der Arbeitszwang und die Armenunterstützung wurden nach alleiniger Maassgabe des allgemeinen Staatsgesetzes durch die Organe der lokalen Selbstverwaltung, aus Gemeindemitteln geleistet. Die Last fällt auf die Haus- und Grundbesitzer der Gemeinden, die Vertheilung der Last unter ver-

---

[1]) Siehe hierzu ausser den oben angegebenen Werken:
Kries, Die Englische Armenpflege, Berlin 1863. Kleinschrod, Pauperism in England, Regensburg 1845. Gneist, Selfgovernment in England, Berlin 1871. Emminghaus, Armenwesen und Armengesetzgebung in europäischen Staaten, Berlin 1870. Sir George Nicholls, A History of the English Poor Law, 2 Bde. London 1854. Das Hauptwerk für Geschichte des Armenrechts ist Eden, s. oben, Seite 17, Anmerkung 1.

schiedenen Gemeinden wird durch das Niederlassungsrecht regulirt, welches in einer Unmasse von Fällen zwangsweisen Rücktransport des Armen in die Heimathgemeinde gestattete, resp. vorschrieb; also schon dadurch, dann aber auch durch die Furcht eines solchen Transports die Freizügigkeit auf's stärkste beschränkte.

Die Lehrlingsgesetzgebung und die Lohnregulirungen waren eine Codificirung des Geistes der älteren, vielfach in zünftischen Statuten verkörperten Gesetze. Die gewerbliche Ordnung wurde in England frühzeitig auf Staatsgesetz basirt und ihre Durchführung der Hauptsache nach staatlichen Organen anvertraut [1]).

Nach dieser kurzen Schilderung des allgemeinen Charakters der gewerblichen Zustände, des Armen- und Niederlassungsrechts mag es gestattet sein, die wichtigsten darauf bezüglichen Gesetze theilweise im Auszug aufzuführen.

§ 4. Arbeitergesetze.

Die allgemeine polizeiliche Gesetzgebung für freie Arbeiter, die mehr und mehr an Stelle der Leibeigenen getreten waren, beginnt mit dem Statute of Labourers von 1350 (25. Eduard III. abgedruckt bei Eden, Appendix CXLVII), das 1360 vom Parlament bestätigt wurde, und dem bald viele andere Regulirungen in ähnlichem Geiste folgten. Das Statut war gegen die Trägheit und die hohen Lohnforderungen der durch die Pest von 1349 stark decimirten freien Arbeiter gerichtet [2]),

---

[1]) Die Zunftstatuten bedürfen nach 19. Henry VII. c. 7. obrigkeitlicher Genehmigung und sind nichtig, „wenn sie den Landesgesetzen widersprechen". S. unten im Abschnitt über die Grossindustrie, Cap. 1. § 1.

[2]) Die Anfangsworte von 25. Eduard III. stat. 1 lauten: Come nadgairs contre la malice de servantz queux furent pareissouses et nient villantz servir apres la pestilence sanz trop outrageouses lowers prendre feut ordine par nostre Seignur le Roi et par assent des Prelatz Nobles et autres de son conseil qe tieux maners de servantz sibien hommes come femmes fussent tenuz de servir receyvantz salaires et gages accustumez es lieus ou ils deveront servir lan du regne le dit nostre Seignur le Roi vintisme

gebot den Arbeitern, jedem Arbeitgeber zu dem vor der Pest üblichen Lohn zu dienen und suchte zugleich eine dauernde richtige Vertheilung der Arbeiterbevölkerung im Lande zu sichern. 1360 wurden auf Uebertretung des Statuts Strafen von 14 Tagen Gefängniss und Brandmarkung gesetzt und Combinationen der Maurer und Zimmerleute für nichtig erklärt. Es folgten Arbeiterluxusgesetze und 1388 ein neues zusammenfassendes Arbeitergesetz (12. Richard II. c. 9), das die alten Statuten bestätigte und einschärfte und zugleich starke directe Beschränkungen der Freizügigkeit und der Freiheit des Uebergangs von der Landwirthschaft zum Gewerbe brachte, indem Arbeiter ihren Wohnort nur mit friedensrichterlichem Erlaubnissschein verlassen durften und Niemand mehr gewerblicher Lehrling werden durfte, der bis zu seinem 12. Lebensjahre in der Landwirthschaft gedient hatte — eine Bestimmung, die nachmals, weil ländliche Arbeiter ihre Kinder massenhaft vor dem 12. Jahre in Städte schickten, noch verschärft wurde.

Daraus und aus der Bestimmung, dass Lehrlinge in den Gewerben zur Erntearbeit gezwungen werden können, ist deutlich zu erkennen, dass diese ältere Gesetzgebung noch keineswegs von der vorherrschenden Tendenz die Schwachen zu schützen erfüllt war, sondern vor Allem den Interessen des ritterlichen Grundbesitzes diente — nicht unbegreiflich in einer Zeit, wo die Aufhebung der Leibeigenschaft ein undisciplinirtes Proletariat erzeugt hatte.

In 7. Henry IV. c. 17 (1405) tritt nun die Tendenz, dem Grundbesitz Arbeiter zu sichern, noch schärfer hervor, indem allen Leuten, die nicht Land oder Rente von mindestens 20 Schilling Jahreswerth haben, verboten wird, ihre Kinder als Lehrlinge in ein städtisches Gewerbe zu geben, was 1429 für London aufgehoben wurde und 1495 für Norwich.

---

ou cynk ou sis annz devant et qe mesmes les servantz refusantz servir par autiele manere fuissent punys par emprisonement de lour corps sicome en mesme lordenance est contenuz plus au playn sur quoi commissions furent faites as diverses gentz en chescun counte denquere et punir touz ceux qi venissent au contraire. (Besserer Text wäre zu wünschen.)

In dem Gesetz von 1388 wurden die Löhne der ländlichen Arbeiter neuerdings festgesetzt. Auf das Geben und Nehmen eines die gesetzlichen Bestimmungen übersteigenden Lohnes waren hohe Geldstrafen gesetzt. Im folgenden Jahre 1389 trat an die Stelle der gesetzlich fixirten Löhne die Regulirung durch die Friedensrichter zu Ostern und Michaelis[1]); dabei wurden 1416 und 1427 die Strafen auf das Geben eines höheren Lohnes aufgehoben, nur die auf das Nehmen beibehalten, so dass der Arbeitgeber, der den höheren Lohn selbst gab, gegen seine Arbeiter einseitig einschreiten konnte. Im 15. und 16. Jahrh. wurden aber doch die Löhne noch mehrmals durch Gesetz bestimmt, so 1444[2]), 1496, zuletzt 1514. Seit 1562 ist die Lohnregulirung durch die Friedensrichter als alleinige Regel festgestellt. Mit der obrigkeitlichen und gesetzlichen Feststellung der Löhne gingen Taxen für die Preise der Lebensmittel Hand in Hand — eine Einrichtung, welche die Tendenz dem Volke billige Nahrung zu sichern, anzeigt. Wir haben gesehen, wie diese Tendenz auf dem Gebiete des auswärtigen Handels mit Korn allmälig dem Grundbesitzerinteresse weichen musste.

Was den inländischen Handel mit Lebensmitteln betrifft, so entwickelte sich die obrigkeitliche Tarifirung derselben namentlich von Brod und Bier (Assizes of Bread and Ale) nach Gneist seit dem 14. Jahrhundert. Diese Tarifirungen waren ein nothwendiges Correlat der Lohnfestsetzungen. Es ist charakteristisch, dass schon Eduard III. zugleich mit den Löhnen die Victualienpreise gesetzlich feststellte, und dass

---

[1]) For as much as a man cannot put the price of corn and other victuals in certain, the justices should at Easter and Michaelmas, according to the price of provisions, make proclamation, how much every mason, carpenter and other workman and labourers should receive by the day as well in harvest as at other times of the year with or without meat or drink. (Auszug aus 13. Rich. II. c. 8 [1389]).

[2]) Es wurden aber nur Maxima festgestellt; wer weniger verdient, soll weniger bekommen und wo nach Ortsgebrauch weniger üblich ist, soll es dabei bleiben.

1389 bestimmt wurde, „dass Lebensmittelverkäufer einen billigen (reasonable) Gewinn haben sollen nach der Bestimmung und Beschränkung durch die genannten Richter, und nicht mehr, bei schwerer Strafe."

Verschiedene Gesetze über Lebensmittelpreise erliess Heinrich VIII. (1532 und 1534).

Ausserdem bezweckten Billigkeit der Victualien die Strafgesetze gegen das Vorkaufen der Waaren, ehe sie zu Markte kommen (forestalling) seit Eduard IV., gegen den Wiederverkauf von Korn etc. auf demselben Markt oder 4 Meilen im Umkreis und gegen das Aufkaufen grosser Getreidequantitäten behufs Beherrschung des Markts (engrossing).

Die gesammten älteren Gesetze über Gewerbe- und Arbeiterverhältnisse fasste dann das berühmte sogenannte Lehrlingsgesetz, nach Gneist richtiger Arbeits- und Gesindegetz, von 1562 (An Act containing divers Orders for Artificers, Labourers, Servants of Husbandry and Apprentices, 5. Eliz. c. 4.) zusammen.

Dieses Gesetz der grossen Königin zeugt wahrhaft von dem Geiste des erstarkten Königthums, das über allen Ständen und ihren Interessen stehend, auch die Schwachen stützt. Die Einleitungsworte sind ein ernst gemeintes Programm:

„Obgleich gegenwärtig noch eine grosse Menge von Gesetzen und Statuten bestehen und in Kraft sind, die sich auf das Dingen und Entlassen, die Löhnung und Behandlung von Lehrlingen, Dienern und Arbeitern, sowohl in der Landwirthschaft als in verschiedenen anderen Künsten, Gewerben und Beschäftigungen beziehen; so können die besagten Gesetze doch — theils wegen ihrer Unvollständigkeit und des Widerspruchs, in dem einzelne derselben offenbar mit einander stehen, und wegen ihrer Vielfältigkeit und grossen Menge, theils aber und hauptsächlich deshalb, weil die in vielen dieser Statuten in Maximo zugelassenen oder festgesetzten Löhne und Salaire an verschiedenen Orten zu gering und der Gegenwart in Anbetracht der Preissteigerung aller von den besagten Dienern und Arbeitern gebrauchten Waaren nicht entsprechend sind — nicht ohne grosse Leiden und Belastung des armen Arbeiters und Dienstmannes richtig und gebührend ausgeführt werden: Und da die erwähnten Gesetze und Statuten zur Zeit, da sie erlassen wurden, für sehr gut und dem öffentlichen Wohl dieses Reichs sehr förderlich gehalten wurden — was in der That viele sind — kann man, wenn so der Inhalt aller Gesetze, die zur Erhaltung geeignet sind, geordnet, in ein einziges Gesetz und Statut zusammengefasst und so eine einzige gleichmässige Ordnung in Bezug auf Löhne und sonstige Anordnungen für Lehrlinge, Diener und Arbeiter festgestellt und bestimmt wird, mit Recht hoffen, dass dieses Gesetz, wohl ausgeführt, **den Müssiggang verbannen, die Landwirthschaft ermuthigen und den Lohnarbeitern sowohl in Zeiten der Theuerung als der Fülle ein geziemendes Maass des Lohnes gewähren wird.**"

Das Gesetz der Elisabeth besteht aus 48 Artikeln. Der 3. Artikel führt eine Reihe von 30 verschiedenen Gewerben auf, in denen Dienstverträge mindestens auf ein Jahr geschlossen werden müssen. Unverheirathete und gewisse unter 30jähr. verheirathete Personen, die in einem jener Gewerbe aufgezogen sind oder 3 Jahre gedient haben, können auf Verlangen eines Meisters durch 2 Friedensrichter oder den Mayor und 2 Aldermen zum Dienst gezwungen werden, wenn sie nicht eine sichere Jahresrente von 40 Schilling oder ein Vermögen von 10 Pfd. Sterl. haben, nicht in einem anderen gesetzlichen Dienst stehen oder eine sie beschäftigende Pachtung haben. Art. 4: Dienstcontracte können nur durch Friedensrichter oder städtische Obrigkeit nach Billigkeit aufgelöst werden; eigenmächtiger Contractbruch ist straffällig. Art. 6: Selbst nach Ablauf der Dienstzeit kann das Dienstverhältniss nur durch vierteljährige Kündigung aufgelöst werden. Nach Artikel 7 können alle Personen zwischen 12—60 Jahren, die ohne Vermögen (was ähnlich wie Art. 3 normirt ist) und in keinem der einzeln aufgezählten Gewerbe legaliter beschäftigt sind, zum Dienst in der Landwirthschaft gezwungen werden.

Contractbrüchige Arbeiter verfallen einer Geldstrafe (Art. 8).

Contractbrüchige Arbeiter und solche, welche die Dienstleistungen, zu denen sie nach dem Gesetz gezwungen werden können, versagen, können durch Haft zur Arbeit gezwungen werden (Art. 9). Kein Arbeiter darf seinen bisherigen Wohnort ohne obrigkeitliches Zeugniss der Berechtigung verlassen. Kein Arbeitgeber darf ohne solches Zeugniss einen Arbeiter annehmen — der neue Arbeitgeber unterliegt im Uebertretungsfall der Geldstrafe, der Arbeiter wird, wenn er das Zeugniss nicht nachträglich schaffen kann, als Vagabund behandelt. (Art. 10 u. 11). Die tägliche Arbeitszeit von Mitte März bis Mitte September wird von 5 Uhr Morgens (oder früher) bis zwischen 6—8 Uhr Abends mit höchstens in Summa $2^1/_2$stündigen Pausen für Essen, Trinken und Schlaf, in den anderen Monaten auf Tagesanbruch bis Nacht festgesetzt — bei Strafe von 1 Penny Lohnabzug pro Stunde (12). Arbeiter, die bei Hausbau und anderen grösseren Werken gedungen sind, dürfen die Arbeit vor Vollendung des Werkes nicht verlassen bei Strafe von Haft und Schadensersatz (13). Nach Art. 15 sollen die Löhne für alle Arten von Arbeitern durch die Friedensrichter in Verbindung mit dem Sheriff und den Stadtobrigkeiten in einer Versammlung unter Zuziehung von Sachverständigen alljährlich festgesetzt werden. Diese Festsetzungen mit Motiven sollen dem Court of Chancery zugesendet und dann in den einzelnen Bezirken veröffentlicht werden. Die Obrigkeiten, die dies unterlassen, werden mit Geldstrafe belegt (Art. 15—17). Das Geben höherer Löhne wird mit Haft und Geldstrafe geahndet, das Nehmen derselben mit (längerer) Haft. Alle Verträge über höhere Löhne sind nichtig, Gewaltthat und Misshandlung des Arbeitgebers oder Aufsehers wird ebenfalls durch Friedensrichter oder Stadtobrigkeit mit langer Haft bestraft (Art. 18—21). Alle Arten von Arbeitern können, wenn sie tauglich sind, von den Friedensrichtern zur Arbeit bei der Heu- und Getreideernte gezwungen werden. Zu diesem Zweck ist auch Wandern der Arbeiter gestattet (22 u. 23). Art. 24 gestattet Arbeitszwang gegen unverheirathete weibliche Personen zwischen 12 und 40 Jahren. Art. 25 und 26 bestimmen, dass jeder Hausbesitzer, der eine gewisse Menge

Landes unter dem Pflug hat, einen Lehrling aus den Personen über 8 und unter 18 Jahren bis zum 21. resp. 24. Jahre annehmen darf; jeder selbständige Gewerbtreibende in einer City oder Town corporate, der 24 Jahre alt und Hausbesitzer ist, den Sohn eines Freien, der in einer solchen Stadt wohnt und nicht Landwirthschaft treibt, als Lehrling auf mindestens 7 Jahre und wenigstens bis zu seinem 24. Jahre annehmen darf und soll. Nach Art. 27 und 29 dürfen Kaufleute, Goldschmiede etc. nur ihre Söhne oder Kinder von Eltern mit einem gewissen Vermögen als Lehrlinge annehmen, gleichviel in welcher Art von Städten sie wohnen. Gewerbsmeister in nicht incorporirten Marktstädten sollen nur Kinder von Gewerbtreibenden aus gleichartigen Städten als Lehrlinge annehmen (Art. 28). Eine Reihe besonders namhaft gemachter Gewerbsmeister (Schmiede, Zimmerleute, Leineweber, gemeine Wollweber etc.) können nach Art. 30, wo sie auch wohnen, Jedermanns Sohn als Lehrling annehmen.

Niemand, der nicht eine 7jährige Lehrlingszeit in einem Gewerbe durchgemacht hat, kann in demselben Gewerbe sich als selbständiger Unternehmer aufthun oder als Geselle angenommen werden (Art. 31).

Für Tuchweber, mit Ausnahme derjenigen, die in gewissen Grafschaften nur grobe Tuche machen, gelten (Art. 32) in Bezug auf Annahme von Lehrlingen noch stärkere Beschränkungen als für die Kaufleute etc. nach Art. 27 und 29.

Alle Gewerbsmeister müssen auf 3 Lehrlinge einen Gesellen und auf jeden Lehrling über 3 einen Gesellen mehr halten (Art. 33). Art. 34 enthält Privilegien der Kammgarnmacher in Norwich.

Nach Art. 35 können unter 21jährige Personen, die zur Lehrlingsschaft geeignet sind, auf Verlangen von Solchen, die Lehrlinge zu halten berechtigt sind, dazu gezwungen werden. Bei Streitigkeiten zwischen Lehrling und Lehrherrn vermitteln die Magistrate nach Billigkeit, event. wird der Lehrvertrag aufgelöst oder der Lehrling bestraft.

Die Friedensrichter und Stadtmagistrate sind verpflichtet, die Ausführung des Gesetzes zu überwachen und bekommen

Diäten. Weiter ist die Verwendung der Strafgelder, die Competenz der städtischen Obrigkeiten geregelt, die Privilegien einzelner Städte und Grafschaften werden erhalten etc., schliesslich wird noch das Recht der Verhaftung entlaufener Lehrlinge und Arbeiter geordnet.

Ich habe das ganze Gesetz ausführlich excerpirt, da dasselbe zwar im Laufe der Zeit immer lässiger ausgeführt, aber erst unter Georg III. der Hauptsache nach formell abgeschafft wurde.

Unverkennbar ist in dem Gesetze die Tendenz, in allen Gewerben incl. der Landwirthschaft einen regelmässigen Fortgang der Production zu sichern, den Interessen der Arbeiter wie der Arbeitgeber gerecht zu werden, in allen Gewerben Mangel wie Ueberfluss der Kräfte zu verhüten und **gelernte dauernd** engagirte Kräfte zu sichern. Das ganze Volk, mit Ausnahme der vermögenden Familien, soll zwangsweise zur Arbeit erzogen werden, der Ausgelernte aber sein Gewerbe überall betreiben dürfen. Das Gesetz ist eine Organisation der Arbeit im Allgemeinen und im Interesse aller Betheiligten, das gleichmässig Anarchie und exclusiven Monopolgeist bekämpft und die gewerblichen Verhältnisse durchweg unter die Jurisdiction und Aufsicht der Friedensrichter und Stadtmagistrate, d. h. der Organe der selfgovernmentalen Staatsverwaltungsorgane stellt. Mögen die Zwangsrechte gegen Arbeiter und Lehrlinge uns heutzutage zu hart erscheinen, so entsprachen sie damals dem Geiste der Zeit und unzweifelhaft litt der Arbeiterstand eben durch die allmälig einreissende Nachlässigkeit in der Ausführung des Gesetzes, welche dadurch leicht gemacht war, dass verschiedene Vorschriften für bestimmte ausdrücklich benannte Gewerbe gegeben waren, also auf andere nicht angewendet werden konnten und dass das Gewerbewesen in incorporirten Städten und Marktstädten besonders geregelt war, welche Anordnungen für das platte Land nicht galten. Das in dem Gesetz nicht erwähnte aber gleichzeitig bestehende seit Eduard III. und VI.[1]) eingeführte Ver-

---

[1]) 2. und 3. Eduard VI. c. 15 (1548) bestraft alle Verkäufer von

bot von Arbeitercoalitionen verstand sich bei den Strafen auf das Nehmen eines höheren als des gesetzlichen Lohnes von selbst und wurde, so lange billige Löhne wirklich festgesetzt wurden, nicht als ungerecht empfunden.

§ 5. Armen- und Heimathsgesetze.

Ehe wir die Entwickelung und Ausführung dieses Gesetzes in der Folgezeit schildern, müssen wir die correspondirende Armengesetzgebung besprechen, welche schon wegen des Arbeitszwangs mit der Gewerbeordnung zusammenhängt und welche ebenfalls unter Elisabeth eine für lange Zeit maassgebende Zusammenfassung erfuhr.

Schon 1376 wurden vagabundirende Bettler bestraft. Eine Verpflichtung der Heimathgemeinde zum Unterhalt der Armen bestand nach Eden schon 1378 und 1388; in letzterem Jahre (12. Richard II c. 7) wurde auch zuerst bestimmt, dass arbeitsunfähige Bettler an ihrem letzten Wohnort oder Geburtsort bleiben sollen. Die Armen waren, wie aus einer Bestimmung von 1391 hervorgeht, hauptsächlich auf Kirchenmittel angewiesen.

Das Verschwinden der Leibeigenschaft und das Aufkommen von Handel und Gewerbe mit ihren freien Arbeitern schufen nicht die Armuth und das Elend, wohl aber die Nothwendigkeit einer Armenpflege durch öffentliche Mittel.

1530 begegnen wir der durchgreifenden Scheidung zwischen arbeitsunfähigen (aged and impotent) und arbeitsfähigen (vagabonds and idle persons) Armen, nachdem schon 1388

Lebensmitteln, die nicht mit mässigem Gewinn zufrieden waren; constatirt dann, dass „artificers, handicraftsmen and labourers have made confederacies and promises, and have sworn mutual oaths, not only that they should not meddle one with another's work, and perform and finish that another hath begun; but also to appoint how much work they shall do in a day and what hours and times they shall work to the great hurt and impoverishment of the Kings subjects." Solche Combinationen werden für illegal erklärt, mit Geldstrafe von 10—40 Pf. St., Ehrenstrafen, Haft, Pranger, Verlust der Ohren bestraft.

und 1495 zwischen „beggars able to labour" und „beggars impotent to serve" unterschieden war. Erstere bekamen Licenzen zum Betteln in bestimmten Bezirken, letztere wurden zur Arbeit an ihren letzten Wohnort gezwungen. Bald trat durch 27. Heinrich VIII. Cap. 25 (1535) an die Stelle der Licenzen zum Betteln die Armenunterhaltung in den den Kirchspielen durch Almosen, welche eingesammelt werden und zu denen die Geistlichen ermahnen mussten; dasselbe Gesetz verfügt die Zwangs-Lehrlingschaft von Armenkindern. Durch die Aufhebung der Klöster und Secularisation des Kirchenguts wurde die Armennoth grösser und es folgten allerlei harte Gesetze gegen Vagabunden etc. Elisabeth machte die Almosen obligatorisch und erliess verschiedene andere Gesetze, z. B. in Bezug auf Errichtung von Correctionshäusern, bis endlich 43. Eliz. Cap. 2 (1601) die Gesetze der Elisabeth und ihrer Vorgänger zusammenfasste. Da dieses Gesetz von ähnlich weittragender Bedeutung wie das sogenannte Lehrlingsgesetz ist, und bis in unser Jahrhundert herein die Grundlage der Armenpflege blieb, so soll auch sein Inhalt excerpirt werden.

Der Titel des aus 20 Artikeln bestehenden Gesetzes ist: An Act for the Relief of the Poor.

Art. 1 führt die Armenaufseher ein, welche von den Friedensrichtern für jedes Kirchspiel alljährlich ernannt werden. Sie bestehen aus den Kirchenvorstehern (churchwardens) und je nach der Grösse des Kirchspiels aus 2—4 wohlhabenden Hausbesitzern[1]). Dieselben sollen, unter Zustimmung von mindestens zwei Friedensrichtern, Kinder von Leuten, die ihre Kinder nicht behalten und ernähren können, zur Arbeit bringen; ebenso erwachsene Personen ohne Unterhaltsmittel und ohne ständige, den Unterhalt gewährende Arbeit. Dann sollen sie Steuern erheben, um Rohstoffe verschiedener Art zu kaufen, mit denen die Armen beschäftigt werden sollen,

---

[1]) Ein kurzes deutsches Wort, das dem englischen Householder entspricht, giebt es nicht. Ich gebrauche hier wie anderwärts das Wort Hausbesitzer.

um die Arbeitsunfähigen zu unterstützen und Kinder als Lehrlinge auszuthun. Die Steuern werden auf alle Bewohner und Realitätenbesitzer in der Gemeinde, wie es den Aufsehern geziemend erscheint, vertheilt. Die Aufseher müssen mindestens allmonatlich einmal Sitzung und Berathung halten, am Schlusse des Jahres Rechenschaft ablegen (Art. 2).

Ist ein Kirchspiel zu arm, um seine Armenlast zu tragen, so können die Friedensrichter andere Kirchspiele in derselben Hundertschaft, ist letztere zu arm, in derselben Grafschaft heranziehen (Art. 3).

Säumige Steuerpflichtige werden exequirt und event. in das Common goal gesperrt. Mit der gleichen Strafe werden Solche belegt, die die aufgetragene Arbeit verweigern und Armenaufseher, die keine Rechenschaft ablegen — Alles unter Autorität resp. durch Spruch der Friedensrichter (Art. 4). Für die arbeitsunfähigen Armen sollen die Armenaufseher auf Kosten der Kirchspiele oder Hundertschaften etc. Häuser bauen (Art. 5). Die Friedensrichter können die Ascendenten und Kinder arbeitsunfähiger Armen zum Unterhalt der Armen zwingen, wenn sie dazu fähig sind (Art. 7). Die den Friedensrichtern in den Grafschaften zustehenden Befugnisse werden in incorporirten Städten von den dortigen Mayors etc. ausgeübt (Art. 8). Die folgenden Artikel befassen sich mit der Regelung verschiedener Competenzverhältnisse, der Verwendung der Geldstrafen, den Extrasteuern der Kirchspiele für die armen Gefangenen von King's Bench und Marchalsea, sowie für Hospitäler; mit Geldstrafen, Appellation an die Quartalsitzungen, sowie einer Menge anderer Einzelheiten und Formalitäten. Der letzte Artikel endlich spricht aus, dass das Gesetz nur probeweise bis zum Ende der nächsten Parlamentssitzung gelten solle — es wurde durch 3. Karl I. Cap. 4 (1627) und 16. Karl I. Cap. 4 (1640) erneuert.

Das Gesetz macht also die Armenlast principaliter zu einer Last der Kirchspiele, jedoch so, dass die nächsten Verwandten zuerst verpflichtet sind, arme und reiche Kirchspiele sich gegenseitig bis zu gewissem Grade ausgleichen müssen; es verwandelt die Almosen in Steuern, es legt die

Ausübung der Armenpflege in die Hand der Aufseher, die von den Friedensrichtern ernannt und beständig beaufsichtigt sind. Es stellt den Grundsatz auf: Arbeitszwang gegen Arbeitsfähige, Unterstützung für Arbeitsunfähige.

Die Auflage der Armensteuer auf die einzelnen Kirchspielsbewohner steht einfach im Ermessen der Aufseher unter Zustimmung von Friedensrichtern — bei den Extrasteuern für Gefängnisse und Hospitäler kann die (6 pence pro Woche und Kirchspiel nicht übersteigende) Gesammtsumme von den Kirchspieleingesessenen unter ihnen selbst durch Einverständniss vertheilt werden. — Das Gesetz spricht nicht davon, welche Armen jedem einzelnen Kirchspiel zur Last fallen sollen — es meint offenbar, dass jedes Kirchspiel die in seinen Grenzen vorhandenen Armen zu versorgen hat. — Man muss bedenken, dass das Lehrlingsgesetz alle Arbeiter zu dauernd ansässigen Leuten zu machen strebte, und dass es Gesetze gegen die Vagabunden gab, so dass zunächst die Kirchspiele Ueberfluthung durch fremde Arme nicht sehr zu befürchten hatten — engherziger Aengstlichkeit der Kirchspiele und den in denselben herrschenden Grundbesitzern zu schmeicheln lag aber nicht im Geiste des starken Königthums der Elisabeth.

Unter Jacob I. wurden die Gesetze gegen Landstreicher und Vagabunden verschärft, unter Königin Anna jedoch wieder gemildert. Ebenso wurde durch 1. Jacob I. Cap. 6 (1604) die Lohnfestsetzungsbefugniss der Friedensrichter auf alle Arbeiter ausdrücklich ausgedehnt, und zwar so, dass die Friedensrichter die Löhne in Bezirks- und Grafschaftssitzungen feststellen und der Sheriff sie veröffentlichen solle, ohne vorherige Sendung an den Lordkanzler. Doch durfte kein Tuchmacher als Friedensrichter die Löhne für die in der Tuchindustrie beschäftigten Arbeiter festsetzen. Letztere Bestimmung ist ausdrücklich nur für die Tuchmacher gegeben, deren Gewerbe frühzeitig besondere Aufmerksamkeit seitens der Gesetzgebung erfuhr, zumal es sich um eine Industrie handelte, die frühzeitig Export trieb, und im Grossen betrieben wurde. Hier mag vielleicht die exceptionelle Bestimmung dadurch hervorgerufen worden sein, dass Tuchfabrikanten häufiger als Gewerbsmeister Friedensrichter wurden. Zugleich wurde der Besuch von Wirthshäusern beschränkt. Auch zum Armengesetz folgten viele Zusätze. 7. Jacob I. Cap. 4 verfügt die Errichtung von Correctionshäusern für müssige Leute in allen Grafschaften; denn die in 18. Eliz. Cap. 3 zuerst erwähnten Correctionshäuser, in denen die Müssigen beschäftigt, die Liederlichen bestraft werden und die sich zumeist durch das Product der geleisteten Arbeit selbst unterhalten sollten, waren eine nothwendige Ergänzung der Gesetzgebung der Elisabeth.

Es begannen schon im Anfang des 17. Jahrhunderts die Klagen, dass die obligatorische Armenunterstützung den Müssiggang befördere und dass das Armengesetz ungenügend ausgeführt werde. Im Jahre 1622 wurde in vielen Kirchspielen keine Armenunterstützung gewährt, sondern die Armen wurden fortgejagt und das Land mit ihnen überschwemmt. 1628 (3. Karl I. Cap. 5) war es nothwendig zu bestimmen, dass die Aufseher Armenkinder allen Personen, nicht nur einzelnen Gewerben zuweisen können, und dass die Aufseher einen Gewerbetrieb lediglich zur Beschäftigung von Armen, nicht zu ihrem Gewinne einrichten dürfen. Besonders deutlich zeigt die Verordnung Karl's I. von 1630, wie ungenügend das Gesetz ausgeführt wurde.

Der wichtigste Zusatz, den das Armengesetz im Laufe der Zeit erfuhr, war das Heimathsgesetz: An Act for the better relief of the Poor of this Kingdom, 13. und 14. Charles II. Cap. 12 von 1662. Das Gesetz hatte verschiedene Vorläufer 1388, 1494 und 1597, in welchen Jahren schon Rücktransport von Vagabunden nach ihrem letzten Wohnort oder auch nach ihrem Geburtsort verfügt wurde. Unzweifelhaft waren auch nähere präcise Bestimmungen über die Vertheilung der Armenlast unter verschiedenen Kirchspielen nothwendig. Nichtsdestoweniger zeugt das Heimathsgesetz von 1662 von der erstarkten Tendenz der Gentry in den einzelnen Bezirken, sich von der Armenlast zu befreien, und da das Heimathsrecht im Laufe der Zeit mit weit mehr Energie und Leidenschaft ausgeführt wurde als die allgemeinen Bestimmungen des Armengesetzes selbst, so verkam dabei die ganze Armenpflege. Das Gesetz wurde erlassen in einer Zeit, in der der allgemeine Reichthum bedeutend gewachsen war. Die Löhne waren gestiegen, der Zinsfuss gesunken, Handel und Gewerbe hatten einen gewaltigen Aufschwung genommen. Die Soldaten der republikanischen Armee, denen zu Ehren die Pflicht der 7jährigen Lehrlingszeit aufgehoben wurde, kehrten sich dem productiven Gewerbe zu und fanden ohne Schwierigkeit lohnende Arbeit — und eben in dieser Zeit wirthschaftlichen und speciell gewerblichen Fortschritts gelang es dem Grossgrundbesitz - Interesse ein kleinlich reactionäres Gesetz durchzusetzen. Es war dieselbe Zeit, in der (22. Karl II. c. 13; 1670) bestimmt wurde, dass Korn stets gegen die Zölle der Tonnage and Poundage Act ausgeführt werden könne ohne Rücksicht auf den inländischen Preis, während die Korn-Einfuhrzölle erhöht, und (1663) für die zweite Jahreshälfte hohe Vieh-Einfuhrzölle auferlegt wurden.

Ich lasse nun das Heimathsgesetz im Auszug, den Artikel 1 (mit Auslassungen) im Wortlaut folgen:

„In Erwägung, dass die Bedürfnisse, die Zahl und die beständige Zunahme der Armen sehr gross sind und ausserordentliche Lasten verursachen, was von einigen Mängeln der Gesetzgebung in Bezug auf das Heimathsrecht der Armen und von dem Mangel gehöriger Maassregeln zur Regulirung der Unterstützung und Beschäftigung der Armen in ihren gesetzlichen Heimathsgemeinden herrührt;

in Erwägung, dass dadurch Manche zu unverbesserlichen Landstreichern werden, Andere Hungers sterben;

in Erwägung, dass ältere Gesetze und Statuten in Bezug auf Ergreifung von Landstreichern und Vagabunden und für das Wohl der Armen nicht getreulich ausgeführt werden;

in Erwägung, dass in Folge von Mängeln des Gesetzes arme Leute nicht verhindert sind, von einem Kirchspiel in das andere zu wandern und daher streben, sich in solchen Kirchspielen niederzulassen, wo der grösste Reichthum ist, die ausgedehntesten Gemeindeländereien, um Häuser darauf zu errichten und die meisten Wälder zum Verbrennen und Zerstören sind;

in Erwägung, dass die Leute, wenn sie das Alles verzehrt haben, dann in ein anderes Kirchspiel wandern und zuletzt Landstreicher und Vagabunden werden — —
soll es gesetzlich erlaubt sein, dass auf Klage der Kirchenvorsteher oder Aufseher eines Kirchspiels von einem Friedensrichter innerhalb 40 Tagen nach erfolgter Niederlassung einer solchen Person in einem Besitzthum unter dem Werthe von 10 Pfund jährlich, je zwei Friedensrichter — Personen, die voraussichtlich dem Kirchspiel, in das sie einziehen, zur Last fallen werden, ausweisen und in das Kirchspiel spediren dürfen, in dem diese Personen zuletzt heimathsberechtigt waren durch Geburt, Haushaltung, Aufenthalt, Lehrlingsschaft oder Dienstverhältniss von mindestens 40 Tagen, es sei denn, dass diese Personen eine nach der Ansicht der Friedensrichter genügende Sicherheit für Entschädigung des Kirchspiels geben — —."

Gegen einen solchen Spruch von zwei Friedensrichtern ist Appellation an die nächsten Quartalsitzungen nach Art. 2 gestattet. Art. 3 verfügt, dass Arbeiter behufs Uebernahme bestimmter Arbeiten ihren Heimathsort verlassen dürfen, wenn ihnen durch Atteste des geistlichen Kirchenvorstehers und Armenaufsehers bezeugt war, dass sie ein Wohnhaus haben, in dem sie Familienangehörige zurücklassen und dass sie Einwohner sind. Sie erwerben aber an dem Orte, wo sie arbeiten, kein Heimathsrecht, können vielmehr nach Vollendung der Arbeit oder, wenn sie arbeitsunfähig werden, zurückspedirt, im Weigerungsfall in ein Correctionshaus oder öffentliches Arbeitshaus eingesperrt werden. Kirchenvorstände und Aufseher der Heimathsgemeinde, welche die Aufnahme verweigern, können vor den Assisen belangt werden.

Danach konnte sich jede Gemeinde aller Zuwandernden innerhalb 40 Tagen wieder entledigen — vorausgesetzt, dass der Zuwandernde ein Heimathsrecht in England besass. Die Strenge des Ausweisungsrechts war also auf Ausländer nicht anwendbar.

Die 40 Tage Aufenthalt, durch die man Heimathsrecht gewann, sollten seit Jacob II. erst von der Anmeldung bei den Kirchenvorstehern und Aufsehern des neuen Wohnorts, seit Wilhelm und Maria erst von der Veröffentlichung dieser Anmeldungen in der Kirche ab gerechnet werden. Indem so der Erwerb von Heimathsrecht durch Aufenthalt ganz in das Belieben der neuen Gemeinde gestellt wurde, wurden dafür andere Rechtsgründe für Erwerbung von Heimathsrecht eingeführt, nämlich:

    Zahlung von Steuern[1]),
    Uebernahme eines öffentlichen Amts in dem Kirchspiel während eines Jahres,
    Durchmachen einer Lehrlingsschaft,
    Einjähriges Dienstverhältniss,

woran sich durch Gerichtspraxis die weiteren Titel für Erwerb des Heimathsrechts durch Geburt und Heirath schlossen.

Da durch das Heimathsrecht nicht bestimmte Gemeinden verpflichtet wurden, bestimmte Arme zu unterhalten, sondern jeder Arbeiter, ehe er wirklich arm war, ausgewiesen werden konnte, so artete das Heimathsrecht in volle Aufhebung der Freizügigkeit für Vermögenslose aus. Der Erwerb des Heimathsrechts durch einjähriges Dienstverhältniss statt durch 40tägigen Aufenthalt durchkreuzte sogar direct die Tendenzen des sogenannten Lehrlingsgesetzes, indem, wie schon A. Smith bemerkt, in Folge dessen einjährige Dienstkontrakte seltener wurden, die früher die Regel waren und welche das Gesetz wesentlich begünstigte. Da die Ausweisung auch erfolgen konnte und wirklich erfolgte, weil Jemand bald Kinder bekommen wird, die der Gemeinde zur Last fallen, so schreckte das vom Heirathen ab und bewirkte Vermehrung der unehelichen Kinder. Die Frage, ob Jemand in einer bestimmten Gemeinde heimathsberechtigt war oder nicht, war in vielen Fällen ausserordentlich schwer zu beantworten und gab zu zahllosen widerlichen Rechtsstreitigkeiten Veranlassung, in deren Verfolgung sich Scharfsinn und Willenskraft der Gemeindehäupter erschöpften. Das Recht, fremde Arbeiter, so-

---

[1]) Wozu aber nach 9. Georg I. c. 7 Strassen- und Strassenkehrgelder nicht mehr gerechnet werden (1722).

wie sie arbeitsunfähig werden, auszuweisen, bewirkte unmenschliche Behandlung von Kranken. Da die Beschränkung der Freizügigkeit die Armenlast direct erhöhte, indem häufig Personen nur unterstützungsbedürftig wurden, weil sie sich anderswo nicht Arbeit suchen konnten, wurde durch 8. u. 9. W. III. c. 30 das auswärtige Arbeiten mit Attesten erleichtert, indem bestimmt wurde, dass solche Personen nur ausgewiesen werden dürfen, wenn sie wirklich, nicht wenn sie nur wahrscheinlich dem Kirchspiel zur Last fallen. Dafür aber konnten Personen mit Attesten in ihrem neuen Wohnort auf keine Weise heimathsberechtigt werden, es sei denn durch ein Anwesen von 10 Pfund jährlicher Rente oder durch Ausübung eines Kirchspielamtes. Lehrlinge und Diener von Personen mit Attesten können kein Heimathsrecht erwerben (9. u. 10. W. III. c. 11; und 12. Anne stat. 1. c. 18). Nach dem Gesetz 8 u. 9 W. III. c. 30 (1697) mussten Personen, die Armenunterstützung empfangen, ein Merkmal auf der rechten Schulter tragen. Unverheirathete konnten Heimathsrecht nicht durch einjährigen Dienstcontract, sondern nur durch wirkliches Aushalten eines einjährigen Dienstes erwerben. Die Pflicht, Armenkinder als Lehrlinge anzunehmen, wurde eingeschärft.

Erst durch 35. Georg III. c. 101 wurde das Recht, Personen, die voraussichtlich dem Kirchspiel zur Last fallen werden, auszuweisen, gänzlich abgeschafft. Bis dahin bewegte sich die Armengesetzgebung vornehmlich in Künsteleien an dem Niederlassungsrecht (Gneist) und die ganze Armenpflege sank zu einem gemeinschädlichen Wettkampf von Kirchspielsinteressen herab. 31. Georg II. c. 11 (1757) musste speciell die Ausweisung von Lehrlingen bekämpfen, da es immer häufiger vorkam, dass Kirchspiele zu ihrer Erleichterung Kinder als Lehrlinge nach auswärts schickten und die auswärtigen Kirchspiele dann ihrerseits wieder chikanöse Massregeln ergriffen. Der Zwang zur Arbeit gegen Arbeitsfähige wurde nur sehr lässig ausgeübt, man begnügte sich mit der bequemen Erhebung und Vertheilung der Armensteuer, deren Gesammtertrag 1776 auf 1 530 800 Pfd. Sterl. gestiegen war, um von da ab noch weiter rapide zu steigen[1]). Eine reichliche Literatur voll Klagen über das Unwesen in der Armenpflege entstand seit Ende des 17. Jahrhundert[2]). Betreffs der Vertheilung der Armenlast unter die Bewohner des Kirchspiels blieb es bei der vagen Bestimmung des Gesetzes der Elisabeth, welche durch die Praxis zu einer proportionalen Besteuerung des Einkommens der Inhaber von Liegenschaften, Häusern, Zehnten etc. wurde. Es wurden zwar vor Georg III. noch Gesetze über das Armenwesen erlassen, die aber die Selbständigkeit der localen Selbstverwaltungsbehörden und das Niederlassungsrecht nicht alterirten, so dass sie gleich den früheren Gesetzen unter Georg III. selbst vergebens gegen die herrschenden Missbräuche ankämpften. Von diesen Gesetzen ist zu erwähnen: 13. Anne stat. 2, c. 26 (1713), ein Gesetz, das den Begriff der Landstreicher und Vagabunden erweitert und Razzia's gegen dieselben anordnet etc., ferner 5 Georg I. c. 8 (1718), wonach Confiscation der Güter von Ehemännern und Eltern, die ihre Frauen resp. Kinder verlassen, zur Entlastung des Kirchspiels angeordnet wird, endlich 9. Georg I. c. 7 (1722): danach sollte, um Verschwendung der Mittel zu verhüten, kein Friedensrichter Unterstützung eines Armen ohne eidliche Bekräftigung eines gerechtfertigten Grundes anordnen; es sollte Buch über alle Armen geführt werden; einzelne oder verbundene Kirchspiele dürfen und sollen Arbeitshäuser[3]) kaufen oder miethen, so dass die den Eintritt verweigernden Armen des Unterstützungsrechtes verlustig werden. Ausserdem beschäftigt sich das Gesetz mit dem Niederlassungsrecht, indem unter Anderem bestimmt wird,

---

[1]) Nicholls schätzt die Armenlast schon 1688 auf 2 Schilling 6 pence pro Kopf der Bevölkerung.

[2]) S. Auszüge aus dieser Literatur bei Eden l. c. (oben S. 17, Anm.)

[3]) Die Arbeitshäuser als obligatorische Einrichtung empfahl schon Hale in seinem 1683 veröffentlichten, aber früher geschriebenen Werke „A discourse touching Provision for the Poor". Die Gesetzgebung hatte sich auch schon früher mit Arbeitshäusern beschäftigt und die Errichtung einzelner Arbeitshäuser war durch Gesetz verfügt worden, z. B. 1703 in Worcester, 1707 in Plymouth, wo sogar Unterricht der armen Kinder eingeführt ward.

dass man durch Kauf eines Anwesens nur heimathsberechtigt wird, wenn der bona fide bezahlte Kaufpreis mindestens 30 Pf. Sterl. beträgt, und nur so lange man auf dem Anwesen wohnt.

§ 6. Stocken der Gesetzgebung.

Das Unwesen in der Armenpflege steigerte sich auf's Höchste unter Georg III. Seit dieser Zeit wurden auch die Versuche gesetzlicher Reform häufiger, die wir nicht im Einzelnen verfolgen. Hier war nur zu zeigen, dass die erleuchtete und am Ende des 16. Jahrhunderts zeitgemässe Gesetzgebung der Elisabeth einige Grundsätze von dauerndem Werthe enthielt, für die das rechte Verständniss allmälig abhanden kam. Sie löste das Problem des gleichmässigen Schutzes von Freiheit und Ordnung für ihre Zeit; sie hätte weiter entwickelt werden müssen in dem Sinne, dass die Ordnungen unter wachsender Aufhebung der localen Gebundenheit ausgebildet worden wären — statt dessen verschärft das Gesetz aber die Gebundenheit an die Scholle, während gleichzeitig Anarchie eintrat. Engherzige Classenpolitik machte sich breit an Stelle eines wahrhaft staatlichen Geistes. Auch die Arbeitshäuser bewirkten nur vorübergehend eine Besserung der Zustände und Verminderung der Armenlast. Sie wurden Manufacturunternehmungen auf Rechnung der Armenkasse, beschäftigten jede Art schlechter Arbeiter und entmuthigten die guten — kurz sie wurden zu Nationalwerkstätten im Kleinen (s. Eden, Vol. I. S. 269 ff.). Dass die Strenge gegen die Eltern unehelicher Kinder und die Findelhäuser (unter Georg II.) nicht helfen konnten, ist selbstverständlich. Das Gebot der Veröffentlichung der Armensteuerauflagen (1744) zeugt nur von der bisherigen Verwirrung und Rechtlosigkeit auf diesem Gebiet. Die beständigen Gesetze gegen Landstreicher und Vagabunden (so 17. Georg II. c. 5, das Prämien auf das Ergreifen von Vagabunden setzt) sind auch ein beredtes Zeugniss für die Unwirksamkeit der Armengesetze.

Gleichzeitig mit der Lässigkeit der Friedensrichter und Armenaufseher in Ausführung des Zwanges zur Arbeit geriethen auch die Lohnfestsetzungen durch die Friedensrichter vielfach ausser Gebrauch. Adam Smith bezeichnet sie Buch 1 c. 10 als ganz abgekommen. Der Zwang zur 7jährigen Lehrlingszeit wurde auf Städte mit Corporationsrechten und Marktflecken und auf die Gewerbe, die zur Zeit des Erlasses des Gesetzes der Elisabeth bestanden, beschränkt. Die mangelhafte Durchführung des Gesetzes in diesen Punkten lag namentlich im Interesse derjenigen Gewerbe, in denen sich Production im grösseren Maassstab zu entwickeln begann, sie untergrub aber die Sicherheit der Stellung des Arbeiters. Dies und die Verknöcherung der Zünfte führte schon frühzeitig, wie namentlich Brentano nachweist, zu Coalitionen der Arbeiter, deren Tendenz zumeist auf Erhaltung der alten zugleich sie schützenden Ordnungen gerichtet ist.

All dies trat unter Georg III. erst recht deutlich hervor; der Process der Auflösung der alten Ordnungen, die man fruchtlos in falscher Richtung zu stärken und verschärfen versuchte, begann aber schon mit dem 17. Jahrhundert. Eine irgendwie bemerkenswerthe Weiterentwickelung des Arbeiterrechts fand seit dem Lehrlingsgesetz der Elisabeth überhaupt nicht statt. Zahlreich waren die Zollgesetze, deren protectionistischer Charakter seit der Zeit der Stuarts immer schärfer hervortrat; auf die eigentliche Gewerbe- und Arbeiterpolizei beziehen sich aber nur wenige Gesetze, wie z. B. das wohlthätige Verbot des Trucksystems (der Lohnzahlung in anderen Waaren als Geld). Das Gesetz 1. Anne stat. 2, c. 18, führt im Geiste der Elisabeth als Motiv an, „Unterdrückung der Arbeiter zu verhüten". Andere unter die Gewerbepolizei fallende Gesetze beförderten den Abfluss müssiger Arbeitskräfte nach den Colonien (4. Geo. I. c. 11 [1717]) oder in den Schiffsdienst. 7. Georg I. stat. 1, c. 13 (1720) verbietet Coalitionen der Schneider, setzt aber zugleich deren Löhne und Arbeitsstunden fest. 12. Georg I. c. 34 (1725) verbietet Coalitionen der Tuchmacher, erhöht aber zugleich die Geldstrafe für Truck. 20. Georg II. c. 19 (1747) überträgt die Entscheidung in allen Streitigkeiten zwischen Arbeitern und Arbeitgebern den Friedensrichtern, **auch wenn in diesem Jahre keine obrigkeitliche Lohntarifirung stattgefunden hat.** 22. Georg II. c. 27 (1749) dehnt die Coalitionsverbote auf alle Arbeiter aus — lauter Gesetze, welche die Mängel der älteren Gesetzgebung nicht durch principielle Reformen, sondern meist nur durch fruchtlose Versuche grösserer Strenge zu heben suchten.

Nur die wichtigsten Theile der eigentlich socialen Gesetzgebung konnten in dieser Einleitung etwas eingehender besprochen werden. Wir sehen, der regierende Grossgrundbesitz missbrauchte seine Macht, um seinen Besitz zu befestigen und auszudehnen, um sich Kornzölle zu verschaffen, um die übermässig decentralisirte Verwaltung, namentlich auf dem Gebiete des Armen- und Gewerbewesens, verknöchern und verkommen zu lassen.

Es kam dazu, dass die regierende Gentry keineswegs bedacht war, die Mittelclassen politisch zu erziehen. Vielmehr liess sie die Pflichten des Dienstes in der Jury und der Miliz einschlummern, dachte nicht an Reform der Municipalverfassungen, und herrschte um so unbedingter auf politischem Gebiete gegenüber dem erwerbenden Bürgerthum.

In glorreichem Kampfe war es der englischen Nation gelungen, den Absolitismus fern zu halten. Die aristokratische, wenngleich -freie Verfassung, die seit der Entsetzung der Stuarts unbedingt zu Recht bestand, litt aber an dem Gebrechen, dass der Egoismus einer der herrschenden Classen sich in wachsendem Maasse Geltung verschaffte.

Dennoch hat diese regierende Gentry eben noch unter Georg III. die grössten politischen Thaten vollbracht. Wir erlebten noch in der 2. Hälfte des vorigen Jahrhunderts die grossartigste Entfaltung parlamentarischer Intelligenz, die gewaltigste Action nach Aussen. Die öffentlichen Zustände litten an grossen Gebrechen — indessen ein erleuchteter Staatsmann, ein energischer König hätte bei dem unerschöpflichen Fond politischer Tüchtigkeit in der Gentry und gesetzlicher Freiheitsliebe im ganzen Volke durch eine Reformgesetzgebung von ähnlicher Kraft wie die der Elisabeth war, ohne durchgreifende Umwälzungen alle gerechtfertigten Wünsche befriedigen können, denn nirgends war unerträglicher Druck, nirgends waren unheilbare Missstände.

In der That hat auch England weder am Ende des vorigen Jahrhunderts, noch 1830 oder 1848 eine Revolution erlebt; aber es haben sich seit Mitte des vorigen Jahrhunderts erst in kleinen Anfängen, dann immer gewaltiger Massenbewegungen und Agitationen kämpfender Parteien und Stände entwickelt, die allmälig die socialen und politischen Zustände des Landes völlig umgestalteten. Es kam keine Revolution; es genügte aber auch nicht die eigene und freie Einsicht der herrschenden Klassen und das aufgeklärte Anknüpfen an die alten Traditionen.

Diese langsam und gesetzlich vollzogenen, aber doch gewaltigen Umwälzungen haben ihren Grund nur sehr theilweise in der Verknöcherung der alten politischen und socialen Institutionen. Die hauptsächlich treibenden Mächte waren das Eindringen demokratischer Ideen und die Entwickelung der Grossindustrie.

Eine geistige Bewegung, die sich zu den Traditionen der Nation in Widerspruch setzte und eine materielle Entwickelung, die mit unwiderstehlicher Kraft alle Verhältnisse umgestaltete, so dass sie von Vielen selbst als eine Revolution bezeichnet wird — sie waren es, die den Charakter des neuen Englands bestimmten.

Erstes Buch.

Sociale und politische Literatur von 1776 bis 1832.

Vorbemerkung
über den Ursprung der neuen politischen Ideen.

Am Schluss des vorigen Abschnitts sprach ich von dem Eindringen demokratischer Ideen. Allerdings handelte es sich der Wirkung nach vorzugsweise um eine Uebertragung der politischen Herrschaft „von den Wenigen auf Viele". Aber dies war doch nur die Folge einer tieferen principiellen Umwälzung aller Anschauungen über Natur, Ursache und Zweck des menschlichen Zusammenlebens — einer Umwälzung, die noch zu keinem Punkte des Abschlusses gekommen ist, ja vermöge ihres vorwiegend negativen, kritischen Charakters auch zu keinem Abschluss kommen kann, wenn sie rein bei ihren Ausgangspunkten bleibt.

Um es mit einem Wort zu sagen: es handelt sich um die Auflehnung des Individuums gegen die traditionellen Ordnungen. Das menschliche Individuum verlangt und bethätigt das Recht über alle Fragen des inneren und äusseren Lebens frei und voraussetzungslos zu denken, zu forschen, zu prüfen. Es beugt sich dabei keiner Autorität irgend einer äusseren Macht oder einer unantastbaren Idee. Es erkennt nur die Thatsachen an, die es selbst sieht und beobachtet und erklärt daraus das, was ist. Und wenn es nach Einrichtungen fragt, die getroffen werden sollen, so fragt es nur, ob diese den Interessen und natürlichen Zwecken seiner selbst dienlich sind.

Die Idee der „freien Persönlichkeit" ist den germanischen und romanischen Völkern angeboren. Aber sie war verbunden mit dem Triebe, sich idealen Zielen opferfreudig hinzugeben und mit der Neigung, sich mit Genossen in unauflöslicher Treue zu verbinden. Das mittelalterliche Christenthum und der Corporationsgeist des Feudalismus legten dem Freiheitstriebe der Individuen immer engere Schranken auf, bis dieser in der Renaissance wieder erwachte[1]) und in beständigen Kämpfen seine Kraft steigernd, zuletzt in den Excessen der grossen französischen Revolution der Welt das Gefährliche, ja Unmögliche seiner einseitigen Herrschaft bewies.

Die Lostrennung der Niederlande von Spanien, die mit 1688 abschliessende englische Revolution, die Constituirung der Republik in Nordamerika und die französische Revolution sind die vier grossen Etappen, in denen der kämpfende Freiheitstrieb seinen Siegeslauf durch die Culturwelt vollzog. Jede dieser geschichtlichen Umwälzungen rief eine reinere, extremere Ausbildung der individualistischen Anschauungen hervor. In jeder ihrer Entwicklungsphasen hatte sie den Kampf mit den Vertretern der alten Autoritätslehren zu bestehen; aber erst spät nach der grossen französischen Revolution begann man, das dauernd Berechtigte in diesen Anschauungen von dem unberechtigten Einseitigen zu sondern, sie durch die organische Staatslehre zu reinigen und zu reformiren, statt ihnen abgelebte Theorien fruchtlos gegenüberzustellen.

Es ist bekannt, welche mächtige Stütze diese aufstrebende Geistesrichtung in den aufblühenden Naturwissenschaften fand, welche dem voraussetzungslosen Forschen die Krone des Erfolges verliehen und die Gewohnheit, bei allem Denken lediglich von Erfahrung und Beobachtung auszugehen, mächtig verbreitete.[2]) Ebenso bekannt ist, dass in dieser ganzen Bewegung der Kampf gegen herrschende kirchliche Dogmen, schliesslich der Kampf gegen das Christenthum und die Gottesidee selbst der principiell wichtigste Theil alles Kampfes war und sein musste.

Die modernen Ideen, die wir kurz als Individualismus

---

[1]) Burckhard, Cultur der Renaissance. 2. Auflage. Leipzig 1869. 4. Abschnitt: Die Entdeckung der Welt und des Menschen.

[2]) Siehe Hettner, Literaturgeschichte des 18. Jahrhunderts. Bd. I.

bezeichnen wollen, wurden zuerst in England zu einer grossen Literatur ausgebildet, die in Locke ihren Höhepunkt hatte. Von da kamen sie nach Frankreich herüber, wo sie reiner, extremer, systematischer, allseitiger ausgebildet wurden, bis Rousseau nicht ihr originellster, aber ihr wirksamster und wohl charakteristischer Prophet wurde. Sie hatten inzwischen in England nicht geschlummert, erfuhren dort aber, wenigstens in politischer Hinsicht, eine principiell wichtige Weiterbildung erst wieder, nachdem der Geist der französischen Literatur, begünstigt durch die Ereignisse von 1776 und 1789, auf England stark gewirkt hatte. Der charakteristischste Vertreter dieser neuesten Entwickelungsphase des Individualismus in England ist und bleibt Jeremias Bentham.

So einflussreich indessen die französischen Vorbilder auch waren, immer blieb die englische Literatur bis zu einem hohen Maasse eigenthümlich. Es wirkte und wirkt bis zum heutigen Tage in England die Eigenthümlichkeit des Nationalcharakters, derzufolge der Engländer der consequenten Entwicklung einer abstracten Theorie von Natur abgeneigt ist und seine Kraft lieber auf einzelne praktische Ziele concentrirt. Es blieb, bei dem Mangel irgend eines unerträglichen Drucks der äussereren Verhältnisse, eine auch in der Literatur sich spiegelnde starke Tendenz trotz aller platonischer Anerkennung extremer Doctrinen mit dem Gefühl und mit der That an einem guten Theil alter Institutionen festzuhalten. Deshalb spielt zu allen Zeiten in der englischen Literatur die Frage, ob eine einzelne Reform den Interessen der Individuen förderlich sei, eine tonangebende Rolle, während der Drang, aus einem allgemeinen Princip unbedenklich die vollen Consequenzen zu ziehen, praktisch schwach bleibt. Die Absicht, die ganze englische Verfassung umzustürzen und durch eine Republik zu ersetzen, trat zwar auf, blieb aber gegenüber dem Willen, die Verfassung auf friedlichem Wege in wichtigen Punkten zu reformiren, ohne praktische Macht.

Besonders aber bleibt der englische Individualismus eigenthümlich in Bezug auf seine Stellung zu Kirche und Religion. Hier ist noch heute der englische Geist factisch auf dem

Standpunkt Locke's stehen geblieben — das »écrasez l'infame« hat in England nur sehr vereinzelt ein Echo gefunden.

Gewiss hat auch England seine Deisten, Atheisten und Materialisten und die englischen Deisten sind von besonderem Einfluss auf die Entwickelung der gesammten Aufklärungsliteratur in Europa gewesen. Aber für England selbst sind practisch die protestanischen Dissenters vom grössten Einfluss geblieben. Aus ihren Reihen gingen die begeistertsten und wirksamsten Vertreter der individuellen Freiheit auf religiösem und politischem Gebiet hervor. Sie blieben aber auf dem Boden des Christenthums und bewahrten ein gutes Theil der alten sittlichen Strenge der Puritaner. So hatte ihr Freiheitsdurst eine starke praktische Schranke, der sie vor der Leidenschaft nach Auflösung und Zerstörung um jeden Preis bewahrte. Bentham selbst war freilich kein Dissenter. Aber dem starken religiösen Gefühl der Massen gegenüber, das ja auch in den socialen Kämpfen nach der Reformbill noch deutlich wirksam hervortrat, verstieg auch er sich nicht zum Angriff auf die Religion an sich, sondern er steigerte nur die Toleranz zum Indifferentismus und behandelte politische und sociale Fragen ohne Rücksicht auf Religion.

Abneigung gegen extreme, abstracte Doctrinen, Festhalten an gewissen national-englischen Traditionen, fortgesetzte Ehrfurcht vor den Grundlagen des Christenthums, das waren die oft mehr gefühlten als durchdachten Gesichtspunkte, welche den Individualismus in England praktisch an jenen Excessen verhinderten, zu denen er in Frankreich gelangte. Es war dies ein grosses Glück für England, insofern, als dadurch trotz aller Umwälzung der Ideen und trotz aller Kämpfe der Parteien eine organische Weiterentwickelung und Fortbildung der innern, namentlich der socialen Gesetzgebung möglich wurde. Andererseits entstand daraus der Nachtheil, dass die schablonenhaften Theorien des politischen Individualismus sich wegen ihrer praktischen Ungefährlichkeit um so ruhiger und unangefochtener festsetzten und der an sich einseitigen, nur durch praktische Kräfte und Volksinstincte im Zaume gehaltenen politischen Theorie keine andere bessere productive

Theorie gegenübertrat. Während die Gesellschaft vor zerstörenden Erschütterungen bewahrt blieb, ging dem Volke die wahre Staatsidee um so sicherer verloren.

Man kann sagen, dass England noch heute den grössten Gewinn und zugleich einen unverkennbaren Schaden davon hat, dass die glorreiche Revolution nur beschränkte Zwecke anstrebte und erreichte, zu diesen nothwendigen Zwecken aber doch die Ideen des Individualismus einfach benutzte. Noch heute stehen ein verständiger praktischer Conservatismus und eine flache, einseitige Staatsauffassung unvermittelt nebeneinander.

Die Reformation unter Heinrich VIII. war ja zunächst nur ein politischer Act gewesen. Nachher erst drangen calvinistische Ideen ein, und es entwickelte sich das Puritanerthum, das in seinem starken Individualismus eine natürliche Opposition gegen weltliche und geistliche Obrigkeit machte. Die Zurücksetzung, welche diese religiöse Partei unter Elisabeth erfuhr, drängte sie weiter in der Opposition — dennoch blieben sie, da sie in England immer besser behandelt wurden, als auf dem Continent, und auch in Folge ihres leidenschaftlichen Antipapismus, treue Engländer. Die extremste politische Partei war zugleich die extremste religiöse Richtung — sie war noch voll von religiösem Glauben. Nicht das individuelle Gewissen allein, sondern die Bibel zugleich waren die Grundlagen all ihres Wollens. Berief sich — unter der Herrschaft der Stuarts — der Vertreter des Absolutismus Filmer auf Gott und die Bibel, so thaten Milton und seine Anhänger das Gleiche und so hatten alle Engländer noch einen gemeinsamen Boden, auf dem sie standen.

Während des nun folgenden Bürgerkrieges und als auf kurze Zeit die Cromwell'sche Republik gegründet wurde, verstieg sich der Individualismus der Puritaner allerdings zum Tyrannenhass und zur Abschaffung des Königthums [1]). Allein

---

[1]) Macaulay, Geschichte Englands 1. Cap.: „Ihrem (der Puritaner) Hass gegen die Kirche ward Hass gegen die Krone zugefügt; beide Gefühle vermischten sich und machten sich gegenseitig immer bitterer. Die

auch damals bändigte die strenge Zucht der Puritaner ihre Begierde nach Zerstörung verhasster Institutionen und als sie zur Herrschaft gekommen waren, mässigte sich ihre Leidenschaft. Die siegende Revolution wurde regierungsfähig, sie vernichtete durch den Sieg ihre eigene Macht, nicht aber die Ordnung und Blüte des nationalen Gemeinwesens. Der weise Protector selbst suchte mit aller Macht an die Vergangenheit anzuknüpfen und bald kehrte das Volk begeistert zur legitimen Monarchie zurück.

Die bald folgende zweite, die „glorreiche Revolution" von 1688 war keine Volkserhebung, sondern eine vom Parlament vollzogene nothgedrungene Aenderung der gesetzlichen Thronfolge und eine Wiederherstellung der alten constitutionellen Grundsätze durch die Majorität der herrschenden Classe. Die „Declaration of rights" bestätigte die beschränkte Monarchie wie sie dem Wesen nach seit der Magna charta bestand.

Der Geist der Puritaner lebte nach der Wiederherstellung der Monarchie unter den Dissenters fort. Aber nicht nur die Befriedigung, welche die theilweise Anerkennung ihrer Principien im Jahre 1688 gewährte, bewirkte bei ihnen eine gewisse Mässigung, sondern vor allem der Umstand, dass sie den christlichen Boden nicht verliessen.

Das Jahr 1688 brachte die Whigs zur Herrschaft. Auch der jetzt immer mehr verschwimmende Gegensatz zwischen

---

Ansichten der Puritaner über das Verhältniss des Regenten zum Unterthanen waren sehr verschieden von denjenigen, welche die Homilien einprägten; ihre Lieblingsgeistlichen hatten durch Wort und Beispiel zum Widerstande gegen Tyrannen und Verfolger ermuthigt. Ihre calvinistischen Brüder in Frankreich, Holland und Schottland standen gegen abgöttische und grausame Fürsten unter Waffen. Ihre Begriffe über Staatsregierung hatten eine Färbung von ihren Begriffen über Kirchenregiment angenommen. Manche bittere Reden, welche das Volk gegen die bischöfliche Verfassung schleuderte, konnten ohne viele Schwierigkeit gegen das Königthum gewandt werden und viele Gründe, deren man sich bediente, um nachzuweisen, dass die geistliche Macht am besten in einer Synode residire, schien zu dem Schlusse zu führen, dass die weltliche Gewalt am besten in einem Parlament ihren Sitz aufschlage.

Whigs und Tories war ursprünglich ein zugleich kirchlicher und politischer und behielt diese zwiefache Natur immer.[1]) Die Neubegründer des englischen Verfassungsstaates von 1688 schufen in der wiederhergestellten respective reformirten Verfassung gleichzeitig die Basis alles organischen Fortschritts und einer fortlebenden aufgeklärt-conservativen Gesinnung.

Sie beriefen sich auf die Theorie von Staatsvertrag[2]), zugleich aber auf die historischen Rechte und waren durchaus principiell von den ein Recht auf beständig zu erneuernde Revolution begehrenden Ideen der Volkssouveränetät entfernt — wie das später Burke glänzend nachgewiesen hat.

Unklar über die logischen Consequenzen der Staatsvertragsideen, aber principiell abgeneigt solche überhaupt zu ziehen, zahlten sie durch die Berufung auf den Staatsvertrag dem individualistischen Zeitgeist ihren Tribut, ohne diesen zur vollen Herrschaft zu bringen.

Der monarchische Absolutismus, der auf dem Continent dauernd, in England vorübergehend und unvollkommen unter den Stuarts zur Herrschaft gelangte, hat selbst das seinige zur Ausbreitung des Individualismus beigetragen, indem er die Tendenz hatte, das ständisch gegliederte Volk in ein Aggregat gleichartiger, d. h. zunächst gleichverpflichteter Unterthanen aufzulösen. Einer der ältesten und bedeutendsten Vertreter der Vertragstheorie, Hobbes, hat diese auch im Interesse des Absolutismus verwerthet, nachdem vorher die Jesuiten sie zuerst benutzt hatten, den Staat als Menschenwerk unter die Autorität der auf göttlicher Einsetzung beruhenden Kirche zu stellen. Allein die natürliche Consequenz

---

[1]) C. v. Noorden, Europäische Geschichte des 18. Jahrhunderts 1870. 1. Bd., S. 56 ff. Nach Noorden hat Delbrück, ohne sich auf Noorden zu berufen, den Gedanken in den Preussischen Jahrbüchern 1876 weiter ausgeführt.

[2]) Am 28. Januar 1689 erklärten die Gemeinen „König Jacob hat — indem er den ursprünglichen Vertrag zwischen König und Volk brach — abgedankt" und auch das Oberhaus entschied, es gebe einen ursprünglichen Vertrag zwischen König und Volk (s. Dahlmann, Geschichte der englischen Revolution. 2. Auflage, S. 384 u. 385) — aber man verlangte kein „Wahlrecht für immer" und berief sich für jetzt auf Nothwehr.

der von einem ursprünglich staatslosen und ganz ungebundenen Individuum ausgehenden Vertragstheorie ist die Idee der Volkssouveränetät und naturrechtlichen Majoritätsherrschaft. Und so sehen wir denn Locke, in dessen Schriften sich der Geist von 1688 am vollkommensten wiederspiegelt, die Vertragstheorie zur Rechtfertigung der Einsetzung Wilhelm's III. und zur Rechtfertigung der liberalen Elemente der englischen Verfassung benutzen. Sie diente nunmehr vorherrschend der Tendenz, Rechte des Volks gegenüber der jeweiligen Regierung zu vertreten. Und wenn Locke factisch das Recht des Widerstandes auf den Fall von 1688 beschränkte und die Theorie nur soweit benutzte, als sie diesen Fall motivirte, so war dies im Grunde ebensowenig logisch consequent, als wenn er von dem Grundsatz der Toleranz die beiden Ausnahmen zu Ungunsten der Atheisten und Katholiken machte.

Lassen wir die religiöse Seite der individualistischen Weltanschauung, die in England zumeist als eine praktische Schranke wirkte, zunächst ausser Betracht, so concentrirt sich in politischer und socialer Hinsicht der schon von Locke, wenngleich etwas inconsequent ausgebildete Individualismus dahin, dass man den Staat und jede sociale Ordnung im Staat als das Product des vereinigten Willens ursprünglich souveräner Individuen und als eine von den Individuen in ihrem Interesse geschaffene Einrichtung betrachtet.

Im Treatise of Civil Government geht Locke von einem „Naturzustand mit vollkommener Freiheit innerhalb der Grenzen der Gesetze der Natur und mit einem Zustand der Gleichheit" aus, wobei die Gesetze der Natur offenbar wegen der Willkürlichkeit ihrer Fassung irrelevant sind. Da zwar auch der Ausdruck „Gesetz Gottes und der Natur" vorkommt und die Menschen als „Eigenthum Gottes" bezeichnet werden, der Begriff „Gesetz der Natur" aber ausdrücklich mit „reason" identificirt wird, so ist klar, dass der Freiheit des individuellen Wollens und Denkens eine principielle Schranke von Anfang an nicht gesteckt wird. Es stimmt vollständig mit der Annahme der ursprünglichen Souveränetät des Individuums, wenn an vielen Stellen die Erhaltung und der Schutz des (individuellen) Eigenthums als Zweck des Staates hingestellt, wenn behauptet wird, Jedermann werde Mitglied des Staates durch „his own consent"; ebenso wenn Locke der Gewalt der Legislative naturrechtliche Grenzen steckt, diese als „fiduciary power" bezeichnet, der gegenüber das Volk eine souveräne (supreme) Macht behält, die Legislative zu entfernen oder zu ändern; wenn er endlich die Mitglieder der Legislative, welche ihre Pflicht (das Eigenthum zu schützen) verletzen, selbst Rebellen nennt.

Kurz, wenn man einmal davon ausgeht, dass ursprünglich die Individuen frei und souverän waren, und den Staat und die Regierungsgewalt durch Uebereinstimmung vieler individueller Souveräne eingesetzt haben, so ist der Consequenz nicht zu entgehen, dass die Summe der Individuen nach wie vor der eigentliche Souverän bleibt und die Verfassung durch das Belieben dieser Summe, d. h. praktisch ihrer Majorität jederzeit geändert werden kann. Dieser Consequenz ist nur zu entgehen, wenn man den Naturzustand und Vertrag ganz verwirft und den Menschen als solchen für naturnothwendig staatlich und durch den Staat gebunden erklärt, so dass die Anfänge des einzelnen Menschen und der staatlichen Ordnung zusammenfallen.

Statt dessen behauptet Locke nur, das aus der Volkssouveränetät abgeleitete Revolutionsrecht sei praktisch ungefährlich. Er entwirft die gezwungene und offenbar unhaltbare Theorie, der einmal durch Vertrag begründete Staat würde durch stillschweigende Unterwerfung derjenigen, die im Staate volljährig werden, fortgesetzt, indem sie ihren Besitz unter dem bestehenden Gesetz antreten. Wie aber, wenn die jetzt Volljährigen auf ihren Besitz verzichten und mit der Neubegründung des Staates eine Neuordnung der Besitzverhältnisse verbinden wollen?

Dem Staat unterwirft man sich, sagt Locke, wegen der dadurch geschaffenen Sicherheit. Daher darf der Staat nur nach dem allein Sicherheit gewährenden Gesetz für „Friede, Sicherheit und öffentliches Wohl des Volks" regieren. Die Regierung wird rebellisch, wenn sie diese Grenze überschreitet — und dann ist offenbar der Nothfall erlaubter Revolution gegeben; dagegen wären die Unterthanen im Unrecht, wollten sie sich gewaltsam gegen eine diese Grenzen einhaltende Staatsgewalt auflehnen — wovon sie schon ihr Interesse abhalten wird; also ist die Lehre von der Volkssouveränetät ungefährlich.

Am Schluss der citirten Schrift fasst dies Locke noch einmal zusammen: „Die Gewalt, die jedes Individuum der Gesellschaft bei seinem Eintritt in dieselbe übertragen hat, kann nie zu den Individuen zurückkehren, sondern bleibt, solange die Gesellschaft besteht, immer bei der Gesammtheit, weil ausserdem keine Gesammtheit (community), kein Gemeinwesen bestehen kann, was ein Widerspruch gegen den ursprünglichen Vertrag wäre. Wenn also die Gesellschaft die gesetzgebende Gewalt einer Versammlung von Menschen übertragen hat, so dass sie bei dieser und ihren Nachfolgern bleiben soll, und wenn sie Maassregeln und Autorität zur Beschaffung solcher Nachfolger verliehen hat — so kann die gesetzgebende Gewalt, so lange diese Regierung besteht, nie zum Volke zurückkehren. Denn indem die Menschen eine gesetzgebende Gewalt, mit der Macht für ewig fortzubestehen, eingeführt haben, haben sie ihre politische Macht auf die gesetzgebende Gewalt übertragen und können sie nicht wieder nehmen. Wenn sie aber der Dauer der gesetzgebenden Gewalt Grenzen gesetzt und irgend einer Person oder Versammlung nur zeitweise die höchste Gewalt gegeben haben, oder wenn diese Gewalt durch Missbrauch der Herrschenden verwirkt wird; — dann kehrt nach der Verwirkung oder nach dem Ablauf der Zeit die Gewalt zu der Gesellschaft zurück und das Volk hat das Recht als höchste Gewalt zu handeln, selbst die Gesetzgebung fortzusetzen, diese in neuer Form zu errichten oder sie unter der alten Form nach Gutdünken in neue Hände zu legen.

Man sieht, Locke will praktisch die **ungestörte Herrschaft des Gesetzes**, er will diese schützen gegen Willkür von Oben und gegen rohe Gewalt von Unten. Ihm schwebt das wahre Ideal des Rechtstaats vor, nicht des Staats, der nur die Privatrechte der Individuen schützt, sondern der Staat, dessen geheiligtes Recht die störende Willkür aller Individuen dauernd bindet, ohne ihre Kräfte in Fesseln zu schlagen. Er hat ja auch praktisch recht, dass eine Revolution von Unten unvermeidlich und daher moralisch entschuldigt ist, wenn die Herrschenden das Recht gröblich verletzt, d. h. Revolution von Oben gemacht haben. Nur ist dann von Recht überhaupt nicht mehr die Rede, sondern von einer nothwendigen That zur Neubegründung der Rechtsordnung, nachdem die alte bereits vernichtet ist. Die Behauptung von einem Wiederaufleben der ursprünglichen Volkssouveränetät nach vollzogenem Rechtsbruch der Herrschenden lebte ja 1688 auch unter den handelnden Whigs, ihre That selbst aber war noch weniger revolutionär als selbst die Theorie Locke's — denn nicht das souveräne Volk, sondern das legitime Parlament vollzog die nothwendige Umwälzung.

Kurz, was Locke und seine Zeit wollte, war durchaus berechtigt, weil nothwendig. Die Mässigung dieses Wollens war praktische Weisheit. Aber es war ein theoretischer Irrthum, dass man sich dabei auf die Principien des extremen Individualismus berief, und diesen durch theoretisch inconsequente Lehren mässigen wollte. Man musste sagen: der Mensch ist ohne staatliche Ordnung undenkbar, die Erhaltung und die organische Weiterentwickelung des Staats ist so nothwendig, wie die Erhaltung des Lebens und der Gesundheit jedes Einzelnen. Im Leben des Einzelnen kommen Krankheiten und Krisen vor — diese muss man verhüten und im Nothfalle so rasch wie möglich heilen. Ebenso kommen auch im Staatsleben gewaltthätige Erschütterungen durch die Unvollkommenheit aller menschlichen Dinge vor; aber diesen muss man vorbeugen und, wenn sie doch unvermeidlich werden, so muss man möglichst rasch den alten normalen gesunden Zustand, d. h. das Gesetz, wieder herstellen und dann weiter entwickeln. Statt dessen berief man sich auf die natürliche und ursprüngliche Souveränetät des Volks, d. h. aller Individuen, und man wollte die Gefährlichkeit dieser Fiction durch die andere Fiction abstumpfen, dass das Volk sich dieses Rechts ein für alle Mal begeben habe. Die erste Fiction ist der Ausfluss eines gesteigerten Freiheitsdranges, die zweite ein Ausdruck für einen noch gleichzeitig vorhandenen ängstlichen Ordnungssinn. Aber es sind zwei Fictionen und noch obendrein zwei sich einander widersprechende Fictionen, von denen die erstere deshalb den stärkeren und einen wachsenden Glauben fand, weil sie mit der allgemeinen Bewegung der Geister harmonirte und für sich allein ausserordentlich einfache und dem erwachten Selbständigkeitstrieb schmeichelhafte Consequenzen ergab.

Es ist hauptsächlich das Werk der Franzosen und insbesondere Rousseau's, dass sie die zweite Fiction strichen, die Unveräusserlichkeit der individuellen Freiheit und damit ein Recht auf ewig erneuerte Revolution behaupteten. Diesen kühnen aber doch nur consequenten Schritt über Locke hinaus hat der englische Volksgeist nicht vollständig mitgemacht, wenigstens hat die einfache Theorie Rousseau's nie die Majorität englischer Denker und nie praktisch die Massen ergriffen. Es blieben mässigende Schranken, wenn auch von abnehmender Kraft und es fehlte der Versuch, die Inconsequenz Locke's zu entfernen.

1776 erklärten die Enkel der ausgewanderten Puritaner in Amerika: „Wir halten es für eine unleugbare Wahrheit, dass alle Menschen in ihrem Ursprung gleich sind, dass sie von ihrem Schöpfer unverletzliche, unveräusserliche Rechte erhalten haben, zu denen namentlich das Leben, die Freiheit, das Eigenthum und das Verlangen nach Glückseligkeit gehören; dass die Regierungen zum Schutz dieser Rechte angeordnet und von Niemand anderem als von den Völkern mit der obrigkeitlichen Gewalt ausgestattet worden sind; dass demnach die Unterthanen das Recht haben, eine Regierung, die sich von ihrer Bestimmung entfernt, zu verändern oder abzuschaffen, und nach den Grundsätzen bleibender Sicherheit wie wahrhaften Wohlstands ein neues Regiment einzurichten. Wenn nämlich eine lange Reihe von Missbräuchen und Gewaltthätigkeiten Knechtschaft herbeizuführen strebt, freie Staatsbürger unter das Joch der Willkührherrschaft zu bringen sucht — dann hat das Volk ein unverjährbares Recht und die heiligste Verpflichtung neue Wächter für seinen künftigen Schutz zu bestellen." —

Man vergleiche dies mit der Stelle aus Locke, die ich oben anführte. Es ist derselbe Gedankengang, aber man spürt den Einfluss Rousseau's. Noch soll nur die Regierung, die sich von ihrer Bestimmung entfernt, abgesetzt werden, aber es wird nicht mehr betont, dass das Volk sich durch den ersten Staatsvertrag unwiderruflich seiner Souveränetät begeben, sondern es ist schon von unveräusserlichen Rechten die Rede.

Es ist bekannt, dass auch die Amerikaner diese Theorien lediglich zu einem beschränkten Zweck benutzten und die Republik, nicht weil sie dieselbe principiell allein für richtig hielten, sondern desshalb einführten, weil sie praktisch kaum eine andere Wahl hatten. Dennoch wurde dadurch, dass in Amerika eine demokratische Republik wirklich gegründet wurde, der Ausbreitung des extremen Individualismus, der sich von der erwähnten zweiten Locke'schen Fiction immer mehr losmachte, bedeutender Vorschub geleistet und in noch höherem Grade geschah dies durch die französische Revolution. In dem Jahr 1776, in dem die Amerikaner mit Rousseau's Worten sprechen und Turgot die Abschaffung der Frohnden und Einführung der Gewerbefreiheit in Frankreich versuchte — in demselben Jahre veröffentlichte Adam Smith sein die individualistische Nationalökonomie begründendes Werk, und Jeremias Bentham schrieb seine erste politische Broschüre. Der sociale und politische Individualismus Locke's hatte aufgehört lediglich die Revolution von 1688 zu rechtfertigen; man war nunmehr entschlossen weitere und grössere Consequenzen daraus zu ziehen.

Ich werde die einzelnen bedeutendsten Vertreter dieser neuesten Entwicklungsphase des Individualismus in Folgendem monographisch schildern. So weit auch Einzelne schliesslich den Franzosen entgegenkamen, im Ganzen verstieg man sich nicht bis zur Leidenschaft für die Revolution an sich und die Inconsequenz Locke's lebte doch in neuen und abgeschwächten Formen fort. Selbst in seiner extremsten Entwicklung erkannte z. B. Bentham die Menschenrechte nicht an. Wie Locke die Zeit von 1688, so repräsentirt Bentham — freilich weniger klar, weniger vielseitig und originell als Locke — doch am schärfsten die Zeit seit 1776 in England. Man kann an ihm sehen, welche Schranken selbst diesem abstractesten und doctrinärsten aller Engländer die angeborne und anerzogne Denkweise der Engländer gegenüber Rousseau anlegte. Allein man kann auch an Bentham am deutlichsen sehen, in welcher Weise die Abneigung zu consequenter und allseitiger Ausbildung eines theoretischen Princips zugleich schädlich wirkte [1]).

Der Individualismus betrachtet das Individuuum nicht nur als souveräne Ursache aller Ordnungen und Einrichtungen des Zusammenlebens, er betrachtet die Lebenszwecke des isolirten Individuums auch als einzige Zwecke alles isolirten und socialen menschlichen Thuns. Und da die Lebenszwecke des isolirten resp. isolirt gedachten Individuums unbedingt egoistisch sind und sich vorzugsweise auf das physische Dasein beziehen, so muss sich bei ausschliesslicher Betrachtung dieser Zwecke ein ethischer Materialismus entwickeln.

Der praktische Engländer, der ja immer im Grunde einzelne bestimmte Reformen von irgend einem nachweislichen Nutzen, und nicht allgemeine politische Ideale, resp. Utopien

---

[1]) In der That sind Rousseau (1712—1778), Bentham (1748—1832), und Kant (1724—1804) die drei Philosophen, welche ihren Völkern bei dem Uebergang zur neuesten Zeit mit der Fackel des Geistes prophetisch vorangeleuchtet haben. Mit feuriger Empfindung und mit den allgemeinsten Sätzen beginnend, hat Rousseau den Franzosen nicht endende Revolutionen, mit unermüdlicher Zähigkeit und vom Kampf gegen einzelne Missbräuche ausgehend, hat Bentham den Engländern Bruch mit der Vergangenheit durch aufgeregte Reform, mit umfassendster Bildung und tiefster Forschung hat Kant den Deutschen den wahren Rechtsstaat — nicht den Interessenstaat — prophezeit. Aus der Anschauungswelt des Individualismus sind die politischen Ideen der drei Philosophen herausgewachsen — und doch wie verschieden sind die Philosophien des Volkes der Revolution, des Volkes der Reform — und des Volkes der Denker, das erst nachdem es alles durchdacht hatte, zur politischen That kommen sollte!

im Kopfe hatte, unterliess es leicht, die Consequenzen der begründenden Souveränetät des Individuums systematisch zu ziehen. Aber um so Vollkommneres leistete er darin, die greifbaren, berechenbaren (materiellen) Zwecke resp. Interessen des Individuums zur alleinigen Richtschnur bei Untersuchung jeder Frage der Privatmoral und des öffentlichen Wohls zu nehmen. Nicht die Nützlichkeitslehre an sich — denn was kann man Alles unter Nützlich verstehen! — sondern dass man das dem isolirten Individuum Nützliche zur Richtschnur nahm, das macht das Wesen des Utilitarianismus aus, der bei Bentham ausgebildet vorliegt und der in der Form, wie ihn der gefällige Mill schliesslich formulirt, heute die Engländer beherrscht. Dieser Utilitarianismus ist nur eine Seite des Individualismus — und ihm unterwerfen sich, wie wir sehen werden, faktisch auch die principiellen Gegner der Volkssouveränetätslehre in England, ihm zog selbst der stärkste christliche Sinn, sogar unter den Anhängern der Staatskirche, keine Schranken.

So kam es, dass eine Inconsequenz das moderne England vor gewaltiger Revolution und Anarchie bewahrte, — eine in dieser Hinsicht praktisch segensreiche Inconsequenz, die aber nicht die Kraft besass, dem englischen Volke neue lebensfähige und lebensvolle ethische und politische Ideale zuzuführen.

Auch das Dissenterthum, welches die politische Opposition in einer gewissen heilsamen christlichen Zucht erhielt und dem Revolutionsgelüste Zügel anlegte, vermochte nicht den ethischen Materialismus zu bekämpfen, sondern bahnte ihm — in oft naiver Weise die Wege. Man sieht dies deutlich an Priestley, dem vielleicht interessantesten unmittelbaren Vorgänger von Bentham.

Wie schon Hobbes trotz aller höchst materialistischen Auffassung des Staats etc. „seinen Frieden mit der Kirche gemacht hatte" [1]; wie Locke bei seiner Auffassung vom Staat von utili-

---

[1] Siehe Lange, Geschichte des Materialismus, 2. Aufl. Bd. 1, S. 249 u. 254.

tarischen Anschauungen erfüllt war, so haben später Paley und Priestley höchst rationalistische und praktisch materialistische Anschauungen, der eine mit energischer Vertheidigung der Staatskirche, der andere mit warmen Dissenterglauben zu verbinden gewusst. Der Engländer vermochte nicht sich aus dem ihm natürlichen Materialismus zu einer idealen Weltanschauung durchzuarbeiten, wohl aber vermochte er den absolut auflösenden und zersetzenden Consequenzen seines Materialismus zu entgehen [1].

---

[1] Von den Engländern überhaupt gilt was Leslie Stephen „English Thought in the Eighteenth Century". Bd. 1 S. 71 sagt: „The votary of common sense sometimes refuses to ask the ultimate questions at all." (Der Anhänger des gesunden Menschenverstandes geht mitunter den letzten Fragen geflissentlich aus dem Wege).

Erstes Capitel.
Die älteren Individualisten.

§ 1. Priestley und Price.

Unter den englischen Schriftstellern, an deren Werken die Einwirkung der französischen Literatur zu erkennen ist, ist David Hume gewiss derjenige, der für die Geschichte der Philosophie die grösste Bedeutung hat. Eine solche Bedeutung hat der Dissenterprediger Joseph Priestley in viel geringerem Grade, obwohl er immerhin bemerkenswerth ist als derjenige, der über Hartley hinausgehend, die materialistische Erklärung des Denkens in der schroffsten Weise ausbildete. Von grösserer Bedeutung und allgemein anerkannt sind seine Verdienste um die Naturwissenschaft. Was die socialen und politischen Wissenschaften betrifft, so kann man ihm weder grosse Verdienste noch Originalität nachrühmen. Dennoch sind seine Schriften in dieser Hinsicht sehr beachtenswerth, weil er von Bentham und Paine die weitestgehenden Consequenzen des Individualismus zog, immer unter Beachtung einer praktischen Scheu vor gewaltthätiger Revolution, und weil diese seine Schriften allein die Erklärung der seltsamen Verbindung von philosophischem Materialismus, politischem Individualismus und freiem christlichem Gottesglauben möglich machen. Eben in Folge dieser Verbindung ist Priestley ein viel charakteristischerer Vertreter der englischen Anschauungsweise als Paine, obwohl dieser während und nach der französischen Revolution viel mehr Aufsehen erregte.

Die Verbindung scheinbar unvereinbarer Anschauungen

bei Priestley ist nicht einfach die Folge ungeschulten Denkens[1]), nicht einmal nur die Wirkung nationaler Traditionen, sondern ist vor allem erklärbar durch sein Dissenterthum. Ein im Kampfe gegen die staatlich geschützten kirchlichen Autoritäten befindliches Christenthum konnte alle oppositionellen und extremen liberalen politischen Theorien acceptiren, es konnte für das Individuum, das allein nach seinem Gewissen sein Verhältniss zu Gott festsetzte, das unbedingte Recht des freien Forschens und Denkens beanspruchen und ausüben — und konnte doch Christenthum bleiben, d. h. das freie individuelle Bedürfniss des Glaubens an einen Gott konnte ungestört befriedigt bleiben.

Ein Christenthum, das principiell Opposition machte, das nach Gleichberechtigung und Freiheit rang, das principiell nicht daran dachte, Autoritäten auszubilden zur Bindung des individuellen Willens — ein solches Christenthum war der natürliche Bundesgenosse von Freidenkern und politischem Individualismus, und es war nicht unnatürlich, dass Politiker und Philosophen, die von dem Boden solchen Christenthums ausgingen, ihren Ausgangspunkt mit Begeisterung festhielten, zumal er ihnen Anhänger verschaffte, ohne sie in der Ausbildung ihrer Ideen irgendwie zu stören. Ein wichtiger Theil von Priestley's materialistischer Philosophie, die Leugnung der Willensfreiheit, liess sich sogar mit der puritanischen Prädestinationslehre sehr leicht und natürlich vereinigen.

---

[1]) So erscheint es zwar Leslie Stephen l. c. Bd. 1 S. 431: „Priestley carikirt die übliche englische Tendenz, einen Compromiss zwischen unvereinbaren Dingen zu machen. Ein Christ und ein Materialist. Leidenschaftlich sympathisirend mit der französischen Revolution und doch festhaltend an einem Rest der Doctrinen, denen diese Revolution wesentlich entgegengesetzt war; ein politischer Bundesgenosse und religöser Gegner des Geistes, den Paine ausspracht. Aufgebend die mystischen und doch beibehaltend die übernatürlichen Elemente des Christenthums. Rasch die Oberfläche einer Ansicht überblickend, aber unfähig, ihre tieferen Tendenzen zu würdigen — so wirft er gelegentlich in scharfsichtiger und belehrender Weise Licht auf eine Seite einer Streitfrage — nur um im nächsten Moment in rohe Dogmen und abgelebten Aberglauben zurückzufallen."

Die Puritaner sind für Priestley die Ahnen der gegenwärtigen Dissenters, die zwar die Engherzigkeit der alten Puritaner aufgegeben haben, aber sich immer bewusst bleiben sollen, dass alle Freiheit in England den Puritanern zu verdanken ist. Priestley's Christenthum ist ihm also nicht nur die Grundlage all seiner begeisterten Freiheitsliebe, da es lehrt: „dass kein Herr auf Erden sein soll, denn nur Einer ist Herr, Christus selbst" [1]) — sondern dies mit der politischen Freiheit verbündete Christenthum hat bereits seine Geschichte und werthvolle Tradition und wird darum um so wärmer festgehalten. Die meisten politischen Schriften Priestleys fallen in die Zeit vor der französischen Revolution; sie knüpfen an Locke an, dessen Lehren in Rousseau's Sinn weiter gebildet und auf den Kampf der Amerikaner angewendet werden; aber es wird kein Revolutions-, ja nicht einmal ein ausgebildetes Reformprogramm für England festgestellt. In der späteren Schrift gegen Burke geht Priestley allerdings weiter, aber doch nicht soweit, wie Paine und später Bentham, die sich auch von dem Christenthum der Dissenter losmachten und in ihren Postulaten vielfach ganz kosmopolitisch wurden. Priestleys ältere Schriften stellen den Uebergang von den alten englischen Freiheitslehren des Bürgerkriegs und der glorreichen Revolution zu der neuen durch die französische Revolution beeinflussten Entwicklungsphase des englischen Individualismus dar.

In den älteren Schriften [2]) überwiegen die Erörterungen über die Verhältnisse der Dissenters und die Ausführungen zu Gunsten des Postulats religiöser Toleranz und der Trennung von Kirche und Staat schon dem Raume nach bedeutend. In den „Remarks on some paragraphs in the 4th Volume of Blackstone's Commentaries relating to Dissenters" von 1769 wird die Loyalität der Dissenters, namentlich seit Wilhelm III., in Schutz genommen, behauptet, der Calvinismus sei principiell

---

[1]) S. Motto zu der Schrift „Principles and Conduct of the Protestant Dissenters etc." 2. Aufl. 1769.

[2]) Ich citire nach der Gesammtausgabe von Priestley's Works ed. Rutt, Bd. 22.

nicht republikanisch, nur ein Gegner der Despotie. In der Schrift „A View of the Principles and Conduct of the Protestant Dissenters with respect to the Civil and Ecclesiastical Constitution of England" 2. Aufl. 1769 kehrt die gleiche Behauptung wieder, man dürfe nicht in falscher Verallgemeinerung von Cromwells Handlungsweise die Dissenters für gleichheitslustig und republikanisch halten. Sie beugten sich sogar auch solchen Gesetzen, die sie für schlecht hielten, weil im Allgemeinen ein „Zustand geordneter Gesellschaft besser ist als Anarchie", ja die Dissenters seien der jetzigen Dynastie sogar besonders zugethan und principiell Anhänger der beschränkten Monarchie, sie seien nur gegen Ausdehnung der königl. Prärogative und gegen willkürliche Regierung und seien durchgängig liberal, schon weil sie sich nicht aus den Reichen und Hochgeborenen rekrutiren. Aber sie seien sogar „froh, ihre religiöse Freiheit mit dem Ausschluss von Staatsämtern zu erkaufen" (S. 361). Als Schriftsteller und Philosophen machten sie keinen Unterschied zwischen irgend welchem religiösen Bekenntniss. Doch wenn wider ihren Willen die Debatte auf Religion käme, so würde wohl zu Tage treten, dass sie mit freiem wissenschaftlichen Sinn eifriges Christenthum verbänden.

Priestley schreibt hier eine Apologie der Dissenters; er beschönigt, insofern er nicht zugesteht, dass das Dissenterthum ein Heerd weitgehender revolutionärer Agitation war und werden konnte — aber er ist gewiss aufrichtig für seine Person; es ist wahr, dass die damaligen Dissenters eine Absicht zu thatsächlicher Revolution nicht hatten, dass es also ungefährlich, ja klug gewesen wäre, sie politisch gleichzustellen. Die Dissenters als eine freigeistige, politisch freisinnige, und wahrhaft christliche, aber nicht revolutionäre Partei waren damals möglich als eine geduldete Minorität. Priestley bringt in dieser Schrift viel über die Geschichte der Dissenters und über ihren damaligen Zustand — Alles freilich etwas aphoristisch. Er ermahnt zur Einheit der Dissenters und eifert gegen religiöse Gleichgültigkeit; die Verschiedenheit des Dogmas der einzelnen Secten hält er für unbedenklich, ja nützlich. Einig seien sie darin, dass sie jede menschliche

Autorität in religiösen Fragen verwerfen, dass sie das neue Testament, in dem Jeder sich selbst seinen Glauben und Moral suchen kann, für die ausschliessliche Grundlage aller Religion halten, dass sie eine Hierarchie, namentlich eine solche mit politischen Rechten, dass sie römische Ceremonien und Liturgie unbedingt verwerfen — als echte Fortsetzer der Reformation des 16. Jahrhunderts.

Als ein besonders rühmenswerther Fortschritt der heutigen, gebildeteren Dissenters gegenüber den alten Puritanern erscheint es Priestley, dass erstere unbedingte Toleranz auch für Atheisten und Katholiken verlangen — was auch zweckmässig sei, da das wahre Christenthum sich durch eigene Kraft halte. Es ist kein Widerspruch gegen diese Toleranz, wenn die Irreligiosität von Voltaire und Rousseau heftig bekämpft wird (s. A Free Adress to Protestant Dissenters by a Dissenter, erste Aufl. 1769; zweite 1771. Works Bd. 22. S. 247 ff.[1])

In den beiden dem Titel nach rein politischen Schriften „The Present State of Liberty in Great Britain and her Colonies by an Englishman" (1769) und der Hauptschrift „Essay on the first Principles of Government" (erste Aufl. 1768, zweite 1771) nimmt, wie schon erwähnt, die Vertretung der Dissenterinteressen ebenfalls grossen Raum ein.

Aus der erstgenannten Schrift ist die Parteinahme für die Amerikaner hervorzuheben, besonders aber, dass Priestley zwar an der damaligen Parlamentsverfassung viel auszusetzen hat, aber doch das allgemeine gleiche Wahlrecht nicht will. Die rotten boroughs und die Wahlcorruption sind ihm ein Greuel, er verlangt aber nur Ausschluss aller Hofpensionäre und Söhne von Adeligen aus dem Haus der Gemeinen, kürzere Wahlperioden, Abschaffung der kleinen Wahlflecken, Vereidigung der Candidaten gegen Corruption, und geheime Abstimmung, während er gegenüber dem allgemeinen Wahlrecht sagt, „es sei genügend, wenn die Wahl der Obrigkeit

---

[1] Zu vergleichen auch die kleineren Schriften, Adressen etc. Works Bd. 22. S. 399—499.

(incl. Parlament) von der Majorität derjenigen ausgehe, deren Verhältnisse sie über die Gefahr der Corruption erhaben machen". Die allgemeinen theoretischen Grundlagen sind dieselben wie in dem Essay on the first Principles.

In dieser Schrift sind einfach die älteren Rousseau'schen Staatsvertragsideen und die jüngeren utilitarischen Nützlichkeitstheorien verschmolzen — beide aber zu weniger extremen Consequenzen ausgebildet.

Der Mensch unterscheidet sich von den Thieren durch seine unbeschränkte Fähigkeit zur Ausdehnung des Wissens, zu Vervollkommnung und Fortschritt. Vervollkommnung und Fortschritt (improvement) sind aber, echt praktisch materialistisch, identisch mit „grösserer Macht glücklich zu werden". Die Aussicht, dass das Ende der menschlichen Entwicklung paradiesisch sein wird, beruht auf den Wirkungen der Arbeitstheilung. Das grosse Mittel, wodurch Gott seinen Zweck, die Menschheit zu einer grösseren Vervollkommnung, d. h. Glück, zu führen, erreichen will, ist Gesellschaft, d. h. Regierung. Also ist die Frage, auf die es ankommt, die, **welche Form der Regierung am meisten Glück erzeugt.** Das ist also derselbe Utilitarianismus, den wir später bei Bentham finden und der hier mit einem Gottesglauben ebenso oberflächlich, aber auch ebenso ungezwungen verbunden wird, wie denn der materialistische Philosoph Gott gleichsam als Maschinenmeister resp. Erbauer des Weltmechanismus behandelt.

Also Gott will das Glück der Menschen, diese streben mit Recht nach ihrem Glück — und in diesem natürlichen Streben schliessen sie den Staatsvertrag. „Alle Menschen leben in Gesellschaft zu Ehren ihres gegenseitigen Vortheils. Deshalb ist der Nutzen und das Glück der Mitglieder, d. h. der Majorität der Mitglieder jedes Staats der grosse Maassstab, nach welchem jede diesen Staat berührende Frage endgültig entschieden werden muss" (l. c. S. 13).

Einen Beweis für die Richtigkeit dieses Glücksprincips versucht Priestley ebensowenig als für die damit verbundene Lehre von dem Zustand ursprünglicher Freiheit, aus dem man durch Vertrag in den des Staats übergeht. Das Princip ist einfach eine selbstverständliche Folge der Anschauung, dass Priestley nur einzelne Individuen mit ihren persönlichen Interessen und eine Summe von solchen Individuen kennt. Für den Dissenter, der für das Individuum das Recht verlangt, dass es sich allein seinen Gott suche, der in den höchsten Fragen das Individuum allein auf seine Füsse stellt, giebt es auch bei Betrachtung des Staats keine Menschheit, keine Nation, die als ein eigenes Gesammtwesen den Einzelnen gegenübertreten könnte. Wahrlich nicht die Verbindung eines trockenen Gottesglaubens, dem Gott einfach die Ursache des sichtbaren Lebens von Natur und Mensch ist, mit einer materialistischen Weltauffassung ist eigenthümlich oder wunderbar bei Priestley — von durchschlagender Bedeutung ist nur die Anschauung, dass Gottes Wille und des Menschen Zweck nur **wachsendes Glück der Individuen**, nicht Vervollkommnung der Menschheit im Dienst von Idealen ist.

Priestley unterscheidet scharf zwischen politischer Freiheit, d. h. directer oder indirecter Theilnahme des Einzelnen an der Macht im Staat, und bürgerlicher Freiheit, d. i. ungestört freier Verfügung über die eigenen Handlungen. Im Naturzustande hat Jeder die volle bürgerliche Freiheit — durch den Staatsvertrag giebt man einen Theil der bürgerlichen Freiheit gegen einen Antheil an der Macht im Staate auf. Hierin und in der starken Betonung der **natürlichen Rechte**, des **unveräusserlichen Rechts** gegen jede wider den eigenen Willen auferlegte Herrschaft zeigt sich der Schüler Rousseau's. Das Ideal der Vertheilung der politischen Freiheitsrechte ist volle Gleichheit derselben. Dies ist aber nur in kleinen Staaten möglich, in grossen können sich die Mitglieder der Staatsgesellschaft nur durch Repräsentanten an der Herrschaft betheiligen.

Den Schluss, dass Jeder wenigstens gleichen Antheil an der Wahl der Repräsentanten haben solle, zieht Priestley auch in dieser Schrift nicht, sondern er ist für Census, abgestuftes Wahlrecht, so dass die unteren Klassen nur die niederen Staatsdiener wählen; für Erblichkeit der Krone etc. — kurz, er ist praktisch nur für mässige Reformen der englischen Verfassung, die im Allgemeinen ein richtiges Maass politischer Freiheit für einen grossen Staat gewährt. Dagegen geräth Priestley bei den Principien über Volkssouveränetät, Verantwortlichkeit aller Staatsdiener incl. des Königs in sehr extreme Lehren, deren Mittelpunkt in Reminiscenz an die Zeiten Locke's das Recht des Widerstands gegen die Regierung ist. Auch hier wieder sind die Theorien Rousseau's und Bentham's vereinigt. Die Republik mit gleichen Rechten Aller ist das Ursprüngliche und lebt auf, sowie die jeweilige Regierung pflichtwidrig handelt — also das Recht zur Revolution wird aus dem Rousseau'schen Naturrecht abgeleitet; und die Revolution ist erlaubt, wenn ihre schlimmen Wirkungen weniger schlimm sind als die bekämpften Zustände. Uebrigens hält Priestley mit Locke diese Theorie für ungefährlich, da faktisch Revolution nur in verzweifelten Fällen gemacht wird.

Das richtige Mass bürgerlicher Freiheit im Staat kann nur durch Experiment festgestellt werden. Es liegt aber zu Tage, dass Priestley möglichst geringe Ausdehnung der Staatsgewalt wünscht; so soll auch Erziehung und Bildung Privatsache bleiben und namentlich soll sich der Staat möglichst wenig um Religion kümmern. „In bürgerlichen Angelegenheiten wird ein gewissenhafter Christ der bürgerlichen Obrigkeit gehorchen, wo aber Religion in Frage kommt, wird er nur auf die Gebote seines eigenen Gewissens und die Ermahnungen seines erwählten geistlichen Führers hören" (l. c. S. 85). Die Staatskirche ist daher weder nützlich noch nöthig, soll aber vorerst doch nicht abgeschafft, sondern nur reformirt werden, ebenso wie die ganze englische Verfassung nur schrittweise verbessert werden soll.

Den Schluss bilden dann pathetische Ausführungen, in denen der Schüler Rousseau's und Vorläufer Bentham's Patriotismus, monarchisches Gefühl und allgemeine Freiheitsschwärmerei weniger consequent und scharf als ehrlich miteinander verbindet.

Priestley behält sein Dissenterchristenthum als nützliche

Grundlage des Freiheitsgefühls bei und er bleibt bei der englischen Verfassung, weil er von ihrer allmäligen Aenderung mehr hofft, als vom plötzlichen Umsturz. Auch in einer späteren Adresse von 1774 wird die englische Verfassung wohlweislich zu den freien Verfassungen gerechnet, aber schon bricht die Leidenschaft der Freiheit in wilder Weise gegen erobernde Despotien aus, wobei die Ehrerbietung gegen das Königthum gewaltigen Schaden leidet. „Die Hoffnung der Menscheit ist, dass im Laufe der Zeit das schreckliche Uebel (Freiheitsvernichtung durch Despotie) sein eigenes Gegengift und Heilung finden wird. Da Könige immer schlechter erzogen werden als andere Menschen, so wird ihre Rasse voraussichtlich degeneriren, bis sie nicht viel besser sein werden, als Idioten, so dass diejenigen, welche nicht der Gegenstand der Verachtung sind, der Gegenstand des Hasses werden — —"

In den Briefen an Burke von 1791 hat sich Priestley weiter entwickelt. Die Ziele der französischen Revolution, „eine totale Reform der Verfassung", sind nach ihm unbedingt richtig und jedem Freiheitsfreund eine Wonne. Eine legale Regierung ist die, welche wirklich vom Volk gewählt ist. Dennoch verlegt sich Priestley weniger auf Rechtfertigung der einzelnen neuen Institutionen in Frankreich, als auf Vertretung des Rechts zur Revolution im Allgemeinen, wobei es ihm nicht übel gelingt, die Schwächen von Burke's Standpunkt aufzudecken. Auch der Satz, die französische Nationalversammlung sei eine wahre Volksvertretung, das englische Unterhaus nur eine Caricatur einer solchen, wird nicht weiter verfolgt. Burke erkennt Revolution als erlaubt an in äussersten Nothfällen, Priestley constatirt ein allgemeines Revolutionsrecht an sich, das man in Folge praktischer Rücksichten nicht oft gebrauchen solle und werde — das ist der Unterschied der beiden Anschauungen; und Priestley kann seine Anschauung wenigstens durch eine höchst einfache Theorie motiviren, die im Grunde die alte ist und die er in den Worten zusammenfasst: „Alle Gewalt im Staate ist vom Volke abgeleitet und der grosse Zweck aller Regierung ist das öffentliche Wohl."

Die extreme Tendenz der Theorie Priestley's hat durch die französische Revolution an Kraft gewonnen, sein praktischer Conservatismus an Kraft abgenommen. Die amerikanische und die französische Revolution sind beide hocherfreuliche Ereignisse, die mehr wirken als tausend Bücher. Nun wächst auch die Feindschaft gegen die Staatskirche, Religion ist für den Staat, der sich durch seine eigene Nützlichkeit erhält, unnöthig, sie soll nur Privatsache sein, da sie für den Einzelnen nützlich ist als „an additional motive to good behaviour".

Das mit der französischen Revolution sympathisirende Dissenterthum untergräbt, wie man sieht, seine eigene Existenz, indem es die Unwichtigkeit der Religion lehrt. Gleichzeitig nimmt die Liebe zu der englischen Verfassung ab, indem die Staatsschuld und die ungleiche Volksvertretung leidenschaftlich als Uebel gegeisselt werden, welche geändert werden müssen. Für den Fall dies nicht geschieht, wird Revolution in England prophezeit. Ferne aber liegt es dabei Priestley, eine sociale Revolution des Arbeiterstandes zu prophezeien, denn ganz im Geiste der bürgerlichen Liberalen tadelt er das bestehende Armenrecht als eine Einrichtung, welche Faulheit aneifert und Vorsicht tödtet. Auch die Hoffnung auf Vernichtung nationaler Vorurtheile und Abschaffung aller Kriege ist bekanntlich kein specifisches Arbeiterpostulat.

Uebrigens hofft Priestley die prophezeite Revolution ernstlich durch „freie Discussion" zu beschwören und zu den vor Allem erhofften Reformen gehört nur Einschränkung, nicht Abschaffung der königlichen Gewalt. Es ist von den Ansichten Priestley's in seiner letzten Entwicklungsphase nur ein kleiner Schritt bis zu dem Wunsche nach Einführung der demokratischen Republik um jeden Preis — doch ist in Priestley noch immer ein Rest von der sittlichen Zucht des alten Puritanerthums übrig und wie bei der Mehrzahl der späteren Radicalen bleibt die Berufung auf Gott eine faktische Schranke der politischen Leidenschaften. Noch hören wir den Nachfolger Milton's und Locke's, wenn Priestley am Schluss der Briefe an Burke sagt:

„In dieser neuen (d. h. aus der französischen Revolution allmälig folgenden) Verfassung der Welt mag es noch Könige geben, aber sie werden nicht mehr Souveraine und allerhöchste Herren sein, keine Menschen, denen man solche Titel wie höchst geheiligte und höchst erhabene Majestät giebt. Es wird keine solche Profanation von Namen mehr geben, die Gott allein gehören und jetzt Sterblichen, die unseres Gleichen sind, beigelegt werden. Es wird Obrigkeiten geben, die bestellt und bezahlt werden zur Aufrechterhaltung der Ordnung, aber sie werden nur als die ersten Diener des Volks und als verantwortlich betrachtet werden. Stehende Heere, diese Werkzeuge der Tyrannei, werden unbekannt sein, wenn auch das Volk im Gebrauch der Waffen behufs Zurückweisung barbarischer Einfälle eingeübt werden mag. — — Es wird noch Religion geben — aber keine Herren Bischöfe. — — Jedermann wird sich selbst seine Religion besorgen. — Ist so die Regierung vereinfacht in ihren Zwecken, so wird sie weniger kostspielig und doch wirksamer sein. — — Es wird dann wenig mehr zu besorgen geben ausser der Verwaltung der Justiz und der Erhaltung des Friedens."

Ein Freund und Zeitgenosse von Priestley war Richard Price, der bekannte politische Arithmetiker, dessen begeisterte Wiederaufnahme der alten Ideen von Walpole und Anderen die Wiedereinführung des Staatsschulden-Tilgesystems nach den Regeln des Zinseszinses durch Pitt zur Folge hatte. Der vielseitige Mann beschränkte sich aber nicht darauf, sich für seine mathematischen Berechnungen zu erwärmen und seinen nach der Formel wachsenden Tilgefonds wie ein persönliches Wesen zu lieben und zu feiern — auch er war Theologe und Philosoph. Er erkannte im Gegensatz zu Priestley die menschliche Willensfreiheit an, er bekämpfte die Anschauung, dass Recht und Unrecht nur vom Nützlichkeitsbegriff abgeleitete Vorstellungen seien — kurz er setzte sich zu der materialistischen Weltanschauung in theoretischen Gegensatz: allein das war ohne Erheblichkeit. In Bezug auf die politischen Principien und

Postulate huldigt Price ganz denselben Anschauungen wie Priestley, er ist nur noch schärfer und consequenter. Und wenn man seine ethischen und religiösen Anschauungen genau untersucht, so sellt sich heraus, dass er im Grunde noch mehr die natürliche Tendenz hatte, alle Fragen nach der berechenbaren Nützlichkeit für das Individuum zu beurtheilen.

Auch Price's politische Theorie hat gleich den Schriften von Priestley ausserordentlich wenig originelles Verdienst. Wenn man aber bedenkt, wie wenig selbständig seit Locke überhaupt die allgemeinen politischen Probleme in England erfasst wurden, wie sehr selbst die wirksamsten Schriften, z. B. die berühmten Junius-Briefe, sich in der Behandlung von Einzelheiten und Persönlichkeiten verloren, so ist zu begreifen, dass eine allgemeine einfache und abstracte Theorie, wie sie Price und Priestley immerhin darboten, trotz ihrer Fehlerhaftigkeit und ihres Mangels an historischem Sinn von Bedeutung sein musste. Price's Observations on the Nature of Civil Liberty [1]) trugen dem Verfasser sofort grosse Anerkennung selbst officielle Seitens der City of London ein.

Price unterscheidet physische, moralische, religiöse, bürgerliche Freiheit. Eine Idee ist allen Arten von Freiheit gemeinsam, die Idee der Selbstleitung, der Selbstbeherrschung. Wenn irgend eine Kraft, über die wir keine Macht haben, unsere Bewegungen regiert, so leben wir in Knechtschaft. Der Gegensatz zur bürgerlichen Freiheit liegt vor, „wenn irgend ein von der Mehrheit der Gesellschaft verschiedener Wille die Macht, Gesetze für die Gesellschaft zu machen und über ihr Eigenthum zu verfügen, beansprucht" — wobei die Identität des Willens der Majorität mit dem der Gesammtheit als selbstverständlich gilt. Für die Freiheit nun ist Price glühend begeistert und aus ihrem Begriff heraus mehr als aus der Fiction

---

[1]) Der volle Titel ist:

Observations on the Nature of Civil Liberty, the Principles of Government and the Justice and Policy of the War with America: to which is added an Appendix and Postscript containing a State of the National Debt by Richard Price D. D. F. R. S. 7th. Edition 1776. (Die erste Auflage vom Februar 1776.)

des Staatsvertrags werden dann die Lehren der Volkssouveränetät abgeleitet und mit der utilitarischen Glückstheorie wie bei Priestley verbunden: „Alle bürgerliche Regierung, soweit sie frei genannt werden kann, ist das Geschöpf des Volks, wurzelt im Volk. Sie wird unter Direction des Volks geführt und hat nur das Glück des Volks im Auge. Alle verschiedenen Regierungsformen sind nichts weiter als verschiedene Arten, auf die das Volk beliebt, seine Angelegenheiten zu verwalten und den ruhigen Genuss seiner Rechte zu sichern. In jedem freien Staat ist Jedermann sein eigener Gesetzgeber. Alle Steuern sind freie Gaben für den öffentlichen Dienst. Alle Gesetze sind specielle Einrichtungen oder Maassregeln, die durch allgemeine Uebereinstimmung zum Zwecke von Schutz und Sicherheit festgestellt sind. Und alle Obrigkeiten sind beauftragte Vertrauensmänner oder Vertreter, welche diese Maassregeln ausführen sollen. Es ist also eine unvollständige Definition, wenn man sagt, Freiheit sei die Regierung durch Gesetze statt durch Menschen. Wenn die Gesetze durch einen Menschen oder eine Verbindung von Menschen im Staate gemacht werden statt durch allgemeine Uebereinstimmung, so ist solche Regierung von Sklaverei nicht verschieden."

Die volle Freiheit kann nur in kleinen Staaten verwirklicht werden; in grossen Staaten kann man sich ihr durch Repräsentativsystem in praktisch genügender Weise annähern. Geschieht dies, so steht allgemeiner Weltfriede, Conföderation der freien europäischen Staaten mit internationalem Schiedsgericht in Aussicht.

Zunächst werden für England demgemäss kürzere Wahlperioden und Ausdehnung des Wahlrechts verlangt; die gewählten Volksvertreter müssen alle Steuern bewilligen und ein Veto in allen Fragen des öffentlichen Lebens haben — dann aber kann ihnen als wohlthätige Schranke (check) ein erblicher Rath als höchste Executive beigesellt werden — die wahre Freiheit liege zwischen Anarchie und Despotismus in der Mitte. Es giebt zwar unveräusserliche Rechte der „menschlichen Natur", wozu das Recht, seine Religion selbst zu bestimmen, gehört, aber die englische Verfassung mit König

Lords und Gemeinen ist doch die vollkommenste Verfassung, wenn nur die Gemeinen eine wahre Volksvertretung sind und ihre Macht nicht auf unrepräsentirte Länder oder Völker ausgedehnt wird —. denn das Fundamentalprincip unserer Verfassung ist „das Recht des Volks sein eigenes Geld zu bewilligen."

Man sieht, Price stellt sich auf einen principiellen, abstract rationalistischen Standpunkt und proclamirt sogar, lediglich von diesem Standpunkt aus (by the general principles of civil liberty and not by the practice of former times), sein Hauptthema, den Streit mit Amerika behandeln zu wollen. Indem er aber findet, dass die englische Verfassung in ihrem wahren Inhalt praktisch mit dem abstracten Ideal zusammenfällt, wird er ein Anhänger derselben und sucht einzelne Postulate unter Berufung auf sie zu motiviren.

Der Streit mit Amerika erscheint Price als ein solcher, der nur nach „Vernunft und Gerechtigkeit" zu entscheiden ist. Er will den Krieg durch Nachgiebigkeit und Versöhnlichkeit beschworen haben, weil England kein natürliches und kein verfassungsmässiges Recht auf Besteuerung der Amerikaner hat — und weil England keinen Vortheil von dem Krieg hat, der nur das Unheil von Papiergeld und wachsender Staatsschuld herbeiführen kann.

In Bezug auf letzteren Punkt ist Price ein Vorläufer von Cobbett. Seine allgemeine politische Theorie ist die des utilitarischen Individualismus und der Volkssouveränetät, die scharf und klar ausgesprochen und dann hauptsächlich zu Gunsten der amerikanischen Colonisten angewendet wird. Bei der praktischen Anwendung wirkt die Anhänglichkeit an die englische Verfassung und ihre Geschichte faktisch als mässigende Schranke. Und wie bei Priestley so wirkt bei Price als eine weitere wichtige praktische Schranke seines extremen Radicalismus ein starker Rest des alten puritanischen Glaubenseifers:

„In dieser Stunde schrecklicher Gefahr würde es uns geziemen, unseren Sinn auf den Himmel zu richten. Das thun unserer Brüder in den Colonien. Von einem Ende Nordamerika's bis zum anderen fasten und beten sie. Aber was thun wir? Entsetzlicher Gedanke! Wir verhöhnen sie als Fanatiker und spotten über Religion. Wir jagen nach Vergnügungen und vergessen allen Ernst und Anstand über Maskenscherzen. Wir spielen in Spielhäusern, treiben Handel mit Wahlflecken, werden meineidig bei Wahlen und verkaufen uns selbst für Stellen. Welche Partei wird da die Vorsehung voraussichtlich begünstigen? In Amerika sehen wir eine Anzahl aufstrebender Staaten in der Kraft der Jugend, erfüllt von der edelsten aller Leidenschaften, der Leidenschaft für Freiheit und beseelt von Frömmigkeit! Hier sehen wir einen alten Staat, gross zwar, aber aufgeblasen und irreligiös, entnervt durch Luxus, belastet mit Schulden, hängend an einem Faden — kann man ohne Schmerz nach dem Ausgang blicken? Müssen wir nicht Unglücksfälle erwarten, welche unsere Freigeister und Atheisten wieder zum Nachdenken, vielleicht zur Frömmigkeit bringen werden?"

Wir sehen hier in der That nicht nur eine gefühlsmässige Ehrfurcht vor dem traditionellen Recht, sondern geradezu ein sittliches und religiöses Pathos, verbunden mit dem zersetzendsten, schrankenlosesten, politischen Rationalismus. Aber diese Gefühle entstammen nicht einem durchdachten Idealismus, der einen wirklichen Gegensatz zu dem materialistischen Rationalismus bilden würde. Alle öffentlichen Einrichtungen sollen den Interessen der Einzelnen nützlich sein und Price **glaubt**, dass die englische Verfassung und dass ein warmer Gottesglaube in gleicher Weise nützlich seien. Einem politischen Individualisten gegenüber, der dies eben nicht glaubt, würde Price kein Argument haben; er glaubt es aber noch und unterscheidet sich dadurch von seinen französischen Vorgängern, während er sich seinen englischen Vorgängern dadurch anschliesst. Er glaubt es, ohne dass dies eine **nothwendige** Consequenz seiner sonstigen Doctrinen wäre, aber er kann es glauben, ohne positiv inconsequent zu sein. Er glaubt es ernstlich, aber dieser Glaube ist nicht die vorherrschende Kraft, die ihn als Politiker beherrscht.

Wie wenig eine principiell durchdachte ideale Weltauffassung die Wurzel dieses Glaubens bei Price ist, geht aus seiner

Schrift „A Review of the principal Questions and Difficulties in Morals" (2. Aufl. 1769) hervor. Der philosophische Verfechter der Selbständigkeit der Begriffe von Recht und Unrecht verwandelt sich hier am Schlusse der Schrift in den nüchternen politischen Arithmetiker und Wahrscheinlichkeitsrechner und beweist, dass, wenn wir auch an das ewige Leben mit Lohn und Strafe, welches die Religion lehrt, nicht fest glauben, schon die Möglichkeit seiner Existenz nach der richtigen Berechnung der Chancen es als klug und vortheilhaft erscheinen lässt, tugendhaft zu leben. „Es besteht nicht nur eine gleiche Chance, sondern eine grosse Wahrscheinlichkeit für die Wahrheit der Religion. Durch Laster kann man Nichts gewinnen, sondern man verliert dadurch gewöhnlich den besten Theil gegenwärtiger Vortheile. Die Tugend verlangt von uns nicht, das Glück des Lebens aufzugeben, sondern nur unsere Thorheiten, Krankheiten und unser Elend. Was müssen wir bei solchem Stand der Frage von der Narrheit einer sündigen Wahl denken!" — — Solche Motivirung ethischer Postulate erscheint uns als abstossend und unbegreiflich, wenn nicht als geradezu kindisch naiv — und doch war sie echt englisch; der ähnliche utilitarische Gedankengang kehrt auch bei Paley, dem eifrigen Anhänger der Staatskirche, wieder.

§ 2. William Paley.

Dies führt uns zur Betrachtung eines ausserordentlich beliebten und wirksamen Schriftstellers, der ein strammes kirchliches Christenthum mit der grössten Energie vertrat, der, obwohl kein politischer Parteimann, doch principiell Zufriedenheit mit dem Bestehenden predigte, der also in kirchlicher und politischer Hinsicht von Natur ein Conservativer — und doch zugleich der unbedingteste Anhänger und vielleicht der erfolgreichste Vertreter des Utilitarianismus war.

William Paley war 1743 geboren, begann seine literarische Thätigkeit 1774 und starb 1805. Ein Zeitgenosse des Dissenters Priestley, des Freigeists Bentham und des alten Whig's Burke hat er den ethischen Materialismus der Utilitätslehre mit den Lehren der Bestrebungen der Staatskirche innig verbunden. Er war kein origineller Denker, aber er besass eine durch mathematische Studien geschulte Klarheit der Darstellung, welche, oft mit Flachheit gepaart, darum nicht weniger wirkte. Durch seine Lebensstellung sowie durch seine ganze Lebensweise und Lehre war er ein Vertreter alles dessen, was die nüchterne „respectability" des Engländers verlangt. Er gab den Principien der Utilitarier den kirchlichen Segen, — dass er ein so allgemein beliebter und anerkannter Schriftsteller werden konnte und dass ihn namentlich auch die alten Conservativen als Autorität verehrten — diese Thatsache beweist vielleicht am deutlichsten, dass und wie die Weltanschauung eines rationalistisch-materialistischen Individualismus zum Siege in England gelangt war. Paley schrieb sein erstes grösseres Werk ehe Bentham's Principien der Moral und Gesetzgebung erschienen waren. Er kam offenbar ohne directe Beeinflussung Bentham's auf seine Theorien; sie wuchsen aus der seit der Mitte des vorigen Jahrhunderts im Niedergang befindlichen Theologie heraus [1]), von der Paley wie seine nächsten Vorgänger und seine Schüler die äusseren Formen des Kirchenthums und den Glauben an die Hölle beibehielt, während er im Grunde ein klarer aber flacher Rationalist war, der nur zu bequem war, seine Theorien in den Dienst des Strebens nach socialer und politischer Reform zu stellen.

Als Meisterwerk von Paley in Bezug auf Klarheit und Schönheit der Darstellung, zugleich als diejenige Schrift, in der die Methode des Verfassers am charakteristischsten entwickelt ist, gelten allgemein die Horae Paulinae von 1790 — ein Buch, in dem die Echtheit der Paulinischen Briefe nachgewiesen wird. Die „Evidences of Christianity" von 1794 trugen ihm grosse Ehren in weiten Kreisen und fette Pfründen ein, welche in der seinen gesammelten Werken [2]) vorgedruckten kurzen Lebensgeschichte Paley's als besonders wichtig für das Verständniss seiner Ideen und als besonders rühmlich

---

[1]) Ueber Paley's Stellung zur zeitgenössischen Theologie s. Leslie Stephen l. c. bes. cap. 8 § 38 ff. u. cap. 9 § 131 ff.
[2]) The Works of William Paley D. D. A new Edition. London 1849.

für ihn vom Herausgeber vollständig aufgezählt werden. Sein letztes grosses Werk, die „Natural Theology" enthält die vollkommenste Zusammenfassung des Paley'schen Gottesglaubens und Christenthums — seine für uns bedeutungsvollste grössere Schrift ist aber die erste, nämlich die „Principles of Moral and Political Philosophy" von 1785.

Um zuerst einen kurzen Blick auf die späteren Werke zu werfen, so enthält die „Natural Theology" in äusserst geschickt populärer Darstellung, in verschiedenen angenehm anregenden Variationen und mit Aufwand einiger naturwissenschaftlicher Kenntnisse den alten trivialen Satz, dass es einen Gott geben müsse, weil alle Naturgesetze einen Gesetzgeber, weil alles Kunstvolle, Schöne und Zweckmässige einen Grund und eine Ursache, einen schaffenden Willen voraussetzt. Wenn wir die Welt ansehen, so müssen wir gerade so einen denkenden Schöpfer der Welt annehmen, als uns der Anblick der Uhr zur Annahme der Existenz eines Uhrmachers zwingt. Denn jede sinnreiche Schöpfung muss einen sinnreichen Schöpfer haben („a contrivance must have a contriver").

Diese äusserst nüchterne und von Paley ohne jeden praktischen oder theologischen Schwung ausgeführte Betrachtung ist an sich nichts Weiteres als eine Anwendung des allgemeinen Causalitätsgesetzes, sie sagt uns des Näheren über das Wesen Gottes und seine fortgesetzten Beziehungen zur Welt Nichts. Man gewinnt im Grunde nur einen Namen für die unbekannte Ursache aller Dinge und die Vorstellung, dass diese Ursache, genannt Gott, eine mit Selbstbewusstsein begabte und mit bewussten Absichten erfüllte Persönlichkeit sein müsse. Dabei ist aber nur die Nothwendigkeit einer Ursache überhaupt strikte beweisbar und bewiesen, während für die Behauptung, dass der schaffende Gott in der That „an intelligent Creator" sein müsse, sich nur eine grosse Wahrscheinlichkeit beweisen lässt.

Indessen Paley ist der Ansicht, dass sein auf rein rationalistischem Wege bewiesener Gottesglaube das religiöse Gefühl überhaupt belebe und eine Neigung zum Glauben an Offenbarung hervorrufe. Aus dem Theismus der „natürlichen

Theologie" entspringe der Wunsch nach weiterer Belehrung und die Betrachtung der Natur liefere sogar directe Mittel zur Stärkung des Glaubens an einzelne Lehren der Offenbarung, wie z. B. die Auferstehung nach dem Tode durch die Analogie mit der Entwicklung des Schmetterlings aus der Larve unterstützt werde.

Doch es ist nicht die Aufgabe jenes Werks, das positive Christenthum zu beweisen. Es wird nur die Existenz eines Gottes bewiesen. Dass Religion und Gottesglaube im tiefsten Innern unseres Gefühls ihre Wurzel haben müssen, dass lebendiger innerer Glaube und objectiver wissenschaftlicher Beweis sich gegenseitig ausschliessen, dass durch ein voraussetzungsloses Betrachten der Natur mit dem Auge der kritischen Vernunft allein nie die Religion den Menschen näher gebracht, sondern höchstens die Tendenz, sich bei gewissen Dogmen zu beruhigen, erzeugt werden kann — das Alles sind Paley unbekannte Dinge.

Uebrigens ist die Theorie von dem Uhrmacher des grossen Weltuhrwerks Etwas, worin sich ein prosaisch forschender Geist ohne weitere Inconsequenzen versenken kann, wenn er eben nur die philosophische Zulässigkeit des Gottesbegriffs und nicht Religion lehren will. In den Evidences of Christianity unternimmt Paley die schwierigere, ja im Grunde ganz unmögliche Aufgabe, das Christenthum seinem ganzen Inhalte nach als wahr auf rationalistischem Wege beweisen zu wollen, — ein Versuch, der nothwendig mit einer höchst traurigen Verkümmerung des Inhalts des Christenthums endigt.

Paley hält es zunächst (Hume gegenüber) für wahrscheinlich, dass Gott die Menschen durch Wunder und Offenbarung belehrt hat, nachdem er sie einmal geschaffen und zu ewigem Leben bestimmt hat. Die überlieferten Wunder sind also zunächst nicht unglaublich. Dass sie aber auch wirklich wahr sind, das folgt zumeist aus der Entstehung und Ausbreitung des Christenthums trotz aller äusseren Schwierigkeiten. Die wunderbare Wirkung weist also auf eine wunderbare Ursache hin. Dass dieser Grund, der auf jede andere weithin verbreitete Religion ebensogut angewendet werden kann, ungenügend ist, leuchtet ein. Paley selbst scheint zu fühlen, dass die Thatsache einer speciellen göttlichen Offenbarung des Christenthums durch die innere Wahrheit und Schönheit des Christenthums selbst wahrscheinlich gemacht werden muss. Aber dies Bedürfniss ist doch nur wieder ein rein rationalistisches; die innere Empfindung des Einzelnen von der Wahrheit der christlichen Heilslehre, die auf Erfahrung des eigenen Gemüths beruht, für das einzig Wichtige und Massgebende zu halten, das liegt Paley ferne. Er findet, dass der ganze Inhalt des Christenthums sehr geeignet sei, Glück zu befördern und dass insbesondere die Hauptlehre des Christenthums, die Hoffnung auf den Himmel und die Furcht vor der Hölle, so ausserordentlich nützlich, heilsam und nothwendig zur Aufrechterhaltung der Ordnung in der Welt sei, dass diese Lehre offenbar vom Weltschöpfer aufgestellt und den Menschen mitgetheilt worden sein müsse. Paley theilt dem Gott des Christenthums also etwa die Rolle eines Wächters der jetzt bestehenden gesellschaftlichen Ordnung zu. Derselbe Grund, aus dem Price empfiehlt, für alle Fälle sei es gescheidter, tugendhaft zu sein, wird bei Paley Beweis für die Wahrheit des Christenthums. Price meint, es sei vortheilhaft, tugendhaft zu sein, weil doch ein Jenseits sein könne; Paley meint, die berechnende Speculation auf das Jenseits sei so unentbehrlich für ein verständiges Leben der Menschen, dass Gott diese Speculation gewollt haben müsse: — bei dem Dissenter und dem Staatskirchler, und bei letzterem noch viel ausführlicher und cynischer, ist das Christenthum nicht nur vor den Richterstuhl der menschlichen Kritik gestellt und zu einem Object wissenschaftlicher Frage gemacht — sondern es ist geradezu zu einem Posten im kaufmännischen Hauptbuch jedes Menschen degradirt. Man lese die Schlussworte der „Evidences": Wenn ein Leben nach dem Tode und die Offenbarung eines solchen Lebens nicht nur völlig mit den Eigenschaften des Wesens übereinstimmen, welches das Weltall beherrscht, sondern wenn noch das Grössere dazu kommt, dass diese Annahme allein den Schein des Widerspruchs entfernt, der seinem

Willen gegenüber von Geschöpfen anhaftet, die des Verdienstes und der Schuld, des Lohnes und der Strafe fähig sind; wenn eine grosse Menge historischer Beweise, bekräftigt durch viele innere Unterpfänder von Wahrheit und Echtheit, uns gerechten Grund dafür giebt, dass solch eine Offenbarung wirklich stattgefunden — so können wir unseren Geist beruhigen mit der sicheren Ueberzeugung, dass es der Weisheit des Schöpfers nicht an Mitteln fehlen kann, die Absicht Gottes auszuführen; dass entweder ein neuer und mächtiger Einfluss in die Menschenwelt herabgelangen wird, das erstorbene Gewissen wieder zu wecken, oder dass unter den anderen wunderbar sinnreichen Einrichtungen im Weltall, von denen einige, wie wir sehen, das thierische Leben in vervollkommnete Daseinsformen umwandeln — — auch Vorsorge getroffen ist, wenn auch durch uns verborgene Mittel, dafür, dass die Unterthanen von Gottes moralischer Herrschaft durch die nothwendigen Wandlungen ihrer äusseren Gestalt zu jenen endgültigen Unterschieden von Glück und Elend hindurchgeführt werden, die uns nach seiner Erklärung für Gehorsam und Ungehorsam bevorstehen, für Tugend und Laster, für Gebrauch und Vernachlässigung, für richtige und unrechte Verwendung der Eigenschaften und Kräfte, mit denen es ihm gefallen hat uns auszurüsten und zu prüfen." — D. h. der Strafrichter auf Erden muss durch Gott in seiner ungenügenden Wirksamkeit ergänzt werden. Desshalb ist es nothwendig, zu glauben, dass Gott das Christenthum geoffenbart hat, dessen wesentlicher Bestandtheil die Höllenfurcht ist — wahrlich ein solches Christenthum steht tief unter jeder Sittenlehre eines Freigeists, der das Gute um seiner selbst willen zu lieben lehrt! Das Buch ist gegen Paine gerichtet, aber selbst ein Paine hatte mehr Idealismus als dieser Geistliche der Staatskirche.

Doch wenden wir uns zu den „Principles of Moral and Political Philosophy", die Law dedicirt sind und in denen Paley selbst sich als Nachfolger von Tucker bezeichnet und keinen Anspruch auf grosse Originalität erhebt. Mit Recht hält Paley es für nöthig, Moral und Politik vereinigt zu behandeln. Er beginnt mit den moralischen Untersuchungen und bezeichnet die Moralphilosophie als die Wissenschaft, die uns unsere Pflichten und deren Gründe lehrt. Die Regeln sind das Gesetz der Ehre, das Gesetz des Landes und das Gesetz der Schrift; angeborene moralische Instinkte giebt es nicht, wenigstens kann die Morallehre nicht darauf begründet werden. Der grundlegende Begriff ist das **Glück** (Buch I Cap. 4) und glücklich ist nach Paley, ganz wie nach Bentham (vergl. unten) jeder Zustand, in dem die Summe von Lust die Summe von Leid übertrifft. In der Aufzählung der einzelnen pleasures und pains ist er dann allerdings Bentham überlegen, indem Sinnengenuss, Freiheit von Arbeit, hoher Rang etc. nicht die wesentlichen Bestandtheile des Glücks sind, sondern die Bethätigung unserer gesellschaftlichen Neigungen, die Uebung unserer Kräfte in Verfolgung von Zwecken, die weise Reglung unserer Gewohnheiten und unsere Gesundheit. Daher ist das Glück so ziemlich in allen Ständen gleich vertheilt und schon in dieser Welt macht die Tugend glücklicher als das Laster. Tugend ist den Menschen Gutes thun im Gehorsam gegen Gott und um ewigen Glückes willen.

Soweit Paley hierbei Bentham überlegen ist, ist er es doch eigentlich nur durch grössere Menschenkenntniss, denn im Grunde ist der Gottesbegriff nur äusserlich beigefügt und es herrscht eine materialistisch-individualistische Anschauung, was gleich im II. Buche deutlicher hervortritt. Hier heisst es, „der Unterschied zwischen Klugheit und Pflichtgefühl sei **lediglich** der, dass wir im ersten Fall überlegen, was wir in dieser Welt gewinnen oder verlieren, im letzteren Fall auch in Betracht ziehen, was wir in der künftigen Welt gewinnen oder verlieren." In beiden Fällen überlegen wir lediglich, „**was wir selbst durch eine Handlung gewinnen oder verlieren und Verpflichtung ist nichts weiter als eine Veranlassung von genügender Stärke.**"

Der moralische Mensch ist also der Spielball gewisser Berechnungen und denkt nur an sich allein.

„Die Methode, den Willen Gottes in Bezug auf eine Handlung aus der Natur zu erkennen, ist die, dass wir nach der

Tendenz der Handlung, **das allgemeine Glück zu vermehren oder zu vermindern**, fragen. Diese Regel beruht auf der Annahme, dass der allmächtige Gott das Glück seiner Gsschöpfe will und wünscht — und diese Annahme ist die Grundlage unseres Systems". (Cap. 4): „Was zweckmässig ist, ist recht. Die Nützlichkeit einer moralischen Regel macht sie allein verpflichtend" — natürlich die „Nützlichkeit im Ganzen unter Berücksichtigung aller Nebenwirkungen und entfernteren Folgen."

Das ist Bentham unter Zufügung einer unnöthigen und unbewiesenen Annahme. Im ersten Buch definirt Paley den Glücksbegriff so, dass die Utilitätslehre als ungenügend erscheinen muss, da sein menschliches Glück sich aus Factoren zusammensetzt, die nicht gemessen und gewogen werden können. Aber der Gedanke, dass es für das Glück nicht auf das berechenbare Erreichte, sondern auf das unschätzbare Streben ankomme, wird nicht verfolgt. Da Paley nur an das **individuelle** Glück denkt, so bleibt er in der Vorstellung von der mechanischen Wirkung des Gedankens an Lohn und Strafe stecken.

Die Geistesverwandtschaft mit Bentham zeigt sich wo möglich noch deutlicher, wenn Paley nun einzelne Institutionen des Rechts und politische Fragen untersucht. Er erkennt zwar ursprüngliche „gleiche Rechte der Menschen" an, diese sind aber sehr allgemeiner Art, wie z. B. das Recht von Pflanzen und Thieren zu leben; das Wahlrecht (s. Cap. 6) gehört nicht zu diesen Rechten. Die Vermögensungleichheit scheint auf den ersten Blick (Cap. 3) paradox zu sein, ebenso das Privateigenthum. Letzteres aber ist doch richtig, weil es durch Anspornung der Productivität der Menschen überwiegenden Nutzen erzeugt. Auch das Grundeigenthum ist deshalb zu rechtfertigen; es beruht auf dem Gesetz des Landes, nicht auf der Gerechtigkeit der ursprünglichen Aneignung.

Der Staat beruht nach Paley's wie nach Bentham's Ansicht nicht auf Vertrag; die Widerlegung der Fiction des

Staatsvertrags (Buch 6, Cap. 3) gehört unbedingt zu den besten Leistungen Paley's und er macht sogar einen Ansatz, den Staat historisch und organisch zu erklären. Der Staat sei aus der Familie oder aus militärischer Führerschaft herausgewachsen, Gewohnheit und Verjährung, Vernunft und Egoismus bewirkten den fortgesetzten Gehorsam der Regierten. Aber worauf beruht die Pflicht des Gehorsams gegen die Regierung? Antwort: „Auf dem Willen Gottes, abgeleitet aus Erfahrung." Nämlich: Gott will das Glück der Menschen; Staatseinrichtungen befördern diesen Zweck; sie können nicht bestehen, wenn nicht jeder Einzelne sich dem Interesse des Ganzen unterwirft. Also: „So lange als es das Interesse der ganzen Gesellschaft verlangt, d. h. so lange man der bestehenden Regierung nicht Widerstand leisten oder sie ändern kann ohne öffentlichen Nachtheil, so lange und nicht länger ist es Gottes Wille, dass man der bestehenden Regierung gehorche. Dies zugestanden, reducirt sich die Frage nach der Gerechtigkeit jedes einzelnen Falls von Widerstand auf eine Abwägung der Menge von Gefahr und Leiden auf der einen Seite mit der Wahrscheinlichkeit und den Kosten der Abhülfe auf der anderen Seite. Aber wer soll dies entscheiden? Wir, jeder Mann für sich selbst."

Diese Regel ist ungefährlich, da jede andere in der Ausführung auch von privatem Urtheil abhängt. „Jeder Gebrauch, jedes Gesetz kann abgeschafft werden, selbst die herrschende Dynastie kann entsetzt werden auf legalem Weg oder durch Revolution, wenn es für die Gesammtheit vortheilhaft ist." — Und darauf folgen dann wieder allgemeine Sätze, dass alle rechtliche Verpflichtung sich in Nützlichkeitsfragen auflöse, dass das Interesse der Gesammtheit das des Einzelnen binde, dass aber der öffentliche Nutzen sich aus dem Vortheil jedes Einzelnen und der Zahl dieser Einzelnen berechne. —

Was nützt es, dass Paley sich dabei auch auf die Bibel beruft? Der schärfste principielle Gegensatz gegen die Staatsvertragstheorie ist die Begründung der Staatsgewalt auf Gottes Willen oder auf das Sittengesetz, das die göttliche Autorität gesetzt hat. Aber für Paley giebt es keine der Majorität entgegengesetzte Autorität. Denn sein Gott ist nicht das der Menschheit vorschwebende sittliche Ideal, sondern nur ein Name für ein wichtiges Motiv zu individuell betrachtet nützlichen Handlungen. So tritt er praktisch den auflösenden Staatsvertragstheorien so wenig entgegen wie Bentham und es ist ein nur in seinem Naturell und seinen anerzogenen Neigungen nicht ein in seinen Grundanschauungen basirter Unterschied, dass er faktisch keine leidenschaftliche Vorliebe für Revolution hat, sondern gesetzliche Entwicklung meist für vortheilhafter hält. Die Unterwerfung unter nützliche und heilsame Gesetze ist der bürgerlichen Freiheit nicht zuwider (Cap. 5), weil sie dem Interesse der Gesammtheit dient. Von den verschiedenen Staatsformen hat jede ihren Nutzen und Schaden; Strafe für Verbrechen ist nöthig nicht wegen der Gerechtigkeit, sondern um Verbrechen zu verhüten (Cap. 9). Eine Staatskirche mit unbedingter Toleranz gegen politisch ungefährliche Dissenters ist eine äusserst weise Einrichtung (Cap. 10). Stehende Heere sind zu empfehlen, weil sie gleiche Wehrkraft mit geringeren Kosten sichern, und sie müssen allein unter dem Monarchen stehen (Cap. 12). Man sieht, Paley folgert aus seinem Princip keine umwälzenden Postulate, aber das Princip selbst bleibt immer das Gleiche wie bei Bentham und der Gedanke des organischen Staats wird von ihm schroff abgewiesen:

„Wenn wir auch von Gesammtheiten wie von lebenden Wesen reden, so existirt doch in Wirklichkeit Nichts und Nichts empfindet als die Individuen. Das Glück eines Volks besteht aus dem Glück der einzelnen Menschen" (Cap. 11).

In der Bevölkerungsfrage erkennt Paley an, dass die Vermehrung durch die Subsistenzmittel beschränkt sei, aber er hält Steigerung der Production, namentlich durch Ermuthigung des Ackerbaues, sowie gute Vertheilung der Güter für möglich und wichtig. Er ist also nicht so schroff wie Malthus. Ueberhaupt fehlt es Paley keineswegs an praktischer Einsicht und er erkennt bei einzelnen Fragen ohne Voreingenommenheit das wirklich Nützliche oft sehr richtig. Es ist ja auch durchaus erlaubt, ja unvermeidlich, einzelne fragliche Massregeln auf ihre Nützlichkeit zu prüfen — der Fehler ist nur der, dass Paley die Nützlichkeit zum ausschliesslichen obersten Princip aller Moral und Politik erhebt, weil dadurch die Grundbestimmungen aller Moral und Politik, ja der Staat selbst zu einer Frage der individuellen Willkür werden, weil dadurch beschränkte, engherzig egoistische, materialistische Rücksichten die einzig leitenden Motive werden, nirgends mehr eine wirklich zusammenhaltende, belebende Kraft und eine feste unwegräumbare Schranke oppositioneller Willkür besteht.

Hervorzuheben sind noch Paley's Ansichten über die englische Verfassung (Buch 6, Cap. 7). Diese ist nach Paley nicht nach planvollem Princip symmetrisch aufgebaut, sondern aus Zufälligkeit und Nothwendigkeit im Laufe der Zeit herausgewachsen. Reformpläne dürfen nicht nach speculativen Idealen, sondern durch Vergleich der Thatsachen beurtheilt werden. Demgemäss solle man weder alles Bestehende blind bewundern, noch ungeduldig neuerungssüchtig sein. Das Wahlrecht für das Haus der Gemeinen zu reformiren, sei verfehlt, denn es komme nicht darauf an, wer wählt, sondern ob die geeignetesten Leute gewählt werden, und das jetzige Haus der Gemeinen enthalte faktisch die denkbar geschäftskundigsten und solche Leute, die das denkbar höchste Interesse an der allgemeinen Wohlfahrt hätten.

Die Idee der historisch-organischen Entwicklung der Staatsverfassung wird also nicht weiter verfolgt, sondern aus Nützlichkeitsgründen wird Zufriedenheit mit den bestehenden Zuständen gepredigt. Welche Antwort aber hätte Paley für diejenigen, welche behaupten, das aristokratische Haus der Gemeinen kenne und vertrete nicht das Interesse der Massen und das ganze Volk müsse durch seine wirklichen Vertreter für sein nur von ihm selbst erkanntes Wohl sorgen? Was könnte Paley denjenigen antworten, die behaupten, dass die 200 000 Wähler bei der Wahl nur an ihre eigenen Interessen denken? Er könnte den Anhängern dieser Meinung nicht einmal antworten, dass die Erhaltung der Rechtscontinuität ein über allen Interessen stehendes höchstes Postulat sei, da er ja selbst nützliche und erfolgreiche Revolution für erlaubt erklärt. Und eine radicale Aenderung des Wahlrechts auf gesetzlichem Wege könnte er noch weniger ablehnen, wenn man ihm bewiese, dass allgemeines Wahlrecht für die Zukunft nützlich sei, denn plötzliche radicale Aenderungen sind ihm nicht an sich als Widerspruch gegen organische Entwicklung, sondern höchstens wegen ihrer wahrscheinlichen störenden Wirkungen verwerflich. Wie aber wenn Jemand fest überzeugt ist, dass in einem besonderen Falle diese störenden Wirkungen gering sind im Vergleich mit den zukünftigen Vortheilen?

Bentham verrannte sich in sein Nützlichkeitsprincip, weil er überhaupt nicht nach Rechts und Links blickte, sondern in seiner Einsamkeit immer ausschliesslicher und einseitiger sich darauf warf, die Folgerungen einer einmal empirisch erkannten Wahrheit zu ziehen. Paley hatte einen offenen Blick für das wirkliche Leben und ein ungewöhnliches Talent scharfer, klarer, einfacher Erfassung und Darstellung aller Probleme. Aber die Möglichkeit, aus seinem überaus beschränkten Princip heraus eine scheinbar befriedigende und populär einleuchtende Lösung aller schwebenden Fragen abzuleiten, gewann er doch nur dadurch, dass er in der Betrachtung des wirklichen Lebens ebenso kurzsichtig blieb, als er in der Conception leitender Ideen höchst beschränkt war.

Dass das bestehende Wahlrecht bei der mächtigen Entwicklung neu aufstrebender Stände unmöglich unverändert bleiben konnte, erkannte er nicht, weil er diese neuen socialen Bewegungen nicht sah und empfand und so blieb er dabei, dem radicalen Drängen nach Wahlrechtsform nur einen unmotivirten selbstzufriedenen Conservatismus entgegenzustellen, was noch unwirksamer sein musste als Burke's schwungvolle Verherrlichung der Lichtseiten der guten alten Zeit.

In einer kleinen Schrift: „Gründe für Zufriedenheit an den arbeitenden Theil des britischen Volks gerichtet" bekämpft Paley den Neid der Armen gegen die Reichen als unvernünftig. Man solle nicht immer vergleichen, sondern ruhig seine eigenen Angelegenheiten verfolgen. Das Gesetz schütze grossen und kleinen Besitz, schütze den Schwachen sogar besonders, grosse Reichthümer könnten nur Wenigen zufallen, wenn das Gesetz ausserdem jedem eine gesunde Existenz ermögliche, so seien die Dinge „vollkommen" geordnet. Die Handarbeiter seien auch ohne Reichthum glücklich, weil Arbeit und Mässigkeit zufrieden machen, weil Mahlzeit und Ruhe nach der Arbeit doppelten Genuss bereiten etc.

Dies sind Sätze, in denen gewiss eine Wahrheit enthalten ist, aber wer kann glauben, dass sie willig angenommen werden, wenn ein Mitglied der herrschenden Klasse in satter Selbstzufriedenheit sie leidenschaftlich erregten Massen predigt? Gewiss ist der Neid hässlich und unvernünftig. Aber wenn neue Reichthümer massenhaft und in bisher ungeahnter Schnelligkeit entstehen, wenn gleichzeitig heimathlose Arbeiter in Massen an einzelnen Punkten concentrirt werden und in eine hülflose, unsichere Lage gerathen, sind dann nicht neue Verhältnisse da, welche den arbeitenden Armen den Vergleich ihrer Lage mit der ihrer Lohnherren aufdrängen? Ist der Neid dann nicht ein wohl verwerflicher, aber unvermeidlicher Begleiter des natürlichen Strebens, selbst gleich den bisher Begünstigten emporzukommen?

Die Empfindung des Glücks wird unvermeidlich durch den Vergleich bestimmt und Paley's Predigt der Zufriedenheit auf Grundlage einer nüchternen philosophischen Betrachtung beweist, dass er für die in der Grossindustrie geschaffene neue Lage, für die natürlichen Empfindungen und Bestrebungen der Arbeiter ebensowenig Verständniss hatte als für das natürliche Begehren der aufstrebenden Capitalisten nach grösserem Antheil an der politischen Herrschaft. Er gab der Nützlichkeitslehre den kirchlichen Segen, weil er ein Theologe war, ohne zu verstehen was Religion ist. Er goss wenige unwirksame Tropfen beruhigenden Oels in die aufgeregten Wogen neuer socialer Bewegung, weil er ein politischer Philosoph war, der für den ruhigen Genuss einer dem Individuum zugetheilten Pfründe mehr Verständniss hatte als für Standesgefühle und Standesinteressen einer Volksklasse, deren Lage im Gesammtorganismus eine bedeutende Veränderung erlitten hat.

In leicht fasslicher aber ganz kritikloser Weise stiftete Paley einen Compromiss zwischen der individualistischen Nützlichkeitslehre, aus der Bentham consequent das Verlangen nach den radicalsten Reformen ableite, und der natürlichen Neigung des Engländers, besonders des Engländers aus den herrschenden Klassen, an bequemen und durch Alter würdigen Einrichtungen festzuhalten.

§ 3. William Godwin und Thomas Spence.

William Godwin war kein Schriftsteller, der sich an praktische Bewegungen anschloss und diese beförderte. Sein directer Einfluss war daher gering — er verschmähte es nicht nur, der Neigung seiner Landsleute, einzelne praktische Fragen zu entscheiden, entgegenzukommen, sondern er vermied es sogar principiell, an irgend welche allgemeine Leidenschaft zu appelliren. Er stellt die höchste Potenz eines reinen Rationalismus dar — der dann naturgemäss in utopischen Mysticismus umschlägt.

Godwin war nicht ohne Gelehrsamkeit und obwohl er sehr energisch der Ansicht ist, dass man nur mit Gründen, nicht mit Autoritäten beweisen dürfe, so bezieht er sich doch oft auf seine Vorgänger. Diese sind vor Allem Locke, Hume und Hartley. Zugleich unterlag er französischen Einflüssen, namentlich dem von Rousseau, über den er zwar weit hinausgeht, dem er aber das Verdienst zuschreibt, er habe zuerst gelehrt, wie wenig Gutes eine Regierung bewirken könne. Am häufigsten tritt in seinen Schriften Uebereinstimmung mit Paine hervor, von dem er sich aber vor Allem durch die völlige Abwesenheit jedes praktisch agitatorischen Charakters unterscheidet.

Gleich Priestley war er ursprünglich Dissenterprediger. In vieler Beziehung erscheint er einfach als eine consequente und extreme Fortsetzung von Priestley, indem seine äusserst ruhig und leidenschaftslos ausgesprochenen Ideen in seinem früheren Hauptwerk „Political justice" die äusserste Linke der modernen englisch-französischen Geistesrichtung repräsentiren. Da er zugleich durch seinen seltsamen friedlichen Communismus manche Vergleichspunkte mit Robert Owen darbietet, so erschien es passend, ihn hier gleichsam als eine belehrende Curiosität zu besprechen, welche zeigt, wie weit es mit philanthropischem Rationalismus und Individualismus in England überhaupt kommen konnte. Die „Political justice" erschien zuerst 1793 und hat dann rasch noch zwei weitere Auflagen erlebt. Schon die erste Auflage, nach welcher ich citire, schwebt über der französischen Revolution wie der Geist über den Wassern: dieselbe wird zwar mit Sympathie behandelt, lenkt aber die viel weiter gehenden utopischen Ideen unseres Stubengelehrten keineswegs in ein praktisches Fahrwasser und bewirkt auch in den späteren Auflagen nirgends eine Correctur dieser Ideen.

Godwin entwickelt einen abstrakten Doctrinarismus, wie er stärker in England kaum jemals vorgekommen sein dürfte. Hinter den abstrakten Formeln Ricardo's ist die praktische Tendenz deutlich zu erkennen, bei Owen überwog die Absicht praktischen Schaffens in den schwärmerischen Spielen der Gedanken, Bentham hatte immer einzelne Gesetzgebungsfragen im Auge. Godwin dagegen schwelgt förmlich im Ausmalen der von ihm geglaubten Wahrheit, verachtet alle Untersuchung historischer Entwicklungen und betrachtet es als Pflicht aller Menschen, sowie als seine besondere Lebensaufgabe, die auf abstraktem Wege gefundene Wahrheit auszusprechen, worauf diese durch die ihr innewohnende Allmacht sicher siegen werde. Er hat absolut keine andere Absicht, als die, die „Wahrheit" zu formuliren.

Man kann ihm dabei keine besonders grosse Consequenz nachrühmen. Es ist nicht einzusehen, warum man trotz der von ihm verlangten Verdrängung aller Leidenschaften durch vernünftige Erwägung die Wahrheit doch lieben soll und warum Godwin dies selbst thut. Seine Ansicht, dass es nur auf „individuelles Glück" ankomme und der Mensch ein von in ihm angeregten Gedankenketten bestimmter gei-

stiger Mechanismus sei, ist schwer zu vereinbaren mit seiner
Anschauung, dass der Mensch nicht ausschliesslich egoistisch,
sondern mit Gemeinsinn begabt sei, sowie mit der beständigen
Empfehlung von philanthropischem Wohlwollen. Der Glaube
an die Allmacht der alleinigen und unbedingten Wahrheit
steht im Widerspruch mit den praktisch gemachten Concessionen, dass der Fortschritt allmälig sein müsse; der Glaube
an die natürliche Gleichheit der Menschen harmonirt nicht
mit der Meinung, dass es der Beruf der Weisen sei, die
übrige Menschheit allmälig zu belehren. Vielfach kann constatirt werden, dass Godwin im Verlauf des Werkes stärkere
Extreme entwickelt, als er im Anfang ausspricht. Dennoch
muss man ihm, namentlich im Gegensatz zu Bentham und
Owen, den Ruhm lassen, dass er seine Probleme philosophisch
tiefer auffasst.

Ganz im Geiste Bentham's und seiner Zeit beginnt Godwin
damit, dass es der vornehmste Zweck der Wissenschaft sei,
das „Glück der Menschheit zu befördern". Der Begriff des
Glücks wird nun freilich nicht eingehend definirt, ¦aber es
wird doch gleich gesagt, dass intellectuelle und moralische
Freuden die wichtigsten seien; es wird nicht wie bei Bentham
eine Catalogisirung der Freuden und Leiden versucht und es
fehlt die Tendenz, auf die nach Geldwerth berechenbaren
Lebensfreuden das Hauptgewicht zu legen. Jedenfalls fühlt
Godwin sofort das Bedürfniss, seine Theorien über Glück,
Moral und Staat durch eine Theorie über das Wesen des
menschlichen Geistes zu begründen.

Der Hauptsatz ist, dass der moralische Charakter der
Menschen die Folge seiner Wahrnehmungen (perceptions) sei
(S. 11), d. h. es giebt keine angeborenen Principien und
Ideen (S. 12), sondern die Ideen werden in dem menschlichen
Geist durch eine Reihe von Eindrücken erzeugt und dann
durch Verbindung und Nachdenken verdaut und geordnet
(S. 14): die äusseren Eindrücke, welche unmittelbar auf den
Menschen wirken, wie Hitze und Kälte, sind untergeordneter
Art; durchaus die Hauptsache sind die Eindrücke, welche
Stoff zum Nachdenken liefern und den Charakter von Beweg-

gründen zum Handeln annehmen (S. 60). Daher ist Laster nur ein in die Praxis übersetzter Irrthum (S. 31) und die Menschheit kann durch Literatur, Erziehung und insbesondere durch richtige politische Institutionen zur Vollkommenheit gebracht werden (S. 19). Es ist leicht zu erkennen, wie die Theorie von den Wahrnehmungen und Eindrücken durch Locke's Anregung entstanden ist, und dass Godwin durch seinen Glauben an die Allmacht der Bildung, sowie die Identificirung von Laster und Irrthum als Vorgänger von Robert Owen erscheint.

Die Erziehung der Menschheit durch Bildung und Aufklärung einerseits, durch weise politische Institutionen andererseits hat nun ausschliesslich auf dem Princip der Gerechtigkeit zu beruhen. Die Theorie des menschlichen Geistes ist lediglich entwickelt um zu beweisen, dass die Gerechtigkeit von allen Menschen erkannt werden kann und dann unfehlbar geglaubt werden wird. Die Gerechtigkeit selbst ist aber ein unbewiesenes Axiom, das abwechselnd in der Form der Definition und des Postulats auftritt. Der Begriff der Gerechtigkeit wird mit dem der Nützlichkeit und mit dem der Wahrheit identificirt. Gerechtigkeit ist die grösstmögliche Rücksicht auf das allgemeine Wohl der menschlichen Gesellschaft (S. 88); sie ist die einzige Lebensregel für ein vernünftiges Wesen und fällt mit der Nützlichkeit zusammen (S. 120). Tugend ist der Wunsch, das Wohl der Menschheit zu befördern (S. 253 ff.), eminente Tugend setzt tiefe Kenntniss über die Mittel, Glück zu befördern, voraus, daher fallen Tugend und Wahrheit zusammen (S. 236) — natürlich nicht die historische, sondern die abstrakte Wahrheit, durch deren beständiges Aussprechen Alles in der Welt sich gut gestalten wird (S. 197). Ausdrücklich bekämpft Godwin die Ansicht, dass der Mensch von Natur aus nur egoistisch sei; er sei vielmehr ein „der Gerechtigkeit, der Tugend und des Wohlwollens fähiges Wesen" (S. 359), d. h. fähig, den eigenen (kleineren) Vortheil dem allgemeinen Interesse unterzuordnen; diese Fähigkeit müsse nun durch Erziehung entwickelt werden, und das sei möglich, da man nur den Menschen beweisen müsse, dass die Ausübung der Tugend zugleich die wahre Basis des eigenen individuellen Glücks sei (S. 363, 468).

Man sieht, Godwin leugnet zwar angeborene Principien und Ideen, aber nicht angeborene Fähigkeit zur Aufnahme von Ideen. Angeborene Gefühle und Neigungen braucht Godwin nicht anzuerkennen, da Tugend und Gemeinsinn im Grunde ja doch nur vernünftige „Berechnung der Zukunft" (S. 468), d. h. der Folgen einer Handlung sind. Durch die Behauptung, dass der Mensch fähig sei, unegoistisch und uninteressirt zu handeln, erhebt sich Godwin über die engherzige Nationalökonomie seiner Zeit; dieselbe ist freilich mit seinem Individualismus und seiner im Grunde materialistischen Nützlichkeitslehre schwer zu vereinigen, aber dies gelingt Godwin dadurch, dass er — seiner Natur entsprechend — das Glück des Lebens hauptsächlich in persönlicher Bedürfnisslosigkeit und in kühler Beschauung der Dinge erblickt. „Vernunft und Ruhe" (S. 887) sind ihm die beiden idealen Pflichten des Menschen.

Doch davon später. Um zunächst noch bei Godwins Theorie über die Natur des Menschen zu bleiben, so ist es eine consequente Folge seiner Auffassung des menschlichen Geistes als einer durch Eindrücke in Thätigkeit versetzten Vorrichtung, dass er den Begriff der Willensfreiheit leugnete. Dies Problem berührte Bentham nicht, Owen beantwortete es ohne Untersuchung und Beweis, Godwin untersucht es weit eingehender als Priestley und ich möchte sagen, dass gerade in dieser Frage Godwins abstrakte Denkweise die innerlich consequentesten und klarsten Resultate erzeugt — wenn ich sie auch wegen des verschiedenen Ausgangspunkts nicht acceptiren kann.

Man muss unbedingt sagen, dass Godwin das Problem besser, weit philosophischer erfasst hat, als manche Neuere, die von der Regelmässigkeit statistischer Zahlen einfach geblendet waren[1]), und es ist von Interesse, dass die Frage überhaupt

---

[1]) Gegen die Verirrungen der Quetelet'schen Statistik wendet sich meine Besprechung der „Physique sociale" des genannten Verfassers, in

lange vor der Zeit der modernen Statistik sogar schon in socialpolitischen (nicht nur in philosophischen und naturwissenschaftlichen) Werken besprochen worden ist.

Die Frage wird wohl nie definitiv gelöst werden, sondern immer wieder neu auftauchen, weil sie zu denjenigen gehört, bei welchen wir an der Grenze des Erkennbaren ankommen. Alles was geschehen und vollbracht ist, erscheint uns, wenn wir es als vollendete Thatsache betrachten und beobachten, als das Produkt von (wenn auch unbekannten) Ursachen, die es hervorbringen mussten. Dadurch, dass es geschehen ist, erscheint es als nothwendig; es kann jetzt nicht anders sein, als es eben ist und so konnte es auch nicht anders sein, nur dass wir vorher wegen mangelnder Allwissenheit das Nothwendige nicht vorher sehen konnten. Künftiges dagegen, das erst geschehen kann oder soll, ist für uns noch nicht nothwendig und wenn es sich um unsere eigenen Handlungen handelt, so erscheint uns ihre Ungewissheit als Nichtnothwendigkeit oder Freiheit. Aber wenn wir uns nicht als wollende und handelnde Wesen fühlen, sondern lediglich beobachten und denken, so erscheint in der That die Freiheit nur als ein anderes Wort für Unkenntniss und Unsicherheit, als Folge des Unterschieds zwischen Vergangenheit und Zukunft, der für uns vorhanden ist. Für eine höhere Intelligenz, von der Laplace so schön spricht, und auf deren Standpunkt wir uns vorübergehend und theilweise in reiner Betrachtung stellen können, würde diese Unkenntniss und daher die Freiheit nicht existiren, sondern Alles wäre nothwendige Folge (bekannter) Ursachen.

Als wollende und handelnde Menschen jedoch müssen wir mit der Annahme einer, wenn auch durch nachweisliche Einflüsse ausserordentlich stark beeinflussten Willens- resp. Wahl-Freiheit operiren und können bei der Betrachtung der Dinge vom Standpunkt des Causalgesetzes nicht stehen bleiben, weil wir eben jene höhere Intelligenz nicht haben. Auch in den socialen

---

Hildebrands Jahrbüchern, Band 14 (1870) S. 81 ff. Vgl. auch Knapp's eingehende Kritik ebenda Bd. 16 (1871) S. 237 ff., Bd. 17 (1871) S. 167 ff., S. 342 ff., S. 427 ff. und Bd. 18 (1872) S. 89 ff.

Wissenschaften können wir nicht anders, weil diese die wollende und handelnde Menschheit, in der wir selbst mitten drinnen stehen, behandeln. Der Godwin'sche Standpunkt der leidenschafts- und willenlosen Beobachtung und des Aussprechens der abstrakten Wahrheit ist eine Vermessenheit und zuleich ein Stückwerk. Aber wenn und weil er sich einmal auf diesen Standpunkt stellte, war es ganz consequent, dass er die Willensfreiheit leugnete. Ueberdies brauchte er diese Theorie zur Rechtfertigung seiner Lehre von der allein nothwendigen Wirkung der Belehrung in der Wahrheit.

Ganz richtig entwickelt er, dass wir Nothwendigkeit der Wirkungen erkennen können resp. müssen, ohne die Ursachen und die Art ihres Wirkens zu kennen (S. 285), dass wir auch beim menschlichen Geist eine nothwendige Verknüpfung der Ereignisse, ohne ihre Ursache zu kennen, annehmen können. Die Annahme der Freiheit beruht nur auf der Unkenntniss eines Theils der Einflüsse; Freiheit und Zufall sind identisch, beide gleich Unkenntniss der zwingenden Ursachen — ganz richtig, wenn man eben nur fragt, was der Mensch weiss. Der menschliche Geist wird nicht ausdrücklich als Bewegung von Materie bezeichnet, nur überhaupt in Bezug auf unsere Frage mit den Objekten der Naturwissenschaft auf eine Stufe gestellt. Dies muss hervorgehoben werden, weil man, wie ja auch der Calvinismus zeigt, die Freiheit leugnen kann, ohne die Eigenthümlichkeit des Geistes zu leugnen. Das Eigenthümliche des menschlichen Geistes ist nach Godwin, dass er in Folge verschiedener Anregungen durch Motive, d. h. berechnende Gedanken bewegt wird, die in unser Bewusstsein übergehen — und daraus folgt, dass der Mensch tugendhaft und glücklich wird durch Ausbildung seiner Fähigkeit, vernünftig zu denken. So wirkt also die Leugnung des freien Willens nicht unmoralisch, sondern die Lehre macht vielmehr leidenschaftslos und ruhig und giebt eben die stärkste Veranlassung, die Wahrheit und Gerechtigkeit zu lehren und zu verbreiten.

In dieser Nutzanwendung liegt nun freilich eine Inconsequenz, weil die reine Theorie der Nothwendigkeit im Grunde überhaupt keine Nutzanwendung verträgt. Godwin sagt (S. 305): „Im Leben jedes Menschen ist eine Kette von Ursachen, die ihren Ursprung in der seiner Geburt vorangehenden Ewigkeit hat und in regelmässiger Aufeinanderfolge die ganze Periode seines Daseins durchzieht, so dass es für ihn unmöglich war, in irgend einem Moment anders zu handeln, als er wirklich handelte." Dies ist eine Vorstellung, die sich an und für sich nicht widerlegen lässt, so lange wir eben lediglich den Menschen, der gehandelt hat, betrachten.

Aber Godwin glaubt nicht nur, dass die Menschheit sich vervollkommnen wird, dass also die Kette von Ursachen in der ganzen Menscheit immer mehr Tugend hervorbringen wird, sondern er selbst will durch die Lehre der Wahrheit und Tugend eine neue allmächtige Ursache in das menschliche Leben einführen. Er glaubt, wie später Owen, an ein mit seinen Lehren beginnendes tausendjähriges Reich des Friedens und des Glücks und schreibt Bücher, um diesen Zustand herbeizuführen.

Gesetzt nun, er denke sich alle anderen Menschen als von seinen Lehren willenlos bewegte geistige Apparate, so ist doch wenigstens er selbst ein Theil jener selbständigen ewigen Urkraft, von der alle Bewegung ausgeht. Sowie wir an der Vorstellung dieser letzten Ursache der Bewegung angekommen sind, sind wir auch an der Grenze des Erkennbaren und Begreiflichen und gerathen unvermerkt aus dem Bereiche der wissenden Betrachtung in das des Glaubens — bei Godwin des Glaubens an die eigene Mission, der doch wohl noch verwegener und unwissenschaftlicher ist, als der Glaube an einen Gott, der den einzelnen Menschen eine gewisse Willensfreiheit lässt.

Wer in der Betrachtung des nothwendigen ursächlichen Zusammenhangs aller Dinge stecken bleibt, muss consequent bei der thatenlosen Betrachtung des Lebens stehen bleiben. Wenn man dann doch handeln will, d. h. durch Aeusserung seiner Gedanken die Welt umgestalten will, so muss man sich entweder selbst für die alleinige Urkraft halten, oder für ein von unbekannten Ursachen auserlesenes Werkzeug, das selbst willenlos und nothwendiger Weise handelt resp. spricht und schreibt, wie es muss. Aber wie verträgt sich jede dieser Annahmen mit der Gleichheit der Menschen? Und wenn man sich der letzteren weniger vermessenen Annahme anschliesst, so kann doch offenbar jeder andere Mensch sagen, seine divergirenden Ansichten seien ihrerseits nothwendig in ihm entstanden. Hat nun eine der tausenderlei nothwendig entstandenen Ansichten gerechtfertigten Anspruch auf absolute Wahrheit? Kann irgend ein Mensch seine Ansichten für etwas anderes halten als das an sich werthlose Resultat unbekannter Ursachen? Und wenn Einer sie doch für unbedingt wahr und der allgemeinsten Verbreitung für würdig hält, mischt er dann nicht einen unmotivirten Glauben und ein inconsequentes Wollen in die kühle Betrachtung von der Nothwendigkeit alles Seienden?

So beweist Godwin selbst, dass seine zunächst aus seiner vorherrschenden Anschauungsweise consequent abgeleitete Theorie ungenügend und unhaltbar ist; er widerlegt unbewusst seinen Standpunkt.

Die Tendenzen, denen diese Theorie dient, sind nun zunächst sehr allgemeiner Art und zwar theils höchst löblich, theils überaus utopisch.

Zu den löblichen Tendenzen gehört vor Allem die, dass Godwin aufrichtig und ernstlich von jeder Gewaltthat zur Durchführung seiner Ideale abmahnt; ja er hält sogar (S. 212) Agitationsvereine für bedenklich, und will nur, dass Jedermann die erkannte Wahrheit frei und unverhohlen, ganz und vollständig, eventuell mit dem Muthe des Märtyrers äussere. Speciell verwirft er den Tyrannenmord und predigt Aufrichtigkeit und Wahrheitsliebe in allen Lagen des Lebens mit solchem Eifer, dass er es sogar für unrecht hält, sich verleugnen zu lassen, wenn man zu Hause ist. Er gesteht freilich zu, dass die Durchführung der aus seinen Wahrheiten folgenden Reformen Zeit brauche und empfiehlt geduldiges Abwarten. Damit steht dann in seltsamem Widerspruch, dass er keine Unterschiede der Völker nach Ort und Zeit anerkennt (S. 61, 91), sondern glaubt, die eine unabänderliche Wahrheit könne überall und immer gleichmässig zum Siege gebracht werden und eine Staatsform sei überall und immer die allein richtige: „Wenn es nur eine Wahrheit giebt, so kann es auch nur einen Codex unserer gegenseitigen Pflichten geben und die Erforschung der Wahrheit ist nicht nur die beste Methode, das Wesen politischer Einrichtungen zu erkennen, sondern auch sie einzuführen und einzurichten."

Der unverwüstliche Glaube an die Fähigkeit des Menschen zu Fortschritt und Vervollkommnung (S. 50) hat, so sehr er manchmal zu absolut lächerlichen Consequenzen führt, etwas Rührendes und giebt, wie die Liebe zur Wahrheit, Zeugniss von einer tief sittlich angelegten Natur. In diesem Glauben liegt, wie bei Owen, eine Art von religiösem Element — allerdings von sehr bedenklichem praktischen Werth. Denn Godwin hält es nicht nur für unrathsam, Versprechungen zu geben, sondern für unnöthig, sie zu halten, da man in jedem Moment der jetzt erkannten Wahrheit und Gerechtigkeit folgen soll. Aehnlich wie bei Owen verdrängt dieser höchst individuelle Glaube die Liebe zu allen bestehenden Religionen. Er ist nicht nur als alter Dissenter ein Feind aller Priesterschaft (S. 62) und aller Staatskirchen (S. 603), sondern die Religion selbst wird (anders als in dem späteren Werke gegen Malthus) mit entschiedener Feindseligkeit behandelt, indem die Religionen streben, der Menschheit die ganze Wahrheit zu verhüllen und sie durch allerlei Betrug zum Guten bringen wollen (S. 504 ff.), indem sie die Menschen als Kinder behandeln, statt als vernünftige Wesen und lehren, aus freiwilliger Liebe zu thun, was doch die vernunftgemässe Gerechtigkeit unbedingt fordert (S. 793).

Das Eigenthümlichste bei Godwin ist, dass er den denkbar extremsten Individualismus mit dem Postulate der Vermögensgleichheit verbindet. Er will Communismus ohne jeglichen Zwang und weiss mit Hülfe seiner Utopien die extremste Freiheitsliebe mit dem ausschweifendsten Gleichheitsdurst zu verbinden.

Was zunächst seinen Individualismus betrifft, so bezeichnet er ausdrücklich die Gesellschaft nur als eine Summe (aggregate) von Individuen (S. 90); die Gesammtheit ist kein Wesen für sich; Vaterlandsliebe als solche ist eine Illusion, das Glück der Gesammtheit als eines von den Einzelnen unterschiedenen Wesens ist eine Chimäre; es giebt nur Individuen und ihr Glück (S. 514). Ruhm der Nation, Ausdehnung des Landes etc. sind purer Schwindel, das Glück Aller ist das Interesse Aller (d. h. Einzelner) (S. 559), das einzige gerechtfertigte (legitimate) Ziel politischer Institutionen ist der Vortheil der Individuen (S. 558). Deutlicher als irgend ein Anderer spricht Godwin den Gegensatz zu der organischen Staatsanschauung aus, die den Einzenen als organisches, dienendes Glied des Staats, den Staat als eine Phase in der Entwickelung der höheren Zielen zustrebenden Menscheit auffasst.

Weniger erfolgreich und durchschlagend, aber noch nackter und vollendeter als Bentham treibt Godwin den Götzendienst des Individuums, gerade wie bei Bentham aber setzt doch die eigene Vernunft allen anderen Individuen das Gesetz ihres Daseins, was nur schlecht durch die ernst gemeinte Phrase von der Wahrheit verhüllt wird. „Die Gesellschaft ist nichts weiter als eine Summe von Individuen. Ihre Rechte und Pflichten müssen sein die Summe der Rechte und Pflichten der Individuen. — — Was hat die Gesellschaft von mir zu verlangen ein Recht? — Alles, was meine Pflicht ist, nicht mehr. Kann sie die ewige Wahrheit ändern, die Natur der Menschen und ihrer Handlungen umwälzen? — — Was ist die Gesellschaft verpflichtet, für ihre Mitglieder zu thun? Alles, was zu ihrem Wohlsein beitragen kann. Die Natur ihres Wohlseins ist vorgeschrieben durch die Natur ihres Geistes. Daher wird am meisten unser Wohl befördern, was unseren Verstand ausdehnt, Anregung zur Tugend giebt, uns mit edlem Unabhängigkeitssinn erfüllt und sorgfältig Alles entfernt, was unsere Bethätigung hindern kann."

Aus diesem extremen Individualismus folgt nun zunächst dieselbe Consequenz wie bei Bentham, dass jeder Einzelne der Staatsgewalt zu widerstehen berechtigt sei, wenn diese nach seinem individuellen Urtheil Ungerechtes verlange (S. 191); daraus entstehe keine unerträgliche Unordnung, weil ja die Staatsgewalt im Grunde überhaupt fast nichts befehlen solle — und weil man sich meist mit Protest zu begnügen habe. Aber dabei bleibt Godwin nicht stehen, indem er ganz consequent aus dem Princip des Individualismus folgert, dass der Staat überhaupt so gut wie abgeschafft werden müsse, und dass sogar jede geordnete wirthschaftliche Cooperation (selbst die des Zusammenwirkens bei einem Concert) verwerflich sei. Das Ideal ist ein Nebeneinanderleben ganz unabhängiger Individuen, das dadurch ohne ewige Störung und Unfrieden möglich wird, dass all diese Individuen ganz voll und beherrscht sind von der Godwin'schen Wahrheit, durch die sie vollkommene Wesen werden.

Doch wir wollen nicht vorgreifen. Alle Regierung, (d. h. überhaupt Staatsgewalt) wird unter Berufung auf Paine als ein Uebel bezeichnet (S. 78), das man leider noch nicht ganz entbehren kann, weil es einzelne unzweifelhafte Nothfälle giebt, in denen eine Zwangsgewalt nothwendig ist. Diese Fälle sind der eines Angriffs von Aussen und der des Vorkommens ganz verkommener gewaltthätiger Verbrecher im Lande. Indessen bleibt auch dieser Zwang in Folge der derzeitigen Unvollkommenheit der Menschen immer ein bedenkliches Uebel und die Gesammtheit hat eigentlich gar keine Rechte, sowenig wie der Einzelne selbst, denn selbst die sogenannten Freiheitsrechte der Individuen sind nur Nicht-Rechte der Gesellschaft und die einzige Art von Ordnung, die eigentlich gerechtfertigt ist, ist die nothwendige Unterordnung aller Einzelnen unter die von ihnen erkannten Gebote der Gerechtigkeit und Wahrheit in jedem einzelnen Fall. Eine Pflicht des Gehorsams gegen die Staatsgewalt giebt es nicht (S. 169), das Wort Unterthan im eigentlichen Sinne des Worts ist verkehrt. Im Grunde giebt es nur die Pflicht, der Gerechtigkeit zu dienen und eine faktische Nothwendigkeit, sich der stärkeren Gewalt zu unterwerfen, wenn man sich ihrer nicht erwehren kann. Unterthan ist derjenige, den die Regierung verpflichtet ist, zu schützen (S. 174).

Es folgt daraus, dass die Staatsgewalt möglichst schwach und mit möglichst wenig Competenzen ausgerüstet sein muss.

Da dieselbe nur das allgemeine Wohl in gewissen Nothfällen zu wahren hat, so soll ferner jedes Mitglied der Gesammtheit an der Staatsgewalt betheiligt sein. In die Praxis übersetzt heisst dies, dass jede Art von Monarchie und Aristokratie ein Unding ist. „Jeder König ist in Folge unabweislicher Nothwendigkeit ein Feind der Menschheit" (S. 399). „Monarchie ist eine unnatürliche Institution", der König selbst ist in einer bemitleidenswerthen Lage und wer ihre Abschaffung wünscht, daher ein Freund der Könige, diese als Menschen betrachtet. „Es giebt keine wichtigen Functionen allgemeiner Oberaufsicht, die man richtiger Weise einem einzelnen Individuum übertragen könnte." Daher sind nicht nur erbliche Monarchie, die allerdings in Folge der höchst verwerflichen Prinzenerziehung besonders schlimm ist, sondern auch Wahlmonarchie, beschränkte Monarchie und Präsidentschaft mit königlichen Rechten, ein Unding. „Der Name König ist das Grab der menschlichen Tugend, ein Monument des Wahnsinns, der Feigheit und des Elends der Menscheit" (S. 458), auch jede Aristokratie, d. h. jede „erbliche hervorragende Stellung ist eine Beleidigung der Vernunft und Gerechtigkeit (S. 461); denn es ist ein wichtiges Princip der Gerechtigkeit, dass Jedermann nur in Folge seines persönlichen Verdienstes ausgezeichnet werden kann."

Dagegen ist Demokratie das einzig Wahre, d. h. das System, „demzufolge jedes Glied der Gesellschaft als ein Mensch und als nichts mehr betrachtet wird, jeder Mensch gleich ist, soweit positive Satzung reicht" (S. 489). Man wirft freilich der Demokratie vor, dass sie Demagogie, Unbeständigkeit, allgemeines Misstrauen etc. hervorrufe, allein selbst mit diesen Fehlern wäre sie besser als Monarchie und Aristokratie, aus denen Kriege, Geldgier und andere Uebel hervorgehen, und diese Uebel der Demokratie sind nur Folge des Verderbs der Menschheit durch Monarchie und Aristokratie. Sie werden mit der Verbreitung der Wahrheit schwinden.

Nun bleiben aber auch in der Demokratie allerlei Einrichtungen übrig, die dem Einzelnen einen leidigen Zwang auflegen. Dahin gehört vor Allem die Unterwerfung der

Minorität unter die Majorität. Ferner kann es auch in Demokratien disciplinirte Heere, eine gesetzgebende und eine ausübende Gewalt, Steuern und Criminaljustiz, überhaupt Gesetze und speciell Verfassungsgesetze geben. Mit all diesen Einrichtungen wird Godwin leicht fertig, indem er sie entweder von vornherein für unnöthig erklärt, oder doch meint, sie könnten und müssten wegfallen, wenn erst die Menschheit durch Demokratie und Wahrheitslehre weiter vervollkommnet sei.

Es ist charakteristisch, dass Godwin nicht nur die Theorien der Entstehung des Staats kraft göttlichen Rechts und durch Gewalt bekämpft, sondern auch den Staatsvertrag angreift, weil auch ein solcher die Individuen nicht binden kann und soll (S. 152). Eine besondere gesetzgebende Gewalt giebt es nicht, sondern „Vernunft ist der einzige Gesetzgeber", d. h. die Gesellschaft kann gar keine Gesetze geben, sondern nur erklären was die Natur schon festgesetzt hat. Aehnlich hat ja auch Bentham den Staatsvertrag verworfen und das Nützlichkeitsprincip zur einzigen Richtschnur gemacht. Aber er folgerte daraus Majoritätsherrschaft und die Nothwendigkeit nützlicher Gesetze, während Godwin principiell jede Unterordnung des vernünftigen Individuums verwirft und trotz dessen an die Möglichkeit friedlichen Nebeneinanderlebens der Individuen glaubt, indem in jedem Individuum die gleiche und gleichartige von Godwin's Lehren beherrschte Vernunft lebt.

Wenn keine gesetzgebende Gewalt nöthig ist, so ist noch weniger eine davon getrennte selbstständige Executive am Platz, d. h. es darf keine Minister etc. geben, die in gewissen Dingen ohne oder gegen den Willen der Volksvertretung handeln (S. 554). Ehe alle Menschen und alle Völker weise und glücklich geworden sind, können nothwendige Vertheidigungskriege zwar vorkommen; aber deshalb braucht man kein stehendes Heer, ja nicht einmal eine Miliz, die in Friedenszeiten exercirt und disciplinirt wird. Ein freies Volk wird durch seine Begeisterung für die Freiheit ohne alle Waffenübung über Veteranenheere siegen, die nicht wissen, wofür sie kämpfen (S. 538). Selbst der Obergeneral bedarf keiner militärischen Erfahrung; es genügt „die allgemeine Macht eines gebildeten Geistes" — man sieht, mit dem Glauben an die Allmacht der Vernunft kommt Godwin über alle Schwierigkeiten weg.

Luxusgesetze, Schutzzölle, Pressgesetze aller Art sind natürlich höchst verwerfliche Eingriffe in die individuelle Freiheit (S. 603 ff.), besonders heilige und dauernde Verfassungsgesetze sind wegen des ewigen Fortschritts der Menschheit ein Unsinn (S. 654). Selbst wenn diese etwa die Principien der ewigen Gerechtigkeit formuliren wollten, wären sie ja nach Godwin's Meinung ganz unnöthig, da überhaupt nach durchgedrungener Wahrheit jedes Gesetz unnöthig ist, — ebenso wie auch eben alle Steuern wegfallen würden (S. 681). Auch ein Codex des Privatrechts ist überflüssig, es genügt „die Vernunft, die eine uncontrollirte Gerichtsbarkeit nach der Sachlage im einzelnen Fall übt." Das Ideal der Demokratie besteht darin, dass lauter selbständige kleine Kirchspiele oder Communen nebeneinander bestehen, die dann ganz gelegentlich z. B. im Falle eines Angriffs von Aussen cooperiren resp. zu loser Confoederation zusammentreten. Die Deputirten der Confoederation, ebenso wie die (gewählten) Juries in den einzelnen Distrikten oder Communen brauchen auch kaum zu befehlen, sondern können sich mit Appellen an die Vernunft (invitations) begnügen. Zu allerletzt erscheinen Godwin auch die Distrikte und ihre Conföderation unnöthig und er löst die ideale Gesellschaft in lauter selbständige Einzelne ohne jedes äussere zwingende Band auf (S. 857) — weit consequenter als Bentham erklärt er schliesslich alle Ordnung als solche für verwerflich.

Es herrscht manchmal einige Unklarheit darüber, welcher Zustand, d. h. welches Maass. von Mangel an Ordnung sofort und unbedingt und welches erst in späterer Zukunft hergestellt werden kann und soll. Jedenfalls aber ist einerseits klar, dass das letzte Ziel Wegfall aller zwingenden Gewalt und Ordnung ist, und dass andererseits Godwin für die nächste Zeit schweren Herzens eine Staatsgewalt als nothwendig anerkennt, aber nur zu den beiden Zwecken, Vertheidigungskriege zu führen und gewaltthätige Verbrecher im Inland unschädlich zu machen. Letzterem Zwecke zu Ehren beschäftigt er sich gleich Bentham eingehend mit der Frage der Criminaljustiz. Er verwirft die Gerechtigkeits- und die Abschreckungstheorie, und erkennt als einzige Rechtfertigung der Strafe die Nothwendigkeit, absolut unverbesserliche Individuen zeitweilig unschädlich zu machen. Allein auch dies ist nur eine zeitweilige Nothwendigkeit und im Grunde ein Widerspruch mit der Natur und dem Genius des menschlichen Geistes (S. 746). Es wird diese Nothwendigkeit wegfallen, indem im richtigen socialen Zustand der Zukunft alle Versuchung zum Verbrechen und damit dieses selbst wegfallen und höchstens noch eine individuelle Nothwehr vorkommen wird.

Die Lehre, die in all diesen oft geradezu auf kindlichem oder kindischem Glauben beruhenden Sätzen liegt, ist die: Ein extremer consequenter Individualismus bedarf nothwendig der utopischen Annahme einer unmöglichen Vervollkommnung des Menschen. Ein schroffer Individualismus ohne diese Annahme, der willkürlich irgendwo Halt macht, z. B. Majoritätsherrschaft will, ist dagegen innerlich inconsequent. Letzteres gegenüber Rousseau und damit implicite auch gegenüber Bentham aufgedeckt zu haben, ist das Verdienst von Godwin's abstrakten Träumereien.

Dieser ganz extreme und eben deshalb utopische Individualismus ist nun auch mit Communismus vereinbar.

Obwohl Godwin anerkennt, dass ein Mensch weiser sein könne als der andere, so sind ihm doch im Grunde die Menschen gleich beanlagt und es kommt nur darauf an, dass Jedem die Lehren der Wahrheit vermittelt werden, worauf er sie mit seiner Vernunft aufnehmen wird (S. 104 u. a. a. O.). Diese Behauptung der vorhandenen Gleichheit ist natürlich unbewiesen. Sie hängt einerseits mit Godwin's Ansichten von der Natur des menschlichen Geistes überhaupt zusammen, anderseits ist sie zugleich eine andere Form für den vorhandenen Wunsch nach Gleichheit, d. h. das Postulat rein und höchst demokratischer Institutionen — die wir schon kennen gelernt haben.

Nun verlangt Godwin zwar hier zunächst nur rechtliche Gleichheit und will faktische Verschiedenheiten des Einflusses selbst in Folge von Reichthum noch zulassen (S. 489) — doch hat er uns schon vorher (S. 32) verrathen, dass nach seiner Meinung die Ungleichheit des Besitzes die Quelle von Verbrechen ist, und dass man nach dem Princip der „justice" verpflichtet ist, von dem eigenen Besitz dem Nachbar abzugeben was immer dieser nöthiger braucht als man selbst (S. 88 ff.). Diese Gedanken werden nun im 8. Buch (S. 787) zum Schlusse besonders ausgeführt. Sie bilden nicht nur den Schluss, sondern wirklich den Schlussstein des ganzen Gebäudes. Denn durch die hier auf den Höhepunkt getriebenen Utopien versteht man erst recht, dass und wie Godwin manches Vorangehende selbst glauben konnte.

Wie Fourier seine Vorschläge zur Umgestaltung aller Production unwillkürlich selbst widerlegte, indem er zugleich eine wunderbare Umgestaltung des Menschen und der ganzen Natur prophezeite und so unbewusst zugestand, dass nur durch ein Wunder sein System ohne allen Egoismus verwirklicht werden könne — so verlor sich auch Godwin in Träumereien, denenzufolge nach Verwirklichung seines Systems der Mensch frei werden würde von Krankheit, Schlaf und Tod — ja er gestand sogar gewissermassen, dass diese Wunder zur vollkommenen Verwirklichung seines Gleichheitssystems nöthig seien. Indessen interessanter als diese Verwandtschaft mit Fourier ist dies, dass Godwin ein System der absolutesten faktischen Gleichheit vor Baboeuf predigte.

Wenn erst jüngst wieder v. Scheel [1]) unsere moderne sociale Entwicklung von der französischen Revolution datirt und den englischen Vorbildern weder als Anregungen noch als Mustern für den Continent erhebliche Bedeutung zugesteht, so muss dem gegenüber sehr betont werden, dass alle die Ideen von Freiheit und Gleichheit, die in unserer socialen und politischen Geschichte der Neuzeit eine so grosse Rolle spielen, in Eng-

---

[1]) In dem durchaus sehr interessanten und verdienstvollen Buch: Unsere socialpolitischen Parteien, 1878.

land am Ende des vorigen und im Anfang dieses Jahrhunderts zu bedeutender Entwicklung gelangt sind. Gewiss war Adam Smith von den Physiokraten, waren Bentham, Paine, Cobbett und Godwin von der französischen Aufklärungsliteratur und der Revolution selbst bedeutsam angeregt. Aber diese Literatur ging ja von der älteren englischen aus und die jüngere englische knüpfte nicht nur an die französische, sondern immer zugleich wieder an Locke an und bewahrte sich eine bedeutende Eigenartigkeit und Selbständigkeit. Zugleich ging dieselbe, was Ausbildung eines extremen Individualismus betrifft, reichlich so weit wie die französische; in der Ausbildung der Gleichheitsidee steht Godwin hinter den Franzosen durchaus nicht zurück und die Erkenntniss des socialen Gegensatzes der Neuzeit zwischen Besitz und Arbeit entwickelte sich in England ganz selbständig. Schon der Umstand, dass in England die Grossindustrie zuerst zur mächtigsten Entfaltung gelangte, macht es unzulässig, die Vorgänge in England gegenüber den französischen als unerheblich zu betrachten.

In seinem classischen Buch über den Socialismus und Communismus in Frankreich hat Stein so trefflich ausgeführt, dass nach Wegräumung aller alten ständischen Ordnung die Institution des Privateigenthums als eine mächtige Säule socialer Ordnung, d. i. Unterordnung, übrig geblieben sei und dass daher um dieselbe ein neuer Kampf entbrennen musste. Diese Erkenntniss — freilich mit der extremsten und seltsamsten Tendenz — findet sich schon bei Godwin 1793, indem er gleich im Anfang des 8. Buchs sagt, es müsse das Eigenthum auf eine gerechte Basis gestellt, d. h. es müsse das herrschende System des Sondereigenthums abgeschafft werden, wenn das Ideal „der Gesellschaft ohne Regierung", ohne alle Staats- und Zwangsgewalt erreicht werden solle. —

Er hat nicht den Grundsatz einer Zwangsgemeinschaft der Production und Consumtion, auch nicht den, dass Jeder im Verhältniss zu seiner Arbeit und Leistung erwerben und geniessen solle, sondern sein Grundsatz lautet einfach: Jedem nach seinen Bedürfnissen.

Das jetzige System des Eigenthums ist nach Godwin noch schlimmer als Monarchie und Aristokratie; alle Abhängigkeit in Folge von Verschiedenheit des Besitzes müsse verschwinden, „aller Reichthum und insbesondere aller erbliche Reichthum ist wie der Gehalt für eine Sinecure, für welche die Arbeiter die Pflichten erfüllen und der Principal das ganze Einkommen in Luxus und Trägheit consumirt" (S. 804). Dagegen verlangt die Gerechtigkeit, dass „jedes Ding Demjenigen gehören soll, der es am meisten braucht oder dem der Besitz am meisten Vortheil bringt" (S. 790). „Die natürlichen Bedürfnisse eines Jeden sind der einzige Rechtstitel, sich irgend eine Art von Waaren anzueignen."

Wie soll dies ohne Gewaltthat erreicht, wie ohne beständiges bellum omnium contra omnes erhalten werden?

Einzuführen ist es natürlich nur durch Ueberzeugung Aller von der Trefflichkeit des Systems. Hat sich diese Ueberzeugung einmal gebildet, so wird das System auch erhalten bleiben. Die Ueberzeugung muss nun vor Allem darauf beruhen, dass die Bedürfnisse der Eitelkeit und des Luxus wegfallen. Man muss und wird einsehen, dass der Mensch zunächst Nahrung und Obdach braucht — und dass ausserdem zum wahren Glück nur Ausdehnung unserer geistigen Fähigkeiten, Kenntniss der Wahrheit, Uebung der Tugend gehört (S. 833). Dies ist an sich leicht erreichbar, da es ja im Leben des Menschen im Grunde keine Leidenschaften, nur Gedankenketten giebt (S. 835). Man sieht, Godwin wünscht und erwartet allgemeine Bedürfnisslosigkeit im Sinne eines idealen Epicuraeismus. Streit würde dann nicht entstehen, indem Jeder, geleitet von den Ideen der Gerechtigkeit, stets es erkennen und danach handeln würde, wenn ein Anderer Etwas nöthiger hat (S. 857). Gemeinsame Arbeit wird durch Verbesserung der Technik unnöthig werden, gemeinsame Consumtion, auch Zusammenwohnen sind verwerflich, weil mit der individuellen Selbständigkeit im Widerspruch. Deshalb ist auch die Ehe ein verkehrtes Institut, an ihre Stelle müssen ungebundene Freundschaftsverhältnisse treten, in denen der Geschlechtsverkehr als etwas Triviales in den

Hintergrund tritt. Die Kindererziehung wird dann eine ganz freie nach Wunsch der Kinder durch Jedermann werden.

Man braucht kein Wort darüber zu verlieren, dass dies Alles auf gänzlicher Verkennung der menschlichen Natur beruht. Doch ist es eine richtige Consequenz der Idee, dass von Natur alle Menschen in gleicher Weise ganz vorherrschend oder ausschliesslich geistige resp. denkende Wesen seien. Es liegt sogar ein missleiteter Idealismus darin und der Kampf gegen die Ehe wird, ohne jede Beimischung sinnlicher Gemeinheit geführt. All dies ist eine lächerliche aber an sich richtige Folgerung aus dem Princip, dass das ganz freie selbständige Individuum ein vollkommenes Wesen werden müsse — und was ist dies anders als das Extrem der Idee, dass wir durch unbedingtes laissez faire die vollkommenste der Welten erreichen würden?

Nun bleibt aber noch eine Schwierigkeit, und um diese zu überwinden, verliert sich Godwin in absoluten Wahnsinn. Wenn auch Jeder nur die nöthige Nahrung und Obdach begehrt, Glanzliebe und Luxus nicht durch Zwang, sondern in Folge ihrer Lächerlichkeit aussterben, wird nicht die Bevölkerung dereinst so anwachsen, dass eben nicht mehr Alle auch die nöthigste Nahrung finden und dass dann doch Streit entsteht?

Diese Frage zu beantworten, schrieb Godwin später ein Buch gegen Malthus [1]). Dieses Buch schrieb Godwin am Ende seiner Tage und es trägt deutlich die Zeichen der Altersschwäche. Es ist äusserst langweilig, enthält zahllose Stellen aus den Psalmen und andere Bibelsprüche, ermüdende Ausbrüche eines unverwüstlichen Optimismus, den Glauben, dass der Mensch durch seinen Willen aller Uebel Herr werden könne etc. Die Hauptsache ist der selbstverständlich misslungene Beweis, dass die Bevölkerung faktisch keine Tendenz habe, sich progressiv zu vermehren, sondern die stationär zu bleiben, dass es also keiner schmerzlichen „checks" zur Ver-

---

[1]) Ich kenne dasselbe aus der französischen Uebersetzung von 1821. Es ist von 1820.

hinderung der Uebervölkerung bedürfe. Es ist eines jener vielen Bücher, die durch ihre Uebertreibungen verhindert haben, die wirklichen Schwächen der Malthus'schen Theorien zu erkennen.

Weit übertriebener, aber interessanter und charakteristischer ist, was Godwin schon 1793 über die Bevölkerungsfrage sagte. Zunächst meint er, es sei noch so viel Grund und Boden unbewohnt, dass die Angst vor Uebervölkerung vorläufig ganz unpraktisch sei. Für die weitere Zukunft aber gelte Franklin's Satz, dass der Geist allmächtig werden wird über den Stoff — warum nicht auch über den Stoff unserer eigenen Körper? d. h. Alter, Krankheit und Tod beruhen im Grunde auf unserer Unkenntniss, auf unserer derzeitigen Unfähigkeit, schädliche Einwirkungen auf den Körper zu vermeiden. Dies können wir überwinden, und dann wird die Gesellschaft aus lauter gesunden, weisen, unsterblichen, erwachsenen Menschen bestehen, die einsehen, dass der Geschlechtstrieb Unsinn ist und daher aufhören sich fortzupflanzen (S. 871).

Godwin selbst gesteht zu, dies sei eine Conjectur, die zur Aufrechterhaltung seines sonstigen Systems nicht nöthig sei. Hierzu ist in der That nur eine bedeutende Verminderung des „trivialen" Geschlechtstriebes nöthig — in Verbindung mit allgemeinem Aussterben egoistischer Leidenschaften. Es bleibt jedoch immerhin dabei, dass Godwin's System auf dem utopischen Glauben an Umgestaltung der Natur des Menschen durch die Wahrheit beruht.

Zum Schluss kommt Godwin nochmals auf die praktische Frage, wie der Uebergang zu seinem System anzubahnen sei. Natürlich durch Lehren der Wahrheit! Indessen müssten wir, selbst wenn der Weg durch Anarchie, Blut und Gewalt ginge, doch immer „einen Moment des Schreckens abwägen gegen Zeitalter von Seligkeit" (S. 876). Also friedliche Mittel ohne gewaltthätige Revolution — aber doch keinen Schrecken vor Revolution. Wenn nur erst die (demokratische) Republik eingeführt ist, so würde der Wegfall ständischer

Monopole unfehlbar auch den Reiz überflüssigen Besitzes verschwinden machen, indem Jeder nur stolz ist auf das, was er ist, nicht auf das, was ihm die Gewalt gegeben hat (S. 891). Die Reichen werden freiwillig immer mehr ihren Ueberfluss abgeben und der Demokratie wird von selbst die Gütergleichheit folgen!

England hat bei Beginn der Neuzeit keine Revolution ähnlich der grossen französischen erlebt. Aber Godwin's Schriften zeigen, in welchem extremen Maass die gleichen Ideen, welche die grosse französische Revolution beherrschten, auch in England Eingang fanden. Es lässt sich ein extremerer Individualismus und ein vollkommnerer selbstgenügender, Rationalismus als der von Godwin nicht denken. Und dass er nicht eine ganz vereinzelte zufällige Erscheinung, sondern ein Product des Zeitgeistes war, das beweist nicht nur die äusserliche Thatsache, dass die „Political Justice" in kurzer Zeit drei Auflagen erlebte, sondern man beachte vor Allem, dass seine „justice" identisch mit „utility" ist, dass bei ihm wie bei Anderen das Wohl des Individuums das Ziel aller öffentlichen Einrichtungen bleibt. Sein Buch ist eine Caricatur in vielen seiner Theile — aber eine lehrreiche Caricatur des Zeitgeistes in seiner englischen utilitarischen Färbung. Godwin löst die sociale Frage der Neuzeit in der radicalsten Weise, indem er lediglich aus seinen Annahmen über die Natur des Menschen und aus den Ideen der Freiheit und Gleichheit deducirt, ohne sich im Mindesten um die gegenwärtigen socialen Zustände zu bekümmern. Politische und rechtliche Institutionen sind die einzigen Thatsachen, die er bespricht resp. bekämpft.

Durch seine Theorien der Gütergleichheit hat Godwin eine gewisse Beziehung zu Thomas Spence, der unter den radicalen Agitatoren Englands eine nicht bedeutende aber eigenthümliche Rolle als bewusster und einseitiger Vertreter einer Art von agrarischem Communismus spielt.

Godwin war ein reiner Denker, in dem sich das Wollen und Streben seiner Zeit wiederspiegelt, Spence dagegen ein wenig gebildeter und überaus bornirter Agitator, der einen einzigen Gedanken in zahllosen Flugschriften vertrat und dadurch eine kleine Anzahl von Anhängern gewann, die dann in den geheimen revolutionären Gesellschaften Englands während der Zeit der französischen Revolution die äusserste Linke darstellten, ähnlich wie in der Zeit von 1848 die Anhänger von Weitling, Marx und Engels ein extremstes Anhängsel der revolutionären Schwärmer für politische Freiheit, Gleichheit und Einheit in Deutschland waren. Das Interesse der Spence'schen Schriften liegt ausschliesslich darin, dass er in vergleichsweise früher Zeit die wirthschaftliche Ungleichheit der Menschen als solche in's Auge fasste und durch einen gewaltthätigen Vorschlag entfernen wollte.

Als Sohn eines Schusters in Newcastle upon Tyne, kurz vor dem amerikanischen Secessionskrieg geboren und mit Opfern zum Schullehrer erzogen[1]), erlebte er es, dass ein Process über ein eingehegtes Gemeinfeld (inclosed common) dahin entschieden wurde, dass die Rente dieses Landes unter alle Freemen von Newcastle vertheilt werden sollte.

Dies veranlasste Spence zu einem Vortrag in der Philosophical Society von Newcastle 1775[2]), der ihm viele Feinde eintrug, so dass er nach London übersiedelte, wo er Buchhändler wurde. Als solcher betrieb er selbst den Verkauf seiner kleinen Schriften und edirte 1793—99 eine periodische Schrift „Pigs Meat or Lessons for the Swinish Multitude"

---

[1]) Life, Writings und Principles of Thomas Spence by Allen Davenport, 1836. Der Verfasser schwor noch 1836 auf die Richtigkeit von Spence's Ideen.

[2]) Neu edirt 1796 unter dem Titel: „The Meridian Sun of Liberty or the Whole Rights of Man displayed and most accurately defined in a Lecture read at the Philosophical Society in Newcastle on the 8th November 1775, for printing of which the Society did the Author the honor to expel him. To which is now first prefixed by way of Preface a most important Dialogue between the citizen Reader and the author. By T. Spence London 1776. Price one Penny.

(Burke!)[1]). Er wurde mehrmals verhaftet und processirt und starb 1814 unter Hinterlassung einer kleinen Zahl von Anhängern, die man über Gebühr fürchtete[2]). Durch Owen's Auftreten und Wirken gerieth seine Lehre allmälig gänzlich in Vergessenheit.

Diese seine Lehre ist nun schon in dem Vortrag von 1775 fast vollständig enthalten. Sie lautet einfach dahin, dass aller Grund und Boden behandelt werden solle wie der erwähnte Common von Newcastle. Jeder Mensch hat ein Recht zu leben, dessen ihn die Voreltern nicht berauben können. Individuelle Occupation des Bodens ist eine Usurpation, die keine Zukunft anerkennen kann. Die Gesellschaft ist „ein gegenseitiger Vertrag unter den Einwohnern eines Landes zur Aufrechterhaltung ihrer gegenseitigen natürlichen Rechte." Deshalb muss aller Grund und Boden den Gemeinden unveräusserlich gehören und diese sollen ihn möglichst selbständig verwalten. Die Staatseinheit kann durch ein Parlament dabei gewahrt bleiben. Berechtigtes Gemeindemitglied soll man schon durch einjährigen Aufenthalt werden. In den Gemeinden herrscht allgemeines Wahlrecht und Milizsystem. Die Gemeinden verpachten allen Boden und alle Gebäude in kleinen Parzellen auf je 7 Jahre durch öffentliche Versteigerung.

Die späteren zahlreichen Schriften, meist nur kleine Flugblätter und aufrührerische Gedichte, variiren diesen Vorschlag und führen ihn gelegentlich näher aus. Hervorzuheben ist, dass die Grundherren nicht entschädigt werden sollen,

---

[1]) Diese Zeitschrift besteht aus geschickt ausgewählten Excerpten aus Priestley, Godwin, Swift, D'Alambert etc.

[2]) Diese Angst spiegelt sich deutlich in dem Report from the committee of Secrecy on certain violent proceedings, Juli 1812, und namentlich dem Report from the committee of Secrecy or Papers presented to the House by lord Castlereagh, Februar 1817, aus den übrigens hervorgeht, dass die Anhänger von Spence sich zu einer kleinen und schwachen, aber stark und wild revolutionären Gruppe entwickelten, die einfach als extrem socialdemokratisch bezeichnet werden kann, weil sie Revolution zu Ehren bewusster socialer Ziele wollte.

wenn die Gemeinde den Boden übernimmt, denn die ersten Occupanten sind Diebe und diejenigen, die von ihnen gekauft haben, sind gerade so schlimm, sie sind Hehler[1]). Auch die Verwendungen des Grundherren zur Verbesserung des Bodens sind kein Grund, ihn zu entschädigen, denn „die arbeitenden Klassen sind es, denen man in erster Linie für alle Verbesserungen Dank schuldet"[2]). Dazu ist zu bemerken, dass auch bei Spence, obwohl er nur die Grundherren angreift und von dem Gegensatz zwischen Arbeit und Kapital ganz schweigt, schon der Gedanke vorkommt, dass die Arbeit allein allen Werth schaffe.

Die Pachtrente, welche die Gemeinden aus dem Boden ziehen, soll so vertheilt werden[3]), dass zunächst nach Parlamentsspruch gewisse Procente als Ersatz aller Steuern für Erhaltung des Staats abgegeben werden, dann soll ein anderer Theil an Stelle aller Zehnten und Localtaxen zur Bestreitung der Gemeindeausgaben verwendet und der Rest unter alle ansässigen Gemeidemitglieder zu absolut gleichen Theilen vertheilt werden, ohne Unterschied zwischen Arm und Reich, Männern und Frauen, Erwachsenen und Kindern[4]). — Es ist merkwürdig, wie der englische Agrarcommunist sich nicht davon losmachen kann, seine Pläne auf einem System von Verpachtung aufzubauen.

Diese Pläne als unberechtigt nachzuweisen, ist um so weniger der Mühe werth, als der Verfasser sie selbst nie weiter motivirt als durch das Recht auf Existenz. Die Frage, warum nur der Boden, nicht anderes Kapital gemeinsam werden soll, wird nie gestellt und dies allein beweist die Ge-

---

[1]) S. The End of Oppression (wie es scheint von 1796).

[2]) T. Spence. The Rights of Infants, or the Inprescriptible Right of Mothers to such a share of the Elements as is sufficient to suckle and bring up their young. London 1797.

[3]) So besonders deutlich in einer Note zu dem Gedicht: The Rights of Man first published 1783.

[4]) S. auch A Receipt to make a Millennium or Happy World, being extracts from the Constitution or Spenceonian Declaration of Rights 1805. Article 6.

dankenlosigkeit des Mannes, der nichts weiter verstand, als für Gleichheitsideen bereits empfängliche Gemüther an einem bestimmten, Vielen praktisch einleuchtenden Punkte zu packen. Wenn Andere den Gegensatz zwischen Arbeit und Kapital nicht in seiner Bedeutung erkannten, so erklärt sich dies daraus, dass ihr Augenmerk überhaupt auf politische Fragen gerichtet war. Spence aber warf sich auf das sociale Gebiet und blieb doch bei dem Angriff auf die Grundherren stehen. Dadurch, dass er überhaupt eine Leidenschaft für Gleichheit hatte und entzündete und dadurch, dass er zur Verwirklichung dieses Zieles Revolution anwenden will, zeigt er, dass er unter der Herrschaft gewisser Zeitideen steht, ohne dass er jedoch irgendwie tief in dieselben eingedrungen wäre.

Er freut sich[1]), dass Paine überhaupt die Erde als allgemeines Erbe der Menschheit anerkennt, erklärt aber Paine's Plan in der Agrarian Justice als „fluchwürdiges Product von Compromiss und Zweckmässigkeit." Dagegen citirt er mit Genugthuung[2]) eine Stelle aus Swift's Briefen und documentirt dadurch eine gewisse geistige Verwandtschaft mit Bentham[3]):

„In Bezug auf das sogenannte Revolutionsprincip geht meine Meinung dahin, dass das öffentliche Wohl eine Revolution rechtfertigt, so oft die üblichen schlimmen Folgen eines gewaltsamen Regierungswechsels wahrscheinlich weniger verderblich sind als die Leiden, die wir unter der bestehenden Gewalt erdulden." Anderswo spricht er einmal davon, dass die Grundbesitzer, wenn sie nicht auf legalem Wege entsetzt werden können, eben nach Paley durch das Volk entsetzt werden müssen.

Man sieht, obwohl Spence's einziger Vorschlag praktisch auffallend extrem ist — seine Principien sind dieselben und nicht gefährlicher wie die bedeutenderer Zeitgenossen.

---

[1]) S. Rights of Infants.

[2]) Rights of Man.

[3]) Wie sehr er gleich anderen Zeitgenossen geneigt war, Alles rein rationalistisch und unhistorisch aufzufassen, das zeigt unter anderem auch sein harmloser Versuch, eine rein phonetische Orthographie einzuführen.

Dies mag zum Schluss eine Stelle aus dem Receipt to make a Millennium beweisen:

Art. 3. „Alle menschlichen Wesen sind von Natur und vor dem Gesetz gleich und haben ein fortgesetztes unveräusserliches Recht auf die Erde und deren natürliche Früchte.

Art. 4. „Das Gesetz ist der freie und feierliche Ausdruck des allgemeinen Willens. Es soll gleich sein für Alle, mag es schützen oder strafen. Es kann nur befehlen was für die Gesellschaft gerecht und nützlich ist. Es kann nur verbieten was schädlich ist.

Art. 5. „Sociale Gesetze können daher nie natürliche Rechte aufheben. Und jeder Mann, Weib oder Kind haben nach dem Tag ihrer Geburt bis zu dem ihres Todes ihr ursprüngliches Recht auf den Boden ihrer Gemeinde."

§ 4. Thomas Paine.

Thomas Paine gehört zu den in England relativ so häufigen Autodidakten, die sich aus niedrigem Stande durch eigene Kraft zu einflussreichen Schriftstellern emporarbeiten. 1737 geboren, erlernte er das Handwerk des Vaters, der Schnürbrustmacher war, und übte das Handwerk unter Abrechnung einer kurzen Zeit des Seelebens als Arbeiter und Meister; dann war er Acciseinnehmer, Tabakhändler und Copist. 1774 kam er nach Amerika und wurde daselbst bald Schriftsteller. Nach Begründung der amerikanischen Freiheit ging er nach England und Frankreich, lebte daselbst die französische Revolution mit durch und machte für ihre Grundsätze in England Propaganda.

Er war der wirksamste literarische Vorkämpfer für Secession und Einführung der Republik in Amerika gewesen; nun wurde er der bekannteste Vertreter der französischen Revolutionsideen in England: gegen ihn ergriff Burke die Feder.

1802 kehrte er nach Amerika zurück, nicht ohne in Frankreich mannigfache Enttäuschung erlebt zu haben und starb 1809, nachdem er sich noch bis zuletzt an den öffentlichen Angelegenheiten Amerikas betheiligt hatte.

Viele spätere Artikel u. dgl. unterschrieb er mit dem Titel seines ersten grösseren Werkes: „Gesunder Menschenverstand". Diese Gabe besass er entschieden im höchsten Maass. Er ergriff die Ideen des Individualismus mit Feuereifer und gab ihnen einen äusserst scharfen, verständlichen, wirksamen Ausdruck. Es fehlte ihm an ausgebreiteter Kenntniss der Literatur, an wirklich wissenschaftlicher Schulung. Aber die Ideen, die er einmal hatte, wusste er mit grösster Eindringlichkeit, einfach und doch erschöpfend,, klar und niemals langweilig darzustellen.

Er appellirte immer nur an den gesunden Menschenverstand, an diesen aber mit Erfolg, und der wissenschaftlich gebildete Leser selbst muss zugestehen, dass Paine gewisse Zeitideen in eine ungewöhnlich charakteristische und deshalb interessante Form gebracht hat.

So roh er war, er hatte doch etwas Geniales, wie Leslie zugesteht. In manchen Punkten freilich vertrat er nicht nur höchst einseitige Principien, sondern liess sich einfache Irrthümer zu Schulden kommen, wie z. B. in Fragen des Staatsschuldenwesens u. dgl. Aber es ist doch in der That staunenswerth, wie richtig er die Kräfte Englands und Amerikas abwog, wie er betreffs der Frage der Secession praktisch immer den Nagel auf den Kopf traf. Nicht minder staunenswerth ist, wie der von Hause ungelehrte Schriftsteller bei seinen Beweisen für die Unechtheit der Bibel zwar auch immer nur an den gesunden Menschenverstand appellirt, eine oft merkwürdige Unkenntniss der Literatur, ja sogar (im ersten Theil des Zeitalters der Vernunft) der Bibel selbst an den Tag legt, aber doch Beweismittel anwendet, die dem Gedankengange nach von einem historischen Kritiker der neuesten Schule ausgehen könnten.

Paine's Schriften zerfallen in politische und religiöse[1]); sie sind erst in jüngster Zeit neuerdings in deutscher Uebersetzung herausgegeben und werden in Amerika noch stark

---

[1]) Die politischen Schriften citire ich nach der Stereotypausgabe in 2 Bänden. Philadelphia 1870.

gelesen — kein geringer Beweis für die Bedeutung Paine's, da gleiche Verbreitung und gleiche Dauer der Wirksamkeit den Schriften anderer zeitgenössischer Agitatoren nicht zu Theil wurde.

In diesen Schriften kommen eigentlich sociale Gedanken nur ganz ausnahmsweise vor, und von einem Eintreten für die Rechte und Interessen des Arbeiterstandes als solchen ist nicht die Rede. Paine schwärmt für die demokratische Republik im Gegensatz zu jeder anderen Regierungsform, und für den reinen Deismus im Gegensatz zu jedem kirchlichen Dogma. Das sind seine beiden Hauptideen, die er immer wieder und wieder verficht und zwar stets mit rein rationalistischen Waffen. Diese beiden principiellen Ideen werden als absolut vernünftig einleuchtend gemacht.

Innerhalb der demokratischen Republik verlangt Paine natürlich das allgemeine Wahlrecht und ist gegen jeden Census. Indessen ist ihm die republikanische Verfassung, der Ausschluss von Monarchie und Aristokratie, doch die Hauptsache, und das allgemeine Wahlrecht als solches erscheint nicht als das Hauptpostulat.

Bentham kam vom allgemeinen Wahlrecht schliesslich zur repräsentativen demokratischen Republik; Paine geht von letzterer aus und verlangt nur innerhalb derselben allgemeines Wahlrecht.

Dabei wird vielfach ein Wahlrecht aller Steuerzahler verlangt, und der Census nur verboten, weil auch diejenigen, die indirecte Steuer zahlen, Steuerzahler seien.

Bei dem Kampf gegen den Census fehlt jede Gehässigkeit gegen das Eigenthum; es wird sogar umgekehrt behauptet, das Eigenthum bedürfe zu seiner Sicherheit des allgemeinen Wahlrechts.

Das allgemeine gleiche Wahlrecht ist die einfache Folge des Postulats der Rechtsgleichheit — nicht die Folge bewussten Emporstrebens des Arbeiterstandes im Gegensatz zu einer socialen Aristokratie:

„Eine Regierung hat Kenntnissnahme von allen Dingen und von jedem Menschen als einem Gliede der nationalen

Gesellschaft, möge er Eigenthum haben oder nicht, nöthig; und daher erfordert das Princip, dass jeder Mann und jede Art von Recht repräsentirt sei, wovon das Recht, Eigenthum zu erlangen und zu haben, nur eines und zwar nicht von der wesentlichsten Art ist. Die Beschützung der Person eines Menschen ist heiliger als die Beschützung des Eigenthums; und ausserdem hat auch das Vermögen, irgend eine Art Arbeit oder Dienste zu vollbringen, wodurch man einen Lebensunterhalt erwerben oder seine Familie unterhalten kann, die Natur des Eigenthums an sich. — — —

„Ich habe stets geglaubt, dass die beste Sicherheit für das Eigenthum, sei es viel oder wenig, darin besteht, jede Ursache zur Klage und jeden Beweggrund zur Gewalt von jedem Theile der bürgerlichen Gemeinschaft soweit als möglich zu entfernen; und dies kann nur durch Gleichheit der Rechte geschehen; wenn Rechte sicher sind, so ist das Eigenthum in Folge dessen sicher. Aber wenn das Eigenthum zum Vorwand für ungleiche oder ausschliessliche Rechte gemacht wird, so schwächt dies das Recht, Eigenthum zu besitzen, und reizt zu Unwillen und Tumult; denn es ist unnatürlich, zu glauben, dass Eigenthum unter der Bürgschaft einer Gesellschaft sicher sein könne, welche in ihren Rechten durch den Einfluss jenes Eigenthums verletzt ist." (S. 316 Band II der politisch. Schr.)

Diese Stelle findet sich in der kleinen Schrift von 1795: „Abhandlung über die ersten Grundsätze der Regierung", einer Schrift, die entstand, nachdem Paine nicht nur die amerikanische Revolution durchgemacht hatte, sondern auch durch die französische schon angeregt war. Sie enthält alle politischen Ansichten Paine's in der grössten Schärfe und Klarheit und genügt, um den ganzen Standpunkt des Verfassers rasch zu erkennen. Gleich im Anfang heisst es, die „Regierung sei für den Menschen der interessanteste Gegenstand, seine Sicherheit und seine Wohlfahrt stehe damit in Verbindung". Doch „sei bis zur amerikanischen Revolution keine Verbesserung in der Regierungswissenschaft eingetreten", obwohl sie „von allen Wissenschaften am wenigsten geheimnissvoll und am leichtesten zu verstehen sei". Dann folgt der in allen anderen Schriften zu findende Satz, es gebe nur zwei Grundformen der Regierung (oder wie wir heute sagen würden: Verfassungsformen) nämlich: „die Regierung durch Wahl und Volksvertretung und die Regierung durch Erbfolge". Die Revolutionen der Neuzeit verlangen Repräsentativregierung gegenüber der Erbfolge, d. h. demokratische Republik im Gegensatz zur Monarchie; und dies ist nach Paine ein absolut berechtigtes Ziel, denn er glaubt, „dass es im Euklid kein Problem giebt, das mathematisch richtiger ist, als dass die erbliche Regierung kein Recht zu existiren hat. Wenn wir daher einem Manne die Ausübung seiner erblichen Macht nehmen, so entziehen wir ihm das, was er nie ein Recht zu besitzen hatte, und wozu ihm weder Gesetz noch Gebrauch eine Berechtigung geben konnte oder je geben kann." Die erbliche Monarchie wird aber nicht nur wegen ihrer praktischen Folgen, wegen der Möglichkeit minderjähriger und sonst unfähiger Monarchen verworfen, sondern vor Allem deshalb, weil sie sich mit den angeborenen gleichen Rechten aller Menschen nicht verträgt:

„Da es unmöglich ist, den Ursprung von Rechten anderswo als in dem Ursprung des Menschen aufzufinden, so folgt, dass die Rechte dem Menschen nur als Recht seines Daseins zugehören, und deshalb für jeden Menschen gleich sein müssen. Der Grundsatz einer Gleichheit der Rechte ist klar und einfach. Jeder Mann kann ihn verstehen und durch das Verständniss seiner Rechte lernt er seine Pflichten. — — — In einem Naturzustand sind alle Menschen gleich an Rechten, aber nicht gleich an Gewalt. Die bürgerliche Gesellschaft hat den Zweck, eine Gleichmässigkeit der Gewalt herzustellen, welche der Gleichheit der Rechte entsprechen und eine Garantie derselben sein soll. Die Gesetze eines Landes dienen, wenn sie gehörig aufgebaut sind, diesem Zwecke. Jedermann nimmt den Arm des Gesetzes zu seinem Schutze, weil er wirksamer als sein eigener ist, und daher hat Jedermann gleiches Recht an der Bildung der Regierung und der Gesetze, nach denen er regiert und beurtheilt werden soll. In ausgedehnten

Ländern kann dieses Recht der Person nur durch Uebertragung ausgeübt werden, d. d. durch Wahl und Repräsentation und daraus entsteht die Einrichtung der Repräsentativregierung." (S. 318 l. c.)

„Dass jede Nation für ihre Zeit das Recht hat, sich nach Belieben zu regieren, muss stets zugestanden werden, aber Regierung durch Erbfolge ist Regierung für ein anderes Geschlecht des Volkes und nicht für sich selbst; und da die Leute, bei denen sie Wirksamkeit haben soll, noch nicht vorhanden oder Minderjährige sind, so ist auch das Recht noch nicht vorhanden, um sie für dieselben einzusetzen und die Anmaassung eines solchen Rechts ist Verrath an den Rechten der Nachwelt. — — Wenn man nach dem Ausschliesslichkeitsprincip urtheilt, so ist, wenn die erbliche Regierung kein Recht zu existiren hat (und dass dies nicht der Fall, ist beweisbar) die Repräsentativregierung als sich von selbst verstehend zugegeben." (S. 312 l. c.)

„Ob die Rechte des Menschen gleich sein sollen, ist keine Sache der Meinung, sondern des Rechts und folglich des Princips, denn die Menschen besitzen ihre Rechte nicht als Bewilligung von einander, sondern Jeder als Recht seiner selbst. Die Gesellschaft ist der Hüter aber nicht der Geber. — — Aber was den organischen Theil oder die Art und Weise betrifft, in welcher die verschiedenen Regierungsabtheilungen zusammengesetzt werden sollen, so ist dies ganz und gar Sache der Meinung. — — In allen Meinungsangelegenheiten erfordert der Gesellschaftsvertrag oder das Princip, nach welchem die Gesellschaft zusammengehalten wird, dass die Majorität der Meinungen Regel für das Ganze wird, und dass die Minorität derselben praktischen Gehorsam leistet. Dies ist vollkommen übereinstimmend mit dem Princip gleicher Rechte."

Diese Stellen zeigen deutlich, wie Paine von den angeborenen gleichen Menschenrechten, von einem Urzustand und Staatsvertrag ausgehend zum Postulat der demokratischen Republik und zur Souveränität der Mehrheit gelangt. Er ist nicht so specifisch englisch wie Bentham mit seinem empirischen

Nützlichkeitsprincip, sondern schliesst sich direct an Rousseau an. Doch erkennt man immer den praktischen Angloamerikaner, der sein Ideal bereits verwirklicht weiss.

Auch darin unterscheidet sich Paine von Bentham, dass während seiner schriftstellerischen Laufbahn wenig Entwicklung und Veränderung seiner Ideen eintrat.

Seine ersten Schriften in Amerika, „Der gesunde Menschenverstand" und die „Krisis" enthalten schon ganz dieselben Gedanken wie die späteren Schriften. Schon im „gesunden Menschenverstand" finden wir jene leichtmanchesterliche Färbung der demokratisch-republikanischen Postulate, die später oft zu entdecken ist. Da Paine jeder entwickelte Sinn für sociale Classengegensätze fehlt und ihm die Titel der englischen Aristokratie höchst widerwärtig, die Unterschiede zwischen Reich und Arm relativ gleichgültig sind — gegenüber dem Unterschied zwischen König und Unterthanen (S. 6 Bd. I), so ist es ganz natürlich, dass in seinen Schriften viele Stellen sind, die später Cobden hätte citiren können — mehr als solche, auf die sich O'Connor hätte berufen können.

Im „Gesunden Menschenverstand" finden wir einen warmen thatkräftigen Patriotismus, ein beständiges Drängen zu energischen kriegerischen Maassregeln, heiligen Zorn gegen die kriegsunlustigen Quäker. Es wird sogar zugestanden (S. 33), dass „der Handel so wohl den Geist des Patriotismus als den Geist militärischer Vertheidigung vermindert."

Allein wir finden auch schon den Satz, dass Neigung zum Krieg eine besonders schlimme Seite der Monarchie ist (S. 25). Das Handelsinteresse erscheint als ein Hauptgrund für die Emancipation Amerika's (S. 18) und es fehlt nicht in den ersten Worten der Schrift an Anklängen an die Idee des Staats als einer Assecuranzgesellschaft mit möglichst billigen Prämien:

„Da Sicherheit der wahre Zweck und das Ziel eines Staates ist, so folgt unwiderstehlich, dass jede Form desselben, die sie uns am wahrscheinlichsten mit den geringsten Kosten und dem grössten Nutzen sichert, allen anderen vorzuziehen ist (S. 1).

Zwischen den Theorien, die den Staat auf den Zweck des Rechtsschutzes oder den der Wohlfahrt gründen, unterscheidet Paine niemals scharf. So heisst es in der Krisis S. 98: „Die Ermuthigung und Beschützung der guten Unterthanen eines Staats und die Unterdrückung und Betrafung der schlechten ist der Hauptzweck, weshalb eine Regierung hingestellt wird" und S. 325: „die öffentliche Wohlfahrt ist Zweck der Regierung einer Republik. Es ist daher nothwendig, zu wissen, was man unter öffentlicher Wohlfahrt versteht. Dieser Ausdruck hat keine dem Wohle der einzelnen Individuen feindliche Bedeutung, sondern umfasst im Gegentheil das Wohl eines jeden Individuums. **Die öffentliche Wohlfahrt ist das Wohl von Allen, weil sie das Wohl eines jeden Einzelnen ist**, denn wie der Staatskörper alle Einzelnen in sich begreift, so umfasst er auch das öffentliche Wohl, das Wohl aller seiner einzelnen Theile. Das **Grundprincip der öffentlichen Wohlfahrt ist die Gerechtigkeit** und wo man diese unparteiisch ausübt, wird jene befördert; denn wie es zum Wohle eines Jeden gereicht, dass ihm nicht Unrecht geschieht, so ist es auch zu seinem Besten, dass der Grundsatz, der ihn beschützt, nicht in der Person eines Anderen verletzt wird, weil eine derartige Verletzung seine Sicherheit schwächt, und das dem Zufall überlässt, was ihm ein fester Fels sein soll."

Es kommt Paine nur darauf an, dass der Staat überhaupt von den ursprünglich alleinberechtigten Individuen geschaffen wird, dass ihm Gleichheit der Rechte und billige Regierung gesichert sind.

Im „gesunden Menschenverstand" kommt vielfach sittliches Pathos nebst biblischen Citaten vor. Indessen wird auch schon hier unbedingte Gewissensfreiheit verlangt, und man kann nicht sagen, dass der „gesunde Menschenverstand" im Widerspruch mit dem späteren „Zeitalter der Vernunft", das die Autorität der Bibel unbedingt verwirft, steht, denn die Bibel wird nur zu dem Nachweise benutzt, dass auch aus ihr keine Rechtfertigung für die Monarchie folge.

In der „Krisis" kommen trotz alles starken Patriotismus

die Stellen, welche den künftigen Weltfrieden als Folge der Republik preisen, und die Unabhängigkeit Amerika's des Geldvortheils halber fördern, häufiger vor. S. 83 wird die Unabhängigkeit verlangt, weil sie den Frieden wenigstens für einen Welttheil verbürgt, Handelsfreiheit mit allen Ländern, freien Besitz von Ländereien u. s. w. verspricht. S. 151 ruft Paine den Engländern zu: „Es kann Euch gleich sein, wer Amerika regiert, wenn Eure Manufakturwaaren dort einen Absatz finden" — Worte, die fast gleichlautend sind mit denjenigen, die später Cobden über Indien aussprach. S. 149 spricht Paine über die Kosten des Krieges ganz ähnlich wie Cobden: „Indem Ihr auf Siegestöne horchtet und durch unsinnige Waffenfreude geleitet wurdet, vernachlässigtet Ihr es, die Kosten und die Folgen des Kriegs zu bedenken." S. 144 eifert Paine gegen Kriege, deren Ursache die unrichtig verstandene Nationalehre ist, und verräth kosmopolitische Gedanken, indem er sagt, seine Liebe sei der ganzen Welt geweiht, alle Eigenschaften, die an einem Individuum die lobenswürdigsten sind, seien es auch an einer Nation.

Derartige Gedanken werden aber immer nur mehr gegenüber England verwendet; da Paine einer eminent praktischen Bewegung, der berechtigten Unabhängigkeit Amerika's, dient, so geht sein staatsmännischer Sinn in kosmopolitischen Schwächen nicht unter, was sich namentlich in seinem Eifer für die Stärke des Staatenbundes gegenüber den Einzelstaaten (S. 198 u. 227) zeigt. Es handelte sich in Amerika nicht um Revolution an sich, sondern um eine positive politische That, um die Schaffung eines neuen Staatswesen. Die an sich staatsauflösende Lehre vom Staatsvertrag, der Volkssouveränetät und den angeborenen Menschenrechten, die überall durchklingt (z. B. S. 151, 323 u. a. a. O.) wird daher auch insofern eingeschränkt, als der Staat selbst und seine principiellen Ordnungen als über dem Belieben der Inviduen stehend betrachtet werden. Es ist das freilich eine Inconsequenz, da der consequente extreme Individualismus eine unwandelbare Ordnung und ein dauerndes unanfechtbares Gesetz überhaupt nicht anerkennen kann. Allein als praktischen staatlichen Sinn verrathende Einschränkung eines übertriebenen einseitigen Princips muss es anerkannt werden, wenn Paine in der Krisis S. 326 die Grundrechte der Amerikaner anführt, denen zufolge „alle Menschen gleich frei und unabhängig geboren sind und gewisse natürliche angeborene, unveräusserliche Rechte besitzen; die Bewohner des Staats das alleinige ausschliessliche und angeborene Recht haben, denselben zu regieren; alle gesetzgebenden und vollstreckenden Beamten verantwortlich sind; die Regierung zum allgemeinen Nutzen, Schutz und Sicherheit des Volkes errichtet ist; das Volk das Recht hat, die Regierung zu verändern oder abzuschaffen etc. etc." — und dann behauptet, dass diese Grundrechte als solche unantastbar seien: „In diesem Versprechen und Bunde liegt die Grundlage der Republik; die Sicherheit der Reichen und der Trost der Armen ist, dass der Besitz eines Jeden sein Eigenthum ist, das kein despotischer Monarch ihm entreissen kann und dass ihn auch das allgemein bindende, alle Theile der Republik zusammenhaltende Princip vor der Despotie der Mehrheit schützt; denn Despotie kann manchmal durch die Macht Vieler drückender als durch die eines Einzelnen über Alle ausgeübt werden." Aus diesen Grundsätzen folgert Paine unter Anderem auch, dass die Regierung einen Vertrag mit Privaten, z. B. einen der Bank gewährten Freibrief, nicht einseitig durch Gesetz ändern könne. Gerade bei diesem Beispiel zeigt sich allerdings sehr deutlich, dass Paine die Constanz gewisser principieller Ordnungen dadurch beweisen will, dass ihm die wichtigsten Naturrechte der Individuen über dem verfassungsmässigen Rechte der Staatsorgane stehen, dass also das Individuum und nicht die staatlich verbundenen Individuen der eigentliche Souverän ist. Die Auffassung ist an sich unhaltbar, weil die principiell feststehenden natürlichen Grundrechte selbstverständlich willkürlich gefasst sind und alle Rechte einer sie anerkennenden und aufrechterhaltenden sichtbaren Autorität bedürfen. Die Unhaltbarkeit von Paine's Auffassung tritt klar in den Consequenzen hervor, denen zufolge ein der Bank gewährter Freibrief die Regierung ewig bindet, dagegen ein Vertrag zwischen Volksvertretung und einem Monarchen, der erbliche Monarchie festsetzt, nicht. Dennoch bleibt der Versuch, nicht alle Ordnung zum Spielball wechselnder Majorität machen zu wollen, anerkennenswerth als Ausfluss des Strebens nach einem festen Princip der Autorität.

In Europa und namentlich in England hat von Paine's politischen Schriften das Buch über die „Menschenrechte" am meisten Aufsehen gemacht. Für die Unabhängigkeit Amerika's hatten sich Paine und Burke erklärt; nunmehr vertheidigte Paine die französische Revolution gegen Burke.

In den „Menschenrechten" finden wir jene wohlthuenden Spuren staatsmännischer Einsicht wie im „gesunden Menschenverstand" und in der „Krisis" nicht mehr. Ueberhaupt ist dieses Buch nicht mehr mit der gleichen Frische geschrieben. In den Principien, was Staatsvertrag, Volkssouveränetät, Hass gegen Monarchie und Adel etc. betrifft, enthält es nur Wiederholungen. Die Tendenz, die Monarchie als Quelle aller Uebel, die Republik dagegen als Quelle alles Guten hinzustellen, wird in ihrer Uebertreibung ermüdend. Dass Paine in seiner Polemik Burke nicht gerecht wird, versteht sich von selbst. Beide reden einfach in verschiedenen Sprachen und Paine kann Burke gar nicht verstehen. Eine historische Entwicklung staatlicher Einrichtungen kennt er überhaupt nicht, es giebt für ihn nur Menschenrechte, die seit dem Ursprung des Menschengeschlechts bestehen und dieses Zurückgehen auf einen (fingirten) Ursprung aller Dinge erscheint Paine als die allein berechtigte und gründliche Forschungsweise. Er fragt nicht, was ist und wie es geworden ist, sondern wie Alles vernünftiger Weise werden soll. England hat gar keine Constitution, weil nicht das ganze Volk auf Grundlage seiner Menschenrechte einen Staatsvertrag geschlossen hat. Nur der Staatsvertrag auf Grundlage der gemeinsamen Interessen und der Vernunft kann eine rechtmässige Regierung begründen, die Menschenrechte der französischen Revolution (S. 70, Bd. II) machen Paine gegen jede organische Entwicklung staatlicher Institutionen platterdings blind. „Die Menschheit ist nach meiner Ansicht immer reif genug, ihr wahres Interesse zu verstehen, wenn es nur ihrem Verständniss klar und in einer Weise vorgestellt wird, die nicht durch Selbstsucht Argwohn erregt, noch beleidigt, indem sie sich zu viel herausnimmt."

Wir haben also scharf ausgeprägt die doctrinäre Unduldsamkeit des rationalistischen Radicalismus. Da Paine die Menschenrechte hauptsächlich für die Engländer schreibt, so finden wir ihn hier mehr als in den früheren Schriften geistesverwandt mit Bentham und Cobbett. Die manchesterlichen Ideen treten noch häufiger auf als in der Krisis.

Aehnlich wie es Bentham thut, stellt auch Paine die Autorität von Adam Smith hoch; stark tritt der Gedanke der Einschränkung der Befugnisse der Regierung hervor: „Es thut die Gesellschaft für sich selbst fast Alles, was der Regierung zugeschrieben wird — die Regierung ist nicht weiter nothwendig als zur Ergänzung bei den wenigen Fällen, wo Gesellschaft und Civilisation nicht bequem ausreichen. — Je höher die Civilisation vorgeschritten ist, um so weniger bedarf sie einer Regierung. — **Die Regierung ist Nichts weiter als eine nationale Verbindung, welche nach den Grundsätzen der Gesellschaft handelt**" (S. 113—117).

Schon in der Vorrede spricht Paine von der ewigen Verbannung des Krieges; S. 156 von „dem friedlichen System des Handels, das eine Verbrüderung des Menschen anbahnt"; „das wirksamste Verfahren ist das, die Lage des Menschen durch Beförderung seines Interesses zu verbessern und auf diesem Boden nehme ich meine Stellung. Wäre dem Handel gestattet, in der allgemeinen Ausdehnung, deren er fähig ist, wirksam zu sein, so würde er das Kriegssystem vertilgen und eine Revolution in dem uncivilisirten Zustand der Regierungen erzeugen" — wahrlich eine Stelle, welche die Festredner im Cobden Club 1875 hätten citiren können. Der kosmopolitische Zug wird nun ebensoviel stärker als die Sympathie mit dem Handelsinteresse: „Mein Vaterland ist die Welt, meine Religion Gutes thun" (S. 171).

Ganz im Geiste solcher manchesterlich kosmopolitischer Friedensliebe ist es, wenn S. 144 gesagt wird: „Jedermann wünscht seinem Geschäfte nachzugehen, die Früchte seiner

Arbeit und den Ertrag seines Eigenthums in Frieden und Sicherheit und mit den geringsten Ausgaben zu geniessen. Wenn dieses erreicht ist, dann ist allen Zwecken, für welche eine Regierung eingesetzt werden sollte, entsprochen." — Ebenso entspringt diesem Geiste die häufige Klage über die Höhe der Civilliste (S. 148), der hervorragende Eifer gegen das Landinteresse (S. 170) etc. etc.

Für die Massen des Volks, namentlich die Armen, hat Paine freilich ein warmes Gefühl. Aber die Feinde des Volks und der Armen sind nie die Kapitalisten, sondern, ähnlich wie bei Cobbett, der Monarch, die Beamten, die Pensionäre, die Adeligen, die Vertreter der Staatskirche.

Die Schrift schliesst mit einem detaillirten Finanz- und Steuerreformplan, durch den die Steuern vermindert nnd die Armen unterstützt werden sollen, — die Armen, nicht die Arbeiter. „Der Hauptzweck dieser progressiven Steuer (ausser der Gerechtigkeit, die schon in der grösseren Gleichmachung liegt) besteht, wie schon erwähnt, darin, dass sie den übergrossen Einfluss, der aus dem unnatürlichen Gesetz der Erstgeburt entspringt und eine der Hauptquellen der Wahlbestechungen ist, austilgt" (S. 195). Nur ganz nebenbei ist statt von Armen von Arbeitern die Rede, indem die obrigkeitliche Regulirung der Löhne bekämpft wird.

Das Steuerprojekt selbst, das natürlich ohne Grundlage einer irgendwie genauen Finanz-, Bevölkerungs- und Vermögensstatistik entwickelt wird, erinnert allerdings mehrfach an extrem socialistische Programme. Allein es fehlt dabei an jeder Ahnung des Classengegensatzes zwischen Kapital und Arbeit, es sollen die Armen als solche begünstigt werden durch Verminderung des Staatsaufwandes, Abschaffung der hohen Civilliste, Entlassung von Soldaten und eine progressive Vermögenssteuer, die aber factisch nur gegen die durch Primogenitur concentrirten Vermögen gerichtet ist. Durch die also gewonnenen Mittel soll eine sehr weitgehende Unterstützung aller Armen bewirkt werden (S. 198). Ausserdem soll die Staatsschuld durch Besteuerung der Staatsgläubiger selbst allmälig weggeschafft werden (S. 203).

Dieser Plan könnte verführen, Paine zu den halben Communisten zu rechnen. Allein wenn man die ganze Richtung und Tendenz eines Schriftstellers richtig verstehen will, so muss man immer zuerst fragen, gegen welche Institutionen sich seine Leidenschaft wendet. Es können im Einzelnen weitgehende Pläne vorkommen, die doch nur ein gelegentliches Spiel der Phantasie des Verfassers sind und nicht das Wesen seiner Richtung bezeichnen. So muss man bei diesem Finanzplan Paine's immer im Auge behalten, dass billige republikanische Regierung und Abschaffung der bevorrechteten Stellung des Adels seine eigentlichen Ziele sind und bleiben. — Den Armen wird nur bewiesen, dass sie von Erreichung dieser Ziele materiellen Vortheil für sich erhoffen können. Nivellirung des Besitzes an sich ist aber nicht ein Ziel von Paine.

Dies gilt auch von derjenigen Schrift Paine's, die ausschliesslich socialen Inhalts ist; in der „agrarischen Gerechtigkeit" heisst es allerdings: „Es ist unrecht, zu sagen, dass Gott Reiche und Arme schuf, er schuf nur Mann und Weib und gab ihnen die Erde zu ihrem Erbe" und Paine führt aus, dass die Armuth ein Product der Civilisation sei, dass jeder Mensch Anspruch auf einen gleichen Theil des von der Natur geschaffenen Werths des Bodens habe — nicht auf den durch Bebauung entstandenen. Daraus wird gefolgert, dass jeder Grundeigenthümer einen Grundzins zahlen sollte, der dann zum Besten der Armen verwendet werden soll. Praktisch wird aber eine allgemeine starke Erbschaftssteuer vorgeschlagen.

Paine geht also wieder einseitig von der Antipathie gegen den grossen (adeligen) Grundbesitz und von der Sympathie mit den Armen aus — er kommt aber schliesslich zu einem praktischen Vorschlag, der mindestens mit dem St. Simonismus geistesverwandt ist. Dabei kommt dann sogar eine Stelle vor, die wie eine Vorahnung der heutigen socialdemokratischen Lehre vom Werth der Waaren und der Arbeit klingt. S. 382 heisst es:

„Ich habe die in diesem Plan angegebenen Berechnungen sowohl auf sogenanntes persönliches als auf Landeigenthum gemacht. Der Grund, ihn auf Land zu stützen, ist bereits erklärt, und persönliches Eigenthum in die Berechnung aufzunehmen, ist ebenfalls wohl begründet, wenn auch auf einem anderen Princip. Land ist, wie oben gesagt, die freie Gabe des Schöpfers als Gemeingut an das Menschengeschlecht. Persönliches Eigenthum ist die **Folge der Gesellschaft** und es ist ebenso unmöglich für den einzelnen Menschen ohne Hülfe der Gesellschaft persönliches Eigenthum zu erlangen, als es unmöglich ist, Grund und Boden ursprünglich zu schaffen. — Alle Ansammlung persönlichen Eigenthums über das hinaus, was ein Mensch mit seinen eigenen Händen erzeugt, ersteht ihm durch das Leben in der Gesellschaft; und er schuldet, jedem Princip der Gerechtigkeit, der Dankbarkeit und der Civilisation nach, einen Theil jenes Vermögens wieder der Gesellschaft, von welcher das Ganze herrührt. Hiermit wird die Sache auf einen allgemeinen Grundsatz gestellt und es ist vielleicht am besten, dies zu thun; denn wenn wir die Sache genau untersuchen, so werden wir finden, dass die Ansammlung persönlichen Eigenthums in vielen Fällen davon herrührt, **dass zu wenig für die Arbeit, die es hervorbrachte, bezahlt wurde**; und die Folge davon ist, dass der Arbeiter im späten Alter umkommt und der Arbeitgeber im Ueberfluss schwelgt. Es ist vielleicht unmöglich, den Preis der Arbeit dem Nutzen, den sie hervorbringt, genau anzupassen; und man wird ferner sagen, als Entschuldigung für die Ungerechtigkeit, dass, wenn ein Arbeiter einen höheren Tagelohn empfinge, er denselben nicht für sein höheres Alter sparen, noch inzwischen viel besser gestellt sein würde. Man mache also die Gesellschaft zum Schatzmeister, um den Lohn für den Arbeiter in einem gemeinschaftlichen Fonds aufzubewahren; denn es ist kein Grund, dass, weil der Eine vielleicht keinen guten Gebrauch davon macht, der Andere ihn nehmen sollte.

„Der Zustand der Civilisation, der in ganz Europa geherrscht hat, ist ebenso ungerecht in seinem Princip als schauderhaft in seinen Folgen, und es ist das Bewusstsein davon und die Befürchtung, dass ein solcher Zustand, wenn einmal in einem Lande die Untersuchung beginnt, nicht fortdauern könne, welche die Besitzer von Eigenthum jeden Gedanken an eine Revolution fürchten macht. Es ist das Wagniss und nicht das Princip einer Revolution, welche ihren Fortschritt verzögert. Da dies der Fall ist, so ist es sowohl zum Schutz des Eigenthums als um der Gerechtigkeit und Humanität willen nothwendig, ein System zu bilden, welches, während es einen Theil der Gesellschaft vor Elend bewahrt, den anderen vor Beraubung sichert." Man muss diese Stelle im Zusammenhang mit der ganzen Schrift und mit der ganzen literarischen Thätigkeit Paine's beurtheilen — und danach muss man sagen, dass Paine keineswegs ein Vorarbeiter von Owen war, da sein eigentliches Princip immer die politische Revolution blieb. Nur zur Sicherung des Erfolges der politischen Revolution will er ganz gelegentlich scharf einschneidende sociale Reform; aber er will keine sociale Revolution an sich, und wenn er auch vorübergehend die individualistische Erklärung der Entstehung des Sondereigenthums bekämpft, so denkt er doch nicht daran, das Sondereigenthum überhaupt anzugreifen, sondern will es nur durch ein der Humanität gebrachtes Opfer schützen.

In den übrigen (kleineren) politischen Schriften Paine's kommen keine Gedanken von principieller Bedeutung vor, die nicht in den bereits erwähnten Schriften auch enthalten wären. Interessant ist in den letzten amerikanischen Schriften die Abneigung gegen die Sklaverei; in den mit Frankreich und Europa sich beschäftigenden Reden und Schriften, Paine's energisches Eintreten gegen die Hinrichtung Ludwig's XVI., sowie seine spätere Stellung zu Napoleon, der ihm offenbar doch weniger verhasst ist als die englische Politik, die nach Paine's Meinung Napoleon zum Kriege zwang. Ueberall kommt der alte Grundgedanke der Abneigung gegen die Monarchie vor, nebenbei Angriffe auf die Staatsschuld, das Papiergeld, das beschränkte Wahlrecht in England etc.

Paine hat nicht wie Cobbett einer sich bildenden englischen Partei die Schlagworte, oder gar ein politisches oder sociales Programm gegeben. Er hat nur in einer Anzahl von

Engländern die durch die amerikanische Secession belebte Sympathie mit radical individualistischen Freiheits- und Gleichheitsideen erhalten und dieselben zur Sympathie mit der französischen Revolution und der Republik, zur principiellen Feindschaft gegen die Kriegspolitik der Tories gesteigert. Er hat wesentlich dazu beigetragen, bei Besitzenden und Arbeitern die Auffassung zu verbreiten, dass der Staat nur ein Diener wirthschaftlicher Interessen sei, hat aber nicht einem dieser beiden Stände ein mit Leidenschaft empfundenes Bewusstsein seiner Sonderinteressen eingeflösst. Alles zusammen genommen dient er, trotz vereinzelter Anklänge an extremen Socialismus, dem politischen Radicalismus des vorerst noch als einheitlich gedachten dritten Standes. Was seine religiösen Ansichten betrifft, so popularisirte er nur Gedanken, die der englische Deismus längst entwickelt hatte. Die rücksichtslose Anwendung des Rationalismus aber zur populären Rechtfertigung der demokratischen Republik war eine einflussreiche That, weil sie geschah, unterstützt durch die grossen Thatsachen der Revolutionen in Amerika und Frankreich.

§ 5. Burke.

Der grösste Gegner der Ideen der französischen Revolution in England ist Edmund Burke. Er wandte sich zunächst gegen Paine und andere mehr populäre Schriftsteller und Politiker. Wollen wir aber die zwei wichtigsten geistigen Strömungen, die an der Wende des Jahrhunderts in England herrschten, in ihren bedeutendsten und charakteristischsten Vertretern erkennen, so müssen wir Bentham und Burke einander gegenüber stellen. Bentham ist ein zurückgezogener Philosoph, der rücksichtslos die Consequenzen eines, wenn auch empirisch gefundenen, ersten Satzes zieht; der weder redend noch handelnd je in's praktische Leben eingriff, der jedes Gefühl principiell aus seinen nüchtern rechnenden Betrachtungen ausschloss — Burke dagegen ein wirksamer Parlamentarier, der grösste politische Redner aller Zeiten, der stets nur von der Fülle der Thatsachen ausgeht und bei jedem Satz, den er ausspricht, nur einen bestimmten praktischen Zweck hat; dessen Kraft hauptsächlich darin besteht, dass er sein eigenes Gefühl zum höchsten Affect steigert und stets an die Gefühle seiner Hörer und Leser appellirt.

Die Zeiten sind vorbei, in denen es liberale Parteisache war, Burke zu schmähen oder gar seine Parteinahme gegen die französische Revolution mit persönlichem Interesse zu erklären [1]). Burke ist einfach der alte englische Whig in sittlicher Empörung und thatkräftiger Auflehnung gegen einen schrankenlosen Radicalismus. Er ist genau so viel resp. so wenig inconsequent wie jene Radicalen, die trotz aller Volkssouveränetätslehre Revolution praktisch zu vermeiden wünschten — wenn auch bei ihm die Abneigung gegen Revolution viel stärker war und sich im Erfolg oft zu einem starren Conservatismus steigerte. Seine Schwäche liegt nicht darin, dass er nur die traditionelle gemässigte Freiheit wollte. Was er wollte, war vielmehr überaus weise und richtig und eine Schwäche seines Intellects, nicht seines Charakters liegt nur in der Art und Weise der Motivirung seines Willens. Diese enthält eine überraschende Fülle praktischer Weisheit, entwickelt eine unerreichte Kunst in der Beschreibung der wirklich wirkenden Kräfte und der Ableitung allgemeiner Erfahrungssätze, aber sie verzichtet überhaupt auf eine Philosophie des Staats und des Rechts und macht daher der Theorie des Individualismus allerlei Concessionen.

Burke ist eine überaus edle sittliche Kraft und er ist ein künstlerisches Genie, das auf dem Gebiet der Politik wirkt — aber er ist kein Denker, der einer Partei oder einem Volke durchdachte Formeln als lange brauchbare Grundlage ihres politischen Denkens und Glaubens darbietet. Er beobachtet die Thatsachen und lehrt Andere sie beobachten; er versteht die Empfindungen Anderer und spricht in schönsten Worten

---

[1]) S. H. v. Sybel in der Allgemeinen Zeitschrift für Geschichte Bd. 7, Berlin 1847, über Burke und die französische Revolution — und später über Burke und Irland. Vgl. auch Hillebrand, Deutsche Rundschau, Dcbr. 1879, und Morley's Biographie von Burke. Sowie F. Gentz, Eduard Burke's Rechtfertigung — mit Vorrede, Berlin 1796.

aus, was er selbst heiss empfindet, er weckt die Gefühle und
regt zur Thatkraft an — aber er klärt keine Gedanken. Er
ist ein ganzer Mann, der durch den sittlichen Muth seiner
Ueberzeugung wirkt, leider nicht zugleich ein durchdringender philosophischer Geist, der gefährliche Theorien für den
kritischen Verstand definitiv zu vernichten vermochte.

Wie unser Heinrich von Treitschke, war Burke eine
aristokratische Natur und im besten Sinne des Worts, einer
gemässigt liberalen Partei aufrichtig ergeben, vertrat aber in
dieser Partei mehr die gerechtfertigten Ansprüche des nationalen Staats als die Freiheitsrechte der Individuen. Aehnlich
wie Treitschke hochgebildet in jedem Sinn des Worts und vor
Allem besser als irgend Einer die Geschichte seines Volks
verstehend, wirkte er doch mehr als Mann der That und des
Gefühls, denn als Mann der Wissenschaft. Wie Treitschke
war er ein Idealist, der mit seiner ganzen Person für seine
Ueberzeugung rücksichtslos eintrat, der im Kampfe für diese
allein Befriedigung fand, der dem Volke die edelsten Gefühle,
die in ihm schlummerten, vorhielt — und doch praktische
Zwecke auf praktischem Wege anstrebte. Aber er war nicht
wie Treitsche berufen, der gefeierte Prophet des grossartigsten
Aufschwungs zu sein, sondern seine Aufgabe war es, Gefahren
aufzudecken, Unheil zu verhüten, neue Ideen zurückzudämmen.

Viel bewundert ist Burke's Kunst, Erfahrungssätze blendend zu formuliren; allein es sind nie allgemeine Sätze,
die die Grundlage weittragender nothwendiger Consequenzen
sein können oder wollen. Es sind geistreich formulirte, ernst
gemeinte, künstlerisch vollendet stylisirte geflügelte Worte,
— es sind poetische Wahrheiten, die der erfahrene Psychologe entdeckt und der praktische Politiker jedesmal
nur zu einem ganz bestimmten concreten Zweck ausspricht.
Burke sagt: „Bei aller Pflichterfüllung muss Etwas gewagt werden" (Bd. II. S. 217), oder: „Festigkeit ist nur
eine Tugend, wenn sie mit der vollkommensten Weisheit

---

[1]) Ich citire nach der Ausgabe von The Works of the right honorable Edward Burke. London 1815 ff., 12 Bde.

verbunden ist" (Bd. II. S. 223). „Wahrhaftig, Inconsequenz ist eine Art natürlichen Correctors von Thorheit und Unwissenheit" (ebenda). „Ich weiss, dass Sparsamkeit mit Mangel an Güte verwandt ist und dass jede Reform auf einzelne Personen wie eine Strafe wirken muss" (Bd. III. S. 232) „Der individuelle Vortheil einer allgemeinen Wohlthat ist vergleichsweise so klein und ergiebt sich aus einem Labyrinth verworrener widerwärtiger Umwälzungen; während ein gegenwärtiger persönlicher Nachtheil so schwer gefühlt wird, da wo er trifft, und so rasch wirkt, dass die kühle Betrachtung eines öffentlichen Vortheils niemals das lebendige Gefühl eines persönlichen Verlusts aufgewogen hat und aufwiegen wird. — Nichts ist gewöhnlicher als dass die Menschen laut eine Reform verlangen und wenn sie kommt, dann keineswegs ihre strenge Erscheinung lieben" (Bd. III. S. 234). „Wer nivelliren will, wird nie ausgleichen" (Bd. V. S. 104). „Sie (d. h. die Gegner Burke's) sind weit entfernt, das Wort Volk scharf zu definiren, sie verstehen aber darunter, wie aus vielen Umständen klar zu ersehen ist, ihre eigene Partei, wenn sie durch Verrath oder Gewalt das Uebergewicht erlangt haben wird" (Bd. V. S. 147).

In solchen Sätzen legt Burke seine Lebensweisheit nieder; daran schliessen sich dann Gefühlsergüsse voll des schönsten Pathos, die nur in den letzten Schriften in Folge des langen Kampfes und mancher harter Erlebnisse den Charakter einer bitteren, leidenschaftlichen Einseitigkeit annehmen.

Es ist ganz unmöglich, aus Burke's Schriften eine an sich consequente politische Grundanschauung zu entnehmen, welche ein klares einheitliches System des Naturrechts wäre. Er vertritt überhaupt nur einen praktischen Standpunkt von an sich beschränktem Umfang und ist ein principieller Gegner von „metaphysischen Theorien". Insofern ist er inconsequent, als er für seine Zwecke Anklänge von entgegengesetzten Staatstheorien benutzt. Er hat gar keine allgemeine consequente Theorie, aber er wird nie sich selbst inconsequent und er hat in den praktischen Zwecken, die er verfolgte, im Laufe seines langen Lebens nicht gewechselt. Verschiedene einzelne Zwecke hat er ja nach der Zeiten Lauf angestrebt, aber alle aus derselben Ueberzeugung heraus, alle als Mittel zur Erreichung des Hauptzwecks. Er war von Anfang und blieb bis zum Ende der Feind der Willkürherrschaft, sei es dass diese von einer absolutistischen Krone, sei es dass sie von erregten Massen geübt wird. Er wollte die Herrschaft des Gesetzes statt der Herrschaft momentaner Interessen und Leidenschaften, er wollte die mit der Ordnung verbundene Freiheit, er wollte jenes Maass verfassungsmässiger Freiheit, wie es die glorreiche Revolution festgestellt hatte, jenes Maass historisch geheiligter Freiheit, das die alten Whigs seit 1688 vertreten hatten, er wendete sich gegen Alle, die dieses Maass einschränken oder ausdehnen wollten. Und der Grund dafür war nicht, dass diese Verfassung einem theoretischen Ideal entsprach — sondern dass Burke sie mit aller Macht liebte und dass sie nach seiner Meinung durchaus bewährt war und das Wohl des Volks am besten sicherte — sie sollte erhalten bleiben, weil sie dem Gefühl des echten Engländers werth war und seinem praktischen Verstand zweckmässig erschien.

Das war Burke's Standpunkt; ehrenwerth und stark, wo er sympathisch gestimmte Seelen fand — aber unfähig Gegner zu bekehren, die mit der Kraft des Glaubens eine andere Theorie erfasst hatten und die eine andere Verfassung für nützlicher hielten.

Charakteristisch ist, dass Burke's erste Schrift die „Vindication of Natural Society" gegen Bolingbroke gerichtet, bereits eine principielle Stellung gegen revolutionären Radicalismus einnimmt. Durch witzvolle deductio ad absurdum beweist Burke, dass man mit denselben Argumenten, mit denen man die positive Religion angreift, jede staatliche Ordnung einstürzen könne; dass die Uebel, über welche die anarchischen Gegner der bestehenden Ordnung klagen, in jedem Staat unvermeidlich sind. Die herkömmlichen conservativen Anschauungen von Staat und Religon, Thron und Altar werden in Schutz genommen gegen rationalistische Naturzustandsideen, die falsch sind, weil sie praktisch schädlich sind (Bd. I. S. 4).

In der Schrift „Thoughts on the Cause of the Present

Discontents" von 1771 wendet sich der aufrichtige Whig gegen absolutistische Tendenzen, die sich unter der Idee verbergen, man müsse das Königthum frei machen von dem Einfluss der Parteien. Der natürliche Liberalismus versteigt sich zu dem Satze, dass im Zweifelsfall bei Streit zwischen Volk und Regierung das Volk recht habe — natürlich aber das conservative, loyale englische Volk. Das Volk soll die Minister nicht wählen, aber das Parlament, welches in Wahrheit die öffentliche Meinung repräsentirt, soll Uebergriffen der Krone begegnen, indem es unpopulären Ministern Geld verweigert. Die einflussreichen Classen im Staate müssen für eine Regierung sorgen, die nicht Alle befriedigt, aber dem Volke ein grosses Maass von Zufriedenheit gewährt. Das Haus der Gemeinen muss eine Controle der Regierung für das Volk, nicht eine Controle des Volks ausüben (Bd. II. S. 288). Burke vertheidigt Wilke und klagt über die Corruption des Parlaments — er will ein Haus der Gemeinen, das die öffentliche Meinung repräsentirt, mit fest zusammenhaltenden Parteien, keine Hofregierung, sondern eine aus der Mehrheit des Parlaments hervorgehende Regierung, die dann das Vertrauen des Volks nothwendig hat. Um dies zu erreichen und die „Königsmänner" aus der Regierung zu entfernen, braucht man demonstrative Versammlungen der Grafschaften und Corporationen, aber ja keine radicale Verfassungsänderung, nicht einmal kürzere Wahlperioden. „Jeder Plan einer wesentlichen Aenderung einer Verfassung, die so complicirt ist wie die unserige, und gar in einem Moment womöglich noch complicirterer äusserer Verhältnisse ist eine Sache voll der grössten Schwierigkeiten, in der ein überlegender Mann nicht zu schneller Entscheidung, ein kluger nicht zu raschem Wagen, ein ehrlicher nicht zu raschen Versprechungen geneigt sein kann."

Wie im Kampf gegen die Hofcamarilla so tritt uns Burke als Vertreter der loyalen Opposition namentlich entgegen in seiner Stellung gegenüber der amerikanischen Frage. Das Mutterland soll die Colonien nicht besteuern — aber nicht weil dies gegen die Menschenrechte der Colonisten verstösst, sondern weil es gegen das Herkommen ist und schädlich wirkt. In seinem „Speech on American taxation" 1774 (Bd. II. S. 343 ff.) sagt Burke: „Noch einmal kehren Sie zu Ihren alten Principien zurück. Suchen Sie Frieden — lassen Sie Amerika, wenn es steuerbare Objecte hat, sich selbst besteuern. Ich lasse mich nicht auf rechtliche Unterscheidungen ein und versuche nicht die Grenzen von Rechten festzustellen; ich befasse mich nicht mit solchen metaphysischen Fragen, ja ich hasse schon ihren Klang. Lassen Sie die Amerikaner in ihrem alten Zustand und diese Untersuchungen, die unser Streit erzeugt hat, werden unter uns aussterben. Sie und wir, ihre und unsere Vorfahren waren glücklich unter dem alten System — — begnügen Sie sich, Amerika Handelsgesetze aufzulegen, das haben Sie immer gethan. Lassen Sie dies den Grund sein für Handelsgesetze. Aber belasten Sie sie nicht mit Steuern. Sie waren von Anfang an nicht gewöhnt, dies zu thun — lassen Sie dies den Grund sein, nicht zu besteuern. Das sind die Gründe von Staaten und Königreichen — überlassen Sie das Andere den Schulen" — und nun wendet er sich eifrig gegen Theorien von Volkssouveränetät, die man leider durch Versuch der Knechtung gross ziehe, statt die legale Souveränetät des Staats und die Freiheit der Colonisten zu versöhnen.

Diese Parteinahme für Amerika ist kein Widerspruch mit dem Hass gegen die französische Revolution. Das englische Parlament hat das Recht, Amerika zu besteuern, aber es soll aus wohlverstandenem Interesse davon keinen Gebrauch machen. Der gleiche Gedankengang kehrt in den folgenden Reden im dritten Bande der Works immer wieder: „Mein Zweck ist, britische Souveränetät und amerikanische Freiheit zu versöhnen" — „die einzige Freiheit, die ich meine, ist die Freiheit mit Ordnung" — „die Frage ist nicht, ob Sie das Recht haben, Ihr Volk elend zu machen, sondern ob es nicht Ihr Interesse ist, es glücklich zu machen."

Und in gleichem Sinne eifert Burke gegen Sinecuren und gegen die ungerechte Verfolgung der Katholiken schon 1780.

Nach Beendigung des Streits mit Amerika beginnt Burke

seinen Feldzug gegen die ostindische Compagnie. Die echt englische Abneigung gegen Monopole, vor allem aber das sittliche Gefühl, das sich gegen Unterdrückung und Ausbeutung von Menschen empört, entflammten Burke zu diesem gewaltigen Kampf, in dem er zwar im Eifer wohl über das praktisch mögliche Ziel hinausschoss, dennoch aber seinem Vaterland die werthvollsten Dienste leistete. Nach seiner eigenen Meinung hat Burke auf dem Gebiete der indischen Angelegenheiten das Grösste und Dankenswertheste geleistet. Seine darauf bezüglichen Reden und Schriften gewähren aber geringere Ausbeute für die Beurtheilung seiner politischen Grundanschauungen. So wenden wir uns gleich zu den berühmten „Reflections on the Revolution in France" von 1790.

Derselbe Burke, der die Amerikaner mit ihren mässigen beschränkten Zwecken vertheidigt hatte, wendet sich nun mit Entsetzen von den extremen anarchischen Freiheitsideen der Franzosen ab. Er kann sich nicht für Freiheit im Allgemeinen begeistern, denn „Freiheit ist Macht, wenn Menschen in geschlossenen Massen handeln". Er sieht, dass in der sogenannten Constitutional society und in der Revolution society, die ein Dissenterclub war, der alljährlich den Jahrestag der glorreichen englischen Revolution feierte, Sympathien mit der französischen Revolution um sich griffen und ist der Meinung, „dass, wenn unseres Nachbars Haus in Brand steht, es nicht schaden kann, dass die Feuerspritzen auch ein wenig das eigne Haus treffen." Man habe 1688 in England eine kleine Abweichung von der regelmässigen Erbfolge durchgeführt, keineswegs aber ein Princip der Wahl des Königs durch das Volk aufgestellt. Dies sei ein specieller Act der Nothwehr gewesen unter Berufung auf die Vorfahren und unter Feststellung der Erbfolge für die Zukunft — die französische Revolution aber sei eine grässliche tragikomische Scene.

Der Freund der mit Ordnung verbundenen Freiheit, der Mann, der Revolution nur als ein in Nothfällen unvermeidliches Uebel zulassen will, wendet sich gegen anarchische Freiheit und principielle Revolution. Er erkennt alle Schwächen der Franzosen, alles innerlich Unhaltbare ihrer Theorien.

Er erkennt richtig, welche Gefahr es sei, in England mit diesen Theorien zu cokettiren. Er ist kein Revolutionär, er ist kein Alarmist, der sich vor Gespenstern fürchtet. Er hat richtig vorhergesehen, dass ein Umsichgreifen der rationalistisch-individualistischen Staatsauffassung in Rousseau's Geist die alten Grundlagen der englischen Verfassung zerstören müsse. Dies ist ja im Laufe der Zeiten geschehen — nur hat der ruhigere Nationalcharakter verhindert, dass es plötzlich auf dem Wege jakobinischer Revolution geschah. Richtig ist Burke's Kritik, wahr ist seine Meinung, dass der altenglische Freiheitssinn und der der französischen Revolution ihren Zwecken nach principiell verschieden sind.

Aber er hat nicht erkannt, dass in Frankreich die Verhältnisse unheilbar verwirrt waren und eine gesetzliche Reform durch Schuld der Vergangenheit unmöglich war, dass dort ein Extrem das andere mit einer gewissen Nothwendigkeit hervorrief und — was der schwerste Vorwurf nicht gegen seinen Charakter, aber gegen seine Einsicht ist — er hat nicht erkannt, dass in England seit dem Entstehen der Grossindustrie sich eine Aenderung der socialen Verhältnisse vollzog, die auch hier allmälige Aenderung der Verfassung nach sich ziehen musste. Diese sollte nicht im französischen Geiste durchgeführt werden, aber Burke vergass anzugeben, wie die dauernd haltbaren Principien den neuen Verhältnissen angepasst werden sollten und wähnte, dass einfache Auflehnung des conservativen Gefühls und energischer Krieg gegen Frankreich den Geist der Neuerung definitiv niederschlagen könnten.

So war er ein grosser, ein wahrer, ehrlicher, sich selbst consequenter Kritiker der französischen Revolution, aber die Beschränktheit seines Standpunkts verhinderte ihn, ein schöpferischer Staatsmann zu sein. Gering sind seine Irrthümer in Berechnungen einzelner diplomatischer und militärischer Maassregeln, die er vorschlug. Seine Grundirrthümer sind, dass er von socialen Verhältnissen nichts verstand und dass er gegenüber den Doctrinen der französischen Revolution eine Staatsauffassung, aus der ein bestimmtes Maass von Freiheit mit Nothwendigkeit folgte, aus der sich eine Richtschnur für positive Reform überhaupt ableiten liess, nicht entwickelte.

Von socialen Verhältnissen ist in den „Reflections" überhaupt unendlich wenig die Rede. Der wirthschaftliche Druck, unter dem die französischen Bauern seufzten, die Fesseln, in die das alte Corporationswesen das gewerbliche Leben schlug, kümmern Burke nicht. Er spricht nur von der freiheitswidrigen Wirkung der in Frankreich geschaffenen Unsicherheit des Eigenthums und feiert den ritterlichen Geist des alten Adels, ohne der unvermeidlichen neuen Aristokratie des beweglichen Besitzes ihre Stellung anzuweisen — eine Unterlassung, die um so wunderbarer ist, als Burke richtig erkennt, dass die Gleichheitsbestrebungen mit nichtswürdiger Herrschaft einer Assignaten-Geldaristokratie endigen mussten.

Auch in den späteren Schriften ist von Verständniss socialer Fragen und socialer Umwälzuugen nichts zu verspüren. Burke vertheidigt die Primogeniturgesetze, ohne die Gefahr zu erkennen, die in dem Aussterben eines Standes kleiner grundbesitzender Bauern liegt. Im „Appeal from the new to the old Whigs" von 1791 findet sich eine in der That wunderschöne Stelle (Bd. VI. S. 217) über die Bedeutung, die Pflichten und Aufgaben der Aristokratie überhaupt. Aber es bleibt bei einer sozusagen poetischen Verherrlichung des aristokatischen Gefühls, das tief im ganzen englischen Volk lebt, und Burke denkt nicht daran, das Verhältniss näher zu präcisiren, in das nach Maassgabe neuer Besitz- und Erwerbsverhältnisse die verschiedenen Gruppen der herrschenden Classen zu einander und zum ganzen Volke treten sollen:

„Eine wahre natürliche Aristokratie repräsentirt nicht ein Sonderinteresse im Staat und kann vom Staat nicht getrennt werden. Sie ist ein wesentlicher integrirender Theil jedes richtig constituirten grossen Gemeinwesens. Sie entwickelt sich aus einer Summe legitimer Vorurtheile, die im Allgemeinen für wirkliche Wahrheiten gelten müssen. Geboren werden in geachteter Stellung; von Kindheit an nichts Niedriges und Schmutziges sehen; Selbstachtung lernen; an die kritische Beobachtung durch das Auge der Oeffentlichkeit gewöhnt werden; frühzeitig auf die öffentliche Meinung sehen; auf so hohem Boden stehen, dass man einen grossen Blick über die weitverzweigten und unendlich verschiedenartigen Combinationen von Menschen und Interessen in einer grossen Gesellschaft gewinnt; Zeit haben zum Lesen, Nachdenken und Besprechen; im Stande sein, höfliche Beachtung den Weisen und Gelehrten zu erzeigen, wo immer sie sich finden; im Heere gewohnt werden zu befehlen und zu gehorchen; gelehrt werden im Streben nach Ehre und Pflichterfüllung die Gefahr zu verachten; gebildet werden zum höchsten Grad von Wachsamkeit, Vorsicht und Umsicht in einer Lage, in der kein Fehler straflos begangen wird und die kleinsten Irrthümer die vernichtendsten Folgen nach sich ziehen; angeleitet werden zu einem wohlgehüteten und wohlgeordneten Verhalten aus dem Gefühl heraus, dass man als ein Lehrer seiner Mitbürger in den höchsten Fragen gilt und dass man als Mittelsmann zwischen Gott und Menschen handle; verwendet werden als Verwalter von Gesetz und Recht und dadurch zu den höchsten Wohlthätern der Menschheit gehören; hohe Wissenschaft oder freie geistvolle Kunst berufsmässig treiben; zu den reichen Kaufleuten zählen, deren Erfolg die Annahme eines scharfen und energischen Verstands, der Tugenden des Fleisses, der Ordnungsliebe, der Beharrlichkeit und Beständigkeit und der gewohnheitsmässigen Pflege wechselseitiger Gerechtigkeit begründet — — das sind die Verhältnisse, in denen sich das bildet, was ich natürliche Aristokratie nenne und ohne das es keine Nation giebt."

Man sieht, Burke ahnt, dass auch der mobile Reichthum in Folge seiner Bevorzugung besondere Pflichten hat; er erkennt auch 1792, dass es in Irland das grösste Uebel ist, dass dort durch Unterdrückung ein Pöbel ohne aristokratische Gliederung entsteht — aber wie unentwickelt bleiben diese Ansätze von Gedanken über sociale Verhältnisse! In den „Thoughts and Details on Scarcity" von 1795 beweist Burke, dass er keine Ahnung von der grossen Aufgabe des aristokratischen und monarchischen Staats hat, das materielle Elend der unteren Classen zu mildern. Der Staat könne, so meint Burke, überhaupt und namentlich in Theuerungsfragen nichts positiv Gutes schaffen; die Reichen seien nicht zahlreich, ihr Reichthum sei im Gesammtinteresse zu erhalten — öffentliche Zwangs-Armenpflege, Lohnregulirung und Beschränkung des Kornhandels seien Verirrungen. Man klage über das Monopol der Kaufleute; aber nur Monopol der Autorität sei schlimm, Monopol des Kapitals sei eine grosse Wohlthat für die Armen. „Nicht durch Brechen der Gesetze des Handels, d. h. des freien Handels, welche die Gesetze der Natur und also die Gesetze Gottes sind, können wir hoffen, die göttliche Ungnade zu besänftigen und irgend ein Uebel, unter dessen Druck wir seufzen, zu entfernen. Der Staat müsse sich auf die wahrhaft öffentlichen Angelegenheiten beschränken, zu viel Regieren und besonders Einmischung des Staats in Nahrungsfragen sei vom Uebel. Eben das sei der Fehler der sonst so herrlichen französischen Monarchie gewesen, dass sie zu viel regiert und das Volk daran gewöhnt habe, die Regierung für Alles verantwortlich zu machen.

Burke predigt einfach unbedingte Zufriedenheit Aller mit der im Princip anerkannten individuellen Freiheit auf wirthschaftlichem Gebiet. Auch hier ist er — in deutlich hervortretender Geistesverwandtschaft mit Malthus — einfach um jeden Preis gegenüber den bestehenden englischen Einrichtungen conservativ; er sieht nicht und will nicht sehen, dass das neu entstandene wachsende Proletariat dem Staat und den herrschenden Classen neue Aufgaben auflegt, neue Sorgen bereitet. Es bleibt demgegenüber praktisch unerheblich, wenn Burke in idealem Schwung des Gefühls 1796 (Bd. VIII. S. 88) sagt: „Wenn der Reichthum der gehorsame, arbeitsame Diener von Tugend und Ehre ist, dann ist er an seinem Platz und von Nutzen: Wenn aber diese Ordnung umgekehrt und die Ehre der Erhaltung des Reichthums geopfert wird, so kann der Reichthum, der weder Augen noch Hände noch sonst wahrhafte Lebenskraft in sich hat, nicht lange das Dasein seiner belebenden Kräfte, legitimen Herren und mächtigen Beschützer überleben. Wenn wir unseren Reichthum beherrschen, werden wir reich und frei sein — wenn er uns beherrscht,

so sind wir wahrhaft arm. Oft hat Jemand seinen ganzen
Besitz verloren, weil er sich nicht dazu verstand, Alles zu
seiner Vertheidigung zu wagen."

Auch andere Zeitgenossen Burke's haben die sociale Bedeutung der Grossindustrie und des Proletariats noch nicht
verstanden. Burke beschäftigt sich auch principiell nur ganz
nebenbei mit socialen Fragen; sittliche Fragen und Fragen
der Verfassung sind immer seine Hauptthema. Aber auch
in dieser Beziehung blieb er, wie erwähnt, beschränkt.

Schon in den „Reflections" erklärt Burke, dass das Recht
der Krone nicht auf einem Vertrag zwischen Volk und König
beruhe, aber gerade wie die Whigs von 1688 die Staatsver-
fassungstheorien doch nebenbei benutzten, so erkennt er doch
den Staatsvertrag als das an, wodurch der Staat überhaupt
begründet worden sei: „Das gemeine und das statutarische
Recht entspringen beide aus derselben Autorität, welche durch
die allgemeine Uebereinstimmung und den ursprünglichen
Staatsvertrag begründet ist, „communi sponsione reipublicae"
— und sind deshalb gleichmässig bindend für König und Volk
so lange, als die Punkte der Uebereinkunft eingehalten werden und dieselbe politische Körperschaft bestehen bleibt."

Also wenn einmal der Staatsvertrag geschlossen ist, so
bindet er alle künftigen Generationen. Warum? Wenn man
einmal einen Vertrag ursprünglich staatloser Individuen als
möglich, ja als faktisch anerkennt, warum ist nicht Wieder-
auflösung dieses Vertrags und Schliessung eines neuen möglich? Wo hat je ein Vertrag ewiges unabänderliches Recht,
unauflösliche Bande geschaffen? Warum begründet Burke
denn nicht die Entstehung des Staats auf innere natürliche
Nothwendigkeit, warum schliesst er sich der unseligen Fiction
vom Staatsvertrag trotz aller Antipathie gegen metaphysische
Doctrinen doch an?

Er ist noch immer der alte Whig und will nichts von
dem besonderen göttlichen Rechte der Krone wissen, das die
„alten Enthusiasten der Prärogative" verfechten. Aus Gegensatz zu dieser Auffassung constatirt er einen menschlichen Ursprung des ganzen Rechts, des ganzen Staatsgesetzes und

bedient sich hiezu mit einer absolut nicht zu rechtfertigenden Gleichgültigkeit der Staatsvertragslehre, da es ihm überhaupt wenig darauf ankommt, wie der Staat entstanden ist, sondern nur darauf, wie er jetzt fortgeführt werden soll. Burke missbilligt metaphysische Theorien, ohne sie in ihren Consequenzen zu verstehen und dies rächt sich an ihm, indem er ihnen selbst theilweise verfällt.

Die theilweise Anerkennung der Staatsvertragslehren ist keineswegs ein einmaliger lapsus calami, der sich im momentanen Eifer einschlich. Der Gedanke kehrt vielmehr in unerlaubter und kaum begreiflicher Naivetät öfters wieder: „Wenn die bürgerliche Gesellschaft sich aus Vertrag entwickelt hat, so muss dieser Vertrag Gesetz sein. Dieser Vertrag muss alle Theile der durch ihn gebildeten Verfassung bestimmen" (Bd. V S. 120). — „Die behaupteten Rechte dieser Theoriker sind alle extrem. Sie sind in demselben Maasse als sie metaphysisch wahr sind, politisch und moralisch falsch".
— — In der That Burke erklärt sich selbst gegenüber jeder Staats- und Rechtsphilosophie für incompetent! — „Die Gesellschaft ist in der That ein Vertrag. Untergeordnete Verträge in Bezug auf mehr zufällige Interessen können nach Belieben aufgelöst werden, aber der Staat ist mehr als eine Handelsgesellschaft, er ist eine Genossenschaft in aller Wissenschaft, Kunst, Tugend und Vervollkommnung, eine Genossenschaft zwischen denen die jetzt leben, die gelebt haben und leben werden" (Bd. V S. 183) — — sehr richtig, aber warum dann der Vordersatz, dass die Gesellschaft ein Vertrag sei? „Wenn die Verfassung eines Landes einmal durch einen stillschweigenden oder ausdrücklichen Vertrag festgestellt ist, so kann keine Gewalt sie ändern, ohne Bruch des Vertrags oder Uebereinstimmung aller Parteien" (Bd. VI. S. 200). Doch genug dieser Stellen — sie sind unhaltbar, erklären sich aber, wenn Burke selbst sagt: „Ob meine Theorie (vom „mos majorum") mit der neuen Staatsphilosophie in Uebereinstimmung gebracht werden kann, weiss ich nicht, das kümmert mich aber auch nicht, da ich wenig Respect vor aller solcher Philosophie habe" (Bd. VI S. 165). Wie

kann man mit dem Gefühl allein erfolgreich gegen Etwas kämpfen wollen, das man eingehend kennen zu lernen verschmäht?

Der Staat mit seiner ererbten Verfassung ist einmal vorhanden; wie er entstanden ist, das ist Burke ziemlich gleichgültig und er will nicht sehen, dass die Art seiner Entstehung die Art seines Fortlebens bestimmt. Es kommt ihm lediglich darauf an, auszuführen, dass die natürlichen Freiheitsrechte der Individuen, nachdem der Staat einmal da ist, nicht wieder aufleben können, d. h. dass eine radicale Neugestaltung der Staatsverfassung unzulässig ist. Und dies vertritt Burke mit der höchsten Energie. Bei der Revolution von 1688 handelte man in den alten organisirten Ständen, innerhalb der Formen der alten Organisation, nicht durch die „Moleküle" eines entfesselten Volks — die Rechte des Volks und der Krone werden in England wie Familienvermögen fortgeerbt, wie es für eine dauernde Körperschaft das natürliche ist. — „Ein bestimmter Antheil an Macht, Autorität und Leitung, der jedem Individuum bei der Staatsverwaltung zukäme, gehört nicht zu den ursprünglichen Rechten der Menschen in der bürgerlichen Gesellschaft, denn ich betrachte nur den bürgerlichen Menschen in der Gesellschaft, keinen anderen" (Bd. V. S. 120). „Ich habe das ewige Gerede von Widerstand und Revolution nie leiden können, das heisst die Arznei der äussersten Noth zum täglichen Brod machen" (Bd. V. S. 127). „Verjährung ist ein wichtiger Theil des natürlichen Rechts" (Bd. V. S. 276). — „Die neuen Whigs behaupten, dass die Souveränetät, sei es dass sie einer Person zusteht oder vielen, nicht nur aus dem Volke entspringt — ein Satz, den man nicht leugnet, den zu leugnen oder dem zuzustimmen aber gleichgültig ist — sondern dass die Souveränetät beständig und unveräusserlich beim Volke bleibt. — Diese Theorie führt meines Erachtens zum vollständigen Umsturz aller Regierung — sowie auch aller Moral." — Die alten Whigs hatten hiervon principiell verschiedene Grundsätze, sie machten Revolution nur in Folge des Nothfalls, weil „sie das einzige Mittel war, die alte Verfassung, die durch den ursprünglichen englischen Staatsvertrag begründet war, wiederherzustellen und sie für die Zukunft zu erhalten" (Bd. VI. S. 147). — „Für mich ist, was die Alten ‚mos majorum' nannten, wenn nicht die einzige, so doch die Hauptregel der Politik" (Bd. VI. S. 165).

Diese Stellen sind aus dem „Appeal form the new to the old Whigs" entnommen, einer Schrift, die ich für die charakteristischste und bedeutendste von allen halte. Burke beweist hier schlagend, dass sein Standpunkt in Bezug auf die französische Revolution nicht mit seiner früheren Parteistellung im Widerspruch stehe und die Nothwendigkeit, sich mit seinen früheren Parteifreunden auseinanderzusetzen, zwingt Burke zu der eingehendsten Vertiefung seiner politischen Grundanschauungen. Hier findet sich die classische Stelle „Kunst ist des Menschen Natur", hier macht Burke einen Ansatz, die ganzen Lehren von Naturzustand und Staatsvertrag principiell und total wegzuwerfen. — Schade nur, dass es bei dem Ansatz bleibt und die alten Locke'schen Inconsequenzen doch nicht völlig überwunden werden:

„Pflichten sind nicht Sache des freien Willens. Pflicht und freier Wille sind sogar Gegensätze, und wenn auch die bürgerliche Gesellschaft zuerst ein freiwilliger Act gewesen sein mag (was sie in vielen Fällen unzweifelhaft war) so findet ihre Fortsetzung unter der Herrschaft einer mit der Gesellschaft coexistirenden dauernden festen Uebereinstimmung statt. Das wird bestätigt durch die allgemeine Praxis und entspringt aus dem allgemeinen Gefühl der Menschen. Ohne ihre Wahl haben die Menschen Vortheil von dieser Association — ohne ihre Wahl unterliegen sie Pflichten in Folge dieser Vortheile. Ohne ihre Wahl gehen sie eine thatsächliche Verpflichtung ein, die eben so bindend ist, wie nur irgend eine. — Ich gestehe zu, dass es keine Sanction irgend eines Vertrags giebt, wenn kein höchster Gesetzgeber existirt, der die Macht hat, das Sittengesetz zu geben und die Kraft, es zu erzwingen. — Wir haben Pflichten gegen die Menschheit im Ganzen, die aus dem Verhältniss des Menschen zum Menschen und des Menschen zu Gott entstehen, welches Ver-

hältniss nicht Sache freier Wahl ist" (Bd. VI. S. 205). — —
„Im rohen Naturzustand giebt es kein Volk. Eine Anzahl
von Menschen an sich hat nicht die Eigenschaft eines Collectivwesens. Der Begriff des Volks ist der Begriff einer
Corporation. Er ist durchaus künstlich und wie alle anderen
legalen Fictionen durch allgemeine Uebereinstimmung festgestellt" (S. 211). — „Die angeblichen Menschenrechte können
nicht die Rechte des Volks sein. Ein Volk sein und diese
Rechte haben sind unvereinbare Dinge. Das eine setzt die
Existenz, das andere das Nichtvorhandensein eines Zustands
bürgerlicher Gesellschaft voraus" (S. 234).

Man sieht, Burke versucht den Staat auf das ewige, göttliche Sittengesetz zu basiren, den Naturzustand ohne allen
Staat als eine inhaltslose Vorstellung zu beweisen — — und
vermengt mit diesen Ideen doch immer die vom ursprünglichen
Vertrag.

Dem Manne, dessen Herz für alles Gute, Wahre und
Schöne so warm schlägt, bei dem sittliche Motive beständig
mit Leidenschaft wirken, musste es nahe liegen, bewusst,
consequent, systematisch von der Idee des Sittlichen auszugehen — aber es ist eben nur das sittliche Gefühl stark,
und sowie Burke sittliche Postulate im Einzelnen mit dem Verstande untersucht, so verfällt er der Herrschaft von oberflächlichen Nützlichkeits- und Zweckmässigkeitsideen. Ja man kann
sagen, der durchschlagendste, am häufigsten wiederkehrende
Grund, weshalb Burke keine Revolution und keinen Radicalismus will, ist der, dass nach seinem festen Glauben radicale
Neuerungen für das Volk schädlich sind, während die bestehende Verfassung im Ganzen und im Einzelnen nützlich ist.

„Keine Erfahrung hat uns gelehrt, dass unsere Freiheiten,
auf anderem Wege regelmässig fortgesetzt, erhalten und als
unser erbliches Recht geheiligt werden können als unter einer
erblichen Form" (Bd. V. S. 64). — „Könige sind in einem
Sinn unzweifelhaft die Diener des Volks, weil ihre Macht keinen
anderen vernünftigen Zweck als das allgemeine Wohl hat"
(S. 72). — „Wenn die bürgerliche Gesellschaft zum Vortheil
der Menschen eingerichtet ist, so werden alle Vortheile, denen

zu Ehren sie errichtet ist, ihr Recht" (S. 120). — „Die erste aller Tugenden ist Klugheit. Die Menschen haben kein Recht auf das, was nicht vernünftig und was gegen ihren Vortheil ist" (S. 127). Noch deutlicher wird derselbe Gedanke im Appeal ausgeführt, wo (Bd. VI. S. 96 ff.) ausgeführt wird, man könne keine allgemeine Regel darüber aufstellen, wann Revolution zulässig sei. Die höchste der moralischen und politischen Tugenden, die Klugheit, müsse im einzelnen Fall bestimmen, ob eine Ausnahme von der allgemeinen Regel zulässig sei — wer die Revolution wolle, den treffe aber immer die Beweislast. „Politische Fragen haben in erster Linie nichts zu thun mit Wahrheit oder Irrthum: Es fragt sich, was gut oder schädlich ist. Was im Erfolg wahrscheinlich Schaden erzeugt, ist politisch falsch, was Nutzen erzeugt, ist politisch wahr" (S. 210). Schon 1782, als Burke in einer Parlamentsrede gründliche Reform des Wahlrechts bekämpfte, entwickelte er (Bd. X. S. 96, 97), dass alle rechtlichen Institutionen auf Verjährung beruhen, welche der stärkste aller Rechtstitel sei. Die Verjährung werde begleitet von einer zweiten Quelle von Autorität, dem Vorurtheil — von dem ausserordentlich heilvollen Vorurtheil zu Gunsten aller feststehenden Einrichtungen. Die Anhänger der Parlamentsreform verlangen von uns, „dass wir ihre Speculationen der glücklichen Erfahrung wachsender Freiheit und wachsenden Wohlstands in 500 Jahren vorgehen lassen. Das aber werde ich, so viel Achtung ich vor ihren Talenten habe, nicht thun. Denn was ist der Maassstab des Nützlichen? — Nützlich ist, was für die Gesammtheit und jedes einzelne Mitglied derselben vortheilhaft ist. Nach dieser Nützlichkeit verlangen wir, die Frage ist, ob wir sie mit oder ohne Erfahrung über die Mittel anstreben sollen etc." (S. 100).

Weder die Staatstheorie auf Grund eines Vertrags noch die Moraltheorie auf Grund der Nützlichkeit werden von Burke durch eine durchgearbeitete Auffassung entgegengesetzter Art ersetzt. Auch Burke selbst schwimmt unbewusst im Strome der Ideen, deren extreme Consequenzen zu bekämpfen er sich zur Lebensaufgabe gesetzt hat. Er bot seinem Volke Nichts, das noch künftige Generationen als Gegengewicht gegen die materialistische Humanität und den selbstgefälligen flach individualistischen Liberalismus eines Mill's benutzen könnten. Seine Wirksamkeit ist darauf beschränkt, dass er seiner Zeit die Augen über das Schlimme vieler einzelner Thaten der französischen Revolution öffnete und seinen Landsleuten das Vortreffliche in den Eigenthümlichkeiten ihrer Verfassung wieder stärker zum Bewusstsein brachte.

In der Kritik der französischen Revolution ging Burke nicht nur wie erwähnt, insofern zu weit, dass er ihre Ursachen verkannte, sondern auch z. B. darin, dass er Anfangs den ungeheuren Krafteffect, dessen die revolutionirte Nation namentlich nach Aussen fähig werden sollte, nicht vorhersah, sondern lediglich Zerrüttung der Kraft der Nation nach Innen und Aussen prophezeite. Trefflich zeigt uns Burke, wie die französische Revolution eine Tyrannei der Massen geschaffen habe, obwohl sie (schon in der ersten Verfassung) in inconsequenter Weise bei dem Wahlrecht eine Rücksicht auf das Eigenthum genommen habe. Die Eintheilung in Departements ohne Rücksicht auf Geschichte ist ihm ein Gräuel. Das ganze Treiben ist ihm so gründlich verhasst, dass er es schon 1791 ausgerottet haben will. „Nie werde ich ein Land in Europa für sicher halten, so lange im Herzen Europas ein Staat (wenn wir ihn so nennen dürfen) auf den Grundsätzen der Anarchie aufgebaut und in der That eine Versammlung bewaffneter Fanatiker ist zur Propaganda der Grundsätze von Mord, Raub, Rebellion, Betrug, Unterdrückung und Gottlosigkeit" (Bd. VI. S. 20). Rousseau ist Burke der verächtliche Prophet dieses Thuns. „Was in Frankreich geschehen ist, war ein wilder Versuch, die Anarchie zu methodisiren, die Unordnung festzustellen und zu verewigen — ein wahnsinniges, gottloses, ungeheuerliches Ding etc." (Bd. VI. S. 85). Man sage, Fox sympathisire nicht mit der neuen französischen Verfassung, nur mit der Abschaffung der absoluten Monarchie, allein man könne nicht den Ersatz einer Barbarei durch die andere billigen (Bd. VI. S. 93). Es handle sich in Frankreich um eine „Revolution von Doctrinen und theoretischen Dogmen"

(Bd. VII. S. 13), „um die Doctrin, dass die jeweilige Majorität der Steuerzahler der einzige Souverän sei, eine Doctrin, der alle Atheisten, Deisten, Socinianer, Feinde des Klerus und des Adels, viele Geldleute und die Ostindienmänner zuneigten — eine grosse Gesellschaft, die jetzt noch ruhig, bald aber voraussichtlich England gefährlich sei" (Thoughts on French Affairs 1791). Immer eifriger verlangt er „allgemeinen Krieg gegen die Jacobiner und den Jacobinismus als das einzige Mittel, Europa und England vor Revolution zu retten" (Observations etc. 1793). Er „betrachtet den Jacobinismus als das schrecklichste und schändlichste Uebel, das je die Menschheit bedrückt hat" (ebenda). „Es ist eine gemeine Schule, die der französischen Sansculotten, von der kein Gentleman etwas lernen kann" (Bd. VIII. S. 37). „Meine Ideen und Principien führten mich in diesem Streit dazu, Frankreich nicht als Staat, sondern als Partei zu bekämpfen" (Bd. VIII. S. 213).

Schrittweise Reform hätten die Franzosen erstreben sollen und die alte französische Verfassung mit einem starken Königthum, einem reichen, wohlwollenden, gebildeten, ritterlichen Adel, mit einer glänzenden wohlsituirten Kirche erscheint Burke ebenso herrlich wie entwicklungsfähig. Dagegen ist aber die Theorie von den Menschenrechten sein beständiger Angriffspunkt. Nicht Menschenrechte, sondern Rechte der Engländer müssten wir vertreten und die Beständigkeit (consistency) des Gesetzes unbedingt aufrechterhalten. „Ich strebte das Volk vor dem grössten aller Uebel warnen — vor einem blinden leidenschaftlichen Geist der Neuerung unter dem Namen von Reform" (Bd. VII. S. 365).

Jederzeit war Burke daher gegen Parlamentsreform in England. „Die bisherige Volksvertretung ist als völlig entsprechend für alle Zwecke befunden worden, denen eine Volksvertretung dienen kann" (Bd. V. S. 116). Die Agitationen gegen das Unterhaus führten zum Umsturz der ganzen Verfassung (Bd. VII. S. 276).

Er hatte gewiss recht, wenn er ein Wahlrecht atomisirter Staatsbürger gegenüber dem alten Wahlrecht der Verwaltungscorporationen perhorrescirte. Es grenzt aber wirklich an bornirten Conservatismus, wenn Burke nicht einsah, dass die alte Vertheilung des Wahlrechts gegenüber den veränderten Verhältnissen modificirt werden musste, und hier zeigt sich praktisch seine Schwäche, dass er zwar das Falsche extremer Theorien erkennen, aber keine Richtschnur für neue positive Schöpfungen geben konnte. Die principielle Abneigung gegen Parlamentsreform in England geht über das Princip der Freiheit mit Ordnung, des gemässigten Fortschritts unter möglichster Erhaltung des Bestehenden unnöthig hinaus. Er schwächt dadurch nur die Wirkung dieser praktisch so werthvollen Lehren, die er an vielen Stellen glänzend entwickelt:

„Es erfordert nicht viel Klugheit eine Regierung zu machen; Freiheit zu geben ist noch leichter; aber eine freie Regierung zu bilden, d. h. diese entgegengesetzten Elemente von Freiheit und Zwang in ein festes Werk zusammenzufügen, das erfordert viel Denken und tiefes Sinnen" (Bd. V. S. 434). Man brauche keine auf „imaginäre Rechte gegründete Theorie", sondern nur „eine aus der Thatsache unserer Verfassung abgeleitete Theorie", es handle sich darum, „private und öffentliche Freiheit mit öffentlicher Macht zu vereinigen — und vor Allem mit Institutionen, welche Dauer und Beständigkeit für Generationen gewährleisten" (Bd. VI. S. 263), man müsse die englische Verfassung bewundern, auch wenn man sie nicht versteht, gerade wie ein Kunstwerk von Michel Angelo (S. 265). Auch hier ist die Liebe zur gemässigten Freiheit und die Anhänglichkeit an alte Institutionen oft mit einem gedankenlosen Lob des Bestehenden verbunden. Dies zeigt sich am stärksten, wenn Burke geradezu Vorurtheile als Tugend preist. „Vorurtheil macht des Menschen Tugend zur Gewohnheit statt zu einer Reihe unverbundener Handlungen. Durch richtige Vorurtheile wird seine Pflicht ein Theil seiner Natur" (Bd. V. S. 168). „Die moralischen Gefühle sind so nahe mit altem Vorurtheil verwandt, dass sie fast identisch sind" (Bd. VI. S. 256). Angewendet auf Politik, heisst dies: eine etablirte Kirche, Monarchie, Aristokratie und Demokratie sind nothwendig, jede genau in dem Maass, wie sie in England existiren

(Bd. V. S. 175). „Ich sehe mit kindlicher Ehrfurcht auf die Verfassung meines Landes und werde sie nie in Stücke schlagen — — sondern im Gegentheil ihr ehrwürdiges Alter hegen und pflegen" (Bd. X. S. 108).

Bei solchen Gefühlen ist es natürlich, dass Burke vor Allem für zwei Grundsäulen der alten Ordnung, Adel und Kirche, schwärmt. Man soll dem Talent und Verdienst den Weg zur Regierung offen lassen, aber das Aufsteigen zu hervorragender Stellung und Macht von niedriger Lage nicht zu leicht machen (Bd. V. S. 107). Der Adel ist das „korinthische Capitäl der Gesellschaft." Der französische Adel selbst hatte keine unverbesserlichen Laster und verdiente keine Strafe — vielmehr beklagt Burke in einer der rhetorisch schönsten, der Sache nach schwächsten Stellen der „Reflections" das Verkommen des alten ritterlichen Geistes in Frankreich und von diesem Standpunkt aus allein bespricht er das rohe Vorgehen der Revolution gegen Frankreichs Königin. Die europäische Civilisation beruhte Jahrhunderte lang auf „zwei Principien, dem Geist des Edelmanns und dem Geist der Religion" — in ihrem Schatten erblühten auch Handel und Gewerbe, wo sie schwinden tritt Rohheit an ihre Stelle (Bd. V. S. 154). „Wir wissen, und, was besser ist, wir fühlen in unserem Innern, dass Religion die Basis der bürgerlichen Gesellschaft ist." — „Wir wissen zu unserem Stolz, dass der Mensch von Natur ein religiöses Geschöpf (animal) ist" (Bd. V. S. 174). Darum erbost sich Burke ganz besonders gegen den Atheismus und gegen die Säcularisation in Frankreich und will Nichts von einer Trennung von Staat und Kirche wissen. Doch ist er in diesem Punkte nicht so bornirt wie z. B. gegenüber der Parlamentsreform, sondern es gehört gerade zu den schönsten Seiten seines reichen Wirkens, dass sein unbeugsames Gefühl für Recht und Billigkeit stets — und gerade noch in seinen alten Tagen — Gerechtigkeit gegen die Katholiken und Irländer verlangte.

Das war Burke, der grösste Vorkämpfer gegen das Eindringen des Individualismus von französischer Farbe in England! Gebeugt durch persönliche Schicksalsschläge, tief betrübt durch den Abfall seiner alten politischen Freunde, starb Burke mitten während der Zeit des beginnenden Kriegs gegen Frankreich. Er war in der That der letzte glänzendste Vertreter der alten Whigs, ein echter Engländer durch und durch, mit allen Tugenden und mit allen Schwächen seiner Partei und seines Volkes. Dem freien aber aristokratischen Verfassungsstaat, der, 1688 neu begründet, im 18. Jahrhundert zur höchsten Blüthe gelangte, sang er ein ergreifend schönes Grablied und rief seinem Volk mit mächtiger Stimme noch einmal alles dauernd Gute dieser Verfassung zum Bewusstsein. Aber er vermochte nicht die Grundsätze anzugeben, nach denen sich die alten Whigs in eine gemässigt liberale Partei mit zeitgemässem Programm umwandeln konnten. Die alte Loyalität, der alte staatliche Sinn, die Neigung zu gemässigtem Fortschritt, sie konnten und sollten erhalten werden, sie mussten sich aber in der Zeit der Grossindustrie theilweise in neuen Formen äussern. Und Burke verwechselte zu oft Form und Inhalt, sein gefühlsmässiger Conservatismus überlieferte den gemässigten Liberalen des 19. Jahrhunderts kein durchdachtes Programm, sondern überliess es ihnen, tastend principlose Compromisse zwischen alten Traditionen und neuen Bedürfnissen zu machen. Seine Genügsamkeit, derzufolge er auf dem Boden des Bestehenden vorsichtig das Zweckmässige suchte, wurde die Schwäche der Zukunft.

Zweites Capitel.
Die Nationalökonomen.

§ 1. Adam Smith.

Wir haben gesehen, wie namentlich seit 1776 ein zersetzender Individualismus in neuem Anlauf sich in der politischen und socialen Literatur Englands mit wachsender Kraft geltend machte. Bei vielen seiner Vertreter finden wir, dass praktische Schranken dieser Anschauung im Anschluss an alte Traditionen in Kraft bleiben, aber theoretische Schranken konnten wir nicht entdecken.

Indessen gehört die Gruppe der Schriftsteller, die wir im ersten Capitel kennen gelernt haben, im Wesentlichen der theoretischen Staatslehre an. Die Einwirkung der individualistischen Grundgedanken auf die theoretische Gesellschaftslehre werden wir erst jetzt genauer verfolgen können, indem wir uns den englischen Nationalökonomen zuwenden.

Die Nationalökonomie proclamirt nicht gerade offen radicalpolitische Ideen, aber sie setzt solche im Stillen voraus und erkennt dieselben durch Ignoriren rein staatlicher Fragen thatsächlich an. Sie erörtert nicht die Fragen des Wahlrechts oder des Rechts zum Widerstand und dergleichen; sie entwickelt keine Philosophie über Grund und Zweck des Staats; aber sie lässt den Staat factisch lediglich als eine nicht sehr wichtige Anstalt bestehen, neben welcher die Einzelnen in der Hauptsache mit der Erreichung ihrer wirthschaftlichen Zwecke beschäftigt erscheinen. Und bei der

Verfolgung ihrer wirthschaftlichen Zwecke werden die Individuen als abgesondert von einander, als unabhängig neben einander stehend betrachtet. Alle wirthschaftlichen Verbände werden als nicht vorhanden oder als schädlich angesehen.

Die Gedanken der „classischen" Nationalökonomen werden später mit Vorliebe vom Mittelstand erfasst, wodurch sich eine vorläufig nur geistige Trennung desselben von den Bestrebungen des Arbeiterstandes vorbereitet.

Hierdurch wird es gerade für eine social-politische Betrachtung unerlässlich, den Anfängen der Nationalökonomie nachzuspüren.

Die classische Nationalökonomie Englands beginnt mit dem Werk „Wealth of Nations" von Adam Smith 1776.

Kaum ein Werk des menschlichen Geistes hat grössere Anerkennung erfahren, als das Buch von A. Smith; Hildebrand schon vergleicht A. Smith mit Kant, er wie Roscher bezeichnen das Buch als ein solches, das die Geschichte des Fachs in zwei Hälften zerlegt. Ja man wird sagen können, dass mit diesem Buch die Nationalökonomie als solche erst beginnt. Es gab vorher eine Wirthschaftspolizei, es gab eine Vorgeschichte der Nationalökonomie in der Philosophie der Physiokraten.[1]) So wenig originell A. Smith

---

[1]) Die Anlehnung Smith's an die Physiokraten beweist eingehend und gut Leser „Der Begriff des Reichthums bei Adam Smith". Heidelberg 1874. Den Zusammenhang von A. Smith mit der Theologie der Zeit bespricht Cliffe Leslie in der Fortnightly Review, November 1870. Was das Princip der individuellen Freiheit auf wirthschaftlichem Gebiete betrifft, so hatte A. Smith auch unter den englischen Nationalökonomen, nicht nur unter den Physiokraten und englischen Philosophen, bedeutende Vorläufer. Abgesehen von den von Roscher beschriebenen Freihändlern des 17. Jahrh. sei hier nur an Josiah Tucker und an Steuart erinnert. Tucker verficht in dem ersten der „Four tracts on Political and Commercial subjects, 3. Aufl.; Glocester 1776", der schon 1758 geschrieben wurde, den Satz, dass jede Nation nur durch Arbeit und Fleiss reich wird, und jede an dem wirthschaftlichen Aufschwung der andern interessirt ist etc. Steuart sagt (s. deutsche Uebersetzung seiner „Grundsätze der Staatswirthschaft 1769, Buch 2, cap. 31): „Man muss voraussetzen, dass in Dingen, die das Publikum betreffen, jeder aus dem Beweggrunde des Privatnutzens

gegenüber Locke, Hume, Quesnay und Turgott in Bezug auf seine einzelnen Sätze ist, die Art und Weise, wie er die einzelnen Grund- und Lehrsätze über wirthschaftliche Verhältnisse zusammenfasste, das ganze Erscheinungsgebiet ausschied und systematisirte, begründete erst die Disciplin, die wir Nationalökonomie oder politische Oekonomie zu nennen pflegen, — d. h. die Wissenschaft, welche den natürlichen Zusammenhang zwischen den verschiedenen gesellschaftlichen Erscheinungen darstellt, welche aus dem Streben der Menschen nach Gütern hervorgehen. Die von A. Smith erst eigentlich begründete Nationalökonomie folgte der Wirthschaftspolizei; sie hinwiederum abzulösen, schickt sich die entstehende Socialwissenschaft der neuesten Zeit an. Sie war die natürlichste Betrachtungsweise über wirthschaftliche Dinge in der Zeit, welche die alten Staatsformen, namentlich den Absolutismus auflöste, — sie verliert ihren Boden in der Zeit, die den organischen Staat neu aufzubauen die Aufgabe hat.

So allgemein und unbedingt die hohe Bedeutung des Buchs von A. Smith zugestanden wird, so verschieden lauten die Urtheile über die Nützlichkeit seiner Wirkung. Adam Müller bekämpft Smith's Tendenzen für Deutschland, gesteht relative Berechtigung derselben für England zu. Bei Friedrich List und H. Rössler erscheint A. Smith aus sehr verschiedenen Gründen als eine Art Verkörperung des bösen Princips. Carey dagegen beruft sich gerne auf Smith und malt Ricardo und Malthus dafür in um so düsterern Farben.

Buckle zwängt A. Smith in seine Schablonen von deductiven und inductiven Geistern ein, beachtet aber mit Recht, dass „Wealth of Nations" nicht A. Smith's einziges Werk ist, also auch nicht seine ganze Weltauffassung enthält. Neuere, wie Leser, Inama Sternegg und jüngst Nasse (in den Preussischen Jahrbüchern) suchen dem grossen Schotten

---

handeln werde. Der Staatsmann hat kein Recht, von seinen Unterthanen eine andere patriotische Gesinnung als einen genauen Gehorsam gegen die Gesetze zu erwarten. Die Vereinigung sämmtlicher Privatinteressen macht die gemeine Wohlfahrt aus; diese zu befördern, ist des Staatsmanns Pflicht."

in objectiver Weise gerecht zu werden, zuletzt hat ihn Aug. Oncken mit Kant in Parallele gestellt und wieder eingehend nachgewiesen, wie A. Smith weit über seinen Nachfolgern steht, freilich nicht ohne in das Buch manches mit Kunst hineinzutragen.

In der That ist streng zu scheiden, wie A. Smith gewirkt und wie er selbst gedacht hat. Stellen wir erstere Frage, so werden wir uns vielfach gegen A. Smith auflehnen müssen, obwohl die einseitig individualistische Nationalökonomie doch viel mehr durch Ricardo als durch Smith begründet wurde[1]). Stellen wir aber die letztere Frage, so ist zuzugestehen, dass A. Smith zu jenen grossen Geistern gehört, die ihre Zeit führen, doch über ihr stehen und Einseitiges vielfach nur deshalb anregen, weil ihre Schüler ihnen nicht ganz nachfolgen können. Nur Geister von solcher Grösse, dass sie mit einer gewissen Souveränetät über ihrer Zeit stehen, sind im Stande, die Ideen derselben in bahnbrechender Weise zu formuliren, während den Sklaven des Zeitgeistes der Ruhm des Popularisirens zu Theil wird. Und so kommt es, dass heute noch Gegner und Anhänger des Manchesterthums sich gleichmässig auf A. Smith berufen, indem die Anhänger allerdings sattsam aus A. Smith Formulirung ihrer einseitigen Tendenzen entnehmen können, während er in seinem weitblickenden Geist doch zugleich in Menge die Keime einer höheren Anschauung enthält, welche die jüngste Zeit auszubilden berufen ist. In den Schriften der grössten Geister finden wir nie nur den geschlossensten Ausdruck einer beschränkten Anschauungswelt, sondern immer zugleich die Brücken für den künftigen Fortschritt in der Erkenntniss der Wahrheit. Und ganz besonders ist das bei A. Smith der Fall, dessen Ausdrucksweise stets so zu sagen weich und elastisch ist. Manche, namentlich rein theoretische Fragen, z. B. die nach der richtigsten Definition eines technischen Ausdrucks, hat sich A. Smith niemals scharf gestellt und über

---

[1]) S. Cliffe Leslie's Aufsatz „Political economy and Sociology" im Fortnightly Review, Januar 1879.

seine eigentliche Meinung wird man immer streiten können, weil er sich die betreffende Frage als ihm minder wichtig gar nie scharf gestellt hat. Sehr häufig liegt aber bei A. Smith keine Vieldeutigkeit und Unschärfe, sondern nur seine Vielseitigkeit vor, die auf dem Bewusstsein beruht, dass absolute Schärfe der Formulirung socialer und politischer Wahrheiten nur erreichbar ist, wenn man einen Theil der in Betracht kommenden Thatsachen ignorirt.

Ein Schriftsteller aus der Schule von A. Smith hat darin Aehnlichkeit mit A. Smith selbst, nämlich Hermann; Hermann brachte die Methode der klassischen Nationalökonomie zur höchsten Vollendung, und keiner, der zur Schule von A. Smith gehört, hat eine reichere Fülle origineller Resultate aufzuweisen. Aber eben er bezeichnet in unverkennbarster Weise den Punkt, wo die classische Nationalökonomie auf dem Zenith ihrer Entwicklung angekommen, einer veränderten Anschauungsweise weichen muss. Seine Lehre vom Gemeinsinn, seine Definition des Einkommens, seine Art, die Preise auf verschiedene Bestimmungsgründe zurückzuführen, bilden den Ausgangspunkt für die sogenannte ethische, die Arbeiterinteressen beachtende und realistische Nationalökonomie. Und so kommt es, dass Brentano, der Verfechter der Organisation der Gewerbetreibenden, sich überall auf A. Smith und Hermann berufen kann, während Brentano und seine Gesinnungsgenossen von Gegnern als Revolutionäre gegen die unfehlbare Autorität von A. Smith angegriffen wurden. Wenn man bedenkt, dass A. Smith im Jahre 1789 eine Theorie der moralischen Gefühle geschrieben hat, dass seine Lehrthätigkeit sich auf verschiedene philosophische Disciplinen erstreckte, und dass in dem „Wealth of Nations" selbst eine Masse politischer, religiöser und ethischer Betrachtungen vorkommen, die von einer ganz selbständigen Durchdenkung der betreffenden Fragen zeugen — so kann man nicht zweifeln, dass es bei ihm bewusste Abstraction war, wenn er bei Erklärung wirthschaftlicher Erscheinungen den richtig rechnenden, frei waltenden Egoismus der Einzelnen zu Grunde legte, freilich eine Abstraction, die A. Smith in hohem Maass für berechtigt hielt, und in der er sich ohne

Weiteres gehen liess, ohne sich über sie und ihren Grund ausdrücklich zu erklären. Bei der entschieden hochpatriotischen Gesinnung, die an vielen Stellen durchbricht und der absoluten Abwesenheit jeder kosmopolitischen Schwärmerei, bei dem bitteren Tadel, den der Egoismus der Kaufleute oft erfährt, ist es ganz unverkennbar, dass auch, während A. Smith den „Wealth of Nations" schrieb, er niemals der Ansicht war, dass der individuelle Egoismus den ganzen Menschen allein beherrsche oder beherrschen solle. Er entwickelt nie allgemeine philosophische Principien und äussert sich nirgends über seine wissenschaftliche Methode und über ihre Gründe. Aber es kann nichtsdestoweniger als ausgemacht gelten, dass er in dem „Wealth of Nations" die egoistischen Triebe des Menschen nur deshalb in den Vordergrund schob und von ihrer Begrenzung durch andere Triebe nur deshalb nicht sprach — weil er annahm, dass das Gebiet wirthschaftlicher Erscheinungen zunächst isolirt werden müsse, um verstanden zu werden, und weil er der Ansicht war, dass man sich vorerst an die Hauptursachen des wirthschaftlichen Handelns halten, die Nebenursachen ignoriren müsse, um zu klaren Resultaten zu gelangen. —

A. Smith hat auch nie daran gedacht, aus der bewusst einseitigen Prämisse vom menschlichen Egoismus allein das ganze Lehrgebäude seiner Wissenschaft durch logische Schlüsse abzuleiten. Er hat zwar nicht andere psychologische Ausgangspunkte ebenfalls in's Auge gefasst, aber seine Ansichten überall in der eingehendsten Weise auf vergangene und gegenwärtige Thatsachen begründet. Viele Ansichten, wie z. B. die über die finanzielle Unergiebigkeit der Domänen, sind fast ausschliesslich durch praktische Erfahrungen begründet; bei allen einzelnen Fragen, die er überhaupt behandelt, sind Beispiele aus der Praxis ein Hauptmittel zum Beweise. Oft kommen lange erzählende Excurse; die Steuerlehre schliesst sich nach Aufstellung der obersten Grundsätze fast ganz an die faktischen Zustände, namentlich in England an. Wer das Buch aufmerksam liest, wird darin eine ausgezeichnete Schilderung der gesammten socialen Verhältnisse, des Standes der wirthschaftlichen und finanziellen Gesetzgebung Englands um die Mitte des vorigen Jahrhunderts finden [1]).

Ganz besonders aber ist hervorzuheben, dass A. Smith über der grossen Mehrzahl seiner Nachfolger stand [2]), indem er immer nur an das Wohl der Gesammtheit dachte, und nie, auch nicht aus Irrthum oder unbewusst, in einer einzelnen Frage seine Theorie den Interessen des Capitals dienstbar machte. Da er zugleich den Staat, seinen Bestand und seine Grösse unbedingt über alle wirthschaftlichen Interessen einzelner Stände oder Personen stellte, so war er principiell himmelweit vom Manchesterthum entfernt. Auch die Lehre von der natürlichen und nothwendigen Harmonie aller Interessen fehlt bei A. Smith als ein allgemeines, grundlegendes Princip, wenn sie auch gelegentlich vorkommt, z. B. Buch 4, Cap. 2, wo ausgeführt wird, dass zwar jeder nur nach grösstem eigenen Gewinne strebt, dabei aber durch eine unsichtbare Hand zur Beförderung eines Endzwecks geleitet wird, den er sich nicht vorgesetzt hatte. In der That, wenn materialistische Aufklärungsapostel und optimistische Capitalanbeter späterer Zeit seinen Namen beständig im Munde führen, so können sie nur damit entschuldigt werden, dass sie ausser den wenigen Phrasen, die einmal ihr dürftiges Hirn beherrschen, Nichts mehr sehen und hören.

Es erscheint A. Smith natürlich und nothwendig, dass die Gesellschaft in drei grosse Stände zerfällt: Grundeigenthümer, Capitalisten (Pächter, Handel- und Gewerbetreibende) und Arbeiter. Diese Scheidung trat namentlich in England

---

[1]) Dass A. Smith vorzugsweise „induktiv" geforscht habe, siehe auch bei Ingram: „Present condition".

[2]) Die Ueberlegenheit von A. Smith über seine Nachfolger, namentlich Say und Ricardo, betont besonders stark Lorenz von Stein: die Volkswirthschaftslehre, 2. Aufl., 1878 — der es aber bei aller Anerkennung des grossen Standpunkts und der umfassenden Weltanschauung des Mannes doch für nothwendig hält, eine zweite Methode neben die von A. Smith hinzustellen. Dagegen sucht ein anderes neues Werk: „Dr. Witold von Skarzguski: Adam Smith als Moralphilosoph und Schöpfer der Nationalökonomie, Berlin 1878, Adam Smith's Bedeutung ungebührlich herabzusetzen.

so scharf hervor, dass A. Smith sie ohne Weiteres hinnahm und danach auch die Einkommensarten unterschied, ohne zu untersuchen, in wie weit Grund- und Capitaleigenthum zusammengehören.

Es ist hier nicht der Ort, zu untersuchen, in wie weit diese Scheidung in drei Stände in einer allgemeinen Theorie der Nationalökonomie der Lehre von den Productionsfactoren und Einkommensarten mit Recht zu Grunde gelegt werden darf. Aber es muss hervorgehoben werden, dass nach A. Smith selbst Grundeigenthum und Capital historische Kategorien sind, indem sie erst entstehen n a c h dem ursprünglichen Zustand, in welchem Alle Arbeiter sind.

„In jenem ursprünglichen Zustand der Dinge, der sowohl vor der Einführung des Landeigenthums als dem Anhäufen der Capitalien hergehet, gehört das ganze Product der Arbeit dem Arbeiter zu; er hat weder Landeigenthümer noch Meister, die sich mit ihm darein theilen!"[1]).

Von diesen drei Ständen ist nun der Stand des Capitalisten keineswegs derjenige, der das grösste Verdienst hat, dessen Interessen am meisten gepflegt werden müssen und dessen Einfluss der grösste sein soll. Zwar erkennt A. Smith (Buch III. Cap. 2) an, dass „Handlung und Manufacturen allmälig Ordnung und ordentliche Regierung und mit denselben Freiheit und Sicherheit der Privatleute unter den Einwohnern des Landes einführten, welche zuvor in einem fast beständigen Kriege mit ihren Nachbarn und in einer sclavischen Abhängigkeit von ihren Obern gelebt haben." Er schreibt also diesen Zweigen der Production ein civilisatorisches Verdienst zu, und an vielen andern Stellen führt er aus, dass die Vermehrung des Kapitals die Bedingung alles wirthschaftlichen Fortschritts ist — aber keineswegs verfällt er in die Tendenz späterer Freihändler, die Interessen des Capitals als die der Menschheit, und die Capitalbesitzer als Träger aller Cultur sowie als unbedingt edle Menschenfreunde hinzustellen. Viel-

---

[1]) S. Buch I, Cap. 8. Ich citire immer nach der 1776 und 1778 erschienenen deutschen Uebersetzung der ersten Ausgabe des Originals.

mehr führt er am Schlusse des 1. Capitels des 1. Buchs aus, dass die Interessen der Grundeigenthümer und Arbeiter naturgemäss und immer mit den Interessen der ganzen Gesellschaft und des Staates zusammenfallen, dagegen n i c h t das Interesse Derjenigen, die vom Capitalgewinne leben. „Da sich ihre Gedanken gemeiniglich lieber mit dem Interesse ihres eigenen besonderen Gewerbes als mit dem Interesse der Gesellschaft beschäftigen, so kann man sich auf ihr Urtheil, selbst wenn sie es auf's aufrichtigste äussern (welches nicht allemal geschehen ist), in Ansehung ihres eigenen besondern Interesses weit mehr verlassen, als in Ansehung der öffentlichen Angelegenheiten." Adam Smith sagt, Kaufleute und Fabrikanten hätten oft „die Grossmuth der Grundeigenthümer hintergangen", ihr und des Staates Interesse dem des Capitals als dem vermeintlichen Interesse des Staats zu opfern. An einer anderen Stelle (Buch III, Cap. 6) tadelt er den Mangel an Patriotismus von Kaufleuten und Gewerbetreibenden, die überall hingingen, wo der Handel gedeiht, zeigt, dass Grundeigenthümer dem elenden Monopolgeiste weniger ergeben seien als Fabrikanten (Buch IV, Cap. 2); und besonders weist er an dem Beispiel der ostindischen Compagnie nach, wie unfähig Kaufleute zur Regierung eines Staates seien. Bei seiner Empfehlung des Freihandels und dem Kampfe gegen das Protectivsystem ist A. Smith keineswegs der Ansicht, die Manufacturschutzzölle seien ein geringes Uebel gegenüber den Kornzöllen, sondern er betrachtet letztere als eine verfehlte Einrichtung, zu der die Grundeigenthümer durch das Beispiel der Gewerbetreibenden verführt worden seien; er will Handels- und Gewerbefreiheit unverkennbar im allgemeinen Interesse, gegenüber dem Sonderinteresse des monopolsüchtigen Capitals.

Der Capitalist erscheint bei A. Smith als klug und verschlagen, der Grundeigenthümer als nobel und ehrlich, aber oft unklug, der Arbeiter als wenig urtheilsfähig. Der Interessen des Arbeiters nimmt sich A. Smith mit Wärme an. Der nothwendige Unterhaltsbedarf ist nur der Minimallohn, nicht der natürliche Lohn, der Lohn steigt und fällt nicht mit dem Getreidepreis, sondern oft umgekehrt; er steigt durch das Anwachsen des Capitals, nicht durch die absolute Menge des letzteren; gut bezahlte Arbeiter leisten mehr als schlecht bezahlte; hoher Lohn befördert also sogar den Export; Menschlichkeit und Interesse sollen die Arbeitgeber zu guter Behandlung der Arbeiter veranlassen; selbständige Arbeitende leisten mehr als Lohnarbeiter; die Meister haben ein natürliches Uebergewicht über die Arbeiter (Buch I, Cap. 8); die Coalitionsgesetze sind parteiisch gegen die Arbeiter (Buch I, Cap. 10). Auch die etwas verworrene Lehre, dass das in der Landwirthschaft angelegte Capital am meisten, das im Handel angelegte am wenigsten hervorbringe, (Buch II, Cap. 5) zeugt nicht von Vorliebe für den Stand der Capitalisten.

In der Lehre, dass die Landrente durch den Culturfortschritt ohne Verdienst der Grundeigenthümer wachse (Buch I, Cap. 11), liegt freilich der Grundgedanke der Ricardo'schen Grundrentenlehre, ebenso wie sich Buch I, Cap. 8 der Keim der Malthus'schen Bevölkerungslehre findet:

„Jede Art Thiere vermehrt sich natürlicher Weise in der Proportion ihrer Nahrungsmittel; und keine Art kann sich über diese Proportion hinaus vermehren. In civilisirten Gesellschaften kann aber der Mangel an Unterhalt nur unter den niedigeren Ständen des Volkes der ferneren Vermehrung des Menschengeschlechts Grenzen setzen" — indessen nirgends finden wir eine Spur von Feindseligkeit gegen die grundbesitzende Aristokratie oder von Härte gegen die Arbeiter.

Deutlich sogar lässt sich erkennen, dass der Gewinn des Capitals nicht als eine naturgemäss nothwendige Vergeltung gewisser Dienste, sondern als etwas betrachtet wird, das die Macht des Besitzes der Arbeit abringt. Es kommen Ausdrücke vor, die man heute als socialistisch brandmarken würde; z. B. Buch V, Cap. 1: „Auf einen sehr reichen Mann muss es wenigstens fünfhundert Arme geben und der Ueberfluss einiger Weniger setzt die Dürftigkeit Vieler voraus." Oder Buch V, Cap. 1: „Insofern die bürgerliche Regierung eingeführt ist, um das Eigenthum sicher zu stellen, ist sie wirklich zum Schutze der Reichen gegen die Armen, oder

derer, die einiges Eigenthum haben, gegen diejenigen eingeführt, die gar keines haben." Oder Buch I, Cap. 8: „Die Rente des Landeigenthümers macht den ersten Abzug vom Producte der Arbeit aus, die auf das Land verwendet wird."
„Der Meister nimmt einen Antheil am Producte ihrer Arbeit (nämlich der Arbeiter) oder am Werthe, den sie den Materialien, worauf sie verwendet wird, zusetzen."

In der That, Adam Smith ist der erste, welcher aus der Lehre, dass die Arbeit allein Werth schaffe, den Satz folgerte, dass natürlicher Weise dem Arbeiter dieser Werth allein gehöre, und die Besitzrente ein Abzug zu Ungunsten des Arbeiters sei. Freilich er hat dies nicht consequent ausgebildet, da er Eigenthum und Rente vom Besitz als eine selbstverständliche Nothwendigkeit in civilisirten Gesellschaften betrachtet, und den Rechtsgrund des Eigenthums nicht untersucht. Es ist ein entschiedener Mangel bei Adam Smith, dass er den Einfluss der Wirthschaft auf Cultur und Recht eingehend erörtert[1]), dass es ihm aber dabei niemals einfällt, auch den beherrschenden Einfluss des Rechtssystems auf die wirthschaftlichen Verhältnisse zu untersuchen.

Zeigen die angeführten Stellen, dass Adam Smith keine Vorliebe für einzelne Stände hat, so will er unbedingt die Interessen aller Stände dem Interesse des Staats unterordnen. Ein stehendes Heer erscheint ihm nicht als Gefahr für die Freiheit, Kanonen sind ihm ein Hebel der Civilisation. Neben dem stehenden Heere will er alle Bürger einexerciren. Besonders Oncken hat A. Smith's warmen Eifer für die Landes-

---

[1]) Z. B. auch Buch V, C. 1 Th. 2, wo er ausführt, dass durch das Anwachsen der Reichthümer staatliche Ordnung immer nothwendiger wird: „der Erwerb eines kostbaren oder weitläufigen Eigenthums erfordert demnach nothwendig die Einführung einer bürgerlichen Regierung; wo es kein Eigenthum oder wenigstens kein anderes giebt als ein solches, das nicht mehr als eine zwei- oder dreitägige Arbeit kostet, da ist eine bürgerliche Regierung weniger nothwendig. Die bürgerliche Regierung setzt eine gewisse Unterordnung voraus. Wie aber eine bürgerliche Regierung allmälig mit dem Erwerbe kostbarer Besitzungen aufwächst, so wachsen auch die Hauptursachen, welche natürlicher Weise eine Unterordnung einführen, allmälig mit dem Anwachsen dieser kostbaren Besitzungen heran."

vertheidigung hervorgehoben; freilich muss dazu bemerkt werden, dass er die Ueberlegenheit stehender Heere ausschliesslich aus den natürlichen Vortheilen der Arbeitstheilung und der dadurch entstehenden Uebung erklärt, dass er kriegerische Siege durchaus nicht dem Wirken ethischer Kräfte zuschreibt. Auch seine Lehre, dass für Unterricht, namentlich für Elementarschulen, öffentliche Mittel verwendet werden müssen, und dass Elementarschulzwang am Platze sei, wird in ihrer Bedeutung sehr eingeschränkt durch den in vielen Variationen wiederkehrenden Satz, dass die Güte des Lehrers von der Bezahlung der Schüler abhänge. Aber es bleibt wahr, dass A. Smith weder zu den krämerhaften Friedensaposteln wie später Bentham und Cobden gehörte, noch den Staat unbedingt auf den Nachtwächterdienst reduciren wollte. Indessen, so gross Adam Smith in all diesen Fragen gegenüber seinen Nachfolgern dasteht, dennoch hat er auf seine Nation in ethischer Hinsicht ganz anders gewirkt als Kant, und es lässt sich nicht leugnen, dass er selbst von dem Geiste des Individualismus stark ergriffen war. Er war es nicht ausschliesslich, aber gerade bei seinen einfachsten und deshalb wirksamsten nationalökonomischen Lehren zahlte er dem Geiste der Zeit seinen Tribut — gerade wie auch Colbert persönlich über viele Schwächen des Merkantilsystems erhaben demselben dennoch in der erfolgreichsten Weise diente.

Wenn auch Oncken zu beweisen versucht, dass Friedrich List aus Adam Smith Beweise für seine Tendenzen hätte entnehmen können, so kann doch kein Vorurtheilsfreier verkennen, dass es vor Allem vier rein negative Reformen waren, für deren Durchführung resp. Vorbereitung Adam Smith arbeitete, nämlich Freizügigkeit, Gewerbefreiheit, Freihandel und freies Eigenthum an Grund und Boden. Ebenso ist unverkennbar, dass Adam Smith zwar das Wort „Laissez faire et passer" nicht ausspricht, diese Regel aber in Bezug auf wirthschaftliche Dinge als ein aus dem Naturrecht sich ergebendes Princip behandelt, und dass er dabei vielfach in einen ethischen Materialismus verfällt. Gewiss hat Adam Smith recht, wenn er das englische Heimathsrecht seiner Zeit bekämpft. Es ist aber charakteristisch, dass er das Recht, überall nach Belieben Arbeit zu suchen, als einen Ausfluss der Freiheit verlangt. „Schon länger als ein ganzes Jahrhundert über hat das gemeine Volk in England, das sonst auf seine Freiheit so eifersüchtig ist, aber wie gemeine Leute in den meisten andern Ländern, niemals recht begreift, worin sie eigentlich besteht, sich unter diese Unterdrückung geschmiegt, ohne auf die Abschaffung derselben zu dringen." Im Buch I Cap. 10 wird die Vorschrift der 7jährigen Lehrlingszeit, und es werden alle Zünfte verworfen. Freie Verbände der Handwerksgenossen seien zwar nicht zu verhindern; aber Verbände zu erleichtern oder nothwendig zu machen, sei ganz verkehrt, denn „ein Arbeiter wird eigentlich nicht durch seine Zunft, sondern durch seine Kunden im Zaume gehalten". Zünfte sind A. Smith nur Ausgeburten des Monopolgeistes, für den Werth corporativer Organisation hat er kein Verständniss. Er will zwar merkwürdiger Weise die Ausdehnung der allgemeinen Bildung dadurch fördern, dass jeder, ehe er in einem Städtchen Bürger wird und ein Handwerk betreiben darf, in den wesentlichsten Kenntnissen (Lesen, Schreiben und etwas Geometrie) geprüft werde, und auch die Ausbreitung höherer wissenschaftlicher Kenntnisse als Gegengewicht gegen religiösen Fanatismus wünscht er durch zahlreiche Prüfungen zu begünstigen, aber Meisterprüfungen u. dergl. durch Zünfte erscheinen ihm als überflüssig und schädlich. In Bezug auf Freihandel wagt A. Smith die Erreichung seines Ideals kaum zu hoffen; und er schlägt sogar, offenbar deshalb, weil er glaubt, man könne des Monopolgeistes nicht ganz Herr werden, Buch V Cap. 2 mässige Taxen auf alle Manufacturwaaren, nur Aufhebung aller Einfuhrverbote vor. Er gesteht auch zu, dass es gerechtfertigte protectionistische Maassregeln giebt, vor Allem zu Ehren der Landesvertheidigung. „Da an der Sicherheit und Vertheidigung eines Landes weit mehr als an seinem Reichthum gelegen ist, so ist die Schifffahrtsacte vielleicht unter allen englischen Handelsverordnungen die weiseste" (Buch IV Cap. 2.). Auch Manufacturen, die zur Landesvertheidigung nöthig sind, dürfen zu Ehren der Unabhängigkeit des Landes Schutzzölle resp. Prämien erhalten (Buch IV, Cap. 5). Ferner erklärt A. Smith Zölle zur Ausgleichung inländischer Steuern, und unter Umständen, d. h. bei Aussicht auf Erfolg, Retorsionszölle für zulässig, und ist jedenfalls nur für langsame und schonende Abschaffung bestehender Schutzzölle. Aber trotz dieses Maasses, das der Freihändler sich aus Patriotismus und praktischen Rücksichten auflegt — kann man sich nicht darin täuschen, dass A. Smith das ganze Protectivsystem als eine gemeinschädliche Uebervortheilung Vieler durch Wenige principiell verwirft, dass ihm „der Schutz der nationalen Arbeit" eine Phrase ist, und er die Arbeitstheilung unter den Völkern als das grösste Glück betrachtet. Und bei dieser Grundansicht, an der die von Oncken entschieden überschätzten Ausnahmen nichts ändern, geht A. Smith ganz unbedingt von rein privatwirthschaftlichem Standpunct aus (Buch IV Cap. 2):

„Was aber im Betragen einer jeden Privatfamilie Klugheit ist, kann wohl schwerlich im Betragen eines grossen Königreichs Thorheit sein. Kann ein fremdes Land uns mit irgend einer Waare wohlfeiler versehen, als wir selber sie fertigen können, so ist es besser, sie mit irgend einem Theile des Productes unseres eigenen Fleisses zu kaufen, der auf irgend eine Art angewendet wird, worin wir einigen Vorzug haben. Da die ganze Industrie des Landes allezeit dem Capital, das sie beschäftigt, proportionirt ist, so wird sie dadurch ebensowenig, als die der oben erwähnten Handwerksleute vermindert werden, sondern nur den Weg aufsuchen dürfen, worauf sie sich am vortheilhaftesten beschäftigen kann."

Was die Durchführung des Princips der wirthschaftlichen Freiheit im Gebiete der Landwirthschaft angeht, so handelte es sich hier auf dem Continent vorerst um Abschaffung der Leibeigenschaft und um die Ablösung der Lasten des bäuerlichen Besitzes. In England dagegen waren diese Wirkungen des Feudalismus überwunden. Aber A. Smith kämpft gegen die englischen Vorrechte des Grossgrundbesitzes und ist sonach der Vorkämpfer derjenigen, die heute „freetrade in Land" verlangen. Er bekämpft das Erstgeburtsrecht und die Entails und der Mann, welcher sonst die „natürliche Grossmuth" der Grundbesitzer preist, entpuppt sich bei dieser Gelegenheit als Feind des Adels (Bd. II, S. 579): „Die Entails werden für nöthig gehalten, um das ausschliessende Vorrecht des Adels (nobility) auf die hohen Ehrenstellen und Aemter ihres Landes zu behaupten; und da dieser Stand einmal sich einen ungerechten Vorzug vor seinen übrigen Mitbürgern angemaasset hat, so hält man es, damit er nicht durch Armuth verächtlich werden möchte, für gut, ihm noch einen andern Vorzug einzuräumen."

Die vier negativen Reformen, deren Vorbereitung A. Smith diente, waren Zeitbedürfnisse: selbst die Gewerbefreiheit war gegenüber verrotteten alten Schranken nöthig und die Aufrichtung neuer Ordnungen konnte erst später beginnen. Aber A. Smith fordert diese Reformen nicht als zeitweilige Nothwendigkeiten, sondern als unbedingt berechtigte Folgerungen des Princips wirthschaftlicher Freiheit; ja es lässt sich nicht leugnen, dass dabei die Freiheit der Bewegung des Capitals als die wichtigste Forderung erscheint. Buch IV Cap. 2 sagt A. Smith:

„Jedermann bestrebt sich allezeit, die vortheilhafteste Anwendung irgend eines Capitals, das in seinem Vermögen steht, zu entdecken; zwar ist es sein eigener Vortheil, und nicht der der Gesellschaft, den er sich dabei vorsetzt. Allein das Befleissigen auf seinen eigenen Vortheil führt ihn natürlicher oder nothwendiger Weise dahin, dass er demjenigen Geschäfte, das auch für die Gesellschaft am vortheilhaftesten ist, den Vorzug giebt."

„Jedermann bestrebt sich nothwendiger Weise, das jährliche Einkommen der Gesellschaft so gross zu machen, als ihm immer möglich ist — er hat dabei nur seinen eigenen Gewinn vor Augen — durch Bedachtsein auf seinen eigenen Vortheil jedoch befördert er den der Gesellschaft oft nachdrücklicher, als wenn er diesen selbst verfolgte." Buch IV Cap. 8 wird Colberts Bevormundungssystem verworfen gegenüber „dem edelmüthigen Plane der Gleichheit, Gerechtigkeit und Freiheit, jedem zu erlauben, seine eigenen Angelegenheiten nach seinem eigenen Gutdünken zu betreiben."

Solcher Stellen liessen sich noch viele anführen, und es ist das gegenüber übertriebenen Verehrern von A. Smith nicht unnöthig. Er war kein bornirter Freihandelsfanatiker, er wollte den Staat den wirthschaftlichen Interessen der Unterthanen nicht unterordnen, aber er hielt das „laissez faire" für das natürlichste Princip der wirthschaftlichen Politik. Dies zeigt namentlich auch folgende zusammenfassende Stelle aus Buch IV Cap. 8, wobei zu bemerken ist, dass die dritte Pflicht des Landesherrn der weitern Ausführung zufolge sich doch auf wenige Fälle beschränkt: „Da nun alle Systeme sowohl von parteiischen Begünstigungen, als von Einschränkungen solchergestalt aus dem Wege geräumt worden sind, so tritt **das einfache und deutliche System einer natürlichen Freiheit von selbst an ihre Stelle.** Einem Jeden wird, so lange er die Gesetze der Gerechtigkeit nicht übertritt, die vollkommene Freiheit gelassen, seinen eigenen Vortheil auf dem ihm selber beliebigen Wege zu suchen, und sowohl seine Industrie als sein Capital mit denjenigen eines jeden andern Menschen oder mit denen einer jeden andern Classe von Leuten mitwerben zu lassen. Der Landesfürst wird ganz eines Amtes überhoben, dessen Vollziehung er niemals versuchen kann, ohne unzähligen Täuschungen ausgesetzt zu sein, und zu dessen gehöriger Vollstreckung keine menschliche Einsicht noch Weisheit jemals hinreichen würde: des Amtes, über die Industrie der Privatleute zu wachen, und ihre Aufmerksamkeit auf diejenigen Gewerbe zu lenken, die dem Vortheile der Gesellschaft am zuträglichsten sind. Dem Systeme der natürlichen Freiheit zufolge hat der Landesherr nur auf drei Pflichten zu merken: auf drei Pflichten, die zwar höchst wichtig, aber auch zugleich für gemeine Verstandeskräfte deutlich und verständlich sind.

Erstlich auf die Pflicht, die Gesellschaft oder den Staat vor der Gewaltthätigkeit und dem Einbruche anderer unabhängiger Staaten zu schützen. Zweitens auf die Pflicht, so viel wie möglich jedes Mitglied der Gesellschaft vor der Ungerechtigkeit oder Unterdrückung eines jeden andern Mitglieds derselben zu bewahren oder die Pflicht, eine genaue Verwal-

tung der Gerechtigkeit einzuführen und zu behaupten; und
drittens auf die Pflicht, gewisse öffentliche Werke und Anstalten anzulegen und zu unterhalten, deren Anlegung und
Unterhaltung dem Interesse irgend einer Privatperson oder
einer kleinen Anzahl von Privatpersonen niemals vortheilhaft
sein würde, weil der davon zu machende Gewinn den Aufwand irgend einer Privatperson oder einer Privatgesellschaft
niemals vergüten könnte, ohnerachtet er ihn oft einer grossen
Gesellschaft oder einem Staate weit mehr als blos vergüten
kann." — —

Betreffs der hier dem Staate (oder wie A. Smith sagt,
dem Landesherrn)[1]) zugewiesenen Aufgaben habe ich die Beschränktheit der unter **drittens** Zusammengefassten schon
hervorgehoben. Es kommt dazu, dass Smith die Kosten der
Aufgaben ad 2) und ad 3) in höchstmöglichem Maass durch
besondere Beiträge, d. h. Gebühren nach dem Princip eines
Entgelts für individuelle Vortheile decken will, dass er bei
den Gerichten die Macht der Concurrenz für sehr günstig
wirkend hält, dass er zwar Justiz und vollziehende Gewalt
zu trennen wünscht, aber keineswegs zu einer Erfassung der
weiten Culturaufgabe der innern Verwaltung gelangt. Besonders aber ist zu bemerken, dass A. Smith die Steuern entschieden nach dem Aktiengesellschaftsprincip vertheilen will,
wenn dann auch in praxi seine Vorschläge der Hauptsache nach
auf Consumtionssteuern auf entbehrliche Gegenstände allgemeinen Consums hinauslaufen. Diese Vorliebe für indirecte
Steuern beruht zumeist auf einer Abneigung gegen directe
Besteuerung der Production und des Capitals, das theoretische
Steuervertheilungsprincip auf einer durchaus privatwirthschaftlichen Auffassung der öffentlichen Angelegenheiten: „Der
Aufwand der Regierung ist in Rücksicht auf die Privatleute
in einer grossen Nation den Verwaltungskosten eines grossen

---

[1]) Die mehrfach vorkommende Verwechslung von Landesherr und
Staat — wenn sie sich auch nur auf den Ausdruck bezieht, zeugt von der
gänzlichen Abwesenheit der Absicht, über Verfassungsfragen zu philosophiren.

Guts für die verschiedenen Inhaber desselben ähnlich, wozu sie insgesammt nach Maassgabe ihres jederseitigen Antheils am Gute das Ihrige beitragen müssen."

Rechnen wir noch dazu, dass Adam Smith Freiheit und Gleichstellung aller religiösen Bekenntnisse verlangt und davon Toleranz und Annäherung der Confessionen unter einander erwartet, ohne Uebergewicht der mächtigsten und best disciplinirten Kirche zu befürchten, so ergiebt sich die Nothwendigkeit, Oncken's Darstellung von A. Smith's Staatsaufauffassung bedeutend einzuschränken. Er war nicht so bornirt wie seine Nachfolger, und auf dem Boden seiner Theorie lässt sich eine Menge von positiv organisirender Staatsthätigkeit rechtfertigen. Der Grundzug seiner Auffassung war aber doch individualistisch.

Betrachten wir nun noch die Einleitung und die zwei ersten Capitel des ersten Buchs von A. Smith's Werk, die ja ganz besonders stark gewirkt haben, so basirt er hier zweifellos alle wirthschaftliche Thätigkeit auf den Eigennutz der Individuen, und er beeinträchtigt den ethischen Gehalt seiner Lehre von der Arbeit als alleiniger Quelle aller Werthe sehr bedeutend durch Zusätze von materialistischer Färbung.

Der Fortschritt der Production beruht zumeist auf der Arbeitstheilung, diese auf der natürlichen Neigung des Menschen zum Tauschverkehr und diese Neigung wieder auf dem Eigennutz. „Nicht vom Wohlwollen des Fleischers, Brauers oder Bäckers, sondern von ihrem Eigennutz erwarten wir unsere Mahlzeit. Wir wenden uns nicht an ihre Menschenliebe, sondern an ihre Selbstliebe, und stellen ihnen niemals unsere eigenen Bedürfnisse, sondern ihre Vortheile vor." (Buch I Cap. 2.) Obendrein werden ebenda die angeborenen Naturgaben der Menschen als wenig verschieden dargestellt. Kurz, die wirthschaftende Menschheit erscheint hier als ein Aggregat von ursprünglich ziemlich gleichartigen Atomen, die vom Eigennutz bewegt werden.

In der Einleitung heisst es, dass die jährliche Arbeit

einer jeden Nation der ursprüngliche Fond[1]) ist, welcher sie mit allen Bedürfnissen und Bequemlichkeiten des Lebens versieht, und es ist ein Verdienst von A. Smith, dass er die einseitige Bevorzugung der gewerklichen oder landwirthschaftlichen Arbeit zurückgewiesen hat. Aber auch schon in der Einleitung heisst es, dass „die Zahl nützlicher und productiver Arbeit allenthalben der Quantität des Capitals proportionirt ist", und diese tonangebende Herrschaft des Capitals wird als eine natürliche Nothwendigkeit an vielen Stellen anerkannt, z. B. in der Einleitung zum zweiten Buch, wo direct von der Zunahme des Capitals der Fortschritt der Production abhängig gemacht wird. Dass die die Capitalvermehrung begünstigende, wirthschaftliche Freiheit vor Allem nöthig sei, ist ein überall wiederkehrender Grundgedanke.

Nur die vom Capital beschäftigte Arbeit, welche dem Werth des Gegenstands, auf welchen sie verwendet wird, etwas zusetzt, ist productiv (s. Einleitung und Buch II Cap. 3). Unproductive Arbeiten erscheinen zwar unter Umständen als nützlich und edel, aber der Gedanke, dass es doch vor Allem auf Vermehrung der productiven Arbeit, d. h. derjenigen, die stoffliche Werthe schafft und vom Capital abhängt, ankomme, klingt unverkennbar durch.

Viele Widersprüche bei A. Smith sind nur scheinbar, d. h. Ausflüsse der hochberechtigten Tendenz, gewisse nothwendige Consequenzen der Deduction aus allgemeinen Principien durch praktische Rücksichten einzuschränken, und andern als den wirthsckaftlichen Lebensgebieten ihr Recht nicht zu verkümmern. Einen Widerspruch aber, eine Unklarheit

---

[1]) Es heisst freilich nicht, sie sei die alleinige Quelle. Es wird gleich angefügt, dass Boden, Himmelsstrich und Grösse des Gebiets Verschiedenheiten des Gesammtresultats bedingen. Aber dieser Ausspruch vom „natürlichen Fond", so vieldeutig er sein mag, sagt einmal, dass jedenfalls ohne Arbeit keine Güter entstehen, und in späteren Stellen (s. unten) werden auf die Arbeit allein die Werthrelationen der Güter zurückgeführt. Ueber die Lehre von der Arbeit als Werthmaass in der Nationalökonomie von A. Smith vergl. Marx, zur Kritik der politischen Oeconomie, Berlin 1859, S. 29 ff. und Marx, Das Capital, 1867.

kann selbst der grösste Bewunderer von A. Smith nicht wegdisputiren. Man vergleiche folgende Stellen:

Im 5. Capitel des 1. Buchs erscheint Arbeit als der eigentliche Maassstab aller Preise. Es bleibt unklar, ob die Arbeit, die der Producent aufgewendet hat, oder, die Arbeit, welche der Verkäufer eintauscht, maassgebend ist, oder vielmehr diese beiden Arbeitsquantitäten werden ohne Angabe von Gründen einander gleichgesetzt; jedenfalls ist Arbeit das allein den Werth bestimmende:

„Der wirkliche Preis einer jeden Sache, oder das, was jede Sache demjenigen, der sie erlangen will, wirklich kostet, ist die Mühe und Beschwerlichkeit, sie zu erwerben. Was jedes Ding demjenigen, der es erworben hat, und es veräussern oder gegen etwas Anderes vertauschen will, werth ist, ist die Mühe und Beschwerlichkeit, die es ihm selber ersparen und andern auflegen kann. Das, was mit Geld oder Waare erkauft werden kann, wird ebensowohl durch Arbeit erworben, als das, was man im Schweisse seines eigenen Leibes erwirbt. Jenes Geld, oder jene Güter ersparen uns wirklich Mühe. Sie enthalten den Werth einer gewissen Quantität Arbeit, den wir gegen etwas vertauschen, das unseres Erachtens zu derselben Zeit den Werth einer gleich grossen Quantität Arbeit enthält."

Dagegen heisst es im 7. Capitel: „Beträgt der Preis irgend einer Waare weder mehr noch weniger als das, was hinreicht, um die Landrente, den Arbeitslohn und den Gewinn für das Capital, das auf den Anbau, auf das Verarbeiten und zu Markte Bringen verwendet wird, ihren natürlichen Proportionen gemäss zu bezahlen, so wird die Waare zu ihrem natürlichen Preis verkauft."

Besitzrenten bilden also ein Element des natürlichen Preises, aber Arbeit allein bestimmt den wirklichen Preis. Die Erklärung, nicht die Lösung des Widerspruchs liegt in den bereits citirten Stellen, wonach nur in ursprünglichen, nicht im civilisirten Zustand dem Arbeitenden sein ganzes Product gehört.

Es liegt in diesen Widersprüchen bereits die Grundlage für jene socialdemokratische Theorie, welche eben aus den Sätzen der classischen Nationalökonomie das Unrechtmässige des werbenden Besitzes ableitet. Bei Adam Smith war der Widerspruch zwischen der Arbeitslehre und der Productionskostenlehre, zwischen dem Lobpreisen der Arbeit und dem Dienste des Capitals kein Sophisma, es fehlt bei ihm die Tendenz, der Arbeit das Capital unbemerkt zu substituiren und auf diese Weise aus dem naturrechtlichen Satze, dass jeder nur nach Verdienst erwerben solle, die Herrschaft des Capitals abzuleiten.

Aber es liegt hier bei A. Smith eine Schwäche und Verworrenheit vor, die sich bei Späterem schwer gerächt hat, und die sich einfach daraus ergiebt, dass es unmöglich ist, die wirthschaftlichen Erscheinungen aus naturrechtlichen Postulaten und aus der Betrachtung historischer Werdeprocesse **zugleich** zu erklären.[1]

Kurz, so hoch A. Smith über seiner Zeit steht, so viel weniger einseitig er war als seine Nachfolger, seine Vielseitigkeit brachte gelegentlich Widersprüche mit sich, die dann in der Weise wirkten, dass nur die eine der widersprechenden Ansichten von den Nachfolgern aufgenommen wurde. Er schränkte die Tendenz, Alles den wirthschaftlichen Interessen der Individuen dienstbar zu machen, ein, jedoch brachte er diese Einschränkungen nicht in ein System, und selbst wenn man die „Theorie der moralischen Gefühle" mit in die Betrach-

---

[1] Wenn Leser a. a. O. behauptet, nach A. Smith sei nur die eingetauschte, nicht die Produktionsarbeit das Maass der Werthe, so dürften die citirten Stellen doch beweisen, dass der Gedanke, die Produktionsarbeit sei massgebend, bei A. Smith nicht völlig fehlt. Den Werth gleichzusetzen der Arbeitsmenge, welche man eintauschen kann, ist überhaupt ein Satz ohne Inhalt, etwas Selbstverständliches, und Leser selbst erklärt ja Smith's Tauschwerthstheorie als ungenügend. Das ist sie auch nach meiner Ansicht, aber ich finde, dass in derselben der ungenügend entwickelte Keim der Lehre von der Herstellungsarbeit als Werthmaass liegt, — eine Lehre, die ich auch für falsch halte, die aber jedenfalls die consequente Ausführung eines naturrechtlichen Postulates, nichts Selbstverständliches, ist.

tung zieht, so kann man doch nur mit grösster Künstlichkeit aus A. Smith ein System der Ethik und Politik ableiten, das wirklich im bewussten Gegensatz zum Manchesterthum stände, und welches die Ableitung manchesterlicher Ansichten aus einem Theile der A. Smith'schen Sätze unmöglich machte.

Jedenfalls verfiel er dem Individualismus in so vielen Lehren, jedenfalls ist die praktische Tendenz seines Buchs so vorwiegend auf Beförderung der wirthschaftlichen Freiheit gerichtet, dass er der Entwicklung des Manchesterthums dienen musste. Und so stehen doch Bentham und Smith zugleich als Führer jener Bewegungen da, die den Staat zu Gunsten socialer Interessen aufzulösen trachten, wenn auch die uninteressirte Wahrheitsliebe und unbedingte Hingabe Beider an das Gesammtwohl, wenn auch der vorurtheilsfreie weite Blick von A. Smith insbesondere die Werke dieser Führer ganz unendlich lehrreicher erscheinen lässt, als die Schriften der Epigonen.

Adam Smith hat noch bei seinen Lebzeiten in England und auf dem Continent nicht nur Anerkennung und Bewunderung gefunden — es wurden auch seine Ansichten in der theoretischen Literatur sehr bald unbedingt die herrschenden. Nachfolger, die das von ihm geschaffene System der Volkswirthschaftslehre in einigermaassen origineller Weise weiter entwickelten, fand er in England in den ersten Decennien nach Erscheinen seines Wealth of Nations nicht. Erst gegen Ende des vorigen Jahrhunderts trat Malthus auf, im Anfange unseres Jahrhunderts Ricardo.

Nur diese zwei Schriftsteller können hier bei Betrachtung der classischen Nationalökonomie noch besprochen werden, da es sich ja um keine Literaturgeschichte, sondern nur um eine Geschichte der Entwicklung der nationalökonomischen Ideen bei den maassgebendsten Autoren handelt.

§ 2. David Ricardo.

Ricardo's Schriften haben so stark und direct auf Theorie und Praxis gewirkt, dass dieselben sogar den Einfluss von

A. Smith bis zu einem gewissen Grade verdunkelten, indem Ricardo's scharfgefasste Lehrsätze weithin als Aeusserungen einer unfehlbaren Autorität acceptirt wurden und man dabei vielfach sogar ohne weitere Kritik annahm, sie seien zugleich die eigentliche Meinung von A. Smith selbst.

David Ricardo war in England als Sohn eines holländischen Juden 1772 geboren. Ein gewiegter Geschäftsmann, schwang er sich zu ansehnlichem Reichthum empor. Seit 1799 warf er sich auf nationalökonomische Studien, seit 1809 trat er als Schriftsteller auf. Er, der Praktiker, nicht der stille Gelehrte Adam Smith, bildete die rein abstracte Methode der Entwicklung wirthschaftlicher Gesetze aus und wusste seine Sätze durch ihre knappe Form mit dem Schein mathematischer Gewissheit zu umgeben. Aber er war es zugleich, unter dessen Hand die rechtgläubige Nationalökonomie zu einer gefügigen Dienerin der ausschliessenden Interessen des mobilen Capitals wurde.

Es ist wunderbar, wie sehr auch eine nur scheinbar der Mathematik verwandte Präcision des Ausdrucks imponirt. Hat man doch das Ricardo'sche Grundrentengesetz allen Ernstes mit dem Newton'schen Gesetz der Schwere verglichen, und wie viele deutsche Gelehrte haben in ihrer Harmlosigkeit dieses Gesetz ganz objectiv vom Standpuncte der Wissenschaft geprüft[1]) resp. gerechtfertigt, ohne auch nur zu ahnen, dass diese Lehre einfach von dem Hass des Geldcapitalisten gegen den Grundbesitzerstand dictirt war!

---

[1]) In der ersten Nummer des Literarischen Centralblatts von 1878 bespricht W. R. (Roscher) die neue Auflage der Baumstark'schen Uebersetzung von Ricardo's Principles. Der gelehrte Kritiker nimmt Ricardo und seine Methode stark in Schutz gegenüber den historisch-statistischen und praktisch politischen Neueren und führt aus, ein Mann wie Ricardo habe doch wohl gewusst, dass und warum er Abstractionen anwendet, dass seine Sätze nur hypothetische Gültigkeit haben; — sie seien aber als solche wissenschaftlich höchst werthvoll. Das ist vom Standpunkte des gelehrten Nationalökonomen richtig — und ich erkenne ja selbst Ricardo als geistig hochstehend an. Wer ihn aber vom Standpunkt einer Geschichte des englischen Volks betrachtet, der muss zu dem Roscher'schen Urtheil zufügen, dass die Ricardo'sche Methode nicht nur scharfe Resultate er-

Und doch gestehe ich gerne zu, dass Ricardo ein grosses wissenschaftliches Verdienst hat. Er hat wenigstens nie seinem Mangel an Humanität, Gemeinsinn und Staatsauffassung mit klingenden Phrasen beschönigt. In nackter Klarheit hat er gezeigt, wohin der einseitige Ausgangspunct eines dem Capital dienenden Individualismus führen muss und wider Willen diesen Ausgangspunct ad absurdum geführt. Wer selbständig denkt, kann durch Kritik aus Ricardo lernen und wird in ihm wenigstens den geistig hochstehenden Gegner achten.

Will man Ricardo wirklich verstehen, so muss man ausser seinen allbekannten „Principles" auch seine kleineren Schriften berücksichtigen, in denen die praktische Tendenz deutlicher hervortritt. Es ist in der That ein Verdienst des schreibseligen Epigonen Mac-Culloch, dass er dies durch Veranstaltung einer Gesammtausgabe von Ricardo's Werken Jedermann leicht gemacht hat. (The Works of David Ricardo

---

möglicht, sondern vor Allem ermöglicht, tendenziös zu sein, da die zu Grunde liegenden Hypothesen bis zu gewissem Grade willkürlich sind. Auch ein interessanter Aufsatz von „ζ" (Cohn?) in No. 303 der Beilage der Allgemeinen Zeitung von 1878 weist mir gegenüber auf den „hypothetischen Charakter" von Ricardo's Sätzen, sowie darauf hin, dass Ricardo ja lediglich Anmerkungen zu einzelnen Sätzen von A. Smith machen wollte. — Gewiss kann man viele Sätze von Ricardo als hypothetisch sehr verständig interpretiren. Allein man darf nicht vergessen, dass er selbst seine Abstractionen keineswegs als rein wissenschaftliche Geistesgymnastik betrachtete, sondern sehr bestimmte praktische Zwecke damit verfolgte, wie namentlich aus den kleineren Schriften hervorgeht. Ferner darf man nicht unbeachtet lassen, dass er den Leser an den nur hypothetischen Charakter vieler Sätze keineswegs allzuoft erinnert, und dass dieselben jedenfalls auf die Epigonen nicht als hypothetische gewirkt haben. Wenn man aber bedeutende Schriftsteller als Erscheinungen im Leben der ganzen Zeit und des ganzen Volkes betrachtet, so gilt auch von ihren Werken das Wort: „An ihren Früchten werdet ihr sie erkennen". Scharfe Logik ist eine Geisteskraft, die jeder Mann der Wissenschaft besitzen und üben muss, aber sie allein macht noch nicht den Nationalökonomen. Dieser hat Erscheinungen des wirthschaftlichen Lebens zu erklären und muss diese zuerst richtig und vorurtheilsfrei sehen und dadurch richtige Ausgangspuncte für seine logischen Deductionen gewinnen. Ricardo aber hat höchst einseitige Ausgangspuncte genommen. Man vergleiche übrigens Bernhardi, „Kritik der Gründe für grosses und kleines Grundeigenthum" 1849.

by Mac-Culloch. New edition London 1871.) Doch wollen auch wir die Principles zuerst für sich allein betrachten, um den Unterschied gegenüber Adam Smith scharf hervortreten zu lassen und die Erklärung der Tendenzen aus den anderen Schriften nachfolgen lassen.

Die Principles beginnen in ihrem ersten Kapitel mit der Lehre vom Werth. Sofort begegnen wir jener rein abstrakten Methode, die früher imponiren mochte, auf den heutigen Nationalökonomen, der die Wirklichkeit zu erfassen strebt, aber geradezu abschreckend wirkt. Wenn bei zwei Waaren so viel Arbeit, so viel fixes und circulirendes Capital angewendet wird, wenn der Zinsfuss steigt oder fällt etc. — auf solche natürlich möglichst einfach gestellte Hypothesen werden alle Folgerungen aufgebaut. Und doch machen sie den Anspruch, das gesammte vielgestaltete Leben wirklich zu treffen! In den Hypothesen steckt von Anfang an die grosse Unwahrheit, dass die Menge von Arbeit und Capital, die bei Production einer Waare angewendet werden, gegebene feste Grössen seien und die enormen Differenzen dieser Mengen bei den einzelnen Productionsstätten werden einfach ignorirt. Ebenso ist es fast unbegreiflich, wie Ricardo den A. Smith'schen Unterschied zwischen dem ursprünglichen Zustand, in dem die Arbeit allein maassgebend ist, und dem civilisirten, in dem Capital dazukommt, berühren, und doch gänzlich über die Entstehung des Capitaleigenthums, noch mehr des Bodeneigenthums schweigen kann. Dass die Besitzer des Capitals und die Arbeitenden total getrennte Personen seien, wird einfach vorausgesetzt; dass es von Einfluss sei, wie weit diese Trennung wirklich vollzogen ist, fällt Ricardo nicht bei.

Und trotz all dieser mehr als gewaltthätigen Abstractionen ist die Schärfe der Deduction doch nur eine scheinbare. Die Grundbegriffe, von denen Ricardo ausgeht, Werth, Arbeit,

---

In diesem Buche (S. 254 ff.) wird Ricardo in sehr belehrender Weise kritisirt. Bernhardi erkennt, dass Ricardo's Grundrentenlehre darauf hinausläuft, die Grundrente als einen Raub an den anderen Classen hinzustellen.

Capital werden nicht definirt, der Hauptsatz wird absolut nicht bewiesen — nur mit Arroganz als sicher hingestellt, und der Beweis für die Wahrheit kann höchstens in der formalen Einfachheit des Satzes liegen. Aber auch diese ist nicht vorhanden. Denn der zuerst einfach hingestellte Satz wird sofort weitläufig modificirt und von Anfang an ist eine starke Unpräcision in der Fassung wahrzunehmen.

Der Hauptsatz spricht aus, dass der Werth der Waaren (commodities) regulirt wird durch die Quantität der Hervorbringungsarbeit, nicht der eingetauschten Arbeit. Ob die wirklich aufgewendete Hervorbringungsarbeit oder die nach dem jetzigen Stande nothwendige Hervorbringungsarbeit gemeint sei, bleibt unentschieden; es heisst bald „labour expended" und „labour realized", bald „labour required" und „necessary labour". Dass die Arbeitsleistungen qualitativ verschieden seien, wird berührt, jedoch nicht weiter ausgeführt. Kurz, erst Marx hat den Satz scharf gefasst, indem er sagte, der Werth werde bestimmt durch die Quantität gesellschaftlich nothwendiger Arbeitszeit (verschiedene Arten von Arbeit auf gemeine Handarbeit reducirt) während bei Ricardo Alles noch verschwommen ist.

Der Satz bezieht sich nur auf beliebig vermehrbare Waaren [1]), d. h. solche, die durch Arbeit vermehrt werden können und bei deren Production keine Beschränkung der Concurrenz stattfindet. Doch wird derselbe gleich modificirt, indem es heisst, dass zwar im Allgemeinen der Stand des Lohnes und Zinsfusses [2]) nur eine verschiedene Vertheilung des Ertrags der Production zwischen Capital und Arbeit,

---

[1]) Dies hebt unter Anderen auch Knies hervor (s. Knies, Der Credit, 2. Hälfte S. 61). Es ist durchaus richtig, dass Ricardo bei einem kleinen Theil der Waaren die Seltenheit als Werthbestimmungsgrund mit gelten lässt. Es ändert dies aber nichts daran, dass Ricardo, „weil er sich über die Frequenz der Seltenheitsquelle so sehr getäuscht hat", dennoch der Vater der Marx-Rodbertus'schen Werthlehre ist — welche Knies übrigens vortrefflich kritisirt.

[2]) Eigentlich des Procentsatzes von Zins und Unternehmergewinn (profit). Der Kürze halber gebrauche ich das Wort Zinsfuss.

nicht den Werth der Producte bedinge, dass aber doch bei Waaren, zu deren Production fixes und umlaufendes Capital in verschiedenem Verhältniss oder Capital von ungleicher Dauerhaftigkeit etc. angewendet wird, der Preis trotz gleicher Hervorbringungsarbeit differire.

Das Gesetz über den Werth gilt also nur für einen Theil der Waaren und für diesen um so weniger vollständig, je wichtiger das fixe Capital wird. Ricardo rettet den Satz als eine allgemeine Regel, indem er behauptet, die beliebig vermehrbaren Waaren seien bei Weitem die Majorität der Waaren und die Preisbeeinflussung durch die Höhe des Zinsfusses in Folge verschiedenartigen Capitals sei geringfügig im Vergleich mit der Preisbestimmung durch die Arbeitsmenge.

Wie kläglich ist das Resultat, trotz der einfachen Hypothesen, von denen der Verfasser ausgeht! Er selbst wirft seinen Satz factisch gleich wieder um. Warum stellt er ihn zuerst auf?

Es mag bei ihm der Drang nach einfachen Formeln überhaupt sehr wirksam gewesen sein; dass er aber gerade diese Formel erfand, das kam nicht nur daher, dass er den einfachsten der verschiedenen bei Adam Smith vorkommenden Gedanken herausgriff. In dem Naturrecht des vorigen Jahrhunderts, an das ja auch Ricardo unbewusst anknüpft, lag die Auffassung begründet, dass die unbeschränkte individuelle Freiheit auf wirthschaftlichem Gebiete die absolute natürliche Gerechtigkeit verwirklichen müsse.

Was nun ist dem unkritischen Gerechtigkeits- und Billigkeitsgefühle entsprechender als die Forderung, dass Jeder um so mehr erwerben solle, als er leistet? Basirt man das Eigenthum auf Arbeit und betrachtet das Eigenthum eines jeden Einzelnen als Product seiner Arbeit, so ist das erworbene Eigenthum der Entgelt für die Leistung jedes Einzelnen. Ist der Werth dieses erworbenen Eigenthums oder Arbeitsproducts von der Arbeitsmenge allein abhängig, so ist die volle Gerechtigkeit erreicht.

D. h. der Satz, dass die Herstellungsarbeit allein den Werth aller Güter bestimme, ist ein Postulat einer nicht durchdachten Gerechtigkeit in Form einer Behauptung. Und da die freie Concurrenz Vorbedingung für die Wahrheit des Satzes ist, so ist die ganze Behauptung identisch mit einer Verherrlichung der freien Concurrenz. Wenn die Socialdemokraten heute, um Conflicte mit dem Staatsprocurator zu vermeiden, Wünsche und Aufforderungen gern in die Form von Prophezeiungen kleiden, so haben es Ricardo und seine Anhänger nicht verschmäht, ihr Begehren nach freier Concurrenz in die Form einer axiomatischen Behauptung über deren wohlthätige Folgen zu kleiden.

Ein anderer Ursprung des merkwürdigen Satzes (von der Hervorbringungsarbeit als Werthmaass) als dieser lässt sich nicht denken. Die Ansicht wird unterstützt durch das gelegentliche Auftauchen des Satzes in der vom Geiste des Naturrechts erfüllten Literatur, die A. Smith voranging, namentlich aber durch die allein folgerichtigen Consequenzen, welche Marx daraus zog. Ohne eine solche Voreingenommenheit und Tendenz hätte Ricardo unmöglich auf seinen Satz kommen können. Denn was er unter Werth versteht, ist einfach das, was wir genauer Preis nennen, das Quantitätsverhältniss, nach welchem Waaren vertauscht werden. Wenn Ricardo, statt die Erscheinung des Preises, wie sie sich auf dem Markte vollzieht, zu beobachten, und ihre verschiedenen Bestimmungsgründe aus dieser Beobachtung nachzuweisen, sofort ohne jeden Beweis einen Grund angiebt, der allein die Höhe der Preise bestimmt, und der unmöglich von den transigirenden Parteien der Käufer und Verkäufer bewusst in Rechnung gezogen werden kann, so muss er von irgend einer vorgefassten allgemeinen Anschauung ausgegangen sein.

Aus dem Satze, dass die freie Concurrenz die Preise aller Waaren auszugleichen strebt, so dass dieselben den an der Production Betheiligten allgemein den durchschnittlichen Lohn und Profit (und die Grundrente) gewähren, folgt nur, dass die Productionskosten den Preis reguliren. Diese Behauptung enthält selbst eine nur sehr annähernd gültige Wahrheit, weil die Concurrenz ihre Tendenz nie vollständig erreicht. Indessen diesen Satz von den Productionskosten als

Preisregulator konnte man beweisen und folgern, wenn man den klug und richtig rechnenden Egoismus bei Allen als unbeschränkt wirksam annahm und wenn man weiter alle Arbeitskräfte und Capitalien als unbedingt beweglich betrachtete. Es lässt sich weiter auch das bei der Production benutzte Capital theoretisch in Arbeitsquantitäten auflösen. Der aus dem Preise der Waaren zu entnehmende Entgelt für die Benutzung des Capitals aber lässt sich in Arbeitsmengen nicht auflösen, und wenn ein solcher Entgelt, der Profit, bei Ricardo dennoch als etwas Selbstverständliches erscheint, so liegt eben ein unlösbarer Widerspruch zwischen der Lehre von den Productionskosten und von der Arbeit als Preisregulator vor. Ricardo löst denselben nicht, aber er sucht ihn zu vertuschen durch die Behauptung, dass durch die Verschiedenartigkeit des bei der Production von Waaren benutzten Capitals nur eine „considerable modification" der Regel von der Arbeit als Preismaass bewirkt werde, so dass die Regel als solche bestehen bleibt. Dass er aber den Widerspruch selbst kennt, geht eben daraus hervor, dass er die Regel als Axiom hinstellt und nicht erst aus der Prämisse von der Wirkung der Concurrenz unter Einschiebung der Productionskostenlehre ableitet. Im vierten Capitel wird allerdings nachträglich in aller Kürze eine solche Ableitung versucht; doch wird lediglich bewiesen, dass die freie Concurrenz nach Preisen strebt, welche dem bei der Production verschiedener Waaren engagirten Capital gleichen Profit gewähren, und die Frage, wie es komme, dass, obgleich die Preise von zwei Waaren gleichen Profit und gleichen Lohn ermöglichen, dennoch die auf die Production verwendeten Arbeitsmengen verschieden sein können und umgekehrt, wird nicht mehr berührt. Das ganze Capitel scheint nur geschrieben worden zu sein, um darzuthun, dass Ricardo nur vom natürlichen (d. i. abstracten) Lohn und Gewinn, nicht von den Erscheinungen der Wirklichkeit reden will.

Marx vollzieht dem gegenüber die richtige Kritik, indem er aus dem Ricardo'schen Axiom die Verwerflichkeit alles Einkommens von Besitz ableitet und sonach das Axiom offen zu dem Postulat einer Gütervertheilung nur nach der Arbeit umwandelt.

Da man bei Ricardo's scharfem Geist plumpe Selbsttäuschung nicht annehmen darf, so kann man unmöglich seine ganze Werthlehre für etwas Anderes ansehen als für den Versuch, die Herrschaft und den Gewinn des Capitals unter dem Schein des Strebens nach naturrechtlicher Gerechtigkeit zu rechtfertigen. Gleich das erste Capitel der Principles erscheint sonach trotz all seiner formalen Schärfe als ein bewusstes Sophisma, das sich rächen musste. Wahrlich, diejenigen liberalen Wirthschaftspolitiker, die an Ricardo's Autorität festhalten zu müssen glauben, können nicht widersprechen, wenn Christlich-Sociale und Social-Konservative ihnen vorwerfen, der Socialismus sei die Consequenz des Liberalismus. Und doch kann sich unter Ricardo's Formeln nur derjenige beugen, der selbst Sophismen in die Welt schleudern will, oder, ermüdet von den abstracten Formeln, zu träge ist, diese kritisch zu untersuchen.

Nicht minder berühmt und einflussreich als das erste ist das zweite Capitel der Principles, das von der Grundrente handelt. — Hierbei ist es eine ganz gleichgültige Frage, ob in Wirklichkeit zuerst das fruchtbarste, oder, wie Carey meint, das unfruchtbarste Land dem Anbau unterworfen wird. Die Carey'sche Opposition gegen Ricardo hält sich an einen Nebenpunkt und hat keinen weiteren Effect, als eine Ricardo'sche Consequenz, die dem Optimisten unangenehm ist, hinweg zu disputiren. Das Ricardo'sche Schema, dass der Reihe nach Boden erster, zweiter, dritter Classe etc. in Anbau genommen wird, ist eine das Verständniss erleichternde Formel, die von der Abneigung des Autors, wirklich sich vollziehende Entwicklungen zu verfolgen, zeugt — und weiter nichts. Das, worauf es ankommt, ist Folgendes:

Ricardo sagt, der Preis des Korns bestimme sich durch die Arbeitsmenge, die auf dem schlechtesten Boden zur Production des Korns aufgewendet werden muss, dessen Anbau zur Versorgung der Bevölkerung mit Nahrungsmitteln noch nöthig ist. Das ist zunächst wieder ein ganz abstracter Satz, da in allen Ländern schlechter Boden durch Capitalverwendung fruchtbar gemacht und fortgesetzt angebaut wird, obwohl das verwendete und nun nicht mehr herausziehbare Capital sich nicht zum landesüblichen Profit rentirt. Indessen sei dem, wie ihm wolle; in dem Satze liegt das Zugeständniss, dass die natürliche Werthregel bedeutend modificirt werden muss, sobald bei der Production der Waare ein nur in beschränkter Menge vorhandenes Naturgut unentbehrlich ist. In diesem Falle regulirt nicht die Hervorbringungsarbeit überhaupt, sondern die ganz unfassbare Grösse der nothwendigen Arbeitsmenge des unter ungünstigsten Bedingungen Producirenden den natürlichen Preis, und da offenbar nicht nur beim Korn, sondern indirect bei fast allen Waaren irgend ein in beschränkter Menge vorhandenes Naturgut in Betracht kommt, so zerfliesst, wenn man dies betrachtet, die ganze natürliche Preisregel in Nichts.

Ricardo aber beschränkt den Fall auf den der landwirthschaftlichen Producte, d. h. das Monopol des Grundherrn ist das einzige natürliche Monopol, welches die Regel, dass alle Waaren so viel Werth haben, als auf ihre Production Arbeit verwendet wird, durchbricht. Damit ist implicite gesagt, dass das Grundeigenthum im Widerspruch mit der natürlichen Gerechtigkeit steht, das Capitaleigenthum nicht.

Dies wird nicht deutlich ausgesprochen, aber wie Marx die Consequenzen aus der allgemeinen Werthlehre richtig gezogen hat, so ist auch diese Folgerung von socialdemokratischer Seite richtig gezogen worden, indem die Abschaffung des Grundeigenthums vom Baseler Congress der Internationalen und von vielen extrem-socialistischen Schriftstellern zuerst oder allein gefordert wurde.

Dass die ganze Lehre die Tendenz hat, die Grundbesitzer unbeliebt zu machen, geht schon aus der Definition hervor: „Rente ist jener Theil des Productes der Erde, der dem Grundherrn für den Gebrauch der ursprünglichen und unerschöpflichen Bodenkräfte gezahlt wird." Damit ist gesagt, dass es Bodenkräfte giebt, die man nicht durch festgesetzten Capitalaufwand zu erhalten braucht; dass für diese Bodenkräfte etwas gezahlt wird, das allenthalben gegenüber dem Profit von dem mit dem Boden untrennbar verbundenen fixen Capital von erheblicher Höhe ist; dass die eigentliche Landrente lediglich Folge der Appropriation des Grund und Bodens ist. Dass diese ganze unhaltbare Abstraction von den unerschöpflichen ursprünglichen Bodenkräften in der That erfunden ist, um die Stimmung hervorzubringen, dass das Einkommen der Grundherren mit Recht beneidet werde, beweisen eine Menge von Stellen in den Principles selbst, z. B:

„Wenn das überschüssige Product (der Mehrertrag), welches der Boden in der Form von Rente abwirft, ein Vortheil wäre, so müsste es auch wünschenswerth sein, dass die neu construirten Maschinen alljährlich weniger wirksam wären als die alten, da dadurch unzweifelhaft der Tauschwerth der Producte der Maschinenindustrie steigen und den Besitzern der productivsten Maschinen eine Rente gezahlt werden würde". — „Das Steigen der Rente ist immer die Wirkung von zunehmendem Nationalreichthum und von der Schwierigkeit, die wachsende Bevölkerung mit Nahrungsmitteln zu versehen." — „Der Nationalreichthum wächst am schnellsten — wo das Steigen der Grundrente am langsamsten vor sich geht." — — „Indem wir von der Rente des Grundherrn sprachen, haben wir sie als einen Theil des Productes betrachtet, das mit bestimmtem Capital auf einem beliebigen Landgute erzielt wird, ohne Rücksicht auf seinen Preis. Da aber derselbe Grund (die Schwierigkeit der Production) den Preis des rohen Products, und zugleich den dem Grundherrn als Rente gezahlten Theil des Rohproduktes erhöht, so profitirt der Grundherr doppelt durch die Schwierigkeit der Production." —

Es gehört nicht hierher, zu zeigen, dass in der ganzen Darstellung eine beschränkte Wahrheit liegt, dass die Grundeigenthümer in alten Ländern in der That durch Zuwachs der Bevölkerung und des Gesammtreichthums gewinnen können ohne jedes Verdienst, dass dies aber durch ausländische Concurrenz aufgehoben werden kann; dass diese Gewinne durch unverhältnissmässige Gewinne des beweglichen Capitals oft übertroffen werden; dass dieselben durch beständigen Verkauf des Bodens sich unter alle Stände vertheilen; dass sie durch hohe Ankaufspreise des Bodens dem Bodenbesitzer vielfach ganz verloren gehen und jedenfalls durch vermehrte Verwendung von niedrig verzinstem Capital auf Grund und Boden mehr als aufgewogen werden. Hier genügt es, hervorzuheben, dass Ricardo ganz einseitig den Grundbesitzer als einen Mann hinstellt, der auf Kosten seiner Mitbürger gewinnt.

Und welches ist der Zweck dieser auf seltsame Abstractionen aufgebauten Lehre?

Die Antwort geben vor Allem die kleineren Schriften, auf die wir nun zu sprechen kommen. Es sind das die Schriften: „Essay on the Influence of a low price of corn on the profits of stock" (erschienen 1815, zwei Jahre vor den Principles) und „On Protection to Agriculture" (erschienen 1822).

Ricardo war freilich selbst Grundbesitzer geworden; aber er folgte offenbar nur dem Drange seiner Landsleute, durch solchen Besitz mit dem Reichthum höheres politisches und sociales Ansehen zu verbinden. In seiner ganzen Anschauungsweise und den Interessen, die er empfand und verstand — blieb er Vertreter des Geldinteresses und kaum einer seiner Nachfolger repräsentirt so scharf wie er den Antagonismus des beweglichen Capitals gegen den Grundbesitz.

Die erste der beiden genannten Schriften ist gegen Malthus gerichtet, welcher Kornzölle im Interesse der Unabhängigkeit des Landes vertheidigte. Schon in dieser Schrift entwickelt Ricardo seine ganze Grundrentenlehre, die in den Sätzen gipfelt: „Die Grundrente ist nie ein neu geschaffenes Einkommen, sondern nur ein Theil eines schon geschaffenen Einkommens." — „Das Interesse des Grundherrn ist jederzeit dem Interesse aller andern Stände in der Gesellschaft entgegengesetzt." In der That, der Grundherr erscheint bei Ricardo ebenso als Bedrücker des Capitals wie bei den Socialdemokraten das Capital als Bedrücker der Arbeit; und wie die Socialdemokraten behaupten, dass eine beständige Tendenz, den Lohn herabzudrücken namentlich bei Zunahme des allgemeinen Reichthums bestehe, so stellt Ricardo schon hier den Satz auf, dass der Profit unabhängig von der Höhe des Lohnes stets bei wachsender Bevölkerung zu fallen strebe.

Auch in dieser kleineren Schrift herrscht die Methode abstracter Deduction wie in den Principles. Diese Deductionen einzeln zu widerlegen, ist ganz nutzlos. Denn je nach der Hypothese, von der man ausgeht, kann man geradezu Alles beweisen, was man will, und jede Deduction ist von selbst widerlegt, so wie man nachweist resp. nur ausspricht, dass das specielle „Wenn", von dem Ricardo ausgeht, nicht die einzige Thatsache ist, die in der Wirklichkeit von Bedeutung ist, oder dass dasselbe uns überhaupt ein völlig schiefes Bild der wirklichen Verhältnisse giebt. Ich fahre daher fort, nur die Resultate und ihre Tendenz hervorzuheben.

Ricardo führt aus, dass der Profit des Capitals stets sinke, wenn die Kornpreise steigen, dass also die Interessen des Capitals mit denen des ganzen Volkes gegen die des Grundherrn zusammengehen. Und speciell wird trotz des „ehernen Lohngesetzes" behauptet, dass bei niedrigem Kornpreis der höhere Profit des Capitals Capitalvermehrung und damit auf lange Zeit eine reelle Verbesserung der Lage der arbeitenden Classen herbeiführen müsse — d. h. in abstracten Formeln wird der Arbeiter zum Bunde mit dem Capital gegen den Grundbesitz aufgefordert. Freilich heisst es dann auch wieder ganz offen: „fällt der Kornpreis in Folge von Import, so wird nur der Tauschwerth des Korns sinken, der keiner anderen Waare wird beeinflusst werden. Und wenn dann, wie es nothwendig ist, mit dem Kornpreis der Preis der Arbeit fällt, so müssen die Profite aller Art steigen, und Niemand wird so viel reellen Vortheil haben, als „der Gewerbe und Handel treibende Theil der Gesellschaft." Ganz offen wird ausgesprochen, das Steigen des Geldwerthes verbilligere alle Waaren, das Sinken des Kornpreises dagegen nur die Waare, welche der gewerbliche Unternehmer kauft, nämlich Arbeit, nicht die, welche er verkauft.

An solchen Stellen verräth sich Ricardo; da man aber mit abstracten Formeln Alles beweisen kann, so kann er mit

Sätzen, die den ausschliesslichen Vortheil des Capitals bei Freigebung des Kornimports anerkennen, und solchen, die den Capitalisten als edlen Menschenfreund darstellen, dem Alle sich verbinden sollten, abwechseln. In summa läuft Alles darauf hinaus, der Arbeiter thue eines vorübergehenden Vortheils halber gut, sich mit dem Capital zu verbinden, das zwar durch die Wiederherstellung der Baarvaluta gewonnen, aber auch während des Kriegs am meisten verloren habe!! —

Der Kampf zwischen Grundbesitz und beweglichem Capital fand seinen schärfsten Ausdruck in dem grossen Kampf gegen die Kornzölle seit 1839, der sich literarisch langsam vorbereitete.

So ist auch die zweite der erwähnten kleineren Schriften Ricardo's: „On Protection" gegen die Kornzölle gerichtet. Wenn später die praktischen Freihandelsagitatoren alle beliebigen Argumente zu Gunsten ihres Postulates anwendeten, abwechselnd alle Stände gegen die grossen Renten der Grundbesitzer aufriefen, und dann wieder diesen versicherten, die Renten würden bei freier Korneinfuhr gar nicht sinken, so hat auch Ricardo sich der gleichen ergötzlichen Abwechslung schon bedient, indem er in der von dem getreuen Mac-Culloch so hoch gepriesenen Schrift On Protection behauptet: der derzeitige niedrige Kornpreis sei zum guten Theil durch die Kornzölle selbst verschuldet, welche dazu anreizten, zu viel Land mit Korn zu bestellen; und weiter sagt er, bei freiem Kornhandel würde der Kornpreis in Deutschland und anderen Ländern auch steigen, sodass England voraussichtlich gar keine sehr grossen Quantitäten von Korn einführen werde!

Doch wenden wir uns wieder zu den Principles. Das 5. Capitel behandelt den Lohn. Arbeit ist eine Waare und hat ihren natürlichen Preis wie jede Waare. Dieser beträgt soviel als „nothwendig ist, dass die Arbeiter leben und ihr Geschlecht fortpflanzen können, so dass die Gesammtzahl immer gleich bleibt."

Ricardo unterscheidet sich sehr von Adam Smith durch seine scharfe, knappe Form; aber sein Buch ist durchaus kein systematischer Aufbau der ganzen Wirthschaftslehre und in gewisser Hinsicht zeigt sich Ricardo noch viel elastischer als Adam Smith. Nicht nur, dass er, wie ich schon zeigte, augenfällig nach Bedürfniss zu wechselnden Schlüssen gelangt: er hat besonders auch ein ganz merkwürdiges Geschick, seine allgemeinen knappen Sätze nachträglich so zu modificiren, dass fast nichts mehr von ihnen übrig bleibt. That er dies mit dem Werthgesetz, so macht er es mit dem Lohngesetz gerade so. „Der Marktpreis der Arbeit kann in einer vorwärtsschreitenden Gesellschaft für unbegrenzte Zeit über dem natürlichen Preis stehen." Das Unterhaltsminimum ist keine fixe Grösse, sondern wechselt nach Ort und Zeit, „und hängt wesentlich von den Gewohnheiten des Volkes ab."

Damit ist das ganze eherne Lohngesetz inhaltslos geworden. Wenn es Besitzende und Nichtbesitzende giebt, so müssen letztere — abgesehen von unterstützten Armen — von allen Ständen nothwendig das kleinste Einkommen haben; dieses kleinste Einkommen muss identisch mit dem gewohnheitsgemässen Unterhaltsminimum selbständiger Leute sein, und die Frage, auf welches Alles ankommt, nämlich, wie gross eben dies Minimum sein könne oder müsse, bleibt unbeantwortet. Oder wenn die Antwort, dass die Sitte den Lohn bestimme, ernst gemeint ist, so ist damit die ganze Lehre von dem natürlichen Preis über den Haufen geworfen.

Allein Ricardo verbindet mit seinem Lohngesetz doch einen ganz deutlichen Sinn. Zunächst ist er gleich Malthus ein erbitterter Gegner des Princips der Armengesetze, denn er ist gegen alle gesetzliche Lohnregulirung und will, dass die Concurrenz des Marktes allein wie alle Contracte, so auch den Lohn bestimme, — d. h. ein natürliches Gesetz muss aufgestellt werden, damit man Staatsintervention als verwerflich erklären kann. Vor Allem aber dient das Lohngesetz demselben Zweck, wie das Grundrentengesetz. Es soll zeigen, dass der Grundherr der natürliche Feind des Arbeiters ist.

Ricardo setzt auseinander, es sei gut, wenn der gewohnheitsgemässe Lebensbedarf des Arbeiters gross ist; das schütze gegen überschüssige Bevölkerung, und der Arbeiter könne dann in seiner Lebenslage herabsinken, ohne gleich zu verhungern. Im natürlichen Fortschritt der Entwicklung werde der Zuwachs zum Capital immer kleiner; damit fielen die Löhne, bis endlich Capital und Löhne stationär werden. Die Geldlöhne stiegen aber bei dieser Entwicklung wegen des gleichzeitigen Preissteigens der Lebensmittel; dieses Steigen des Geldlohnes bleibe jedoch hinter dem Steigen der Kornpreise zurück, so dass der Arbeiter doch weniger kaufen könne. Das Steigen des Geldlohnes vermindere die Profite des Capitals; der reelle Lohn aber sinke doch, und so ist der letzte Erfolg der natürlichen Tendenz des Lohnes, auf den nothwendigen Unterhaltsbedarf herabzusinken, der, „dass die Lage des Arbeiters im Allgemeinen schlechter, die des Grundherrn immer besser wird."

Und ganz dieselbe Tendenz finden wir im 6. Capitel über den Profit, wo vor Allem mit besonderer Ausführlichkeit die Identität der Interessen des Pächters mit denen der Fabrikanten bewiesen wird — natürlich namentlich insofern beide niedrige Grundrenten und niedrige Kornpreise wünschen müssen. Weiter wird ausgeführt, dass hohe Löhne niedrigen Profit bedingen. Indessen daraus wird nicht gefolgert, dass Arbeit und Capital im natürlichen Interessengegensatz stehen, und die Arbeiter natürlicher Weise danach streben müssen, dem Capital möglichst viel abzuringen, sondern da die Löhne von dem Preise der nothwendigen Waaren, insbesondere der Lebensmittel, abhängen, so haben Arbeit und Capital in durchschlagender Weise das Interesse an niedrigem Kornpreis — gegenüber dem Grundherrn.

Dieser Gedanke wird vielfach variirt. „In allen Ländern und zu allen Zeiten hängen die Profite von der Menge Arbeit ab, welche nöthig ist, um die Arbeiter mit ihrer Lebensnothdurft zu versehen, auf jenem Land oder mit jenem Capital, das keine Grundrente abwirft. — Mag ein Land noch so gross sein, so werden, wenn der Boden schlecht und Import von Lébensmitteln verboten ist, die mässigsten Ansammlungen von Capital mit grosser Abnahme des Procentsatzes des Profits und rapidem Steigen der Grundrente verbunden sein. Dagegen in einem kleinen, aber fruchtbaren Lande, besonders wenn freie Korneinfuhr gestattet ist, mag man grosse Capitalmassen ansammeln, ohne starkes Sinken des Procentsatzes der Profite oder starkes Steigen der Grundrente."

Oder: „die natürliche Tendenz des Profits ist zu fallen; denn bei Fortschritt der Gesellschaft und des Reichthums wird die zunehmende Menge von nothwendigen Nahrungsmitteln durch Aufwendung von mehr und mehr Arbeit erlangt." Darauf folgt der Beweis, dass von einem gewissen Puncte der Capitalvermehrung ab nicht nur der Profit im Verhältniss zum Capital, sondern in absoluter Summe abnehme.

Difficile est satiram non scribere. Der Capitalist müht sich ab und vermehrt das Capital; dadurch wird es möglich, dass immer mehr Arbeiter ihren Lebensbedarf erhalten, der Capitalist wird aber bei dem allgemeinen Fortschritt immer ärmer, der unthätige Grundherr steckt allen Gewinn ein, und der Arbeiter leidet mit dem Capitalisten unter dem aussaugenden Grundherrn! Das etwa ist Ricardo's Vorstellung über die Vertheilung des Nationaleinkommens in einer fortschreitenden Gesellschaft, in welcher das Capital allein gerechten Grund zur Klage hat, und vor Allem Abschaffung der mörderischen Kornzollprivilegien des Grundbesitzes verlangen muss.

Im weiteren Verlauf des Werks behandelt Ricardo nun einzelne Fragen, wie den internationalen Handel, das Steuer- und Bankwesen etc. und treibt verschiedene Polemik mit A. Smith und Malthus. Dabei kehren die Principien der ersten Capitel, insbesondere die Missgunst gegen den Grundherrn immer wieder. Interessant ist aber nicht nur, was Ricardo sagt, sondern auch, was er nicht sagt. Er spricht niemals von andern Interessen als wirthschaftlichen der Individuen, niemals von der Nothwendigkeit, dem Staate und höheren Ideen etwas zu opfern.

Nur ganz ausnahmsweise wird eine andere Rücksicht erwähnt, so bei der Ausführung, dass internationaler Handel auf der Differenz der relativen, nicht der absoluten Productionskosten der Waaren beruhe, weil das Capital aus löblichem Patriotismus nicht immer gleich auswandere, wenn auch sein Vortheil es erheischt. Allein das ist nur eine ganz gelegentliche Bemerkung über eine factische Störung der natürlichen wirthschaftlichen Ordnung, und wie wenig es Ricardo auf den Staat ankommt, geht insbesondere aus der Steuerlehre hervor. Hier erscheinen alle Steuern als ein Uebel, weil sie jedenfalls die Capitalvermehrung beeinträchtigen und es ist die Hauptregel in Sachen der Steuern, dass dieselben möglichst klein sein sollen. — Die Frage, wie die Steuern den Fortschritt der Production und des Capitals beeinflussen, erscheint viel wichtiger als die nach ihrer Vertheilung, und von einer Untersuchung oder Würdigung der Staatsaufgaben ist einfach nicht die Rede. Charakteristisch ist in der Steuerlehre der Satz, dass es ganz einerlei sei, ob die Steuern auf Lohn oder Profit gelegt werden, da die Lohnsteuern doch auf das Capital übergewälzt werden. Hier wird also mit dem „natürlichen Lohn gleich den Unterhaltsmitteln" Ernst gemacht. Auch sonst werden die Arbeiter vielfach als eine Masse geschildert, die eben nur das Nothwendigste haben können und von deren Wohl deshalb nicht weiter die Rede sein kann. Das Naturgesetz des Lohnes wirft ihnen ein lasciate ogni speranza zu, sie selbst sind wehrlos und die Nation hat über ihr Schicksal einfach zur Tagesordnung überzugehen. Man mag sie gegen die Grundherren aufreizen — helfen kann man ihnen nicht. Die Profite fallen, wenn die Löhne steigen, d. h. wenn die Nahrungsmittel theurer werden (Cap. 26); und somit bleibt der Interessengegensatz zwischen Grundbesitz und Capital der einzig wichtige, und natürlich ist es wünschenswerth, dass der Kampf zu Gunsten des Capitals entschieden werde.

Merkwürdigerweise gesteht Ricardo zu, dass die Einführung neuer Maschinen den Arbeitern wirklich schädlich sein könne. Natürlich dürfe die Einführung derselben dennoch nicht gehemmt werden — auch anderer Massregeln zu Gunsten der Beschädigten wird weiter keine Erwähnung gethan, sondern Ricardo fügt, wie um seine abstracte Methode selbst zu verhöhnen, bei, dass nur in dem Falle plötzlicher

Maschineneinführung der Schaden eintrete, nicht aber bei der in Wirklichkeit stattfindenden allmäligen Einführung derselben. Es ist nicht möglich, Ricardo in all seinen Deductionen und Hypothesen zu folgen; dass Handels- und Gewerbefreiheit unbedingt gefordert werden, versteht sich von selbst. Nur auf das 26. Capitel muss ich noch einen Blick werfen, weil dasselbe den cynischen Materialismus Ricardo's am Allerdeutlichsten zeigt, weil es von allen späteren die grösste principielle Bedeutung hat und den Unterschied zwischen Adam Smith und Ricardo am schärfsten hervortreten lässt.

Adam Smith operirt nicht mit genau definirten technischen Ausdrücken. Doch ist kein Zweifel, dass er unter Einkommen resp. Reineinkommen etwa dasselbe versteht wie Hermann, nämlich Alles, was Menschen ohne Verminderung des anfänglich vorhandenen Capitals während eines Zeitabschnitts verzehren können; und namentlich rechnet er den Consum der Arbeiter, soweit derselbe keinen unersetzten Capitalverbrauch verursacht, unbedingt zum Reineinkommen der Nation. Wo immer A. Smith von Einkommen spricht, giebt es für ihn nur einen Unterschied zwischen Einnahme und Einkommen[1]). Ricardo dagegen unterscheidet scharf zwischen Roh- und Reineinkommen; Roheinkommen ist bei ihm das, was wir heute kurzweg Nationaleinkommen nennen, d. h. Alles, was nach Wiederersatz des verbrauchten Capitals verzehrt werden kann. Dafür gebraucht Ricardo den Ausdruck „the whole produce of land and labour" in offenbarem Anschluss an A. Smith und die Physiokraten. Dem gegenüber steht das Reineinkommen welches den Consum der Arbeiter nicht umfasst; letzterer ist vielmehr lediglich Productionsaufwand.

---

[1]) Dies hat Leser in dem oben citirten Buch über A. Smith S. 112 mit Recht hervorgehoben und gezeigt, dass Spätere mit Unrecht die Einkommensdefinition von A. Smith und Ricardo verwechselt haben. Indessen es ist unleugbar, dass die Ricardo'sche Auffassung in der ganzen A. Smith-Ricardo'schen Schule bis auf Hermann maassgebend wurde, und dass besondere Anstrengungen deutscher Nationalökonomen, nicht ein einfaches Rückgehen auf A. Smith die Ricardo'sche Auffassung überwunden haben.

Der Unterschied zwischen Roh- und Reineinkommen ist bei Ricardo nicht etwa eine harmlose theoretische Unterscheidung, zusammenfallend mit unserem Unterschied zwischen nothwendigem und freiem Einkommen bei allen Menschen. Es ist vielmehr eine in aller Kürze und Schärfe ausgeführte Lehre, die den Zweck hat, den Arbeiter vollständig als ein unwesentliches Mitglied der Gesellschaft, als ein reines Mittel zum Zweck hinzustellen; es wird denn auch an einer späteren Stelle einmal ausgeführt, wie ein Theil des Roheinkommens statt auf den Unterhalt von Menschen auf den Unterhalt von Pferden verwendet werden könne. Zugleich liegt in dieser Lehre am deutlichsten ausgesprochen, dass der Zweck der Capitalvermehrung und des möglichst grossen Capitalgewinnes der maassgebende Zweck alles menschlichen Zusammenlebens sei. Die berüchtigte Stelle aus Cap. 26 möge hier wörtlich folgen:

„Das ganze Product des Bodens und der Arbeit eines jeden Landes zerfällt in drei Theile: Der eine wird für Löhne, der andere für Profit, der dritte für Grundrente verwendet. Nur von den zwei letzten Theilen können Abzüge für Steuern oder Ersparnisse gemacht werden; der erste, wenn mässig, stellt immer die nothwendigen Productionskosten dar[1].

„Für eine einzelne Person mit einem Capital von 20 000 £, deren Profit jährlich 2 000 £ beträgt, ist es ganz gleichgültig, ob ihr Capital 100 oder 1000 Menschen beschäftigt, ob die producirten Waaren für 10 000 oder 20 000 £ verkauft werden, wenn nur in allen Fällen der Profit nicht unter 2 000 £ sinkt. Ist nicht das wahre Interesse der Nation dem ähnlich? Wenn nur ihr wahres Reineinkommen, ihre Rente und Profite gleich bleiben, so ist es ohne Bedeutung, ob die Nation aus 10 oder 12 Millionen Einwohnern besteht. Ihre Kraft, Flotten und Heere und alle Art unproductiver Arbeit zu unterhalten,

---

[1] In einer Anmerkung heisst es allerdings, dass dem Arbeiter unter dem Namen Lohn gewöhnlich mehr gewährt werde und er dann auch Steuern zahlen und sparen könne, aber daraus werden gar keine Folgen gezogen.

muss im Verhältniss zu ihrem Reineinkommen und nicht zu ihrem Roheinkommen stehen. Wenn 5 Millionen Menschen so viel Nahrung und Kleidung produciren können, um dem Bedarf von 10 Millionen zu entsprechen, so sind Nahrung und Kleidung für 5 Millionen das Reineinkommen. Würde es von irgend einem Vortheil für das Land sein, wenn zur Production dieses selben Reineinkommens 7 Millionen Menschen nothwendig wären, d. h. wenn 7 Millionen Menschen beschäftigt würden, Nahrung und Kleidung für 12 Millionen zu produciren? Immer würde Nahrung und Kleidung für 5 Millionen das Reineinkommen sein. Die Beschäftigung einer grösseren Zahl von Menschen würde uns weder in den Stand setzen, unserer Flotte oder unserem Heer auch nur einen Mann beizufügen, noch eine Guinee mehr Steuern zu zahlen."

Darauf folgt eine Auseinandersetzung, dass in reichen Ländern das Capital naturgemäss in jene Beschäftigungen fliesst, in welchen die geringste Menge Arbeit im Inland ernährt werden muss — in Gewerbe, in denen die Profite im Verhältniss zum Capital, nicht zu der angewendeten Menge von Arbeit stehen.

Diese Ansicht, die im innigsten Zusammenhang mit dem ehernen Lohngesetz, der Capitalvergötterung und absolut privatwirthschaftlichen Auffassung aller Fragen steht, bildet den Höhepunct einer wahrhaft cynischen Vorstellung von Staat und Gesellschaft. Nicht nur, dass es keine anderen allgemeinen Interessen giebt als die des Capitalgewinnstes — es ist sogar ganz einerlei, ob überhaupt Menschen leben. In der That, Marx und seine Schüler haben solchen Lehren gegenüber recht, wenn sie sagen, das todte Capital sei der Beherrscher des lebendigen Menschen geworden. — Hier wie überall besteht das Verdienst der Abstractionen und Deductionen Ricardo's darin, dass die Consequenzen in fast erschreckender Weise die Einseitigkeit der grundlegenden Ausgangspuncte richten. —

Wir können von Ricardo nicht scheiden, ohne noch seine Ansichten über zwei Fragen kennen zu lernen, bei denen wir uns an die kleineren Schriften halten müssen — nämlich seine

Auffassung von Geld- und Bankwesen und seine Meinung über die politische Frage des Wahlrechts. — Ueber Geld- und Bankwesen spricht Ricardo auch in den Principles auf Grundlage der vorherrschenden Ansicht, dass Gold und Silber eine Waare wie jede andere Waare seien. Ebenso spricht er sich in den Principles gegen die Staatsschuld, d. h. für deren Tilgung aus. Indessen verbreitet er sich über Geld- und Bankfragen in anderen Schriften ausführlicher, über das Wahlrecht enthalten die Principles gar nichts. Seine Ansichten über beide scheinbar weit auseinanderliegende Fragen stehen insofern im Zusammenhang, als sie den praktischen Gegensatz zwischen Ricardo und den gleichzeitigen radicalen Volks- resp. Arbeiterführern hervortreten lassen. Wir werden auch hier wieder sehen, wie bei Ricardo's Abstractionen nicht vorurtheilsfreies Forschen nach der objectiven Wahrheit vorwaltete, sondern wie bestimmte Interessen eines Standes maassgebend waren. Es spiegelt sich in dieser Literatur der Gegensatz zwischen Capital und Arbeit, der erst später zum praktischen Kampf werden sollte.

Ricardo's Schriften über Geldwesen[1] sind vom theoretischen Standpunkte aus seine besten Arbeiten, und praktisch haben sie ganz besonders gewirkt. Nicht nur der Bullion Report basirt auf Ricardo's Schrift von 1809, auch die spätere Bankgesetzgebung knüpft daran an, und selbst in unserer deutschen Bankgesetzgebung sind noch die Spuren von Ricardo's Geist nachweisbar.

Wenn ich diese als seine besten Schriften nenne, so stimme ich deshalb den Resultaten doch nicht bei. Diese sind höchst einseitig und durch die Erfahrung und Literatur der späteren Zeit längst widerlegt; aber das Geldwesen ist

---

[1] 1) High Price of Bullion a proof of the depreciation of Banknotes; 1. Auflage 1809, 4. Auflage 1811.

2) Reply to Mr. Bosanquet's practical observations on the report of the Bullion committee, 1817.

3) Proposals for an economical and secure currency with observations on the profits of the Bank of England, 1816.

4) Plan for the establishment of a national Bank, 1824.

ein Gebiet, in dem sich an und für sich die abstracte Methode mit dem grössten Erfolg anwenden lässt, indem die Prämisse von dem klug rechnenden Egoismus der Einzelnen die grösste relative Berechtigung hat; überdies ein Gebiet, in welchem Ricardo grosse praktische Erfahrungen besass, und auf dem er namentlich in den polemischen Theilen nicht verschmähte, wirkliche Thatsachen anzuführen und zu benutzen. Da er hierbei nicht direct auf die Grundbesitzer zu sprechen kommt, so ist auch die sociale Tendenz weniger hervortretend, und somit sind diese Schriften diejenigen, in denen Ricardo vergleichsweise am wenigsten tendenziös im Einzelnen ist und am häufigsten in ganz objectiver Weise aus seinen wissenschaftlichen Principien rücksichtslose Forderungen zieht. Die Einfachheit und knappe Form seiner Darstellung ist gerade hier auch am meisten angebracht.

Schon die Schrift von 1809 entwickelt die Quantitätstheorie. Jedes Land bedarf im Verhältniss zu andern einer gewissen Menge von Circulationsmitteln, die von der Ausdehnung des Handels und der des geldersparenden Credits abhängig ist. Diese Menge von Circulationsmitteln regulirt sich, so lange nur Metallgeld existirt, durch den Handel von selbst. Geld fliesst nur dann ab und zu, wenn mehr oder weniger vorhanden ist, als eben diese im Vergleich mit andern Ländern nothwendige Menge und nicht etwa in Folge von schlechten Ernten u. dergl.

Ebenso bleibt die Sache, wenn nur einlösliche Noten existiren. Noten erscheinen einfach als Circulationsmittel, ihre Vermehrung durch eine Bank kommt der Goldvermehrung durch neue Bergwerke gleich. Zwischen Noten und Staatspapiergeld wird kein principieller Unterschied gemacht; beide sind Vermehrung der Circulationsmittel, Geld. So lange sie einlöslich sind, verdrängen sie Metallgeld, das in's Ausland geht, die nothwendige Menge von Circulationsmitteln bleibt aber erhalten, der Geldzu- und -abfluss nach dem Auslande ist nicht gehemmt und wird nach wie vor vom Handel der Privaten nach Bedürfniss besorgt. Durch die Bankrestrictionsacte von 1797 aber wurde die Bank in den Stand gesetzt, durch die Uneinlöslichkeit die Noten über das Bedürfniss an Circulationsmitteln hinaus zu vermehren und da diese Circulationsmittel nicht in's Ausland gehen können, so sinkt ihre Kaufkraft gegenüber Gold und anderen Waaren — und zwar genau im Verhältniss zu der Menge, um die sie das Bedürfniss übersteigen.

Der Werth dieser Auseinandersetzungen bestand in dem richtigen Nachweis, dass die Noten devalvirt waren, und in dem Satze, dass die Nichteinlöslichkeit daran Schuld war. Falsch aber war es, die Devalvirung ausschliesslich von der Menge der Noten, die ihrerseits als Folge der Restriction erscheint, abhängen zu lassen — eine Theorie, mit der es Ricardo so ernstlich meint, dass er sie in der Schrift gegen Bosanquet sogar auf verschlechtertes Metallgeld anwendet. Dies ist falsch, weil nicht alles Geld im Verkehr ist, sondern zugleich eine wechselnde Menge Geld als Werthaufbewahrungsmittel dient; weil die vom Verkehr bedurfte Geldmenge selbst viel wechselnder ist als Ricardo offenbar annimmt; weil die anderen Surrogate des Geldes als Wechsel, Checks etc. die nöthige Geldmenge überhaupt zu einer unbestimmten Grösse machen; weil bei Banknoten und Papiergeld der Credit des diese Stellvertreter des Geldes emittirenden Schuldners jedenfalls unter allen Umständen ein selbständiges Element zur Bestimmung ihres Werthes bleibt — und weil man zwischen Entwerthung des Papiers gegenüber Gold und gegenüber den inländischen Waaren unterscheiden muss. Die ganze Quantitätstheorie folgte zunächst aus der der ganzen klassischen Nationalökonomie eigenthümlichen Opposition gegen merkantilistische Ueberschätzung der Geldmenge, derzufolge man Zunahme des Geldes nur als eine für den Gesammtwohlstand gleichgültige Ursache der Erhöhung aller Waarenpreise betrachtete und selbst die vorübergehenden Wirkungen dieser Zunahme des Geldes während des Processes der Zunahme als möglichst geringfügig hinstellte. Unzweifelhaft entstand die Theorie auch bei Ricardo als eine aufrichtig gemeinte und scharf entwickelte Consequenz der antimerkantilistischen Geldlehre. Dennoch aber lassen sich gewisse praktische Tendenzen nebenbei bemerkt nicht verkennen.

Ricardo verlangt allmälige Verminderung der Noten, bis sie wieder al pari stehen, d. h. bis die richtige Geldmenge wieder vorhanden ist und dann Wiederherstellung der Einlösungspflicht. — Dies ist ein ganz richtiger Vorschlag zur Wiederherstellung der Baarvaluta und eines geordneten Geldwesens; allein wie kommt Ricardo zu der Klage, dass bei der bisherigen Entwerthung alle Gläubiger verloren haben und bei folgender weiterer Entwerthung noch unberechenbar mehr verlieren können, während er mit keinem Worte bedauert, dass die Wiederemporhebung der entwertheten Noten auf den Nennwerth alle Gläubiger begünstigen muss, die unter der Herrschaft des entwertheten Papiers dargeliehen haben? Ein Verlust des Geldcapitals also ist ein Unrecht, ein Gewinn aber nicht! Man denkt unwillkürlich daran, dass Ricardo Staatsgläubiger war, wenn man seinen Eifer für Wiederherstellung der Baarvaluta mit Cobbett's Ansichten über Staatsschuld und Banknoten vergleicht.

Gewiss, die Wiederherstellung der Baarvaluta war eine Nothwendigkeit. Sollten aber bei dieser Maassregel nicht diejenigen Staatsgläubiger, die während des Kriegs mit dem Staate contrahirt hatten, unverhältnissmässig begünstigt werden, so musste mit dieser Wiederherstellung zugleich eine starke Besteuerung des Besitzes verbunden werden, und davon schweigt Ricardo. Bei der Bank- und Staatsschuldfrage schieden sich also schon im Anfange des Jahrhunderts bürgerliche und proletarische Radicale und beide verfielen in Extreme, ohne die wahre Lösung der Frage zu finden, die nur in der bereitwilligen Uebernahme von höheren Pflichten der Reichen gegen den Staat bestehen konnte.

Eine andere Tendenz liegt in Ricardo's Anklage, dass in der Verbindung der Bank mit dem Staate die Ursache des ganzen Unheils liege.

Die Schrift gegen Bosanquet ist sehr geschickt polemisch gehalten und enthält keinerlei neue positive Ansichten. In den Proposals kehrt die Quantitätstheorie von 1809 unverändert, aber in weiterer Ausführung wieder und es tritt deutlicher Ricardo's Empörung über die Gewinne der mit dem Staat liirten Bank hervor, während er an und für sich möglichsten Ersatz des kostbaren Goldes durch Papier im Verkehr wünscht, und auch wegen der Verlegenheiten in Panik und Krisen nicht auf Vorhandensein eines beträchtlichen Metallvorraths dringt. Es kommt ihm nur darauf an, dass die richtige Menge von Circulationsmitteln, die man gewöhnlich braucht, vorhanden ist, gleichgültig ob diese aus Papier oder Metall bestehe. Aus dem Grunde, dass die Noten einfach Geld sind, wird auch ihnen zu Ehren eine Ausnahme von dem allgemeinen Princip der Nichtintervention des Staates gemacht.

In anderer Form begegnen wir wieder dem Gedanken, dass es kein Unrecht sei, wenn die Geldbesitzer bei steigendem Geldwerth gewinnen. Die Wiederherstellung der Baarvaluta ist gerecht, nicht nur wegen des allgemeinen Verkehrsbedürfnisses nützlich. —

In dem Plan für Errichtung einer Nationalbank wird vorgeschlagen, das Notenemissionsgeschäft ganz von allem andern Bankgeschäft zu trennen — eine Idee, welche die Bankacte von 1844 wenn auch in ganz anderer Weise ausgeführt hat. Noten sollen nur von staatlichen Commissionären emittirt werden, welche Letztere aber von den Ministern ganz unabhängig sind. 15 Millonen Pf. St. Noten sollen ganz ungedeckt sein, d. h. zur Heimzahlung der Schuld des Staates an die Bank dienen und 10 weitere Millionen durch Baarfond oder Schatzscheine gedeckt sein. Die Idee läuft auf Abschaffung der Banknote und Einführung eines Staatspapiergeldes mit Einlösungsstellen hinaus, so dass das Papier den ganzen inländischen Verkehr beherrscht und zur Sicherung der Einlösung sehr wenig Metall als nöthig erscheint.

So sind diese Schriften der Ausgangspunkt aller jener Theorien, welche die Banknote beargwöhnen, der Notenbank ihren Gewinn missgönnen, der Gesammtheit, d. i. dem Staate, den Gewinn aus dem Notengeschäft vorbehalten wollen, und die grosse Aufgabe einer Centralnotenbank verkennen, die darin besteht, durch wechselnde Menge von Noten, welche in Zusammenhang mit der Discontopolitik ausgegeben werden, der grosse Regulator des Bedürfnisses nach Zahlungsmitteln zu sein, der Ueberspeculation zu steuern und ausgebrochene Krisen zu mildern. Ich weiss nicht, wie Ricardo persönlich zu der Bank von England und ihren Directoren stand, aber soviel ist jedenfalls sicher, dass alle Späteren, welche in den Notenbanken den allgemeinen und ausschliesslichen Sündenbock für die Excesse der ganzen Handelswelt suchen, in Ricardo's Schriften einen mächtigen Stützpunct finden.

Jedenfalls darf man in der offenbaren Missgunst, mit welcher er die Notenbanken behandelt, keine Tendenz, das allgemeine Interesse über das Geldinteresse zu setzen, entdecken wollen, da er das exceptionelle, mit dem Staate in Verbindung stehende Noteninstitut der ganzen Handelswelt gegenüberstellt. Und sein Eifer, den Gewinn der Bank dem Staate vorzubehalten, fliesst ebensowenig aus begeistertem Staatsgefühl, wie seine Abneigung gegen Staatsschulden. Klar tritt in dem Essay on Funding System hervor, dass Ricardo starke ausserordentliche Steuern in Kriegszeiten den Staatsschulden vorzieht — weil er in echt manchesterlicher Weise von der Auferlegung solcher Opfer Verminderung der Kriege erhofft.

Kurz, tritt Ricardo in diesen Schriften weniger auffällig als Vertheidiger eines Classeninteresses auf, als in den Principles und den Schriften über Kornhandel — beherrscht ihn hier wirklich oft mehr ein theoretisches Princip als ein praktisches Interesse, so ist dies Princip doch nur eine einzelnstehende wirthschaftliche Lehre, kein Glied einer höheren Staats- und Gesellschaftsauffassung, und mit seinen Consequenzen ist die Vertretung der Interessen des Geldcapitals gegenüber der steuerzahlenden Masse doch untrennbar verbunden. —

Besonders dankbar müssen wir Mac-Culloch sein, dass er in seine Sammlung nicht nur Ricardo's Parlamentsrede über das Ballot, sondern auch die nachgelassene Schrift: „Observations on Parliamentary Reform" aufgenommen hat. Keine Schrift zeigt deutlicher als diese, wie Ricardo vom politischen

Individualismus und dessen praktischer Consequenz, dem Radicalismus, ergriffen war; wie er alle staatlichen Handlungen in cynischer Weise lediglich aus Egoismus zu erklären weiss — und wie er unverblümt alle Vortheile radicaler politischer Reformen dem (beweglichen) Besitz zu reserviren versteht. Ricardo ist Fortschrittsmann, weil es noch Mächte im Staate giebt, die über dem Capital stehen — keineswegs weil er politische Gleichheit Aller wünscht.

In der Parlamentsrede über das Ballot verlangt Ricardo geheime Abstimmung als eine sehr wichtige und bei jedem Wahlrecht durchzuführende Reform — um den Einfluss der Grundaristokratie auf die Wähler zu brechen. Er beruft sich in dieser Rede auf Bentham, der in den Observations noch deutlicher als Ricardo's politischer Lehrer auftritt:

„Gute Regierung mag den Interessen der Aristokratie oder der Monarchen entgegengesetzt sein, da sie dieselben verhindern kann, in ebenso grossem Maasse Einnahmen, Vortheile und Macht zu erringen als dies der Fall sein würde, wenn die Regierung nicht für das Glück der Vielen geführt wird, sondern sich hauptsächlich auf Beförderung des Glückes der Wenigen verlegt; aber sie kann nie dem allgemeinen Glück entgegenwirken." — „Die Vorschriften der Religion, der öffentlichen Meinung und des Gesetzes beruhen alle auf dem Grundsatz, dass man von den Menschen alle Versuchung, anders zu handeln, ferne halten muss, um sie gut zu machen, und der Staat ist als der vollkommenste anzusehen, in dem alle diese Vorschriften dahin zusammenwirken, es zum Interesse aller Menschen zu machen, tugendhaft zu sein, d. h. ihre Kräfte zur Beförderung des allgemeinen Glückes anzuwenden."

Die gegenwärtige Verfassung erscheint Ricardo als eine solche, in welcher Krone und Aristokratie in ihrem eigenen Interesse regieren, und nur durch die öffentliche Meinung, d. i. durch die Furcht vor einem Volksaufstand in Schranken gehalten werden; da diese Schranke aber unsicher und unregelmässig wirkt, so sei es besser, das Unterhaus in der Weise zusammenzusetzen, dass durch dasselbe das ganze Volk repräsentirt werde — man erkennt die reine Theorie Benthams, der zufolge alle Menschen egoistisch sind, die Gebote von Pflicht und Ehre nichts helfen, und nur die beständige Controle der Vielen den Egoismus der Wenigen bändigen kann. Allein Bentham war consequent und schwärmte ehrlich für allgemeines Wahlrecht, für volle politische Gleichheit Aller. Anders Ricardo in seiner capitalistischen Weisheit.

Der wahre Grundstein des allgemeinen Glücks ist ihm die Heilighaltung des Eigenthums, die vortheilhafteste Vertheilung des Capitals, die Sicherheit des Besitzes in der Aussicht auf steigenden Reichthum. Zwar können nur die Allerärmsten einen Angriff auf das Eigenthum für ihr Interesse halten, aber „wenn zugestanden wird, dass diejenigen, welche das Recht des Eigenthums sicher heilig halten, eine Stimme bei der Wahl der Volksvertreter haben sollen, so ist das Princip, für das die Reformer kämpfen, gewahrt. — Ihre Forderung ist nur die einer guten Regierung, und als ein Mittel dazu verlangen sie, dass die Macht, Parlamentsmitglieder zu wählen, nur solchen gegeben werde, die keine Interessen haben, welche denen einer guten Regierung entgegengesetzt sein könnten. — Das allgemeine Wahlrecht wird von seinen Vertretern nicht als ein Endzweck, sondern als ein Mittel zur guten Regierung verlangt. Gebt ihnen die gute Regierung, oder gebt ihnen die Ueberzeugung, dass ihr gute Regierung ernstlich schaffen wollt, und sie werden zufrieden sein; wenn ihr auch nicht so rasch vorwärts geht, wie sie es für vortheilhaft halten. — Meine Meinung räth zur Vorsicht und deshalb beklage ich es, dass so viel über allgemeines Wahlrecht gesprochen wird. Ich bin überzeugt, dass eine Ausdehnung des Wahlrechts und nicht das allgemeine Wahlrecht dem Volke im Wesentlichen die gewünschte gute Regierung sichern wird, und deshalb bin ich gegen das Postulat des allgemeinen Wahlrechts; gleichzeitig habe ich das feste Vertrauen, dass die Wirkung der mir genügend scheinenden Maassregel so wohlthätig sein, so rasch die Bildung des Volkes heben würde, dass man in kurzer Zeit nach der ersten Reform mit vollster Sicherheit das Wahlrecht auf alle Stände ausdehnen könnte."

Das heisst also: nicht politische Bildung soll Voraussetzung des Wahlrechts sein, sondern, da es nur auf die Interessen des Besitzes ankommt, so soll auch der Besitz allein Wahlrecht haben, — und die Armen beschwichtigt man einstweilen mit der Hoffnung, dass sie Wahlrecht bekommen sollen, wenn sie eingesehen haben, dass die Pflege der Interessen des Besitzes auch ihr höchstes Interesse ist. Wahrlich, dies ist weit cynischer als die Tendenz jener späteren Freihändler, die den Ruf nach Ausdehnung des Wahlrechts durch Gewährung von billigem Brod nach Abschaffung der Kornzölle beschwichtigen wollten. — Diese nachgelassene Schrift Ricardo's giebt den vollen Beweis, dass er sich den Principien des Individualismus nur aus dem Grunde anschloss, um die materiellen Interessen des Capitals zu befördern.

Ich bin kein principieller Anhänger des allgemeinen Wahlrechts, aber eine Beschränkung des Wahlrechts auf den Besitz, für den Besitz und nur wegen des Besitzes, ist die kurzsichtigste und verwerflichste politische Anschauung, die sich denken lässt — ja es ist der Gegensatz zu aller politischen Anschauung, es ist einfach die Herrschaft der gesellschaftlichen Macht des Besitzes an Stelle der Staatsidee. Es ist fast unbegreiflich, dass man Ricardo's nationalökonomische Lehren mit so viel selbstverleugnender Arbeit studirt hat, ohne den Schlüssel zur Erklärung all seiner Anschauungen, der hier offen zu Tage liegt, zu Hülfe zu nehmen! Es bleibt sein grösstes Verdienst, dass er seinen nackten Capitalismus durch keine spielende Humanität, keinen schwächlichen Optimismus verhüllt hat. — Wir haben keinen Grund, eine solche Hülle den Lehren des klugen Banquiers nachträglich vermittelst unserer theoretischen Blindheit überzuwerfen, welche die praktischen Tendenzen ignorirt.

§ 3. Robert Malthus.

Der dritte der grossen classischen Nationalökonomen, Malthus, ist in Bezug auf düstere Lebensanschauung und offenes Aussprechen harter Nothwendigkeiten mit Ricardo geistesverwandt. Ricardo beruft sich gerne auf ihn in der Armen- und Bevölkerungsfrage, differirt aber von ihm in Bezug auf Kornzölle. Man ist gewohnt, beide Namen verbunden zu nennen; beide Männer sind Kinder derselben Zeit, aber nur theilweise dienten sie den gleichen Anschauungen und Tendenzen. Die Tendenzen, welchen Ricardo huldigte, sind äusserst einseitig und äusserst klar. Er erfasst gewisse Zeitideen in ihrer schroffsten Form und wendet sie ausschliesslich im Interesse des Capitals an. Malthus dagegen ist weit vielseitiger. Sein Einfluss auf die Nationalökonomie ist geringer und beschränkt sich zumeist nur auf eine Frage und in dieser auf jenen Theil seiner Ansicht, der mit Ricardo's Weltanschauung sich ohne Weiteres vereinigen lässt. Aber Malthus war meines Erachtens der bei weitem gedankenreichere und vorurtheilsfreiere und, wenn er frühzeitig mehr und heftigere Gegner fand, als Ricardo, so rührt dies sehr stark daher, dass man ihn weniger verstanden hat. Er schreibt zwar weit angenehmer und es fehlt bei ihm die abschreckende Ausschliesslichkeit der Abstraction; dennoch haben viele seiner Gegner gar nichts von ihm gelesen, Andere nur die Anfangscapitel seines Hauptwerks, und zumeist wurde er von Solchen bekämpft, die ihn nur aus entstellenden Darstellungen Dritter kennen.

Des geringeren Einflusses halber bespreche ich Malthus nach Ricardo und berücksichtige auch zumeist nur das Hauptwerk über Bevölkerung, zumal Malthus unleugbar an Wiederholungen reich ist, und es daher unnöthig ist, alle Variationen, in denen er seine originelle Hauptidee zum Ausdruck bringt, zu verfolgen. Aber gleich zu Anfang muss gesagt werden: Malthus glaubte an wirthschaftliche Naturgesetze wie Ricardo, aber er steht über diesem, weil er über den Begriff des Gesetzes wirklich nachgedacht und wirthschaftliche und Naturgesetze wirklich in fruchtbringender Weise in Verbindung gesetzt hat. Er entwickelte seine Gesetze nicht durch Abstraction allein, sondern in vorherrschender Weise durch Beobachtung natürlicher, historischer und statistischer Thatsachen. Er warf socialpolitische Fragen auf, und ging in der Betrachtung

der einen Frage nach Vermehrung des Gesammtreichthums
oder des Capitals nicht auf, sondern strebte danach, das gesellschaftliche und staatliche Leben der Gesammtheit im grossen
Zusammenhang zu erfassen. Auch diente er bis zu einem
gewissen Grade einem Stande, aber einem andern als Ricardo,
jedoch so, dass ihm der Blick auf das Ganze der Gesellschaft und die Staatsidee nie verloren geht. Malthus ist der
englische Aristokrat vom alten Schlag, der sich neue Zeitideen dienstbar macht, sich dem Geiste der neuen Zeit bis
zu gewissem Grade unterwirft — und doch noch ein gut Theil
des uninteressirten Staatsgefühls der alten Aristokratie bewahrt.
Er ist ein aufgeklärter Conservativer, der in der Conservirung
englischer Institutionen die Erreichung des Guten erblickt,
das von kosmopolitischen Neuerern überhaupt angestrebt werden kann. Er ist kein Feudaler und kein Absolutist — das
konnte ein echter englischer Conservativer nicht sein —
aber auch kein Radicaler, der die Institutionen Englands
rücksichtslos nach irgend einem Schema umgestalten wollte
und für nichts Verständniss hatte als für dieses Schema.

Wenn wir den Gegensatz zwischen Malthus einerseits,
Bentham und Ricardo andererseits richtig verstehen wollen,
so ist vor Allem Folgendes zu beachten:

Malthus ist, im Gegensatz zu philanthropischen Schwärmern
und namentlich im Gegensatz zu den Helden der französischen
Revolution, der Meinung, dass öffentliche (Zwangs)-Institu-
tionen wohl manches vermögen, aber von geringer Bedeutung
sind gegenüber den Gesetzen der Natur und den Wirkungen
der im Wesentlichen stets unverändert bleibenden Anlage des
Menschen. Auch Malthus geht daher hauptsächlich von dem
menschlichen Individuum als solchem aus. Aber er construirt
nun aus der Voraussetzung individueller Freiheit nicht eine
Reihe von mechanisch wirkenden Gesetzen, die das menschliche Zusammenleben nothwendig und in der heilvollsten
Weise beherrschen — sondern er verlangt von der sittlichen
Kraft der Individuen eine das Gesammtwohl vor allem för-
dernde That. Malthus entwickelt einen Individualismus nicht
nur der Rechte und Interessen, sondern auch der Pflichten.

Soweit er auf dem Boden des Individualismus steht, ist die sittliche Verantwortlichkeit des Individuums bei ihm in den Vordergrund gestellt. Nicht eine schrankenlose Freiheit der wirthschaftlich Starken gegenüber den wirthschaftlich Schwachen, nicht eine souveräne Machtfülle des einzelnen Unterthanen gegenüber dem Staat vertritt Malthus — er verwirft die Staatsintervention, z. B. gesetzliche Heirathsbeschränkungen, weil er die sittliche Selbstzucht des Individuums für allein wirksam hält.

Freilich gewirkt hat Malthus hauptsächlich dahin, dass seine Bevölkerungslehre als eine Unterstützung der Ricardo'schen Grundrenten- und Lohntheorie betrachtet, und die Besitzenden in ihrem Streben, sich von jedem Opfer, jeder That zu Gunsten der arbeitenden Massen zu dispensiren, dadurch gerechtfertigt wurden. Aehnlich wie bei Adam Smith ist auch bei Malthus nur ein Theil seiner Ansichten allgemein verstanden und acceptirt worden. Dennoch thut man ihm ebenso wie A. Smith Unrecht, wenn man ihn einfach als einen Mitbegründer des herzlosen Manchesterthums bezeichnet. Ja, es sind bei ihm sogar ethische und politische Gesichtspuncte von grösserer Bedeutung als bei A. Smith. Er hatte nicht, wie Ricardo, nur Interessen und Zwecke, er hatte Ideen.

Das Hauptwerk von Malthus, „An Essay on the Principle of Population" ist zuerst 1798 erschienen — also zu derselben Zeit, in welcher zuerst der wildeste Communismus in der französischen Revolution sein Haupt erhob. Malthus selbst bearbeitete das Werk in fünf stets vermehrten Auflagen, die nach seinem Tode fortgesetzt wurden. Ich citire nach der 1872 in London erschienenen 7. Auflage.[1])

Der Hauptgedanke, welcher das Buch eröffnet, ist folgender: Zwischen dem physiologischen Trieb der Fortpflanzung und der

---

[1]) Die erste Auflage, die als kurze Gelegenheitsschrift erschien, war schroffer und rief den meisten Widerspruch hervor. Der versöhnende Gedanke des moral restraint wurde erst später ausgebildet. Es ist aber offenbar geboten, den Autor nach derjenigen Fassung seiner Gedanken zu beurtheilen, die er ihnen selbst als die reifste und vollkommenste gegeben hat.

natürlichen Fähigkeit der Menschen, sich zu vermehren, einerseits, und der Möglichkeit, eine diesen Kräften entsprechend sich vermehrende Menschenmenge zu ernähren, andererseits, besteht ein Conflict. Zur Verdeutlichung dient das Schema der geometrischen Progression, in welcher sich die Menschen zu vermehren trachten und der nur beispielsweise angeführten arithmetischen Progression, in der die Unterhaltsmittel vermehrt werden können. Aus diesem Conflict folgt, dass die der Natur des Menschen nach gebotene Vermehrung der Menschen gehemmt wird, und zwar entweder so, dass die zuviel geborenen Menschen durch Krieg, Pest, Elend u. s. w. weggerafft werden, oder so, dass, sei es durch Laster oder durch moralische Enthaltsamkeit, weniger Menschen geboren werden („positive and preventive checks"). Da alle diese Hemmnisse der Volksvermehrung mit grossen Leiden verbunden sind, so erscheint als das geringste Uebel und demgemäss als allgemeine Menschenpflicht die moralische Enthaltsamkeit, die sich, concret genommen, in das Gebot zusammenfassen lässt, dass Niemand heirathen solle, ehe der die zu erwartende Zahl von Kindern sicher standesgemäss und gut aufziehen könne, und dass Jedermann vorher ein keusches Leben zu führen habe.

Diese Behauptungen werden in den zwei ersten Büchern durch eingehende historische und statistische Untersuchungen bewiesen. Das zweite Buch schliesst mit folgenden zusammenfassenden Worten:

„Muss nun nicht jeder aufmerksame Beobachter der Geschichte der Menschheit zugestehen, dass zu allen Zeiten und unter allen Verhältnissen, in denen Menschen gelebt haben, und leben, die Zunahme der Bevölkerung nothwendig durch die Unterhaltsmittel begrenzt ist — dass die Bevölkerung unfehlbar zunimmt, wenn die Unterhaltsmittel zunehmen, bis mächtige entgegenstehende Hemmnisse dies verhüten — dass sowohl diese Hemmnisse wie diejenigen, welche die Bevölkerung auf dem durch die Unterhaltsmittel bestimmten Maass niederhalten, in moralischer Enthaltsamkeit, Laster und Elend bestehen." — Darauf folgt noch eine kurze Ausführung, dass im modernen Europa die präventiven Hemmnisse relativ gegenüber Krieg, Hungersnoth und Pest überwiegen, und dass auch die moralische Enthaltsamkeit, so sehr sie beim männlichen Geschlecht auch zu wünschen übrig lässt, heute schon mehr beobachtet werde als früher. Wenigstens sei das Hinausschieben des Heirathens aus vorsichtigen Ueberlegungen bereits heute das wichtigste Hemmniss der Bevölkerungsvermehrung in Europa. —

In diesen Auseinandersetzungen der zwei ersten Bücher mag im Einzelnen in Bezug auf historisches und statistisches Material Manches auszusetzen sein — vom Standpunkte heutiger Kenntnisse. Auch mag man die Einseitigkeit, mit welcher der erwähnte Conflict als letzte Ursache der verschiedensten Erscheinungen hervorgehoben wird, tadeln, und die arithmetische Progression als ein schlecht gewähltes Beispiel bezeichnen, weil es leicht die falsche Anschauung von der Nothwendigkeit der arithmetischen Progression hervorruft. Dies alles aber sind höchst unwesentliche Ausstellungen. Die Hauptsache, dass zwischen der Neigung und Fähigkeit der Menschen, sich zu vermehren, und der Möglichkeit, die beliebig sich vermehrenden Menschen zu unterhalten, ein Conflict besteht, und dass in Folge dessen die Vermehrung der Menschen nicht nach Belieben vor sich geht, sondern durch Leiden oder Entsagung beschränkt wird — diesen Hauptsatz kann nur ein unverbesserlicher Optimist leugnen [1]), der den Raum auf der Erde für unendlich gross hält, und auf Grund irgend einer Willkürlichkeit eine schmerzlose Abnahme des Geschlechtstriebes bei wachsender Civilisation annimmt. Nicht oft genug kann man auch gegenüber manchen Gegnern betonen, dass Malthus nicht behauptet hat, die Menschenzahl wachse

---

[1]) In neuester Zeit wurde die Wahrheit dieses Satzes auch von socialistischer Seite anerkannt, während bisher der extreme Socialismus Malthus meist nur bitter angegriffen hatte. S. Kautsky, Einfluss der Volksvermehrung, Wien 1880. Leider kann sich der Verfasser, dem Wissenschaftlichkeit nicht abzusprechen ist, zu der sittlichen Höhe von Malthus nicht erschwingen, und leitet aus seinem schroff utilitarischen Standpunkt den Rath des präventiven Geschlechtsverkehrs als des geringsten Uebels ab.

wirklich in geometrischer Progression, sondern nur, sie habe die Tendenz dazu. Nicht einmal dieses kann man Malthus vorwerfen, dass er die Unterschiede in der praktischen Bedeutung seines Bevölkerungsgesetzes verkannt habe, die sich durch Vorhandensein vieles jungfräulichen Bodens, durch plötzliche industrielle und merkantile Fortschritte ergeben. Denn er kennt und erwähnt diese Unterschiede wohl, behauptet nur, dass zuletzt immer wieder in verschiedenem Maasse die Unmöglichkeit einer Bevölkerungsvermehrung nach natürlichem Belieben hervortreten müsse. Er hat auch in den späteren maassgebenden Auflagen die Sache nicht so aufgefasst, als sei zu gegebener Zeit eine absolute Menge von Unterhaltsmitteln vorhanden und diesen entsprechend eine ganz bestimmte Menge von Menschen möglich, so dass am „Banquet des Lebens" ein neuer Mensch nur nach dem Abgang eines alten Platz finden könne. Er erkennt überall, dass die vorhandene Menge von Unterhaltsmitteln dehnbar sei — nur bildet nicht jeder neue Mensch eine dem alten äquivalente Productivkraft, und die geringere Vermehrbarkeit der Unterhaltsmittel gegenüber der grösseren der Menschen bewirkt Fühlbarkeit der „checks" in verschiedenem Maasse.

Kurz, gegenüber der noch im ganzen 18. Jahrhundert vorherrschenden blinden Tendenz nach Bevölkerungsvermehrung um jeden Preis, von welcher sogar der grosse Süssmilch erfüllt war, hat Malthus das grosse Verdienst in den politischen Wissenschaften eine einfache unleugbare Wahrheit zuerst betont zu haben, die freilich nicht angenehm klingt, die unter mancherlei Verhältnissen von geringer praktischer Bedeutung sein und die er sehr einseitig betrachtet haben mag — welche aber von so grundlegender Bedeutung ist, dass Malthus für alle Zeiten den Mittelpunkt aller Studien über Bevölkerungslehre bildet, und dass jeder Vorurtheilsfreie ihm den höchsten Ruhm eines Entdeckers in den socialen Wissenschaften zugestehen muss. Denn derjenige entdeckt eine sociale Wahrheit, der seine Zeit und die Zukunft zur Anerkennung ihrer Bedeutung zwingt.

Die reine Theorie der Bevölkerungslehre kann in der That

an den Malthus'schen Sätzen, wenn sie dieselben richtig versteht, nur Unwesentliches durch leichte Einschränkungen und Zusätze kritisiren. Anders steht die Sache, wenn wir die gesammte Weltauffassung betrachten, von der Malthus beherrscht war; wenn wir die praktischen politischen und socialen Zwecke in's Auge fassen, welchen er diente. Wir werden uns dabei hauptsächlich an das dritte und vierte Buch des Essays zu halten haben, und dabei mancherlei theoretische Einseitigkeiten und praktische Irrthümer nicht leugnen können. Wie schon erwähnt, steht Malthus weit über Ricardo, indem er den grossen Zusammenhang aller politischen und socialen Fragen überhaupt im Auge hat, ja er steht in einer Hinsicht auch über Adam Smith, insofern er die ihn leitende Philosophie erkennbar in sein Buch verwebt. Aber eben hier sind manche Unklarheiten und Lücken nicht zu verkennen.

Schon in den ersten Zeilen des ganzen Werks bekennt es Malthus als seine Absicht, „die Ursachen, welche bisher den Fortschritt der Menschheit zum Glück aufgehalten haben, zu ergründen." Der utilitarische Gedanke, dass der Einfluss auf das Glück der menschlichen Gesammtheit der Maassstab für die Sittlichkeit einer Handlung sei, tritt dann später an den verschiedensten Stellen deutlich hervor. Im 3. Capitel des IV. Buchs stellt sich Malthus ganz einfach auf den Standpunct des Utilitariers und sagt: „Ich sehe nicht ein, wie Jemand, der das Nützlichkeitsprincip als den grossen Maassstab für moralische Regeln betrachtet, sich der Folgerung entziehen kann, dass moralische Enthaltsamkeit oder die Unterlassung des Heirathens, ehe wir eine Familie unterhalten können und völlige Keuschheit in dieser Zeit, die genaue Linie der Pflicht ist." — „Das Glück der Gesammtheit ist das Resultat des Glücks der Einzelnen nnd muss bei Letzteren beginnen."

Freilich wird gleich dazu gesagt, dass eine richtige Betrachtung der göttlichen Offenbarung zu denselben Resultaten führe; häufig wird von „Glück und Tugend" gesprochen; ausdrücklich wird betont, dass Glück und Reichthum nicht identisch seien, letzterer vielmehr nur eine Quelle des ersteren.

„Das Glück einer Gesellschaft ist endlich das berechtigte Ziel ihres Wohlstandes, ihrer Macht und Volkszahl." (B. III, c. 12.)

Kurz, wenn Malthus die Frage nach dem letzten Grunde der von ihm aufgestellten Menschenpflicht aufwirft und dabei auf das Wesen und die Ursache moralischer Pflichten überhaupt kommt — so laufen bei ihm christlich theologische Ideen, die Nützlichkeitslehre und eine Philosophie, welche die Tugend und das Sittliche als etwas Selbständiges gegenüber dem Nützlichen und gegenüber dem von der christlichen Offenbarung Gebotenen behandelt, nebeneinander her. Besonders charakteristisch zeigt dies z. B. folgende Stelle Buch II. Cap. 2:

„Es ist eine erfreuliche Bestätigung für die Wahrheit und Göttlichkeit der christlichen Religion und ihrer Brauchbarkeit für einen vorgeschrittenen Zustand der menschlichen Gesellschaft, dass sie unsere Pflichten in Bezug auf Ehe und Fortpflanzung in ein anderes Licht stellt als es vorher geschah.

„Ohne uns auf diesen Gegenstand genauer einzulassen, was zu weit führen würde, so wird man doch zugestehen, dass, wenn man den Geist von St. Paulus Erklärungen über die Ehe auf den jetzigen Zustand der Gesellschaft und die bekannte Beschaffenheit unserer Natur anwendet, der natürliche Schluss folgender zu sein scheint:

„Die Ehe ist recht, wenn sie nicht mit höheren Pflichten collidirt, andernfalls ist sie unrecht. 'Nach den allgemeinen Principien der Moralwissenschaft ist der Weg, vom Licht der Natur zum Willen Gottes zu gelangen, so zu finden, dass wir nach der Tendenz der Handlung, das allgemeine Glück zu vermehren oder zu vermindern, fragen' (Paley). Es giebt vielleicht wenige Handlungen, die so direct zur Verminderung des allgemeinen Glücks beitragen, als Heirath ohne Mittel zur Kinderunterhaltung." —

Man sieht, Malthus benutzt die Popularität der Nüzlichkeitslehre und nimmt keinen Anstoss an ihr. Er hält sie aufrichtig und ehrlich für vereinbar mit strengem biblischen Christenthum — und zwar offenbar in der Weise, dass die Uebereinstimmung der christlichen Morallehre mit den natürlichen Folgerungen der Nützlichkeitslehre die Wahrheit des Christenthums beweist, nicht umgekehrt. Diese gewissermaassen untergeordnete Stellung des Glaubens gegenüber der Wissenschaft tritt hier noch weit deutlicher hervor als bei Süssmilch, der wenigstens äusserlich und formell die Nothwendigkeit seiner „natürlichen Ordnung" aus dem geoffenbarten Willen Gottes und nicht aus seiner factisch ganz selbständigen wissenschaftlichen Beobachtung und Untersuchung ableitet.

Dies gleichzeitige Benützen verschiedener Standpuncte rührt nicht etwa davon her, dass Malthus den Anhängern aller Religionen und aller Philosophien vor Allem nur die Wahrheit seines Hauptsatzes und der daraus folgenden praktischen Regeln klar machen wollte — vielmehr liegt die Sache so, dass Malthus zu viel allgemeine Bildung, zu viel religiöses und sittliches Pathos besitzt, um etwa die Benthamitische Nützlichkeitslehre in ihrer schroffen Ausbildung zum einzigen Ausgangspunkt zu nehmen[1]) und dass er doch zu wenig Drang nach Entwicklung einer geschlossenen philosophischen Weltanschauung hatte, um die Unvereinbarkeit der ausschliesslichen Nützlichkeitslehre mit dem Geiste des Christenthums und einer jeden Ethik, in welcher der Begriff von Tugend und Sittlichkeit als ein selbständiger existirt, zu erkennen.

So kam es, dass er die Frage, warum der Einzelne das allgemeine Glück befördern soll, nicht stellte, obwohl er keineswegs nothwendige Identität oder Harmonie aller Interessen anerkannte, und dass er somit in Bezug auf die letzte philosophisch-religiöse Begründung seiner Ansichten unklar blieb — obwohl er nicht umhin konnte, stets an die höchsten Probleme von Religion und Philosophie zu streifen.

---

[1]) Die Abweichung von Bentham ohne bewussten Widerspruch gegen denselben tritt besonders deutlich in den Stellen von Buch IV, Cap. 1 hervor, wo ausgeführt wird, dass die menschlichen Leidenschaften die Grundlage all unserer Freuden und Leiden, unseres Glücks und Elends, unserer Tugenden und Laster sind — während Bentham bekanntlich die Leidenschaften nicht durch Vernunft und Pflichtgefühl zähmen, sondern geradezu durch Nützlichkeitsspeculationen verdrängen will.

Indessen diese Unklarheit führt nicht zu schwachen, falschen oder übertriebenen Consequenzen. Besonders muss hervorgehoben werden, dass seine Kenntniss der Naturwissenschaften ihn nicht zu materialistischen Verallgemeinerungen führte. Zeuge dafür sind besonders das 1. Capitel des I. und das 1. Capitel des III. Buchs, in denen bekanntlich Anregungen zu den späteren Darwin'schen Theorien enthalten sind, aber keinerlei übereilte Verallgemeinerungen vorkommen, wie wir sie später bei Quetelet und Anderen finden. — Ebensowenig führt ihn das Nützlichkeitsprincip bei der Behandlung ökonomischer Fragen zum extremen Individualismus, vielmehr ist eine social-politische Gesammtanschauung zu erkennen, die in sich consequent und geschlossen ist, und in weit höherem Maasse als bei Adam Smith von gleichmässiger Erfassung ökonomischer, politischer und ethischer Gesichtspuncte zeugt.

Um mit den ethischen Gesichtspuncten zu beginnen, so habe ich schon hervorgehoben, dass Malthus an vielen Stellen, z. B. am Schluss des 3. Cap. des III. Buchs, eine strenge sittliche Verantwortlichkeit des Individuums verlangt, von welcher die Pflicht des Einzelnen, sich leichtsinniger Kindererzeugung zu enthalten, nur eine Anwendung ist (Buch IV, Cap. 1). „Natürliche und moralische Uebel sind, wie es scheint, die Mittel, welche Gott anwendet, uns zu ermahnen, jedes Verhalten zu unterlassen, das unserer Natur nicht zusagt und daher unser Glück beeinträchtigt. Sind wir unmässig im Essen und Trinken, so wird unsere Gesundheit gestört. Geben wir den Erregungen des Zornes nach, so begehen wir gewöhnlich Handlungen, die wir nachher bereuen. Vermehren wir uns zu rasch, so sterben wir vor Armuth oder an Seuchen. Die Gesetze der Natur sind in all' diesen Fällen ähnlich und gleichförmig." „Offenbar ist Regulirung und Leitung, nicht Verminderung oder Aenderung nöthig in Bezug auf das Gesetz der Bevölkerung. Und wenn moralische Enthaltsamkeit das einzige tugendhafte Mittel zur Vermeidung der diesem Gesetz entspringenden Uebel ist, so beruht unsere Pflicht, dieselbe auszuüben, auf derselben

Grundlage, wie die Pflicht zu jeder anderen Tugend." Oder Cap. 2: „Zu den Christen würde ich sagen, dass die Schrift es auf's Klarste und Bestimmteste als unsere Pflicht hinstellt, unsere Leidenschaften in den Grenzen der Vernunft zurückzuhalten etc."

Mässigung der natürlichen Triebe erscheint als sittliche Pflicht des Einzelnen, gemässigter Fortschritt ist das Ideal, welchem nach Malthus alle politischen und socialen Institutionen dienen sollen. —

Ich werde gleich zeigen, dass und wie er den Einfluss menschlicher Institutionen zu gering schätzt; indessen er untersucht überhaupt die Frage, wie sich gesellschaftliche Einrichtungen und individuelles Thun zu einander verhalten. Jene Unterschätznng entsprang nur aus dem Bestreben, vor übereilter und radicaler Aenderung englischer Institutionen zu warnen; und wenn dieselbe im Sinne des einfachen „Laissez faire" ausgebeutet worden ist, so geschah es gegen den Geist des Werkes.

Von der französischen Revolution sagt Malthus gelegentlich der Besprechung von Condorcet's „Esquisse d'un Tableau Historique des Progrès de l'Esprit Humain": „Der Anblick einer der erleuchtetsten Nationen der Welt, welche erniedrigt ist zu einer gährenden Masse von abschreckenden Leidenschaften, Furcht, Grausamkeit, Bosheit, Rachsucht, Ehrgeiz, Tollheit und Wahnwitz, die selbst den wildesten Nationen in barbarischer Zeit zur Schande gereichen würden, müsse für seine Ideen vom nothwendigen und unvermeidlichen Fortschritt des menschlichen Geistes eine erschreckende Erschütterung sein, der nur die tiefste Ueberzeugung von der Wahrheit seiner Principien im Gegensatze zu allen äusseren Erscheinungen widerstehen könnte" (Buch III, Cap. 1).

Ebenda Cap. 2: „Die Wahrheit ist, dass, obwohl menschliche Institutionen die offenbare Ursache vieler gesellschaftlicher Missstände zu sein scheinen, und es in der That oft sind, sie doch in Wirklichkeit von unerheblicher und oberflächlicher Bedeutung sind, im Vergleich mit jenen tiefer liegenden Ursachen, die aus den Gesetzen der Natur und den Leidenschaften der Menschen entspringen." — Oder Buch IV, Cap. 6:

„Ein Pöbel — gewöhnlich die Folge zu grosser Bevölkerung — gereizt durch das Gefühl wirklicher Leiden, aber in völliger Unkenntniss von deren Ursprung, ist von allen der gefährlichste Feind (monster) der Freiheit." — „Paine bemerkt richtig, dass der wirkliche Grund eines Auflaufs immer der empfundene Mangel an Glück sei, welches auch der scheinbare Grund sein möge; aber wenn er fortfährt, zu sagen, dass irgend etwas Fehlerhaftes in der Verfassung des Staats das Glück, durch welches die Gesellschaft erhalten wird, beeinträchtigt, so verfällt er in den gewöhnlichen Irrthum, alles Unglück der Regierung zuzuschreiben." — Ebenda Cap. 7:

„Die falschen Erwartungen und überschwenglichen Forderungen der Volksführer verschafften der Regierung nicht nur einen leichten Sieg über jeden starken oder mässigen Reformvorschlag, sondern gaben sogar verhängnissvolle Mittel zu offensiven Angriffen auf die Verfassung an die Hand." —

Neben solcher Abneigung gegen leidenschaftliche und radicale Reform- resp. Revolutionspläne und übertriebenen Glauben an die Bedeutsamkeit von Institutionen wird aber nicht nur die Wichtigkeit von Ehe und Eigenthum, sowie der natürliche und nothwendige Zusammenhang beider Institutionen (Buch III, Cap. 2) erkannt, und die zu erwartende Vermehrung der Güter als Rechtfertigungsgrund des Eigenthums angeführt (Buch IV, Cap. 1), sondern es erscheint vor Allem der historisch gewordene Staat als eine der wesentlichsten Bedingungen für die Gestaltung aller socialen Verhältnisse. Buch III, Cap. 4 wird in sehr antimanchesterlicher Weise ausgeführt, wie das Handelsinteresse eines unabhängigen Staats ein anderes sei als das einer Provinz, und wie die Vereinigung von sieben Königreichen zu einem englischen Reich für die Vertheilung des Reichthums in England sehr wichtig sei. Umgekehrt wird an vielen Stellen betont, dass die Verhinderung übergrosser Bevölkerung ein catilinarisches Proletariat verhüte, das ganze Volk conservativ mache und allmäligen Fortschritt sichere — d. h. Malthus erkennt vollständig die Wechselwirkung socialer und politischer Verhältnisse. Besonders wichtig in dieser Hinsicht ist das 6. Cap. des IV. Buchs. Malthus will die durch Uebervölkerung entstehende Armuth als eine politische Gefahr entfernen, aber nicht um den besitzenden Classen gesicherten Genuss ihrer erworbenen Stellung zu garantieren, sondern um diese, und zwar insbesondere den Grossgrundbesitz, in den Stand zu setzen, seine Aufgabe, die Freiheit zu hüten und gemässigten Fortschritt anzubahnen, zu erfüllen. Alles zusammengenommen ist Malthus ein Conservativer, der nicht nur manche unabweisbare Forderungen des modernen Liberalismus acceptirt, sondern auch seine Gesinnungsgenossen vorwärts treibt, indem er entschieden von dem Gedanken erfüllt ist, dass höhere sociale Stellung höhere politische Pflichten auferlege.

„Die Anstrengungen aufgeregter und unzufriedener Männer aus den Mittelclassen könnten wir ruhig ignoriren, wenn die Armen über die wahre Natur ihrer Lage soweit aufgeklärt wären, um zu erkennen, dass sie voraussichtlich nur den ehrgeizigen Absichten Anderer dienen, ohne irgend welchen eigenen Gewinn zu erringen, wenn sie ersteren bei ihren Neuerungsplänen helfen. Die Landedelleute und die besitzenden Classen in England könnten dann ruhig wieder mit heilsamer Eifersucht sich gegen Eingriffe in ihre Macht wehren, und statt täglich die Freiheiten der Unterthanen auf dem Altar der öffentlichen Sicherheit zu opfern, könnten sie ohne jede Besorgniss vor dem Volke nicht nur ihre letztgethanen Schritte rückgängig machen, sondern fest auf jenen schrittweisen Reformen bestehen, welche der Verlauf der Zeit und die Stürme in der politischen Welt nothwendig gemacht haben, soll eine allmälige Vernichtung der englischen Verfassung verhütet werden." —

Ich kann mir nicht versagen, eine weitere charakteristische Stelle anzuführen, welche zeigt, wie Malthus überhaupt über Constitutionalismus dachte, und wie sein Ideal eine allmälige Emporhebung Aller zu einer aristokratischeren Stellung war — im Gegensatze zu einer Alle drückenden Gleichmacherei:

„Man hat oft gesagt, der einzige Grund für eine gewisse Theilnahme des Volkes an der Regierung sei darin zu suchen, dass eine Volksvertretung die beste Gewähr für gute und billige Gesetze leistet, dass aber die Sache für die Gesammtheit gerade so gut stehen würde, falls unter einem Depotismus dasselbe Ziel erreicht werden könnte. Wenn aber das repräsentative System, indem es den niederen Ständen der Gesellschaft eine billigere und wohlwollendere Behandlung seitens der Höheren sichert, jedem Individuum eine grössere persönliche Respectabilität und grössere Furcht vor persönlicher Erniedrigung verleiht, so ist es klar, dass dies System mächtig zur Sicherheit des Eigenthums beitragen muss, indem es Thätigkeit und Fleiss anspornt, Gewohnheiten der Vorsicht erzeugt, und so Reichthum und Wohlfahrt der unteren Classen stärker befördert, als dies möglich wäre, wenn dieselben Gesetze unter einem Despotismus beständen."

Was die eigentlich socialen Fragen betrifft, so durchdenkt diese Malthus — unähnlich Ricardo — in ihrer ganzen Breite. Seine Darstellung und Kritik des Communismus (Buch III, Cap. 2 u. 3), sind höchst umsichtig und dabei vorurtheilsfrei gegen die Personen z. B. Owen. Schon dadurch, dass die Möglichkeit eines Zustandes ohne Sondereigenthum überhaupt erwogen, die Frage nach der Lebensfähigkeit des Communismus in der Zukunft aufgeworfen, und die Nothwendigkeit resp. Nützlichkeit des Sondereigenthums bewiesen wird, erhebt sich Malthus über jene Nationalökonomen, die das Sondereigenthum ohne Weiteres als naturrechtliche Selbstverständlichkeit hinnehmen. Die jetzige Welt mit dem Sondereigenthum und dem Egoismus als **Haupttriebfeder** der menschlichen Handlungen erscheint dabei Malthus nicht als vollkommene, nur als die relativ beste der Welten, in welcher immer mehr allmälig und schrittweise gebessert werden könne und solle. Eine andere Frage, die Malthus aufwirft und sehr eingehend realistisch untersucht, ist die, ob bei zunehmendem Reichthum der Gesammtheit die Lage der Arbeiter verbessert werde oder nicht. Malthus wünscht Verbesserung der Lage der arbeitenden Classen von Herzen herbei und er beantwortet die Frage nicht mit einer abstracten, allgemein gültigen Formel, sondern indem er ein gewissermaassen ideales Ziel hinstellt, und die Mittel und Wege sucht, wie man sich allmälig diesem Ziele nähern könne (Buch IV, Cap. 13):

„Man hat allgemein beobachtet, dass die Mittelclassen der Gesellschaften am meisten Neigung zu tugendhaften und fleissigen Gewohnheiten und am meisten Fähigkeit zur Entwicklung aller Talente besitzen. Aber es ist klar, dass nicht Alle in der Mitte sein können. Obere und untere Stände sind der Natur der Dinge nach absolut nöthig, ja sogar sehr heilsam. Wenn Niemand hoffen könnte, in der Gesellschaft höher zu steigen, Niemand zu fürchten brauchte, zu sinken — wenn Fleiss nicht seinen Lohn, Faulheit nicht ihre Strafe mit sich brächte, so könnten wir nicht jene lebendige Thätigkeit zur Verbesserung unserer Lage erwarten, welche heute die Hauptquelle des öffentlichen Wohls ist. Allein wenn wir die verschiedenen Staaten Europas betrachten, entdecken wir beträchtliche Verschiedenheit in dem Verhältniss der höheren, mittleren und unteren Stände, und durch die Wirkung dieser Verschiedenheiten wird es wahrscheinlich, dass unsere bestbegründeten Hoffnungen, eine Zunahme des Glücks der Masse der Menschheit zu erreichen, auf der Aussicht auf eine relative Zunahme der Mittelclassen beruhen. Und wenn die niederen Volksclassen die Gewohnheit angenommen haben, das Angebot von Arbeit einer stationären und selbst abnehmenden Nachfrage anzupassen, ohne eine Zunahme von Elend und Sterblichkeit wie gegenwärtig, so können wir uns sogar der Hoffnung hingeben, dass dereinst der Process der Verminderung der menschlichen Arbeit, welcher in den letzten Jahren so rasch vorgeschritten ist, dahin führen wird, dass alle Bedürfnisse der reichsten Gesellschaft mit weniger persönlicher Anstrengung befriedigt werden als heute; dass wenigstens die Zahl Derjenigen, die hart arbeiten müssen, kleiner wird, wenn auch die Härte der persönlichen Anstrengung nicht vermindert wird. Werden auf diese Weise die unteren Classen weniger zahlreich und die mittleren zahlreicher, so kann jeder Arbeiter sich eher der auf Vernunft begründeten Hoffnung hingeben, durch Fleiss und Thätigkeit in eine bessere Lage zu kommen; die Belohnung für Anstrengung und Tugend würde häufiger werden, die Lotterie der menschlichen Gesellschaft aus weniger Nieten und mehr Treffern bestehen und die Summe des socialen Glücks entschieden zunehmen." —

Wir erkennen hieraus die Idee des socialen Fortschritts durch allmälige Emporhebung eines wachsenden Theils des Proletariats und Aufhebung des absoluten Elends des letzteren; das Zugeständniss, dass die gegenwärtige Gütervertheilung nicht absolut gerecht (wenn auch keine durch Gewalt umzustürzende Ungerechtigkeit) ist: kurz, das Programm der socialen Reform im doppelten Gegensatz zu optimistischem socialem Conservatismus und zu socialer Revolution.

Dieser Glaube an Fortschritt und dieser Wunsch nach Reform tritt noch an vielen Stellen, besonders auch in den Schlussworten des ganzen Werks hervor, wobei diese Ansichten in deutlich erkennbarer Verbindung mit den sonstigen Grundanschauungen des Verfassers auftreten. (Buch, IV, Cap. 14):

„Alles zusammen genommen sind unsere Aussichten in Bezug auf Milderung der aus dem Bevölkerungsgesetz hervorgehenden Uebel zwar nicht so glänzend als wir wünschen möchten, aber doch keineswegs ganz entmuthigend und keineswegs brauchen wir an jener allmälig fortschreitenden Verbesserung der menschlichen Gesellschaft zu verzweifeln, welche vor den jüngsten wilden Speculationen über diesen Gegenstand das Ziel vernünftiger Hoffnungen war. Den Gesetzen des Eigenthums und der Ehe und dem scheinbar engherzigen Princip der Selbstsucht, welches jedes Individuum antreibt, sich zur Verbesserung seiner Lage anzustrengen, verdanken wir alle edelsten Bethätigungen des menschlichen Geistes, Alles, was die Civilisation von der Barbarei unterscheidet. Eine genaue Untersuchung des Bevölkerungsgesetzes zwingt uns zu dem Schluss, dass wir niemals die Leiter, die uns so hoch hat steigen lassen, umwerfen können; aber keineswegs beweist es, dass wir durch dieselben Mittel nicht noch höher steigen können. Die Structur der Gesellschaft in ihren grossen

Zügen wird wahrscheinlich immer unverändert bleiben. Wir haben allen Grund, anzunehmen, dass sie stets aus einer Classe von Besitzern und Arbeitern bestehen wird. Aber die Lage beider und ihr Verhältniss zu einander können sich so verändern, dass die Harmonie und Schönheit des Ganzen bedeutend zunehmen.

„Das theilweise Gute, welches erreichbar erscheint, ist all unserer Anstrengung werth — und wenn wir auch nicht hoffen können, dass Tugend und Glück der Menschen mit dem glänzenden Fortschritt der Entdeckungen in der Natur Schritt halten werden, — so dürfen wir doch, wenn wir es an uns nicht fehlen lassen, zuversichtlich annehmen, dass die ersteren in nicht unbeträchtlicher Ausdehnung durch den Fortschritt der letzteren beeinflusst und an ihrem Erfolg theilnehmen werden."

Man sieht, Malthus kennt die Naturwissenschaften, ohne aus ihnen sanguinische und unhaltbare Analogien zu entnehmen; er hält gleich den andern classischen Nationalökonomen an den Principien des Sondereigenthums und des Egoismus fest; aber aus bestimmten Gründen, und weder um zu einem heuchlerischen Optimismus, noch zu einem Hohn auf alle Versuche zur Verbesserung des Looses der Arbeiter zu gelangen, sondern aus Gegensatz zu revolutionären Uebertreibungen, und um seinen Glauben an die Nothwendigkeit allmäliger Ausbildung und Vervollkommnung des historisch Gewordenen zu begründen. — Kurz, in Malthus tritt uns freilich kein schärferer, aber ein minder einseitiger Philosoph entgegen, als in Bentham (vergl. unten); ein Mann mit umfassender politisch-socialer und naturwissenschaftlicher Bildung, welche die Bildung Ricardo's unendlich überragt. Die scharfe Vertheidigung des Sondereigenthums und der Selbstliebe stimmt im Erfolg mit dem Manchesterthum überein und verräth gelegentlich, dass Malthus von den Ideen der Zeitgenossen angesteckt war — aber die Motive sind andere wie bei den Manchestermännern, wie schon der Umstand beweist, dass Ehe und Eigenthum gewöhnlich in Verbindung miteinander besprochen werden, und dass die egoistischen Klugheitslehren sich in wahrhafte Moralgesetze verwandeln.

Zum Schlusse müssen nun zwei Eigenthümlichkeiten von Malthus — seine eigentlichsten Schwächen besprochen werden, nämlich seine Vertheidigung der Kornzölle, und die Einseitigkeit, mit der er den Armen allein eine schwere sittliche Pflicht auflegte, während er die parallelen Pflichten der Reichen nicht gleichmässig betonte; und mit der er hoffte, diese Pflichten den Armen durch Belehrung einleuchtend zu machen und sie so durchzusetzen. In diesen beiden Lehren zeigt sich auch Malthus' sociale Parteistellung am deutlichsten; er vertritt das Interesse des aufgeklärten Grundbesitzers — freilich bei Weitem nicht in jener nackten Schroffheit, mit der Ricardo für das Capital in die Schranken tritt.

Die Kornzölle sind die Frage, welche in der ganzen Zeit bis zu ihrer Abschaffung den sichersten Probstein für die sociale und socialpolitische Stellung eines praktischen oder theoretischen Politikers abgiebt.

Im Dienste des Kampfes gegen die Kornzölle entwickelte Ricardo seine abstracte Grundrententheorie. Malthus ist für die Erhaltung der Kornzölle, während er im Uebrigen freihändlerisch ist wie Ricardo. Man kann Malthus nicht darin zustimmen, da die Kornzölle gegenüber der unaufhaltsamen industriellen Entwicklung und den Bedürfnissen der wachsenden industriellen Bevölkerung unhaltbar waren und seine Argumentationen mussten den Tendenzen derjenigen Landedelleute dienen, welche den Geist der neuen Zeit ihren Geldinteressen zu unterwerfen strebten, gerade so, wie ja auch Malthus' Rath, die officielle Armenflege abzuschaffen, zuvörderst den Geldinteressen der Grundbesitzer willkommen war. —

Wir werden öfter sehen, wie der für seine Geldinteressen und politischen Privilegien gegen das bewegliche Capital kämpfende grundbesitzende Adel trotz aller einzelnen Ausnahmen im Ganzen doch mehr Staatsgefühl bewahrte, als seine Gegner und in seinem Kampfe manche Institutionen zum Heile des Ganzen erhielt resp. durchsetzte. Malthus' Buch ist gewissermaassen ein Vorbild für diesen Entwicklungsgang,

indem seine Vertheidigung der Kornzölle ihm gerade die
Hauptgelegenheit zur Entwicklung staatsmännischer im Gegensatz zu rein manchesterlichen Anschauungen giebt, und indem
sein Kampf gegen die Armengesetze mit dem ernstesten Willen
die Lebenshaltung der Arbeiter zu heben Hand in Hand geht.

Schon in den Untersuchungen über Armengesetze Buch III,
Cap. 7 kann man direct herauslesen, dass Kornverbilligung
durch freien Import den Armen nichts nützen könne, weil
sie nicht mit gesteigerter Arbeitsnachfrage zusammenfalle.
Es folgen nun Cap. 8—12 Untersuchungen über die Lage
von Ackerbau- und Handelsstaaten und über Kornzölle; hierbei wird der Segen und die Wichtigkeit des Ackerbau's etwas
überschätzt, wenn auch keinenfalls in dem Maasse, wie die
späteren Freihändler Handel und Industrie für die einzige
Quelle alles Heils erklärten. Cap. 8: „Handel und Industrie
sind dem Ackerbau nöthig, der Ackerbau ersteren aber noch
nothwendiger. Es bleibt immer wahr, dass der Ueberschuss
des Products der Ackerbauer dem Wachsthum des nicht mit
Bodencultur beschäftigten Theils der Bevölkerung Maass und
Grenze setzt." Die Untersuchung der Lage von Ackerbau-
und Handelsstaaten endigt mit dem Resultat (Cap. 10), dass
die Verbindung des Ackerbau- und Handelssystems dem Gemeinwohl am förderlichsten sei und zwar sollen sich beide die
Waage halten. Handel und Industrie können nur da aufblühen, wo Feudalismus und Sclaverei überwunden sind, und
Sicherheit des Eigenthums herrscht; durch ihre Blüthe wird
vorzeitige Stagnation der Arbeitsnachfrage verhütet, beständiger Absatz der Bodenproducte gesichert. Ein Uebergewicht
der Industrie dagegen macht das Land vom Ausland abhängig,
und es muss ein Rückschritt in der Entwicklung des Nationalwohlstandes eintreten, sobald andere Länder ebenfalls ihre
eigene Industrie entwickelt haben werden. —

Also vornehmlich um die Selbständigkeit des Landes
und einen gleichmässigen Fortschritt des Nationalwohlstandes
zu sichern, werden Kornexportprämien entschuldigt, Korneinfuhrzölle gerechtfertigt — wenigstens für Länder mit vielem
fruchtbarem Boden und wenig schwankendem Ernteertrag.

Als Nebengründe erscheinen noch die Gleichmässigkeit der Getreidepreise und die höhere Productivität des Ackerbaus.

Malthus macht also vom Laissez-faire-Princip eine Ausnahme zu Ehren seiner allgemeinen Wünsche für politischen und socialen Fortschritt. Nicht die Steuerlasten des Grundbesitzes, nicht die Behauptung, der inländische Handel würde ohne Kornzölle ruinirt werden, machen ihn zum Vertheidiger dieser Institution, sondern seine Abneigung gegen den Zustand, demzufolge Handel und Industrie überwiegend und allein tonangebend im Lande sind, und die Interessen dieser weniger sichern Quellen des Erwerbs dominirend werden. Es lässt sich nicht leugnen, dass damit die schwache Seite der durch freien Kornhandel begünstigten einseitigen industriellen Entwicklung getroffen ist. Obwohl Malthus etwas Unmögliches verlangte — wie die Zukunft lehrte — und sich irrte, weil er zumeist nur Englands Handel mit den andern europäischen Ländern, nicht mit der ganzen Welt ins Auge fasste, obwohl er factisch das Interesse eines Standes vertrat — man darf nicht vergessen, dass er niemals sophistische oder leidenschaftliche Gründe vorbrachte, wie die meisten Freihändler, sondern dass er nur aus seiner Auffassung vom dauernden Gemeinwohl heraus und mit der grössten Vorsicht operirte.

Cap. 12: „Wir haben in den vorangehenden Capiteln die besonderen Nachtheile eines ausschliesslichen Ackerbau- oder Handelssystems betrachtet, sowie die besonderen Vorzüge eines Systems, in welchem beide vereint sind und zusammen blühen. — Es ist offenbar möglich, durch Korneinfuhr-Beschränkungen ein Gleichgewicht zwischen den Ackerbau und Handel treibenden Classen zu erhalten. — Das Ziel kann wohl sicher erreicht, aber es kann zu theuer erkauft werden. Und für diejenigen, die nicht von vornherein alle derartigen Untersuchungen als Verstoss gegen ein von ihnen heilig gehaltenes Princip verwerfen, muss es als eine höchst wichtige praktische Frage erscheinen, ob man nicht ein Gleichgewicht zwischen Ackerbau und Handel unter Umständen künstlich erhalten solle, wenn es nicht von Natur stattfindet." „Völlige Handelsfreiheit ist ein, wie zu befürchten steht, nie ganz erreichbares Ideal. Dennoch müssen wir streben, uns derselben so weit als möglich anzunähern. Sie muss stets als die grosse allgemeine Regel betrachtet werden. Und wer eine Abweichung vorschlägt, muss die Ausnahme klar beweisen." —

Hat sich Malthus hier aus sehr entschuldbaren Gründen getäuscht, so irrte er in Bezug auf seine Ansichten über die arbeitenden Classen auch nicht aus verwerflichen Motiven, wohl aber in Folge einer nicht zu entschuldigenden Einseitigkeit.

Er will alle officielle Armenpflege abgeschafft wissen als nutzlos, nur Privatwohlthätigkeit für individuelle Fälle soll geduldet werden; Malthus hält ferner Gewerkvereine nicht nur für ungesetzlich, sondern auch für unnatürlich und unwirksam; er verwirft nicht nur die Vorschläge eines Spence, Paine und Owen, sondern auch die gesammten Tendenzen von Cobbett (ohne ihn jedoch zu nennen [Buch III, Cap. 7]); er hält zwar Fabrikgesetze für gut und erkennt die schlimmen socialen Wirkungen der Grossindustrie vollständig; er wünscht Hebung der arbeitenden Classen in jeder Hinsicht — aber, um zu seinem Ziele zu gelangen, verlangt er nur von dem Proletariat selbst eine strenge sittliche Enthaltsamkeit, während er von der Regierung nur unerhebliche Uebergangsmaassregeln, von den besitzenden Classen so gut wie nichts verlangt.

Dieser einseitige Appell an die Selbsthülfe hat nun nicht nur unleugbar im Effect etwas Hartes und Inhumanes, er ist zugleich evident unpraktisch. Denn es ist mehr als naiv, zu glauben, dass ein wirkliches Proletariat zu Ehren einer bessern Zukunft den Malthus'schen Rath befolgen werde. Die Verallgemeinerung, nicht Ausgleichung des Besitzes, oder doch die Verallgemeinerung der Hoffnung auf Besitz muss erst vollzogen sein, ehe an eine Verallgemeinerung der moralischen Enthaltsamkeit zu denken ist,[1]) Jenes oben erwähnte Mal-

---

[1]) Dies spricht sehr schroff aus der Zeuge Alexander Richmond im Second Report on Artizans and Machinery, März 1824:

„In the theory Mr. Malthus has laid down the general proposition

thus'sche Ideal von der relativen Zunahme der Mittelclassen muss zuerst, oder doch selbständig, angestrebt werden; es wird sich niemals aus moralischer Enthaltsamkeit eines hoffnungslosen Proletariats entwickeln. Es ist gewiss weise, dass Malthus gesetzliche Heirathsbeschränkungen verschmäht; dass er aber alle Verbesserung der Lage der untern Classen nur von der moralischen Enthaltsamkeit und diese nur von wachsender Einsicht und Belehrung durch Schulen erwartet — dies erinnert in der That an die Schwäche jener zahlreichen manchesterlichen Optimisten und Weltbeglücker, die allen denkbaren socialen Missständen gegenüber immer wieder nur das unfehlbare Mittel vermehrter Bildung anzupreisen wissen.

Dies ist die eigentliche Schwäche von Malthus und er hat im Grunde allein schädlich dadurch gewirkt, dass er in seinem Eifer gegen Communismus die Bedeutung gemässigter socialer Reform und socialer Organisation durch planmässige That von Gesellschaft und Staat unterschätzte. Er vergass, dass unsinnige Vermehrung des Proletariats nur mit der Abnahme des Proletariats selbst abnehmen, nur mit seinem Verschwinden selbst verschwinden kann, dass eine gesundere Vertheilung — nicht Gleichheit — des Besitzes Voraussetzung, nicht Folge einer vorsichtigen Bevölkerungsvermehrung ist. Man sieht, nicht nur im Dienste des bürgerlichen und proletarischen Radicalismus, auch im Dienste des altenglischen Conservatismus erzeugt die Neigung zu den Principien des Individualismus und des Laissez faire schliesslich unhaltbare Abstractionen!

Ja, man wird sogar sagen können: Wenn Malthus gegenüber den bestehenden Armengesetzen behauptet, kein Individuum habe der Gesellschaft gegenüber ein **Recht auf Existenz**, so ist dies nur insofern wahr, als es keine Einrichtungen giebt, die einer beliebigen Menge von Menschen das Alter des Psalmisten sichern **können**: aber der menschlichen

---

is correct. But the actual operation of the thing is in an inverse ratio. The demoralization of the people is keeping pace exactly with the reduction of the price of labour", d. h. bei hohem Lohn entsteht Vorsicht, bei niedrigem Leichtsinn in Bezug auf die Fortpflanzung.

Gesellschaft wird das Bewusstsein nicht zu nehmen sein, dass es eine grosse letzte Instanz von Versicherung gegen den Hungertod geben müsse, sei es, dass Kirche, Staat oder Gemeinde diese Versicherung übernehmen. Einen Beweis für die Wahrheit dieses Bewusstseins kann man freilich nicht anders führen, als indem man die Thatsache seiner Existenz bei allen civilisirten christlichen Völkern constatirt. Die Ueberzeugung von der Nothwendigkeit einer solchen Versicherung hat freilich vielfach zu einer unsinnigen schädlichen Armenpflege geführt und dennoch niemals vermocht, das Elend in all seinen Abstufungen und den indirekten Hungertod, um mich so auszudrücken, zu verhüten. Aber sie zwingt uns zur Errichtung eines Systems öffentlicher Armenpflege zur Ergänzung der Selbsthilfe wenigstens in den äussersten Nothfällen. Was aus dem wahren Inhalt von Malthus' Lehren mit Recht gefolgert werden kann, ist nicht Abschaffung aller officiellen Armenpflege, sondern möglichste Einschränkung ihres Gebiets durch Vorsicht und Weisheit der Verwaltung einerseits — durch positive That zur Verminderung des Proletariats und des Pauperismus andererseits.

Der Vorschlag der Abschaffung aller officiellen Armenpflege ist ein höchst radicaler, während sonst doch Malthus immer gegen radicale Maassregeln stimmt. Es ist nicht wunderbar, dass Jemand zu dieser Idee kam, nachdem alle Versuche, die Armenpflege auf eine rationelle Weise zu lösen, in England seit den Tagen der Elisabeth fehlgeschlagen hatten. Ja, es ist sogar wahr, dass gar keine Armenpflege besser ist, als die Armenpflege mit dem Allowance-System zu Malthus Zeiten war. Dennoch verlangte Malthus hier etwas Unmögliches, das wohl wesentlich die zahllosen ungerechten Beurtheilungen der Motive des Mannes hervorgerufen hat, — des Mannes, der trotz seiner Irrthümer an Tiefe des Geistes, Breite der Bildung und Adel des Charakters so hoch über Ricardo, dem Propheten der Herrschaft des Krämerthums, steht.

Buch III cap. 2 führt Malthus aus, dass „aus den Institutionen von Eigenthum und Ehe Ungleichheit der Lage entstehen muss, dass die nach der Theilung des Besitzes Geborenen in eine bereits in Besitz genommene Welt kommen." Dennoch denkt er nicht an Beeinflussung der sich beständig neu vollziehenden Besitztheilung, sondern meint, „dass in Folge der unerbittlichen Gesetze der menschlichen Natur einige menschliche Wesen dem Mangel ausgesetzt sein müssen." Im dritten Capitel werden Owen's Bemühungen für Verkürzung der Arbeitszeit in Fabriken und für Verbreitung von Schulen warm gelobt, die Irrthümer der Arbeiter als entschuldbar bezeichnet — allein zu ihrer Hebung giebt es doch kein anderes Mittel, als „Geduld und schrittweise Verbreitung von Bildung und Kenntnissen." —

Im fünften Capitel sagt uns Malthus: „Niemand wünscht wärmer als ich ein reelles Steigen des Preises der Arbeit"; er glaubt nicht an einen natürlichen, unveränderlichen Hungerlohn, aber das Steigen des Lohnes köune nur durch Veränderung „des Verhältnisses zwischen der Menge der Consumtionsmittel und der Consumenten" bewirkt werden. In Theuerungszeiten soll man den Nothleidenden wohl „temporary aid" gewähren, wie im siebenten Capitel ausgeführt wird, aber nur nicht durch Lohn- und Preisregulirungen. Das sechste Capitel sagt: „Ich bin überzeugt, dass wenn die Armengesetze bei uns nie existirt hätten, die Gesammtsumme von Glück unter dem niederen Volke weit grösser wäre als jetzt, wenn auch einige grosse Nothfälle mehr vorgekommen wären. Der Grundfehler aller dieser Systeme ist der, dass sie die Lage der nicht Unterstützten verschlimmern, und mehr Arme erzeugen." Ebenda wird die Niederlassungsgesetzgebung kritisirt, den Armengesetzen Demoralisation der Arbeiter, den Arbeitshäusern die Wirkung zugeschrieben, dass sie alle Arbeiter abhängiger machen — dies Alles ist richtig, nicht aber die Folgerung, dass die anderweitige Vertheilung des vorhandenen Besitzes nie zu etwas nützen könne, welche Folgerung sich in den Worten ausspricht, womit das Armengesetz der Elisabeth beurtheilt wird:

„Was heisst dies anders als die Behauptung aufstellen, dass die Unterhaltsmittel für die Arbeiter in diesem Land sich nach Belieben und ohne Schranke durch Befehl der Regierung oder Umlage der Aufseher vermehren lassen? Genau genommen ist dies so arrogant und absurd als ein Befehl es wäre, demzufolge zwei Aehren Weizen auf derselben Stelle wachsen sollten, wo bisher nur eine wuchs."

Das 7. Capitel führt die gleichen Gedanken weiter fort und sagt: „die Hauptursachen der Zunahme des Pauperismus, unabhängig von der jetzigen Krisis, sind erstens in der allgemeinen Zunahme des Manufactursystems und den unvermeidlichen Schwankungen in der industriellen Production und zweitens insbesondere in der in manchen Ländern angenommenen und jetzt in ganz England verbreiteten Praxis, einen beträchtlichen Theil dessen, was Arbeitslohn sein sollte, aus Kirchspielsteuern zu zahlen, zu suchen." —

Daraus wird aber nicht die Nothwendigkeit von Sanitäts- und Gewerbegesetzgebung, und die Abschaffung der Auswüchse der öffentlichen Armenpflege, sondern eben stets die Abschaffung der letzteren selbst gefolgert.

Das 13. Capitel (Buch III) erkennt an, dass die Frage nach der Vertheilung des Gesammtreichthums unter die einzelnen Stände noch wichtiger ist, als die Frage nach der Zunahme des letzteren — Malthus constatirt, „dass die Mittel zum Unterhalt von Arbeitern nicht nothwendig mit dem Gesammtreichthum und selten im Verhältniss zu letzterem wachsen," — und dass „bei einem natürlichen regelmässigen Fortschritt eines Landes zu einem Zustand grossen Reichthums und grosser Bevölkerung die arbeitenden Klassen nothwendig zwei Nachtheilen ausgesetzt zu sein scheinen" — nämlich der abnehmenden Möglichkeit, ihre Kinder zu erhalten, ungesunderen Beschäftigungen, und Schwankungen der Arbeitsnachfrage. Ausdrücklich wird der letztere Nachtheil als Folge der Fabrik- und Maschinen-Industrie hingestellt, welche aber ihrerseits wieder die Freiheit, die Consumtion von Industrieproducten und den Fleiss unter den niedern Classen begünstigt.

Daraus wird aber nicht die Nothwendigkeit eines besonderen Einschreitens gegen die Nachtheile der Grossindustrie abgeleitet, sondern, wie namentlich die Schlussworte des 13.

und des 14. Capitel beweisen — Malthus ist im Allgemeinen der Meinung, dass sich Vortheile und Nachtheile die Waage halten, und jedenfalls allein die moralische Enthaltsamkeit der Arbeiter helfen kann. „Nur die Verbindung individueller Vorsicht mit der Geschicklichkeit und dem Fleiss, die den Reichthum erzeugen, kann auf die Dauer den unteren Classen der Gesellschaft jenen Antheil am allgemeinen Reichthum sichern, dessen Besitz in jeder Hinsicht so wünschenswerth für dieselben ist." —

Im 6. Capitel des IV. Buchs findet Malthus selbst, dass es etwas Befremdendes habe, den untern Classen die Verschuldung ihrer Leiden fast ausschliesslich allein zuzuschreiben — tröstet sich aber völlig damit, dass die Einsicht dieser Wahrheit der Freiheit nicht gefährlich, sondern förderlich ist, ohne sich über die Inhumanität des Satzes Gedanken zu machen. Der Plan zur allmäligen Abschaffung der Armengesetze (Cap. 8), welcher mit der öffentlichen Widerrufung des Rechts auf Armenunterstützung, d. h. mit der Erklärung, dass Kinder, die nach einem gewissen Zeitpunct geboren werden, kein Recht auf Kirchspielunterstützung beanspruchen dürfen, beginnen soll, ist evident unpraktisch. Noch unpraktischer ist offenbar im folgenden Capitel der Gedanke, es müsse die öffentliche Meinung allgemein dahin bearbeitet werden, einzusehen, dass Niemand eine Familie begründen solle, ohne gesicherte Unterhaltsmittel dafür zu haben. — Bei allen Leuten, die nicht geradezu reich sind, macht es einen gewaltigen Unterschied, ob sie drei, sechs oder zwölf Kinder zu erhalten haben, und die offenbar aus sittlichen Motiven beliebte Beschränkung des Raths zu moralischer Enthaltsamkeit auf die Zeit vor der Ehe macht diesen Rath selbst ganz illusorisch. Ja selbst dies kann man nicht leugnen, dass Malthus über die unter den spät heirathenden Männern der besitzenden Classe herrschende Prostitution milder denkt — wenigstens beweist dies sein Schweigen — als dies gegenüber seinem heiligen Zorn gegen zu frühes Heirathen der Armen gerechtfertigt erscheint.

Im 12. und 13. Capitel gesteht Malthus den Nutzen von

Sparcassen und anderen Einrichtungen, welche dem Arbeiter den Eigenthumserwerb erleichtern sollen, zu — weist aber sehr gelehrt und theilweise richtig nach, dass kein einzelnes solches Mittel durchgreifend und allgemein zu helfen vermöge. Aber warum kommt er nicht auf die Idee, dass viele Einrichtungen, welche das Loos des Arbeiters sichern und ihm Eigenthum zugänglicher machen sollen, zusammengenommen doch viel bessern können und jedenfalls wirksamer sind als das Aussprechen von Sätzen, die in der Praxis als Phrase erscheinen, wie z. B. die Schlussworte von Buch IV, Cap. 9:

„In den meisten Ländern scheint eine Art „standard" des Elends in den unteren Classen zu existiren, ein gewisser Punkt, bei welchem das Heirathen und das Sichfortpflanzen aufhört. Dieser Standard ist nach Ländern verschieden, — die Ursachen seiner Hebung sind hauptsächlich Freiheit, Sicherheit des Eigenthums, Verbreitung von Bildung, Geschmack für Annehmlichkeiten und Bequemlichkeit des Lebens — während Despotismus und Unwissenheit ihn noch herabdrücken. — Wollen wir die Lage der arbeitenden Classen verbessern, so müssen wir diesen Standard so hoch als möglich steigern durch Pflege eines Geistes der Unabhängigkeit, des anständigen Stolzes, des Sinnes für Reinlichkeit und Bequemlichkeit. Die Wirkung, welche eine gute Regierung auf die vorsichtigen Gewohnheiten etc. bei den niederen Ständen hat, wurde schon betont; sicherlich aber wird diese Wirkung immer unvollkommen bleiben ohne ein gutes System des Unterrichts."

Ich habe Malthus vielfach mit seinen eigenen Worten sprechen lassen, eben weil er verhältnissmässig wenig genau gekannt wird. Das Angeführte dürfte genügen, zu zeigen, dass Malthus, geistesverwandt mit Burke, in der Fülle seiner socialen und politischen Ideen einen rühmlichen Gegensatz zu Bentham und Ricardo bildet. Wo er theoretisch zu Letzterem im Gegensatz steht, müssen wir ihm immer Recht geben; wo er praktisch von ihm abweicht, wie betreffs der Kornzölle, freilich nicht. Aber wir finden jedenfalls bei dem Vergleich der beiden classischen Nationalökonomen die so häufig beobachtete Thatsache bestätigt, dass diejenigen, welche, wenn auch nur theilweise sich gegen gewisse Zeitideen auflehnen, mehr Geist und Bildung aufwenden und daher lehrreicher wirken, als diejenigen, die voll und unbedingt mit den praktisch zur Herrschaft gelangenden Ideen marschiren, und mehr durch einseitige, aber allgemein geglaubte Redensarten und durch Appell an die Leidenschaften einen grossen Einfluss gewinnen.

Trotz dieser Vorzüge war Malthus kein Reformator, der etwa in England schöpferische sociale und politische Ideen vertreten hätte, wie gleichzeitig Stein in Deutschland es that.

Er erkannte den Zusammenhang von Staat und Gesellschaft, er wollte allmälige sociale Reform, aber im Grunde nur durch individuelle Selbsthülfe, wenn er sich diese auch sittlich, nicht nur durch Speculation bestimmt dachte; die zwischen der reinen Selbsthülfe und der Revolution liegende Organisation verstand er nicht. Und weil diese Schranke, die er seinen Reform-Hoffnungen und -Plänen durch die Ausschliesslichkeit der Selbsthülfe auferlegte, praktisch besonders wirksam war, von Conservativen und bürgerlich Liberalen gleichmässig gern acceptirt wurde, so kann und muss er zu den Vertretern der classischen Nationalökonomie gerechnet werden, obwohl ihm persönlich die Absicht staatsauflösender Tendenzen ferne lag.

Adam Smith — Ricardo — Malthus mögen hier genügen, wenn wir die classische Nationalökonomie als ein wichtiges geistiges Element schildern wollen, das die socialen Bewegungen des englischen Lebens beeinflusst hat.

Doch eine Stelle aus Mac-Culloch sei hier noch mitgetheilt, weil sie uns in aller Kürze die Grundzüge des oft erwähnten Manchesterthums zu enthalten scheint und dadurch bezeichnend wird für den Geist, der in den Nachfolgern der drei grossen classischen Nationalökonomen herrschte. Wir lesen im II. Bande des Statistical account, S. 35 und 36:

„Die dem Fortschritte der Manufacturen und der Industrie günstigen Verhältnisse sind theils moralische, theils physische. Die wichtigsten der ersteren Art scheinen zu sein: Sicherheit und freie Verfügung über das Eigenthum; Abwesenheit von Monopolen und Nichtintervention der Regierung in industrielle

Unternehmungen; Verbreitung von Bildung im Volke; freundliche Aufnahme von Fremden; Wetteifer und Energie, hervorgerufen durch Ungleichheit des Besitzes. — — Es ist sicher, dass nichts uns in höherem Grade klarsehend und scharfsinnig macht als der Wunsch, unsere eigenen Interessen zu verfolgen. — — Das Princip, dass die Individuen im Allgemeinen ihren eigenen Vortheil selbst am besten erkennen, ist jetzt allgemein als das allein wahre und sichere anerkannt. Kein Schriftsteller von Autorität hat in der jüngsten Zeit gewagt, die veraltete und unhaltbare Lehre aufrecht zu erhalten, dass die Regierung in die Bestrebungen der Unterthanen regulirend mit gutem Erfolg eingreifen könnte. Ihre Aufgabe ist es, Ordnung zu halten, zu verhindern, dass die Einen den Andern Unrecht thun, kurz, gleiche Rechte und Privilegien Aller aufrecht zu erhalten. Aber sie kann keinen Schritt weitergehen, ohne das Princip der Nichtintervention zu verlassen und sich dem Vorwurfe der Parteilichkeit und Ungerechtigkeit auszusetzen."

§ 4. Die conservativen Nationalökonomen.

Auf keinem Gebiete feierte der Utilitarianismus grössere Triumphe als auf dem der Nationalökonomie. Man isolirte die Betrachtung der wirthschaftlichen Erscheinungen und wendete den utilitarischen Gesichtspunkt auf diesem Gebiete dann als etwas ganz Selbstverständliches an. Auch dass die classische Nationalökonomie auf dem wirthschaftlichen Gebiete in weitgehendster Weise individuelle Freiheit verlangte, erregte verhältnissmässig wenig Anstoss, der Zusammenhang des Postulats des laissez faire auf wirthschaftlichem Gebiet mit dem politischen Individualismus wurde weniger bemerkt, weil weitgehende wirthschaftliche Freiheit in England praktisch schon weit früher als anderswo bestand.

Wir haben heute erkannt, dass die Nationalökonomie der Physiokraten, sowie die von Adam Smith und Ricardo gerade die ausgebildetste Frucht des Individualismus und

Rationalismus des vorigen Jahrhunderts ist, und streben danach, sie zu reformiren, soweit sie in Folge dieser Grundlage auch in ihrem beschränkten Gebiete zu extremen und einseitigen Folgerungen kam.

Anklänge solcher Erkenntniss und Versuche solcher Reform finden wir auch in England, sie blieben aber noch schwächer als die Reaction gegen den politischen Radicalismus und noch mehr wie bei Burke finden wir bei den dem Zeitgeist gegenüber selbständigeren Nationalökonomen, dass sie sich inconsequenter Weise dem Utilitätsprincip unbedingt beugen.

Schon bei Malthus haben wir gesehen, wie er trotz allgemeiner philosophischer und historischer Bildung, trotz seines Appells an die individuelle Sittlichkeit praktisch zumeist als Bundesgenosse Ricardo's wirkte und wie er sich auf die Nützlichkeit trotz alles Bibelglaubens berief. Eine consequentere Verwerthung einer höheren Auffassung von Menschen und Staat finden wir erst später z. B. bei den christlichen Socialisten; in unserer Periode traten wohl auch Nationalökonomen auf, welche sich zu der Lehre Ricardo's in bewussteren und schärferen Gegensatz stellten als Malthus, aber ihre Forderungen beschränken sich doch nur auf wenige nicht durchschlagende Puncte und ihre principielle Stellung bleibt äusserst schwach. Sie wollen einfach auch in wirthschaftlichen Dingen ein Festhalten an den conservativ-christlichen Grundlagen des englischen Volkslebens — ohne aus ihrer humaneren Auffassung des ganzen Menschen eine Umgestaltung aller wirthschaftlichen Lehrsätze, eine principielle Unterordnung der materiellen Interessen unter idealere Bestrebungen abzuleiten.

Wohl der hervorragendste dieser Nationalökonomen, die ich conservative nenne, weil sie sich einen gewissen conservativen christlichen Sinn bewahrt haben, ist Thomas Chalmers. Von seinen beiden Hauptwerken „The Christian and Civic Economy in Large Towns" (1821 u. 1823) und „On Political Economy in connexion with the moral state and moral prospects of Society" (1832) führt das erstere aus, dass die Thätigkeit

der Geistlichen durch Localisirung in grossen Städten gerade
so wirksam eingerichtet werden müsse wie auf dem platten
Lande, da ohne christliche Erziehung auch auf wirthschaftlichem Gebiete kein Heil sei. Chalmers schildert des Näheren,
wie die Geistlichen wirken sollen — man erkennt aber leicht,
dass eben der energische Wunsch nach Steigerung des Einflusses der Kirche die beherrschende Tendenz ist, nicht die
Durchdringung der wirthschaftlichen Lehren mit christlicher
Humanität. Vielmehr wird ganz im Geiste der individualistischen Nationalökonomie Abschaffung der gesetzlichen Armenpflege gefordert und es werden die Einhegungen von Gemeindeländereien gebilligt — das Christenthum soll der Wirthschaft vorgehen und dienen, nicht sie umgestalten. In dem
zweiten genannten Werke werden die Grundanschauungen, die
schon in dem ersten vorkommen, noch eingehender entwickelt.
Der Zweck der Nationalökonomie, den materiellen Wohlstand
zu fördern, wird als ein Zweck für sich allein ohne Weiteres
anerkannt, und Chalmers fügt nur dazu, dass eben zur Erreichung materiellen Wohlstands moralische und religiöse Erziehung nöthig sei. Chalmers acceptirt die Ricardo'sche Grundrentenlehre, die nur insofern etwas gemildert wird, als hervorgehoben wird, dass der Arbeiter sich heute zwar mehr anstrengen müsse als früher, aber dafür auch mehr geniessen
könne. Auch behauptet er, dass die Entwicklung der Grundrente sich je nach dem Charakter des Volks verschieden gestalte und er beruft sich manchmal auf R. Thompson statt auf
Ricardo. Besonders aber bekennt sich Chalmers ganz unbedingt zur Malthus'schen Bevölkerungslehre und das Christenthum soll den Arbeitern vor Allem deshalb eingeflösst werden, damit sie auch ohne Verständniss der Malthus'schen
Lehre die moralische Enthaltsamkeit in Bezug auf das Heirathen üben — das Christenthum ist ein Mittel zum Zweck
gewisse rationelle Erfolge leichter zu erreichen. Wenn freigeistige Individualisten als einziges Heilmittel für sociale
Leiden intellectuelle Bildung anpreisen, so empfiehlt Chalmers moralische Erziehung durch die Kirche und beweist dadurch vielleicht eine grössere Kenntniss der Menschennatur —

an sociale Institutionen von christlich-humanem Geiste aber denkt er so wenig wie Malthus selbst. Statt eine allgemeine. Milderung des Kampfes ums Dasein durch christliche Liebe, statt Aufhebung der socialen Atomisirung durch brüderliches Zusammenwirken und corporative Gebilde zu verlangen, denkt unser Conservativer nur an die Erhaltung der Autorität der Kirche — und des mit der Staatskirche verbündeten alten Grundadels.

Adam Smith habe, meint Chalmers (Pol. Ec. c. 2) den Segen des Freihandels etwas überschätzt, da der Ackerbau doch das Primäre sei und die natürlichen Schranken seiner Ausdehnungsfähigkeit auch dem Handel indirect Schranken auflegen. „Weil die Manufacte in Bezug auf ihre mögliche Quantität begrenzt sind durch das Product des Bodens, deshalb haben die Grundeigenthümer ein natürliches Uebergewicht über die anderen Classen der Bevölkerung, das ihnen durch keine Erfindung der Politik oder des Gesetzes entrissen werden kann — sie sind die natürlichen Herren des Landes — weil die Menschen Luxuswaaren (Industrieproducte) aber nicht Nothwendigkeiten (Nahrungsmittel) entbehren können." — „Nicht jede beliebige Waarenart reizt zur Production einer anderen an, sondern der Ackerbau allein bestimmt, wieviel Menschen leben können; Zerstörung einzelner Industriezweige ist für den Nationalreichthum gleichgültig. Nicht auf Vermehrung der Industriezweige, sondern auf Verbreitung von Tugend und Weisheit im Volke kommt es an, damit das allein maassgebende Product des Ackerbaus richtig vertheilt und verwendet wird" (l. c. S. 69).

In den folgenden Capiteln (3—5) bringt Chalmers nun eine Polemik gegen die Theorie, dass unbegrenzte Capitalvermehrung möglich und wünschenswerth sei und dass von der Capitalmenge die mögliche Zahl von Menschen abhänge. Man habe früher vor Allem nach Vermehrung der Menschenzahl verlangt, Malthus habe gezeigt, welche Grenzen diese Vermehrung habe. Jetzt sei Capital der grosse Wunsch von Patrioten und Philanthropen — er (Chalmers) wolle zeigen, welche Grenzen die Vermehrung des Capitals habe.

Nicht ohne Geschick und theilweise sehr richtig weist Chalmers nach, dass man das reelle Capital der Nation nicht beliebig durch Sparen steigern könne, sondern dass es auf wirklich nützliche und productive Anlage der Ersparnisse ankomme — und dass für das wirkliche Glück der Menschen moralische und intellectuelle Bildung wichtiger sei als Capitalvermehrung. Man sieht, Chalmers macht einen ernsten Ansatz, den Mammonsdienst der Nationalökonomie zu bekämpfen; aber er gelangt doch nicht dazu, eine organisirte Vertheilung des Nationaleinkommens zu verlangen und principiell die gesunde Vertheilung für wichtiger zu erklären als die einseitige Vermehrung des Reichthums. Er erhebt es nicht zum Princip, dass der materielle Reichthum bei jedem Menschen im Dienst idealer Bestrebungen stehen müsse. Die Hauptsache ist und bleibt, dass moralische Bildung die Verarmung, die aus zu grosser Kindermenge folgt, verhindern solle. Und die Schranke der Capitalvermehrung ist vor Allem die Productivität des Bodens, d. h. sie wird betont, um die natürliche Wichtigkeit des Standes der Grundbesitzer gegenüber dem der Capitalisten hervorzuheben. Die Opposition gegen Ricardo bleibt parteiisch und ungenügend. Chalmers schliesst sich der Methode an, eine abgeschlossene Wirthschaft der ganzen Welt identisch mit der eines Landes zu fingiren und begeht dabei noch den Fehler, den Getreideimport zu ignoriren resp. denselben als nothwendig unbedeutend anzunehmen. Wie Ricardo betrachtet er auch das bestehende Grundeigenthum als etwas ganz Selbstverständliches — nur ist ihm die Macht der Grundeigenthümer nicht etwas hassenswürdiges, sondern die natürliche Grundlage politischer Herrschaft. Die höheren socialen Pflichten aller Herrschenden aus dem Christenthum abzuleiten fällt dem Anhänger des grundbesitzenden Adels nicht ein.

Chalmers verfolgt einfach die Ansichten, durch die Malthus eine eigenthümliche Stellung unter den classischen Nationalökonomen einnimmt, etwas weiter. In einem praktisch wichtigen Punct aber weicht er von Malthus ab und stellt sich Ricardo näher, nämlich in Bezug auf die Kornzölle. Dies muss hervorgehoben werden, nicht weil es für Chalmers geistige Grösse und kritische Schärfe zeugt, wohl aber weil es die Ehrlichkeit seiner Ueberzeugungen und eine gewisse Unabhängigkeit seines Charakters erkennen lässt.

Im 5. Capitel beweist Chalmers nicht ungeschickt die Möglichkeit allgemeiner Ueberproduction und geht dann im 6. Capitel zur Betrachtung des auswärtigen Handels über. Dieses Capitel ist verunglückt, insofern bei Entwicklung der allgemeinen Theorie der Fall des Kornimports einfach als nicht vorkommend behandelt wird. Demnach erscheint es Chalmers als ganz gleichgültig für die Nation im Ganzen, welche und wieviel Zweige des internationalen Handels existiren und blühen.

Nachträglich wird dann der Fall, dass Manufacte gegen Korn ausgeführt werden, betrachtet, dabei aber behauptet, es könne in England nie weiter kommen als dass die Bevölkerung einen Zuwachs von einem Zehntel erfahre, das dann von auswärtigem Korn lebe. Chalmers meint, dieses Zehntel habe eine unsichere Existenz, „diese überschüssige Bevölkerung sei unerheblich in Bezug auf nationalen Vortheil, bedenklich in Bezug auf nationale Sicherheit" (l. c. S. 237) — aber dennoch solle man keine Kornzölle einführen, da England diesen Gefahren gewachsen sei, ebenso wie man wegen der „Unwichtigkeit" (insignificance) des auswärtigen Handels keine anderen Schutzzölle einführen solle. Man solle Kornimport und Manufactenexport nicht künstlich befördern, aber auch nicht unterdrücken — also laissez faire weil das natürliche Uebergewicht des nationalen Ackerbaus und Grundbesitzes doch die Dinge im wünschenswerthen Geleise erhalten wird. Uebrigens wünschten die Grundbesitzer die Kornzölle nur wegen der Steuern, d. h. der Staatsschuld — man solle einen Vergleich zwischen Grundbesitzern und Staatsgläubigern statt Kornzöllen anstreben, welch letztere einen dem Grundbesitz schädlichen moralischen Effect hätten (l. c. S. 529).

Noch deutlicher tritt Chalmers' Ehrlichkeit hervor, indem er im Cap. 8 ganz in physiokratischer Weise — trotz alles

Protests gegen die physiokratische Motivirung — die Verwandlung aller Steuern in eine Steuer auf die Grundrente verlangt. Und dabei ist er nicht einmal für möglichste Herabsetzung, sondern klagt in idealistischem Aufschwung, dass der Zeitgeist höhere Interessen der Erhaltung kleiner Geldwerthe opfere.

Man braucht heute die Falschheit der Idee einer einzigen Grundsteuer nicht mehr zu beweisen. Das Postulat wird bei Chalmers nicht durch eine allgemeine Steuerüberwälzungs- resp. Verjährungstheorie begründet, sondern es entspringt aus seiner ehrlichen Ueberschätzung der Macht der Grundbesitzer, welche nach seiner Meinung die alleinigen Käufer von Luxuswaaren sind und so über ein Drittel der Bevölkerung frei verfügen. Sie sollen die alleinige Grundsteuer übernehmen und dadurch den Ansturm der Demokratie gegen die Aristokratie beschwören (S. 301, 453); dann würde das Grundbesitzerinteresse im Parlamente wieder genügend vertreten sein.

Solche Postulate beweisen eine ehrliche Ueberzeugung und reine Gesinnung. Aber es ist klar, dass sich dafür keine Partei gewinnen lässt und ein über allen Parteien und Interessengruppen stehendes Programm voll grosser staatlicher und ethischer Gesichtspunkte stellen solche Postulate auch nicht dar, weil nur isolirte Acte einsichtiger Noblesse im Interesse grösseren Einflusses, keine fortgesetzte organisirende Thätigkeit auf socialem Gebiete verlangt werden. Chalmers verlangt „stufenweise Erniedrigung der Kornzölle oder allmälige Abschaffung der Steuern, welche die mercantilen und industriellen Stände treffen" (S. 297) aber sein „ceterum censeo" bleibt: Steigerung des Einflusses der Kirche, damit die moralische Enthaltsamkeit nach Malthus praktisch durchgesetzt werde. Und dies ist eine beschränkte Forderung beschränkter Zweckmässigkeitsideen. Die Kirchenzehnten sollen zwar fallen aber durch eine Steuer vom Reinertrag der Grundstücke, d. i. von der Grundrente, auf welche auch die Zehnten fallen, ersetzt werden, auf dass die Staatskirche um so mehr blühe und den zerstörenden Einflüssen der nach Impulsen handelnden demokratischen Menge kräftig entgegenwirken könne (Cap. 10).

Der Staat dagegen soll sich nur mit Gerechtigkeit, nicht mit Humanität befassen (S. 407), die nur schädliche Zwangsarmenpflege abschaffen und nur persönliche freiwillige Armenunterstützung zulassen. Die Staatskirche selbst ist nicht wegen ihrer Verbindung mit der Regierung, sondern deshalb nützlich, weil sie „ausgedehnte Christianisirung der Familien des Landes" bewirken kann.

Wir haben also in Chalmers einen eifrigen Anhänger von Malthus und noch eifrigeren Ritter der Staatskirche, der die Nützlichkeit ethisch religiöser Erziehung vertritt, daneben aber im Allgemeinen im Fahrwasser der landläufigen Nationalökonomie schwimmt. Sein grösstes Verdienst ist, dass er in sichtlicher Geistesverwandtschaft mit Burke den Grundsatz „noblesse oblige" überhaupt aufstellt. So will er das englische Primogeniturgesetz aufrecht erhalten wissen, damit ein steuerfähiger Grundbesitz und ein kräftiger Adel erhalten werde: „Lasst uns nur ein Land von Intelligenz und Freiheit sein und wir meinen, wo es Edelleute giebt, wird auch das gemeine Volk weniger unedel sein" (S. 369). Der Adel soll sich seiner höheren Pflichten bewusst bleiben: „Es ist unserer Ansicht nach weit weniger wichtig, dass der Besitz mehr ausgeglichen werde, als dass er, womöglich mehr als jetzt, in eine Lage versetzt wird, in der ihm öffentliche Pflichten auferlegt werden — und dass folglich weniger Besitz in der Lage einfachen und unbedingten Eigenthums ist."

Aber die schöne Idee, dass höhere Stellung höhere Pflichten auferlege, wird zu einer umfassenden Reglung der schwebenden socialen Fragen nicht benutzt. Es bleibt bei dem unmöglichen Vorschlag der alleinigen Grundsteuer. Die Kirche soll die nützliche moralische Enthaltsamkeit fördern, nicht die ganze wirthschaftliche Welt mit dem Geist christlicher Liebe umgestaltend durchdringen. Der arbeitenden Classe kann nach Chalmers nur durch Lohnerhöhung geholfen werden, welche durch Befolgung des Malthus'schen Raths und durch Erhöhung der Lebenshaltung bei guter Erziehung erreicht werden kann. So bestimme der collective Wille der Arbeiter den Lohn, gerade wie der collective Wille der Capitalisten

den Gewinn bestimme — aber die collectiven Arbeiter und
Capitalisten bleiben doch nur Summen gut erzogener und verständiger Individuen. — Chalmers zeigt anerkennenswerthen
guten Willen, beachtenswerthe Ansätze höherer Einsicht,
zerstreute Anfänge einer Opposition gegen den Geist des
Manchesterthums, aber seine Lehre war kaum mehr als die
von Malthus selbst, im Stande den beherrschenden Einfluss
des Ricardo'schen Geistes zu brechen.

Eigenthümlich steht mit Chalmers in Geistesverwandtschaft und zugleich in Widerspruch Thomas Sadler [1]). Dieser
conservative und warmherzige Freund der Arbeiter hat seine
Hauptwirksamkeit nach 1832 im Parlament entfaltet, wo er
gegen das neue Armengesetz und für die Fabrikgesetze
kämpfte. Doch muss er seiner Ideen halber schon hier erwähnt werden, da er schon vorher als Redner und Schriftsteller seine Gedanken entwickelte.

Sadler war als Theoretiker weniger scharf und klar als
Chalmers, aber er hatte eine bewusste leidenschaftliche Sympathie für die Arbeiter und Armen und einen weit schärferen
Blick für die socialen Gegensätze der Zeit. Er war weniger
ein Vertreter der Staatskirche, aber stark erfüllt von werkthätiger christlicher Liebe. Ausgehend von der Bibel, als dem
Worte Gottes, wandte er alle Kraft an, den arbeitenden
Classen praktisches Wohlwollen zu erzeigen und Hoffnung
bei ihnen zu erwecken. Ein zu keinen Compromissen geneigter einseitig vorgehender Enthusiast, setzte er sich in
principiellen Widerspruch zu der auf Egoismus basirten Laissezfaire-Doctrin, um die arbeitenden Classen von der ausbeutenden Herrschaft des Capitals zu befreien und sie durch eine
von christlichem Geiste erfüllte positive Hülfe des Staats
zu heben.

---

[1]) S. Memoirs of the Life and Writings of M. Thomas Sadler M. P.,
F. R. S. London 1842.

Er berührt sich mit Chalmers durch das Ausgehen vom Christenthum; in seinem Kampf gegen die classische Nationalökonomie geht er viel weiter als Chalmers und berührt sich dadurch zugleich mit den Radicalen. Er tritt in positiven Gegensatz zu Chalmers, indem er dem Freihandel nicht günstig gesinnt ist und die Kornzölle erhalten will, aber nicht im Interesse des Grossgrundbesitzes, sondern im Interesse der ländlichen Arbeiter und der kleinen grundbesitzenden Bauern, die nur bei geschütztem Getreidebau bestehen und prosperiren können. Dem entspricht es, dass er die ländlichen Armen durch Ueberlassung von „cottages" und Gartenland heben wollte.

Verallgemeinerung des Besitzes und vor Allem der Hoffnung auf Besitz, Beschränkung des ungeordneten Geistes der freien Concurrenz, namentlich in seinen schlimmen Wirkungen auf Frauen und Kinder, Kampf gegen die Selbstsucht der Reichen und geregelte Unterstützung der Armen in altem christlichen Geiste — das waren die Folgerungen, die Sadler aus seinem starken christlichen Gefühl ableitete. Weit bedeutendere Folgerungen, als Chalmers sie zog und Folgerungen, zu deren praktischer Verwirklichung er erfolgreich das Seinige that — aber allerdings Folgerungen, die mehr mit richtigem Gefühl gezogen als durch eine klare Theorie motivirt wurden.

Sein theoretisches Hauptziel nämlich war die Widerlegung der Malthus'schen Bevölkerungslehre, welche der kirchliche Chalmers so warm vertheidigte. Nun kleben ja der Malthus'schen Lehre, wie oben ausgeführt, gewisse gefährliche Einseitigkeiten an. Sadler aber verwirft auch den wahren Kern der Lehre, er giesst das Kind mit dem Bade aus und leugnet ähnlich wie Godwin den Conflict zwischen der physiologischen Neigung der Menschen sich zu vermehren und der Möglichkeit beliebige Menschenmengen zu ernähren gänzlich.

Den Gegenbeweis gegen Malthus[1] führt Sadler zunächst durch Berufung auf „das Gesetz der Natur oder um deutlicher

---

[1] S. namentlich das Werk: M Th. Sadler, Law of Population. London 1830.

zu sprechen das Gesetz der Gottheit." Das Malthus'sche Gesetz ist eine „Beleidigung Gottes" (S. 15), der gesagt hat: „Wachset und mehret Euch". Die Pflanzen und Thiere seien alle ganz glücklich, Gott habe nicht das Unglück der Menschen gewollt. Malthus' Theorie ist falsch, weil sie der Bibel widerspricht, „welche richtig verstanden und völlig erfasst, alle anderen Argumente gegen diese Theorie unnöthig macht" (Buch IV Cap. 1). Doch begnügt sich Sadler mit diesem Hauptbeweis nicht, der ja auch selbst bei unbedingter Anerkennung der Bibel höchst ungenügend ist, da sich ja Malthus ebenfalls auf die Bibel beruft. Sadler behauptet zugleich, Malthus' Theorie stehe im Widerspruch mit aller bisherigen Philosophie und mit den Volksinstincten; sie sei überdies äusserst schädlich, weil sie die Glauben an Gottes Güte und Weisheit störe, weil sie die Menschen lehrt, sich gegenseitig als Feinde zu betrachten und weil sie die geheiligten Rechte der Armuth aufhebt (Buch I Cap. 1). Es bedarf keines Wortes, dass dies nur gefühlvolle Behauptungen, keine Beweise sind. Aber Sadler erklärt sich in Bezug auf philosophische Methode für einen Nachfolger Baco's und so versucht er den Beweis aus den Thatsachen gegen die Theorie, die er a priori hasst. Der unter Benutzung vieler Statistik geführte Thatsachenbeweis läuft nur auf die Behauptung hinaus, die natürliche Fruchtbarkeit der Menschen stehe ceteris paribus in umgekehrtem Verhältniss zu ihrer Zahl. Man kann zugestehen, dass ganz im Allgemeinen die Vermehrung der Menschen um so langsamer vorwärts schreitet, je mehr Menschen schon vorhanden sind. Mehr aber kann man aus der Statistik nicht beweisen und dieser Satz widerspricht Malthus keineswegs — die eigentliche Frage, nämlich die, ob die allmälig langsamer werdende Vermehrung der Menschen sich durch schmerzlose Abnahme der natürlichen Fruchtbarkeit oder durch schmerzlich empfundene „checks" vollzieht, bleibt völlig unbeantwortet durch die Daten der Bevölkerungsstatistik.

Sadler's weiches Gefühl will den schmerzlichen Conflict, den Malthus so sehr hervorgehoben hat, nicht anerkennen und deshalb sieht sein Verstand die daraus hervorgehenden Wirkungen nicht. Hätte er sich begnügt, die Uebertreibungen von Malthus und dessen einseitige Ansichten über Armenpflege zurückzuweisen, so hätte er etwas Werthvolles geleistet. Die Theorie, die er wirklich entwickelt, ist leidenschaftlich, blind und total unhaltbar. Sie ist eine Mischung von Gefühlen eines menschenfreundlichen strengen Christen und von volksbeglückungslustigem Demagogenthum, ein Stimmungsausdruck des radicalen Torythums, weiter Nichts.

So schwach der Nationalökonom Sadler bleibt, er hat dennoch christlich-humane Ideen mit grösserem Verständniss socialer Fragen und Bedürfnisse angewendet als Chalmers. Allein diesem nicht zu leugnenden grösserem Verdienst gegenüber steht ausser der nationalökonomischen Schwäche noch eine allgemeine philosophische Unklarheit.

Chalmers vertritt den Einfluss der Kirche, weil diese nützlich gegen Volksvermehrung wirkt. Sadler geht viel weiter, indem er ganz offen und ausgesprochen die Benthamitische Nützlichkeitslehre mit seinem warmen Christenglauben verbindet. Schon 1826 (s. Memoirs S. 91) sagte er in einer Tischrede: „Die Erleichterung, die Interessen und das Glück der arbeitenden Armen, sei es in England oder Irland, ist das, was ich während dieser ganzen Discussion im Auge gehabt habe." Die Aufgabe der „wahren politischen Philosophie" ist (Law of Pop. S. 9) „den Werth unserer Mitbürger zu erhöhen und ihre Zahl zu vermehren; das allerhöchste irgend mögliche Maass von Glück unter der grösstmöglichen Zahl zu verbreiten." Am Schluss des IV. Buchs betrachtet es Sadler sogar geradezu als einen Beweis für die Richtigkeit seiner Bevölkerungslehre, dass sie mit Bentham's Formel übereinstimmt:

„Meine Lehre von der Bevölkerung ist in Uebereinstimmung mit der Erfahrung der Menschheit und aus ihr folgt ein System politischer Philosophie, deren einleuchtende Tendenz es ist, das grösstmögliche Maass individuellen Glücks der grösstmöglichen Zahl menschlicher Wesen zu verschaffen."

Sadler verwerthet die Bentham'sche Formel im Interesse der armen Majorität des Volks, aber er führt inconsequenter Weise sein Christenthum nur in den Kampf gegen das Manchesterthum, nicht gegen den individualistischen Radicalismus überhaupt. Geradezu in naiver Weise citirt er die Bibel und Rousseau und benutzt Bentham's Principien. Ein solcher Mann war befähigt, einzelne nothwendige und heilsame Reformen im Interesse der Arbeiter durch die Kraft seiner einseitigen gefühlsmässigen Ueberzeugung durchzusetzen — den Geist der Nation grundsätzlich von der Weltanschauung des Individualismus abzulenken vermochte er nicht. Nicht nur weil er unendlich weniger geistreich und umfassend gebildet war als Burke, sondern weil er noch mehr als letzterer sich einer utilitarisch-individualistischen Anschauung gefangen gab.

Blicken wir auf die Nationalökonomen zurück, so ergiebt sich ein ähnlicher Eindruck wie nach der Betrachtung der älteren politischen Individualisten: die damals im Aufgang befindlichen Ideen haben starke Vertreter; die in den Hintergrund gedrängten, wenn auch tiefsinnigeren Anschauungen, müssen sich mit gutgesinnten, aber schwachen Vertheidigern begnügen.

Wir kehren nun zu dem politischen Individualismus zurück, um ihn in seiner höchsten Vollendung bei Bentham kennen zu lernen, dem schon so oft gelegentlich genannten merkwürdigen Schriftsteller, der zwar nicht ganz nach seiner Lebenszeit, aber nach der Zeit seines Wirkens unzweifelhaft der neueren Zeit angehört. Er formulirt jene politischen Theorien endgültig vor ihrem Uebergang aus der Studierstube ins Leben; er vermittelt uns das Verständniss für die Parteibildungen, die der Engländer Radicalismus nennt.

Drittes Capitel.
Die neueren Individualisten.
§ 1. Jeremias Bentham.

Bentham ist nie im Parlament gewesen. Auch sonst griff er nie in's praktische Leben ein, nicht einmal besass er ein Lehramt wie Adam Smith, der zuerst Professor, später Oberzollcommissar war. Der seltsame Mann war nur Schriftsteller, und selbst das von ihm angestrebte Directorium einer Privatschule blieb Project. Und doch zielte seine echt englische Natur stets auf praktische Reformen ab.

Er war lediglich Schriftsteller und nicht einmal ein vielgelesener Schriftsteller. Seine Werke erschienen zuerst anonym. Später wurden sie zunächst in Dumont's französischer Uebersetzung allgemeiner bekannt. Viele Schriften wurden nach seinem Tode nach mehr oder minder unfertigen Manuscripten edirt; viele Manuscripte aber schlummern noch im Britischen Museum. Die Gesammtausgabe seiner Werke ist unvollständig, die angefügte Biographie unübersichtlich und einseitig verfasst [1]). Seine Schriften zeichnen sich insgesammt durch grosse Schärfe der Logik aus, welche namentlich bei kritischen Ausführungen glänzend hervortritt. Nichtsdestoweniger sind sie schwer geniessbar. Unendlich häufige Wiederholungen, übertriebene Spaltung der Begriffe und verhältnissmässige Seltenheit praktischer Beispiele machen Bentham's Schriften

---

[1]) The works of Jeremy Bentham published under the superintendance of his executor, John Bowring, 11 Bände, Edinburgh 1843. Ich citire immer nach dieser Ausgabe.

ermüdend. Ueberdies ist vieles Detail nur für den Fachjuristen interessant. So fand Bentham zu seinen Lebzeiten verhältnissmässig wenig Leser; dennoch war seine Wirksamkeit eine überaus grosse. Auf Wenige wirkte er direct, allein indirect auf Millionen. Auch hat ein Theil seiner Schriften in Uebersetzung bei den romanischen Völkern fast stürmische Bewunderung gefunden.

Robert von Mohl[1]), abgestossen durch die offenbare Einseitigkeit von Bentham's Ausgangspunct, ist geneigt, seine Bedeutung auf Anregung einzelner praktischer Reformen zu reduciren. Gervinus dagegen hat Bentham als den eigentlichen Vater der modernen englischen Demokratie völlig gewürdigt, Pauli schliesst sich diesem Urtheil an. In der That lebte sich in dem Geiste dieses abgeschlossenen Philosophen die demokratische Idee der Zeit am reinsten und consequentesten aus, und Keiner vor oder nach ihm hat das Princip des Individualismus so vollkommen und bewusst auf die Spitze getrieben, wie er. Und er bietet nicht nur ein gedrängtes Bild, er war die Personificirung einer in England noch nicht abgeschlossenen Bewegung. Er war auch in der That von allen intellectuellen Factoren dieser Bewegung der Anregendste. Wir möchten ihn den Hauptvertreter des Utilitarianismus, den eigentlichen Propheten des modernen Englands nennen. Zeuge dafür ist nicht nur Stuart Mill, der in seiner bekannten Autobiographie schildert, wie er selbst in Bentham'schen Ideen aufgezogen wurde, und als Jüngling Mitglied eines Benthamitischen Clubs war; Zeuge ist nicht nur die politische und sociale Literatur Englands seit 1820, sondern vor Allem kann man nachweisen, wie die grossen Agitatoren, die vor und nach Bentham's Tode an der Spitze der Mittelclassen und des Proletariats standen, nicht nur dieselben Ideen wie Bentham verfochten, sondern sich geradezu seiner Worte bedienten.

Bentham war ein frühreifes Kind, der Stolz eines ehrgeizigen Vaters; er folgte dem Vater so weit, dass er nach

---

[1]) Geschichte und Literatur der Staatswissenschaften, Bd. III (1858) Seite 590 ff.

Oxford ging und dann die Laufbahn des praktischen Juristen beschritt. Bald jedoch zog er sich angewidert zurück und wurde ein einsamer Philosoph. Zwar hat es ihm Anfangs nicht an menschlichen Beziehungen zu einem aristokratischen Hause, später nicht an geschäftlichen zu radicalen Agitatoren gefehlt; auch hat er grosse Reisen unternommen. Aber alle diese Beziehungen hatten wenig oder gar keinen Einfluss auf sein inneres Geistesleben. Das Interessanteste, was aus der Biographie und einem Auszug aus derselben in der Westminster Review über Bentham's persönliches Leben zu entnehmen ist, besteht in dem Fehlschlagen seiner Hoffnung auf einen Sitz im Parlament, und in seiner eben so treuen als unglücklichen Liebe zu einer Dame, welche er bei seinen aristokratischen Freunden kennen gelernt hatte. Der grosse Wortführer der Demokratie widerstand nicht dem ästhetischen Reiz, den das zwanglose Selbstbewusstsein vornehm erzogener Frauen ausübt — und mit pedantischer Treue hielt er bis in's hohe Greisenalter an der romantischen Regung jüngerer Jahre fest. Bei beiden Ereignissen erkennen wir Bentham's fast kindliche Unerfahrenheit, die Absichten anderer Menschen zu verstehen, sowie seine eigene Wahrheitsliebe und seinen Glauben an sich selbst. Wir sehen, dass der Mann, welcher als Schriftsteller vor Allem ein trockener Kritiker war, ein tiefes, weiches und vor Allem treues Gemüth besass, und dass nicht Zerstörungslust, sondern Wohlwollen gegen die Menschheit das treibende Motiv seines Arbeitens war. Auch diese Erlebnisse lehren uns den grossen Sonderling persönlich hoch achten. Zugleich aber sind sie von Wichtigkeit, weil sie wesentlich mit die Ursache von Bentham's Einsamkeit waren.

1748 war Bentham geboren, 1776 trat er zuerst als selbständiger Schriftsteller auf, 1832 starb er. In dieser langen Zeit wurde er um so einsamer, je mehr die Ereignisse in der Welt zur Ausführung seiner Ideen drängten. Mit Allem, was politisch sich ereignete, blieb er stets in Verbindung — nur nicht mit den Menschen, die es vollbrachten. Gervinus meint, dass die Bewunderung des Auslandes und die Verkennung durch seine Landsleute wesentlich dazu beigetragen haben, dass Bentham schliesslich leidenschaftlicher, bitterer und immer radicaler wurde. Meines Erachtens ist die offene Vorliebe für die demokratische Republik, welche in Bentham's letzten Werken hervortritt, die natürliche Consequenz der Principien seiner ersten Schriften. Er musste zu diesen Consequenzen kommen — wenn er nur logisch seine Principien verfolgte und sie auf grosse Fragen anwendete. Seine Zurückgezogenheit bewahrte ihn vor Inconsequenz — erklärt die Entwickelung seiner Ideen allein genügend.

Wenn man sieht, wie Bentham, von dem Rechte der individuellen Vernunft ausgehend, über alle politischen Verhältnisse souverän zu richten begann und mit der demokratischen Republik endete — so ist es schwer, nicht der Analogie von David Strauss zu gedenken, welcher mit Bibelkritik beginnend, mit dem „alten und neuen Glauben" abschloss. Mit umfassenderer Bildung, mit feinerer Sprache hat Strauss grössere Fragen behandelt als Bentham. Dennoch ist die grosse Aehnlichkeit vorhanden, dass Beide mit kritischen Gedanken anfingen, welche sie zunächst im Interesse mässiger Tendenzen verwendeten und — immer einsamer werdend mit umfassender Negation alles Bestehenden endeten. Beide uneigennützige, wahrheitsliebende, scharfe Geister, denen ihre Völker als Bahnbrechern den grössten Dank schulden und doch in ihren vollen Consequenzen nicht zu folgen vermögen.

Um einen Ueberblick über Bentham's schriftstellerisches Wirken zu gewinnen, wird es zunächst nöthig sein, den Hauptgedanken, das Nützlichkeitsprincip, darzustellen, wie dieser sich in allen seinen Schriften findet. Weiter dürften für uns seine speciellen Ideen über Verfassungsfragen und über nationalökonomische Verhältnisse von besonderem Interesse sein.

Das Nützlichkeitsprincip tritt gleich in der ersten Schrift: „Fragment on Government" als Alles beherrschende Idee Bentham's und zwar als ein Axiom hervor. So wenig die Lehre an sich neu war, ihre einseitige Anwendung durch Bentham war in England etwas Neues: Sie bedeutete den nackten Rationalismus und den völligen Bruch mit den puritanischen Traditionen der englischen Demokratie.

Bei Locke sind die Menschen noch Eigenthum Gottes, die Worte „göttliches Recht und Naturrecht" kommen verbunden vor, alttestamentliche Stellen werden zum Beweis politischer Sätze angeführt. Demzufolge bleibt er auch mässig in seinen Consequenzen aus dem Individualismus und der Volkssouveränetät. „Die Gewalt, welche jedes Individuum der Gesellschaft verlieh, als es in dieselbe eintrat, kann nie zu dem Individuum zurückkehren, sondern muss immer bei der Gesellschaft bleiben." Locke befürchtet nichts von dem Widerstandsrecht des Volkes, will im Grunde nur die „glorreiche Revolution" rechtfertigen und die ununterbrochene Herrschaft des Gesetzes sichern.

Anders bei Bentham, der die Religion keineswegs leugnet, aber aus seinem Gedankengang völlig eliminirt und die innersten Ueberzeugungen des Individuums zur unbedingt freien, letzten Richterin über alle öffentlichen Fragen einsetzt.

Das „Fragment on Government" war eine kritische Schrift, gerichtet gegen Blackstone's Commentare. Nur gegen den allgemeinen principiellen Theil von Blackstone's einflussreichem Buche wendet sich Bentham in seiner „Leidenschaft für Reform", seiner heftigen Abneigung gegen „Phrasen" und „Fictionen". Dem Blackstone'schen Satze: „es sei nie ein Gesetz geändert worden ohne folgende Reue", stellt Bentham den andern entgegen: „Alles, was heute feststehend ist, war einst Neuerung." Allein so sehr die Schrift einen beschränkten kritischen Zweck verfolgt, zwei Eigenthümlichkeiten von allgemeinster Bedeutung treten bereits in der Vorrede (zur ersten Auflage) hervor:

Bentham kritisirt nicht als Jurist, sondern als Reformator, oder wie er sich ausdrückt, als Censor; er spricht nur de lege ferenda. Und als Censor geht er von allgemeinsten Axiomen aus; der Censor muss Weltbürger sein. Das, was sein soll, ist auf der ganzen Erde nahezu dasselbe. Freilich hat sich Bentham später scharf gegen Menschenrechte erklärt, und ausgesprochen, Recht sei nur das geschriebene

Gesetz. Aber was ist praktisch eine unbedingte Kritik des bestehenden Rechts aus Vernunftpostulaten, unter absoluter Verwerfung des Gewordenen als solchen, anders als das Postulat eines über dem historischen Recht stehenden Naturrechts?"

Wir begegnen in der Vorrede aber nicht nur dem Standpunct der schrankenlosen Kritik der Vernunft, wir begegnen auch schon dem Grundaxiom, aus welchem Bentham seine Reformpostulate ableitet, und das er in all seinen zahllosen folgenden Schriften bis zur äussersten Ermüdung wiederholt. Dies Axiom war nicht etwa eine gleichgültige Verzierung von Bentham's Schriften, sondern in der That das A und O seiner gesammten Anschauungswelt, ein einseitiger Satz, in welchen er sich mit unleugbarer Bornirtheit, aber ebenso unleugbarer Ehrlichkeit hineinlebte, so dass dieser Satz ihn völlig beherrschte. Die Triumphe der Naturwissenschaften lassen ihn, wie so manchen Zeitgenossen und Epigonen, nicht schlummern. „Was Entdeckung und Verbesserung in der natürlichen Welt, das ist Reform in der moralischen Welt," aber man kann noch wirkliche Entdeckungen sogar in der moralischen Welt machen: weil die Folgen des fundamentalen Axioms, **dass das grösste Glück der grössten Zahl der Maassstab ist für Recht und Unrecht**, bisher mit so wenig Methode und Schärfe entwickelt worden sind.

Dies also, das Glücks-, oder was identisch damit ist, das Nützlichkeitsprincip — denn eine Handlung, welche Glück erzeugt, ist nützlich — ist das Princip von dem Bentham ausgeht. Noch in der Vorrede lesen wir, dass bei Ausgehen von einem solchen Princip dieselben Einrichtungen ohne viel Modification in allen Ländern brauchbar sind, und dass Lust und Leid (pleasure and pain) die einzigen Consequenzen eines Gesetzes sind, an denen die Menschen interessirt sind.

In der Schrift selbst lesen wir dann ausser viel scharfer, oft silbenstecherischer Kritik Blackstone's, dass das Nützlichkeitsprincip das einzige sei, auf welches sich die Menschen zu vereinigen vermögen; man könnte sich dann auch über einzelne Fragen leichter einigen, weil diese aus Fragen der Leidenschaft zu solchen des Urtheils würden — eine staunenswerthe Naivität des abgeschlossenen Denkers, der niemals praktisch an einer gesetzlichen Reform gearbeitet hat. Der Gedanke an die Naturnothwendigkeit einer bestehenden Ordnung unter zusammenlebenden Menschen kommt Bentham nicht. Ueberall ist die Auffassung die mechanische eines Nebeneinanderseins, nicht eines organischen Zusammenlebens von Menschen. Wenn man späterhin den Chartisten mit Recht vorhielt, das Leben in Staat und Gesellschaft sei viel complicirter, als dass es in den einfachen Gegensatz zwischen Unterdrückern und Unterdrückten aufgelöst werden könne, so trifft dieser Einwurf schon Bentham, dem alle staatliche Ordnung bereits in seinem Erstlingswerk als ein Gegensatz zwischen zwei getrennten Gruppen, Regierenden und Regierten, erscheint.

Das praktisch Wichtigste in dieser Schrift aber ist, dass Bentham, obwohl nur Kritiker und theoretischer Reformator, keineswegs praktischer Revolutionär, dennoch auf das Recht des Volks auf Widerstand gegen die Regierung oder auf das Revolutionsrecht zu sprechen kommt.

Bentham ist der Meinung, die Unterthanen sollten nur gehorchen, „so lange die voraussichtlichen schlimmen Folgen des Gehorsams geringer sind als die voraussichtlichen schlimmen Folgen des Widerstands." — „Die Pflicht der Unterthanen zum Gehorsam geht nur so weit und nicht weiter als ihr Interesse" — weil „das höchste Princip der Nützlichkeit von keinem anderen höheren Grunde abhängt, sondern selbst der einzige allgenügende Grund für jede Handlung ist."

Ein allgemeines Erkennungszeichen dafür, ob die schlimmen Folgen des Gehorsams oder des Widerstands überwiegen, anzugeben, hält Bentham für unmöglich, aber jede einzelne Person habe ein specielles Erkennungszeichen, nämlich „ihre eigene innere Ueberzeugung von dem Uebergewicht des Nutzens auf Seiten des Widerstands."

Das Recht des Widerstands wird also nicht aus formellem Rechtsbruch der Regierung, auch nicht aus dem Versprechen der Unterthanen, zu gehorchen, so lange die Regierung ihre

Versprechungen hält, abgeleitet, sondern nur aus dem Nützlichkeitsprincip, aus welchem ja ebenfalls die Pflicht, Versprechungen zu halten, ihrerseits erst folgt.

In seiner ersten Schrift bereits stellt Bentham Principien auf, deren consequente Anwendung zu absolut revolutionären Folgerungen führen musste. Die Idee der persönlichen Freiheit ist schon auf die Spitze getrieben, indem das individuelle vernünftige Urtheil — die Ueberzeugung, nicht das Gewissen — durch Nichts, auch nicht durch den eigenen in eine dauernde Ordnung einwilligenden Entschluss gebunden werden kann. Dass daraus nur absolute Anarchie folgen kann, das sieht Bentham nicht, weil er mit seinem Postulat der Souveränetät der individuellen Vernunft die nicht weiter ausgeführte Fiction einer sehr grossen Gleichartigkeit dieser Vernunft bei allen Menschen verbindet, derzufolge sie als leidenschafts- und gefühllose Automaten, die über die grösste Nützlichkeit speculiren, zu gleichartigen Resultaten gelangen müssen. Die Menschheit ist für Bentham nur ein Aggregat, und zwar ein Aggregat gleichartiger Atome.

Er sagt, ein allgemeines Erkennungszeichen dafür, ob der grössere Nutzen auf Seiten des Widerstands liege, zu geben, sei nur derjenige im Stande, der mehr sei als ein Prophet — und doch übernimmt er unbewusst selbst diese Rolle, die höher ist als die des Propheten, indem er im Namen aller Menschen das Princip ausspricht, nach welchem Alle handeln sollen und werden, und sich offenbar für fähig hält, die sämmtlichen Consequenzen dieses Princips durch eine allgemeine Codification des Rechts so zu ziehen, dass alle Menschen dieselben anerkennen werden und müssen.

Noch tritt der Autor persönlich bescheiden auf; und doch treibt ihn der blinde Eifer einseitiger Kritik sowohl, wie die Opposition gegen jede Autorität schon jetzt dazu, seine eigene Meinung mit der Vernunft überhaupt zu verwechseln.

Aufgestellt zum Zwecke specieller Kritik ist das Grundprincip dennoch ein umfassendes und rein negatives — der natürliche Ausgangspunct einer anarchischen Demokratie. In dem auf die Spitze getriebenen Rationalismus und Individualismus liegt auch schon der ethische Materialismus, denn das **Interesse** der Unterthanen begründet ihre Pflicht des Gehorsams.

Es ist kaum nöthig zu bemerken, dass das Nützlichkeitsprincip keine originelle Erfindung Bentham's ist, dass dasselbe vielmehr bereits in der griechischen Philosophie als Grundlehre der materialistischen Richtungen vorkommt, und dass Bentham es bei Helvetius und Hume antreffen konnte, und nach eigenem Geständniss es bei Priestley auch fand. Man kann auch nicht behaupten, dass dies Princip bei Bentham in eigenthümlichem Zusammenhang mit einer Uebertragung der Methode der modernen Naturwissenschaften auf die moralischen Wissenschaften stehe. Denn seine sogenannte Methode des Specialisirens und Detaillirens hat factisch gar keine Verwandtschaft mit der modernen, auf Beobachtung gegründeten Naturwissenschaft, sondern ist immer gänzlich abstract, schöpft lediglich aus der eigenen Vernunft, und verdiente weit eher scholastisch genannt zu werden. Eigenthümlich ist bei Bentham in der That nur die bornirte Ausschliesslichkeit, mit welcher er dieses Princip an die Spitze stellt, und dadurch den politischen Individualismus zur schärfsten Ausbildung entwickelt, die überhaupt nur denkbar ist.

Irgend einen Beweis für die ausschliessliche Wahrheit seines Satzes, oder auch nur den Versuch einer eingehenden philosophischen Begründung desselben bringt Bentham niemals — das Nützlichkeitsprincip ist einfach Axiom. So erscheint es namentlich in einem zweiten Hauptwerk: „Principles of Morals and Legislation". Dieses Buch sollte eine Einleitung zu einem Strafgesetzbuchentwurf werden, erweiterte sich aber zu einer allgemeinen philosophischen Grundlegung der benthamitischen Lehren. Es wurde 1780 gedruckt, 1789 zuerst veröffentlicht, enthält noch vielfach das Bewusstsein mangelhafter Ausführung und manche captatio benevolentiae gegenüber dem Leser, aber doch schon weit schärferen Ausdruck des Glaubens des Autors an die eigene Unfehlbarkeit.

Das Nützlichkeitsprincip wird in Lapidarsätzen als Axiom

entwickelt, nicht bewiesen; es erscheint in der Natur des Menschen begründet. Das Nützliche „soll sein" und ist „recht". Das Interesse der Gesammtheit ist die Summe des Interesses der einzelnen Mitglieder, aus denen die Gesammtheit zusammengesetzt ist.

Bentham versucht nachträglich eine Art negativen Beweises für sein Princip, indem er andere Principien zu widerlegen trachtet, nämlich den Ascetismus, mit welchem Wort auch alle Anschauungen, die das honestum statt des Nützlichen zum Princip erheben, bezeichnet werden; das Princip von Sympathie und Antipathie, unter welchem Ausdruck Bentham auch die Zurückführung der Entscheidung über Recht und Unrecht auf das Gewissen begreift; endlich theologische Weltanschauungen. Letztere weist Bentham mit den Worten zurück, was Recht ist, sei sicher Gottes Wille, aber wir müssten eben zuerst wissen, was Recht ist, da wir Gottes Willen nicht direct kennen. So wird die geoffenbarte Religion zur Seite geschoben, — Dumont schiebt die Consequenz ein, Tugend sei Aufopferung eines kleineren für ein grösseres Interesse.

Die Begriffe von Lust und Leid werden nicht definirt; dafür entschädigt uns nur eine höchst ermüdende und doctrinäre Aufzählung aller Arten von Leid und Lust. Es giebt 14 einfache Arten von Lust, 12 einfache Arten von Leid, die hinwieder in Unterarten zerfallen. Leid- und Lustempfindungen erscheinen mit Ausnahme der wenigen, die auf Wohlwollen oder Bosheit beruhen, als „selfregarding", d. h. aus dem Egoismus entspringend; und von den vier Quellen von Leid und Lust, der physischen, politischen, moralischen und religiösen ist die physische die grundlegende. Die Gründe, die den Werth einer Art von Lust und Leid für den einzelnen Menschen bestimmen, werden auch aufgezählt und es werden 32 Umstände nebst Unterarten und secundären Umständen aufgeführt, die bewirken, dass dieselben Ursachen bei verschiedenen Menschen ein verschiedenes Maass von Lust und Leid hervorrufen.

All dies sind Irrgänge eines Geistes, der abstracte Schematisirung liebt, Ausflüsse der Tendenz, alle Erscheinungen des Menschenlebens als messbare Wirkungen natürlicher Ursachen zu erfassen.

Merkwürdigerweise thut Bentham den letzten Schritt, den menschlichen Willen selbst zu leugnen und menschliche Handlungen als nothwendiges, unfreies Product äusserer Kräfte aufzufassen, nicht. Der Reformator des Strafrechts behandelt zwar die Strafe lediglich als Mittel, gemeinschädliche Handlungen zu verhüten, setzt aber den durch die vernünftige Erwägung des Nutzens bestimmten freien Willen überall voraus. Das „Ich" bleibt die Urkraft, und deshalb behält der Mensch einen Willen; nur ethischer Materialismus folgt aus dem schroffen Rationalismus — den ganzen Menschen als ein von Naturkräften bestimmtes Stück Materie aufzufassen, war Anderen vorbehalten.

Die mittleren Abschnitte des Buchs sind rein criminalistisch; am Schlusse kommt Bentham wieder auf allgemeine Fragen: er unterscheidet Sittlichkeit und Recht rein äusserlich, indem sittlich jede Handlung ist, welche der Gesammtheit (den Einzelnen eingeschlossen) vortheilhaft ist, das Gesetz aber aus Zweckmässigkeitsgründen nur einen Theil von unsittlichen Handlungen mit Strafe bedroht. Recht und Sittlichkeit haben denselben Zweck: das Glück aller Glieder der Gesellschaft; aber es giebt Fälle, in denen die Sittlichkeit gebietet, dass ein Mensch sein und seiner Mitmenschen Glück befördere, ohne dass das Recht direct eingreift.

Schärfer als im ersten Werk ist hier ausgeführt, dass es auf das Glück der Summe der Einzelnen ankommt; der Sprung[1]) vom Einzelnen zur Summe der Einzelnen wird aber

---

[1]) Guyau in seinem sehr interessanten Buche: „La morale Anglaise Contemporaine", Paris 1879, leugnet, dass bei Bentham ein logischer Sprung vorkomme und erklärt sein System für innerlich völlig consequent. Mit grossem Geschick hat Guyau den innersten Gedankengang Benthams über das Nützlichkeitsprincip möglichst einfach und präcise wiedergegeben und auseinandergesetzt, dass und wie bei Bentham das Streben des Individuums nach dem eignen grössten Glück, und das nach dem grössten Glück der grössten Zahl zusammenfallen. Der Beweis dieser Behauptung gründet sich auf viele Sätze bei Bentham, die ausführen, dass das eigne richtig

durch den Satz, dass ein geordnetes Zusammenleben nothwendig sei, nicht erklärt, sondern als etwas Selbstverständ-

---

berechnete Interesse zur Sympathie mit den Mitmenschen treibt. „La vertu sociale, dit Bentham, est le sacrifice qu'un homme fait de son propre plaisir pour obtenir, en servant l'interêt d'autrui, une plus grande somme de plaisir pour lui même." (Guyau l. c. S. 22, s. auch S. 36, 63.)
Diese Theorie, welche alle moralischen Pflichten aus einem verfeinerten und aufgeklärten Egoismus, als ihrem allein möglichen und allein genügenden Grunde ableitet, erkennt Guyau selbst nicht für richtig an — ich brauche nicht zu sagen, dass nach meiner Auffassung diese Theorie auf einer künstlich präparirten und unrichtigen Darstellung der Thatsachen beruht und dass es ein Grundirrthum ist, wenn man überhaupt von dem nur an sich denkenden Menschen ausgeht, statt den Menschen von vornherein zugleich als Glied der Gattung, der Menschheit aufzufassen, in welcher Eigenschaft ihm die Mitarbeit an der Vervollkommnung der Menschheit zur natürlichen primären Lebensaufgabe wird.

Das warum es sich hier handelt, ist nicht die Frage nach der Wahrheit der Lehre, sondern die andere, ob Bentham diese Lehre so entwickelt hatte, dass sie ihm — wenn man von dem falschen Ausgangspunct und den nicht erkannten Thatsachen des menschlichen Lebens absieht — wenigstens zur vollen Consequenz, wenn auch auf einer falschen und ungenügenden Basis verhalf.

Guyau bejaht diese Frage — aber sein Urtheil stützt sich fast ausschliesslich auf Bentham's „Deontology", welche weder zu seinen bedeutendsten noch ¡wirksamsten Schriften gehört, und auf Dumont's Uebersetzungen. Guyau behandelt Bentham nur als Moralphilosophen, während er doch in erster Linie als politischer Reformator aufgefasst werden muss. Nun kann man aus dem Studium der politischen Schriften unbedingt ersehen, dass Bentham sich den Menschen fast immer als roh und materiell egoistisch denkt — so wenig er dies auch selbst war.

Pflichtgefühl und Wohlwollen gegen die Mitmenschen erscheinen hier bei Bentham durchaus nicht als ein, wenn auch abgeleiteter, so doch mitbeherrschender und einflussreicher Zug der Menschen. Vielmehr führt Bentham aus, dass und wie höchst raffinirte Einrichtungen die Staatsorgane zwingen müssen, das Wohl der Gesammtheit statt ihres eigenen zu befördern.

Es bleibt ferner, — was Guyau gegenüber betont werden muss — unter allen Umständen der eine grosse innere Widerspruch:

Wenn das individuelle Urtheil des von Natur und mit Recht im Grunde nur an sein Glück denkenden Menschen die letzte Richtschnur für alle Handlungen ist, so kann das Individuum jedenfalls immer im einzelnen Fall urtheilen, dass sein Glück und das der grössten Zahl differiren, und es giebt keinen allgemein genügenden Grund für das In-

liches behandelt, da die Gesellschaft oder Gesammtheit eben lediglich als eine Summe erscheint. Dass das unbedingte Ausgehen vom Einzelnen, seinem Glück und seinem Interesse, eine allgemeine Ordnung und ein Recht im Grunde gar nicht zulässt — ist ein Gedanke, der bei Bentham zwischen all den Axiomen und Distinctionen nicht aufkommt.

Solches Ignoriren von logischen Sprüngen war nur möglich, indem Bentham in souveräner Abgeschlossenheit sich nie um die Ansichten Anderer kümmerte.

Dagegen bemüht sich sein bekanntester Schüler, J. St. Mill, Einwürfe zu widerlegen. Dieser liebenswürdige Eklektiker war gleich Bentham ein reiner Stubengelehrter, eine unendlich wohlwollende Natur und ein Geist, den anerkennenswerthe Aufrichtigkeit zum Kampf gegen Vorurtheile trieb. Gleich Bentham war er Philosoph, Politiker und Nationalökonom zugleich. Aber nicht nur war Bentham der weitaus schärfere Kopf: man muss auch sagen, dass Bentham's Ignoriren innerer Widersprüche lehrreicher wirkt als Mill's Tendenz durch optimistische Redensarten dieselben aus dem Wege zu räumen. Bentham, einseitig wie er war, irrte nur deshalb, weil er Vieles nicht sah, er war nie zugleich verworren. Aber können wir es anders als confus nennen, wenn Mill in seinem Büchlein über Utilitarianismus (5. Augabe, London 1874) die Nützlichkeitslehre dadurch schmackhafter zu machen sucht, dass er sagt, es komme nicht allein auf untergeordnete physische Genüsse an, Glück und Zufriedenheit seien nicht identisch, aber Glück sei ein Gut, weil es factisch gewünscht wird. Also

---

dividuum, das Glück der grössten Zahl als feste Richtschnur für seine Handlungen anzunehmen.

Bentham war sehr scharf in der Dialektik, sehr logisch und consequent im Einzelnen, sehr aufrichtig und wahr im Ganzen. Wenn man aber einmal auf Kurzsichtigkeit beruhende, ungenügende und durch ihre Beschränktheit falsche Ausgangspunkte hat, so ist es unmöglich, bei deren Anwendung auf das reiche Leben der Menschen im Grossen absolut consequent zu sein. Der Utilitarianismus ist übrigens eine so überaus vage Vorstellung, dass man in der That leicht Vieles hinein interpretiren kann. Das Wesentliche von Bentham's Irrthum ist, dass er vom selbst beurtheilten Glück des Individuums — also vom Individualismus — ausgeht.

Glück ist das Gewünschte und doch nicht mit Zufriedenheit identisch. Oder was ist es anders als Confusion, wenn Mill meint, über den Werth einzelner Genüsse entscheide die Majorität der Sachkenner, es komme aber auf das Glück der Gesammtheit an und deshalb sei das Princip der Nützlichkeit moralisch und verlange Edelmuth. Was aber der Gesammtheit nützlich sei, das sei durch lange Erfahrung der Menschheit festgestellt. Das heisst also, das Glückspricip sei nur ein theoretischer Erklärungsgrund der anerkannten Sittengesetze, kein Maassstab für die Entscheidung zur Handlung im einzelnen Fall, und keine Regel, nach der die Sachkenner immer neu urtheilen sollen. Und was sollen wir sagen, wenn Mill nach dem Grunde fragt, warum es auf das Glück der Gesammtheit ankommt, und als Grund hierfür das Gewissen angiebt, ein Gefühl in uns, das die Pflicht gegen die Gesammtheit lehrt und das auf dem gesellschaftlichen Gefühl, dass Jeder mit seines Gleichen leben muss, beruht. Diese Theorie des Gewissens kann dann Mill mit dem Princip individueller Speculation über Glück und Nützlichkeit schliesslich nur durch die manchesterliche petitio principii vereinbaren, dass die letzten Interessen Aller in natürlicher Harmonie stehen, welches Bewustsein in uns zu einem starken innern Gefühl wird.

Da ist Bentham consequenter, dem das Gewissen nur die anerzogene Rücksicht auf das Urtheil Andrer ist, deren Lob uns Freude, deren Tadel uns Schmerz bereitet; der die physische Quelle von Lust als die wichtigste bezeichnet, es für ein Vorurtheil ansieht, wenn man Musik und Poesie für etwas Höheres erklärt als Kegelspiel obwohl doch letzteres mehr Lust bereiten könne [1]) und der die Worte „guter und schlechter Geschmack" als Phrase bezeichnet.

Bentham hatte die Kühnheit einen einzelnen Zug des Menschen (egoistische Berechnungen über den eignen Vortheil die Handlungen bestimmen zu lassen) zur Grundlage einer Weltanschauung zu machen. Er ignorirte die Gefühle

---

[1]) In: The Rationale of Reward, Werke Bd. II, S. 253.

und Leidenschaften der Menschen; er leugnete, dass die Menschen sich über ihren Vortheil irren und darüber mit einander in Streit gerathen können. Er dachte nie daran, dass der Mensch nur als Glied eines grösseren Organismus verstanden werden kann, dass sein wahres Glück gar nicht im Erreichen des Gewünschten, sondern nur im Streben nach Vervollkommnung, in der Unterordnung unter ein Ideal liegt.

Er ignorirte Alles, was über dem Menschen steht, alle Mächte, die der Mensch ahnt und deren Wirken er fühlt, ohne dass er sie klar erkennt. Er fragte nicht nach dem Grund der menschlichen Existenz, nicht nach dem Zweck der Menschheit: für ihn existirten nur die einfachsten Ziele und Zwecke des einzelnen Menschen, nach deren Erreichung Jeder mit einfacher Berechnung streben kann. Seine grosse Entdeckung war eine fast abschreckende Beschränkung des Gesichtskreises. Aber er besass den Muth alle Consequenzen dieses beschränkten Ausgangspunctes furchtlos zu ziehen; er beschönigte, er verhüllte nichts. Er konnte Abschreckendes, Falsches, Einseitiges sagen — aber nichts Abgeschmacktes. So wenig wir mit ihm übereinstimmen können, dem Manne, der nur sich selbst genügen wollte, vermögen wir die Anerkennung einer gewissen Grösse des Geistes und Charakters nicht zu versagen, während uns schwächliche Nachfolger, die mit seinen Waffen klirren und populären Erfolg suchen, ohne seine Kraft zu besitzen, nur anwidern. — Er kannte das Schöne, das Sittliche nicht, nur das Nützliche; er besass wenig Phantasie, nur kritische Logik — er war aber ehrlich in dieser maasslosen Einseitigkeit, indem er auch seine eigenen edlen Motive verkannte und immer nur als Kritiker auftrat.

Es ist unnöthig, die Einseitigkeit und Unbrauchbarkeit des Nützlichkeitsprincips noch weiter nachzuweisen. Als Philosoph ist Bentham allgemein als unbedeutend anerkannt (vergl. Guyau). Ebenso ist es uns unmöglich, hier Bentham's sämmtliche publicirte Schriften eingehend zu besprechen; nur in Kürze sei erwähnt, dass ein grosser Theil derselben, und gerade der besten und werthvollsten, sich auf Justizreform, speciell auf Reform des Strafrechts, des Prozessrechts und des Gefängnisswesens beziehen. Auch hier geht Bentham vom Nützlichkeitsprincip aus, hat aber in einer Menge von Detailfragen wirklich nützliche Kritik geübt und nothwendige Reformen angeregt. Kann man auch seine unbedingte Anpreisung allgemeiner Codificationen nicht billigen, so muss man doch zugestehen, dass gegenüber dem verworrenen, veralteten, theilweise unmenschlichen englischen Recht und der allgemeinen Tendenz der Advocaten, die ihnen günstige Rechtsverworrenheit beizubehalten, Bentham's rücksichtsloses Auftreten ein heilsamer Gegensatz war.

Andere Schriften Bentham's könnte man zu den vermischten Schriften rechnen, so den unbedeutenden Versuch über Logik, den seltsamen Versuch über Sprache und seine Fragmente einer universellen Grammatik, welche der beschränkte Logiker zu entwickeln strebt, obwohl er nur drei Sprachen kennt. Es ist interessant, dass der kosmopolitische Reformator doch seine Sprache, die englische, für die vollkommenste erklärt. Bentham's Unfehlbarkeitsglaube spiegelt sich in seiner Schrift über die Verbindung der Weltmeere. Am interessantesten unter den vermischten Schriften dürfte die Chrestomathia [1]) sein.

Wir werden später sehen, wie fast alle socialen und politischen Reformatoren der Neuzeit in England, soweit sie von demokratischem Geiste erfüllt waren, zur Auflösung der alten staatlichen Ordnung beitrugen, ohne eine kräftige neue Ordnung des Staats an die Stelle der alten setzen zu können. Alle ausnahmslos aber erwarben sich das Verdienst, dass sie für Volksbildung bemüht waren, indem sie alle einsahen, dass nach Wegfall alter Autoritäten wenigstens die individuelle Kraft der befreiten Individuen gesteigert werden müsse. Der Socialist Owen, der Manchestermann Cobden, der Chartist Lovett — sie alle schwärmten für Schulen. Und nicht minder Bentham, der Prophet all dieser Richtungen. Er interessirte sich für Bell und Lancaster und erbot sich zur Errichtung einer Schule in seinem Garten,

---

[1]) Band VIII der Werke.

die er selbst leiten wollte; dies kam wegen des beabsichtigten Ausschlusses der Theologie nicht zu Stande, und so schrieb Bentham nur ein neues Buch, die Chrestomathia.

Bentham schwärmt für das System, dass die Schüler das Erlernte selbst wieder anderen Schülern lehren, so dass nur ein dirigirender Lehrer, aber sehr viele Lehrer-schüler wirken. Der Unterrichtsplan, den Bentham vorschlägt, ist ein Protest gegen das Vorherrschen der classischen Bildung. Auch auf dem Gebiete der Pädagogik zieht er die Consequenzen seines materialistischen Princips. Er sieht auf das unmittelbar praktisch Nützliche und verlangt realistische Bildung in neuen Sprachen, Naturwissenschaften, Technologie, Buchführung etc. Auch im Rationale of Reward wird der grössere Werth der Naturwissenschaften gegenüber dem Studium des Lateinischen und Griechischen hervorgehoben. —

Mehr wie die Schriften über Justizreform und die vermischten Schriften interessiren uns Bentham's nationalökonomische und seine eigentlich politischen Werke.

Durch seine materialistische Grundtendenz ist Bentham der Prophet aller Richtungen geworden, die den Staat zum Diener wirthschaftlicher Interessen zu degradiren trachten. In seinen politischen und nationalökonomischen Arbeiten speziell zieht er der Reihe nach alle denkbaren Consequenzen einer extremen Freiheits- und einer extremen Gleichheitslehre.

Dass Freiheit und Gleichheit, extrem gefasst, mit einander in Widerspruch kommen müssen, sieht Bentham nicht. So lange er lebte, zerfiel der Radicalismus noch nicht in einen Radicalismus der Mittelklassen und der Arbeiter, von denen der erstere die individuelle Freiheit, letzterer politische Gleichheit forderte. Die Parteischeidungen gegen Ende der 30er Jahre haben praktisch bewiesen, dass die Freiheitsliebe der Starken und Besitzenden auf die Dauer mit dem Gleichheitsdurst der niederen Massen nicht Hand in Hand gehen kann. In der Zeit vor der Reformbill aber bestand noch eine überwiegende Tendenz, welche Alle zusammenhielt, die überhaupt leidenschaftlich den Wunsch einer Aenderung des Bestehenden hegten. Wer Befreiung von bestimmten

Fesseln, wer **Ausgleichung** bestimmter Unterschiede wollte, sie alle einigten sich noch in der Opposition gegen die alte Aristokratie und erhoben dieser gegenüber nur gefühlsmässig den Ruf nach Freiheit und Gleichheit überhaupt.

Kein Wunder, dass Bentham, welcher ja nur von einem empirischen Satze ausging und dessen praktische und historische Erfahrung klein war, nicht über den inneren Widerspruch der Principien selbst speculirte, und sich mit der Thatsache ihres gegenwärtigen Bundes begnügte. Dass Freiheit Herrschaft über die Schwachen, dass Gleichheit Freiheitsbeschränkung der Starken ist, dass daher in der Anwendung beider Principien Maass herrschen müsse — das waren Gedanken, die in Bentham's Seele keinen Raum hatten. Und so ist er zugleich der Prophet des späteren Manchesterthums und des späteren Chartismus geworden; für Beide lieferte er die Philosophie, mit der sie später ihre Agitation verzierten. Wie diese beiden Richtungen sich später eigentlich nur praktisch, nicht auch in theoretischen Principien bekämpften, so sieht auch Bentham nicht, dass seine allgemeinen demokratischen Principien zu Widersprüchen führen.

In seinen nationalökonomischen Schriften[1]) ist Bentham vorherrschend freiheitsschwärmender Manchestermann, weicht aber doch vom Manchesterthum aus wohlwollendem Gefühl gegen die Arbeiter vielfach ab. Diese Inconsequenzen sind gerade oft Lichtblicke, aber doch Inconsequenzen. —

Bentham schliesst sich als Nationalökonom Adam Smith an. Gleich Adam Smith ist er Apostel des „laissez faire et passer", ein Princip für das er seine eignen Formeln hat. Er

---

[1]) Es gehören hierher besonders folgende Schriften:
„Defence of usury.
„Manual of Political Economy.
„Supply without Burden.
„Tracts on Poor Law and Pauper Management.
„A Plan for Conversion of stock into note annuities.
„Observations on the restrictive and prohibitory commercial System.
Viel speciell Manchesterliches auch im Rationale of Reward und International Law und in sonstigen Schriften, wo von der Werthbemessung der pleasures die Rede ist.

ruft der Regierung zu: Stillgestanden! („be quiet") und sagt, die Industrie verlange von der Regierung nichts Andres, als was Diogenes von Alexander verlangte: „Geh mir aus der Sonne." (Im Manual, Werke Bd. III. S. 35.)

Der Gesammtreichthum ist bei Bentham die Summe der Einzelreichthümer; der Fortschritt des Reichthums hängt von dem Wachsthum des Capitals ab; daher werden die Wuchergesetze bekämpft, Freihandel verlangt; dieser wird wie bei Adam Smith nicht aus natürlichen Freiheitsrechten bewiesen, sondern durch seine Nützlichkeit gerechtfertigt.

Bentham ist gegen Entails und Latifundien; in der Steuerfrage geht er so weit, die Gerechtigkeit der Steuervertheilung gar nicht zu untersuchen, sondern die indirecten Steuern nur wegen ihrer Bequemlichkeit vorzuziehen. Belohnungen aller Art, die der Staat vertheilt, erscheinen lediglich als Kauf von Diensten. Käuflichkeit der Offizierstellen wird entschuldigt, weil dies noch besser sei als Willkür der Krone; selbst der Census der Friedensrichter und der Census beim passiven Wahlrecht erscheinen als zulässige Mittel, zu billiger Regierung zu gelangen. „Die Interessen der Individuen sind die einzigen wahren Interessen. Pfleget die Individuen, belästigt sie nicht, duldet nie, dass sie belästigt werden und ihr habt genug für das öffentliche Wohl gethan." (Rationale of Reward.) Sicherheit ist Grund und Zweck der Steuern. Alle Kolonien sollen befreit, die stehenden Herren sollen durch internationale Verträge herabgesetzt, Streitigkeiten unter Völkern durch internationale Schiedsgerichte geschlichtet werden.

In der That, man meint schon Cobden zu hören. Aber es sind die Vorschläge des stillen Gelehrten, der in seinen Principien über Völkerrecht einen Plan für ewigen und allgemeinen Frieden entwirft, des Mannes, „der nach dem Erdball als Herrschaftsgebiet strebt, dessen einzige Waffe die Presse, dessen Schauplatz der Intrigue das Cabinet der Menschheit ist." Und fragt man nach den Gründen dieser Friedensliebe, so ist es nicht Humanität oder Widerwille gegen vergossenes Menschenblut, sondern wieder meint man, Cobden zu hören, wenn Bentham sagt: „Aller Handel ist seinem Wesen nach vortheilhaft, auch für die Partei, für die er es am wenigsten ist. Aller Krieg ist seinem Wesen nach zerstörend; und doch ist es das grosse Geschäft der Regierungen, Gelegenheiten zum Krieg aufzuspüren."

All dies ist vollendetes Manchesterthum: Ein freies wohlhabendes Volk, unbeschränktes Wachsen des Capitals, — eine schwache, billige Regierung; Unterordnung des Staats unter die wirthschaftlichen Interessen der Unterthanen. Der Staat ist nicht Repräsentant von Culturideen, die Einzelnen nicht verpflichtet, diesen zu dienen; der Staat ist eine Vorrichtung, den wirthschaftlichen Gewinn zu fördern, jedenfalls nicht zu stören. —

Dennoch war Bentham den späteren Manchestermännern und den gleichzeitigen classischen Nationalökonomen oft überlegen, einmal weil er überhaupt zugleich an politische Probleme dachte, und dann, weil er es mit dem Glück der grössten Zahl Ernst nahm, ohne dem Schwindel der unbedingten Harmonie der Interessen zu huldigen.

Treu seinem Nützlichkeitsprincip macht er sich kein Gewissen daraus, das Eigenthum wenigsten in Bezug auf Vererbung zu beschränken (Supply without Burden) und will dem Staat alle Güter Verstorbner überweisen, welche nur Verwandte von einem Verwandschaftsgrad hinterlassen, bei dem Heirath gestattet ist. Auch andre Verwandte, wenn kinderlos, sollen nur Niessbrauch bekommen; von Erbschaften, die nicht Eltern, Kindern oder Geschwistern zufallen, soll der Staat einen Theil erhalten; das Recht des Testirens soll auf die Hälfte des Vermögens beschränkt werden, für das es jetzt gilt. Dies sind Anklänge an den späteren St. Simonismus.

Die Leidenschaft der Arbeiter gegen neue Maschinen wird entschuldigt; vom Laissez-faire-Princip werden Ausnahmen zu Gunsten allgemeiner Verbreitung von nützlichen Kenntnissen, zu Gunsten öffentlicher Wege und bei Erfindungspatenten anerkannt. Statistik wird nicht benutzt, jedoch warm empfohlen. Eifrig beschäftigt sich Bentham mit der

Staatsschuld, die er freilich nicht mit der gemeinen Gehässigkeit Cobbett's angreift, die aber doch auch ihm ein Dorn im Auge ist. Er entwirft ein ganz unpraktisches Project, die Staatsschuld in zinstragende Inhaberpapiere von möglichst kleinem Betrag zu verwandeln, indem solche Papiere gegen Sparsummen verkauft und mit dem Erlös Staatsschuld zurückgekauft werden soll. Wenn dabei die Rücksicht auf die Arbeiter, denen Gelegenheit zur Anlage kleiner Ersparnisse gegeben werden soll, ausdrücklich betont, wenn dabei gesagt wird, diese Noten sollten durch die Postbüreaus vertrieben werden — wer erkennt darin nicht eine Prophezeiung der späteren Postsparkassen, die das Princip des laissez faire durchbrochen haben? —

Merkwürdig ist die Verquickung von Manchesterthum und Wohlwollen gegen die Massen in Bentham's Ansichten über die Armenfrage. Er ist nicht Malthusianer, ob er gleich erkennt, dass die Bevölkerung im Verhältniss zu dem Unterhaltsmitteln und Bedürfnissen steht (Manual.) In seinen praktischen Vorschlägen ist der Geist des späteren Armengesetzes mit sanguinischer Weltbeglückungslust verbunden. Eine Actiengesellschaft, die „National Charity Company" — nicht der Staat selbst — soll, mit weitgehenden Zwangsrechten ausgerüstet, alle die sich nicht über Nahrungsstand ausweisen können und die Kinder ohne Aussicht auf gute Erziehung, in grosse Industriehäuser für je etwa 2000 Personen schaffen, wo sie arbeiten müssen, bis sie den für sie gemachten Aufwand abverdient haben. Nüchternheit und Mässigkeit sollen darin gepflegt, die Kinder sollen gut unterrichtet und erzogen, die Familien nicht getrennt werden. Die Gesellschaft soll strenge überwacht, die Aufseher sollen für jeden Todesfall bestraft werden etc. etc.

Eine völlig centralisirte, die alte Selbstverwaltung durchbrechende, in socialistische Phalansterien ausartende Armenpflege, unter Ausschluss sonstiger Unterstützung, soll die Steuerzahler erleichtern, zugleich das ganze Volk heben. Die Industriehäuser sollen die Gefängnisse entbehrlich machen; an sie soll sich eine Regulirung der Arbeitsnachfrage im ganzen

Land durch eine „employing gazette" und eine „frugality bank", das ist eine centralisirte Anstalt zum Ersatz der Sparcassen und der „friendly societies" anschliessen. So bornirt Bentham war, so vielseitig war er doch zugleich; selbst der englische Socialismus findet in diesen Vorschlägen einen Bundesgenossen.

Aber nicht nur in einzelnen Ansichten weicht Bentham vom Manchesterthum ab. Er erkennt, dass die Nationalökonomie nicht nur Wissenschaft, sondern auch Kunst sei, und dass Adam Smith letztere Seite zu wenig beachtet habe (Manual). Bentham zielt immer bewusst und direct auf einzelne praktische Reformen ab und er erkennt, dass die Thätigkeit der Polizei und Gerichte für die Wirthschaft von wesentlicher Bedeutung sind. Finanzfragen stehen bei ihm im Vordergrund. Er macht im Gegensatz zu Adam Smith Versuche der Systematisirung und führt alle Lehren auf ein ausgesprochenes Princip, das der Nützlichkeit, zurück.

Die bedeutendste Abweichung vom Manchesterthum besteht aber darin, dass die Aufgabe des Staats doch nicht unbedingt auf den „Nachtwächterdienst", auf die Herstellung von Sicherheit beschränkt wird. Das Glückspricip löst sich auf in die Aufgabe des Staats, „Sicherheit, Unterhalt, Ueberfluss und Gleichheit" zu schaffen (Pan. fragments und sonst öfter). Und indem die Herstellung der Gleichheit, soweit es die Sicherheit erlaubt, in die Staatsaufgaben eingeschlossen wird, kommt Benthan auf die Frage nach der besten Vertheilung des Reichthums.

Und dabei spricht er die grosse Wahrheit aus, dass es auf Abschleifen der Gegensätze zwischen Arm und Reich ankommt. Da zehntausendmal mehr Reichthum — meint Bentham — nicht zehntausendmal glücklicher macht, so ist das meiste Glück bei gleicher Vertheilung des Reichthums vorhanden. Dies kann man aber nicht wollen, weil durch absolute Gleichheit die Quelle des Reichthums verstopft würde. Und so ist der beste Zustand der, in dem vom Reichsten herab die Abstufung am regelmässigsten und unfühlbarsten ist. Man sieht, Bentham sucht die Mitte zwischen dem Communismus und dem Zustand, in welchem der König von England durch Drehen einer Kurbel allein alle Maschinen in Bewegung setzt — und dies ist wohl die erleuchtetste Folgerung, die sich aus der Tendenz das Glück und seine Bestandtheile zu messen, ergab.

Einem Manne, der so absolut frei davon war, seine Wissenschaft seinen oder seines Standes Interessen zu opfern, der so unentwegt die Consequenzen seiner Principien zog, konnte es auch nicht beifallen, gleich Ricardo das allgemeine gleiche Wahlrecht principiell anzuerkennen und practisch doch nicht zu wollen.

Damit kommen wir auf Bentham's politische Schriften. Wir haben schon im „Fragment" und in den „Principles" Bentham's Ansichten über das Revolutionsrecht, seinen Satz vom grössten Glück der grössten Zahl als Princip aller Gesetzgebung kennen gelernt. Er blieb sich in seinen Principien und Tendenzen von 1776 bis zu seinem Tode auch in Bezug auf Verfassungsfragen getreu; jedoch ist hier eine Entwicklung der Consequenzen im Laufe der Zeit nicht zu verkennen, so dass Benthem als Greis das aussprach, was er als Mann noch nicht sagte — nicht, weil ihm der Muth fehlte, sondern weil auch ihn die Tradition band und weil seine Kritik sich in ihm erst ausleben musste. Verbitterung gegen Gegner, die ihn verkannten, Beifall, der ihm aus Spanien und Südamerika entgegen gebracht wurde, mögen ihn zugleich erhitzt haben — dennoch musste er zu den letzten revolutionären Consequenzen kommen, weil sein Princip es erheischte.

Dazu führte nicht nur die Behauptung, dass die individuelle Ueberzeugung über das Recht des Widerstands entscheide. Nachdem Bentham den Sprung gemacht hatte, dass es auf das grösstmögliche Glück der grösstmöglichen Zahl ankomme, musste er unbedingte Demokratie fordern — und wenn er einsah, dass diese nicht auf friedlichem Wege zu erreichen war, so musste er auf einem Umweg wieder zur Revolution zurück kommen.

Schon in den Pannomial Fragments wird ausgesprochen, dass im Conflictsfall die kleinere Zahl der grösseren weichen müsse. Und in allen politischen Schriften kommt Bentham zu dem Resultat, dass die Majorität unbedingt die Herrschaft haben müsse, da es ja auf das Glück der Majorität ankomme und diese nur selbst bestimmen könne, was ihr nützlich sei.

Es ist selbstverständlich, dass mit diesen demokratischen Anschauungen eine grimmige Abneigung gegen jede Aristokratie Hand in Hand ging, dass Whigs und Tories Bentham gleichmässig verhasst wurden, dass er sich einfach auf die Seite der „radicalen Reformer" seiner Zeit stellte. Er spottet über die „glorreiche Revolution" (Book of Fallacies), ist für Katholikenemancipation, gegen die Staatskirche, eifert gegen die heilige Allianz etc. etc. — und liefert in all diesen Fragen den radicalen Agitatoren seiner Zeit die Waffen, wenn er auch Cobbett für einen Schuft erklärte, und weder Paine's Schwärmerei für Menschenrechte noch des Majors Cartwright biblische Sittenstrenge bei ihm Anklang fand. In dem Hauptpostulat der radicalen Parlamentsreform stimmte er mit allen andern Radicalen überein, wie er denn gleich den meisten der letzteren die Vereinigten Staaten von Nordamerika für das gelobte Land hielt und sogar wähnte, dass dort nie Einzelne öffentliche Mittel zu ihrem Vortheil vergeudeten!

Mit den Sympathien für Demokratie wuchs Bentham's Kosmopolitismus. Er war der Ansicht, Ausländer eigneten sich besonders zu Staatsbeamten, weil man sie besonders argwöhnisch überwachen würde. Er schrieb nicht nur Gesetzbücher und Belehrungen für die beliebigsten Nationen, selbst für Tripolis, sondern verfasste einen Codificationsvorschlag für alle liberale Völker (Codification Proposal).

Bentham verwarf die mässige und verlangte unbedingt die radicale Parlamentsreform. In dem „Parliamentary Reform Catechism", geschrieben 1809, veröffentlicht mit Einleitung von 1817 (Bd. III der Werke), wird die radicale Parlamentsreform bereits nicht nur mit scharfer Kritik des Bestehenden, sondern entschieden mit glühender Leidenschaft gefordert. Minderjährige, auch solche, die nicht lesen können, sollen zwar ausgeschlossen werden, denn Bentham verlangt verständigerweise „virtually universal suffrage", aber zugleich ganz in der Weise der Radicalen jährliche Parlamente und geheimes Ballot. In vielen anderen Schriften, z. B. in dem 1819 veröffentlichten Entwurf einer „Radical Reform Bill", und in dem Buch „Radicalism not dangerous", werden die gleichen Forderungen immer wieder zusammengestellt.

Dass das Parlamentswahlrecht allein die Demokratie nicht sichere, sieht Bentham klar ein; deshalb beschränken sich seine Vorschläge nicht auf die Verfassung, sondern die ganze Organisation der Verwaltung soll demokratisch eingerichtet werden, so dass alle Beamten möglichst wenig Macht und Gehalt haben, aber der grösstmöglichen Verantwortlichkeit unterworfen sein, gewählt und beständig controllirt werden sollen. Das Postulat ergiebt sich nicht nur aus demokratischem Misstrauen gegen jede Autorität, sondern auch aus dem Satze, dass jeder Mensch von Natur egoistisch und nur egoistisch sei, so dass ein höchst künstlicher Apparat nothwendig wird, um die Interessen eines einzelnen Regierenden mit dem Interesse der Gesammtheit zusammenfallen zu lassen.

„Lasst immer in der Hand derjenigen, aus deren Glück sich das allgemeine Glück zusammensetzt, die Wahl jener Agenten, deren Handlungen dieses Glück befördern sollen!"

Das besondere Gewicht, welches Bentham auf die Ohnmacht und beständige Controllirung aller Staatsdiener legt, ist eine eigenthümliche, aber nothwendige Folge des Umstands, dass er Pflicht, Ehre u. s. w. als Motive des Handelns gänzlich leugnet. Es zeigt sich dabei, wie die zwei Gedanken, dass jeder Mensch von Hause aus nur auf sein Glück bedacht sei und dass öffentliche Institutionen doch dazu da seien, das Glück der grössten Zahl zu befördern, nur durch den künstlichsten Zwang vereinbart werden können. Ein trostloser Mechanismus muss das lebendige Gefühl der Zusammengehörigkeit und der Verpflichtung gegen das Ganze ersetzen, durch welches in Wirklichkeit die Staaten leben und blühen.

Lange, lange gedachte Bentham seine demokratischen Ideale nur auf dem Wege der friedlichen Reform, ja sogar auf dem der allmäligen Reform durchzusetzen. Die wilde Leidenschaft der französischen Revolution stiess ihn ab; als er zum französischen Ehrenbürger ernannt wurde, tadelte er in seiner Antwort die Härte gegen die verbannten Aristokraten und in der Schrift „Anarchical Fallacies" lieferte er sogar eine scharfe Kritik der „Menschenrechte". Freilich wendete er sich gegen diesen Begriff zumeist aus dem Grunde, weil derselbe nicht mit seinem Nützlichkeitsprincip stimmte; weil nur geschriebenes, codificirtes Gesetz seiner Meinung nach Recht ist, und weil keine Menschenrechte die Zukunft binden könnten; wohl aber erkannte er, dass die Menschenrechte ein ewiges Recht auf Revolution constituiren, jede dauernde Ordnung und gesetzliche Entwicklung untergraben.

Im „Parl. Reform Catechism" wird die radicale Reform als einziges Mittel, die Revolution zu verhüten, hingestellt. Das monarchisch-aristokratische Element ruinire zwar das Volk; Krone und aristokratische Vorrechte seien kein Eigenthum, sondern nur „trust": aber doch sollen sie nicht vernichtet, sondern zunächst soll nur der Demokratie ein wachsender Antheil an der Herrschaft gegeben werden (democratical ascendency and political salvation).

In seinen letzten Schriften aber durchbrach der kosmopolitische Demokrat diese Schranken des praktischen Engländers. Seit 1830 nahm in ganz England die radicale Agitation einen leidenschaftlicheren Aufschwung, wesentlich angeregt durch die Pariser Juli-Revolution. Zwar kam es der Masse lediglich auf die Durchsetzung der mässigen Parlamentsreformen an, aber alle radicalsten Leidenschaften wurden in den Dienst dieser Agitation gestellt. Und auch hier ist Bentham wiederum der treueste Spiegel seiner Zeit. In einem Brief an die Franzosen von 1830 über Peerskammern (Werke Bd. IV, S. 449) spricht Bentham es endlich aus:

„Gut, meine Mitbürger von Frankreich! Gut, meine Mitbürger von England! meine Mitbürger der civilisirten Welt, meine Mitbürger zukünftiger Weltalter! Wenn Demokratie nicht identisch ist mit Anarchie, sondern eine bessere Regierungsform als jede andere, besser als absolute Monarchie, absolute Aristokratie, oder eine, von der Aristokratie gerittene Monarchie — warum soll ich den Gegensatz nicht offen klarstellen? Wenn ein Peershaus als nutzlos erscheint, warum soll ich es nicht sagen? Wenn eine zweite Kammer oder eine souverän regierende Versammlung nutzlos ist, es sei denn, dass sie aus Männern bestehe, die das Volk im Ganzen (at large) gewählt und beauftragt hat, — warum soll ich es nicht aussprechen? Wenn ein Functionär wie ein .... König — nutzlos ist (da, das Wort ist geschrieben und die Welt doch noch nicht untergegangen), warum soll ich es nicht sagen? Wenn König und zweite Kammer beide schlimmer wie nutzlos sind, warum soll ich es nicht sagen? Wenn Beide, oder eins von Beiden zu Etwas nutz ist, so lasst das den, der das denkt und sagt, beweisen!"

In der That, es ist kein Grund einzusehen, warum Bentham das nicht sagen sollte. Das schon längst ausgesprochene als Urwahrheit betrachtete Wort, dass von Natur Niemand zum Wohl des Volkes herrsche, sondern nur dann, wenn besondere Einrichtungen sein Interesse und das der Gesammtheit zusammen fallen lassen, war ja schon eine unbedingte Verdammung des Königthums und der Aristokratie. Ich kann kaum finden, dass der oben citirte Satz viel stärker ist, als die schon in früheren Schriften so häufigen Auseinandersetzungen darüber, dass die Regierenden die natürlichen Feinde des Volkes seien [1]).

---

[1]) Z. B. in der 1828 gedruckten Vorrede zur 2. Auflage des Fragment: „Of the several particular interests of the Aristocrat in all his shapes, including the fee-fed lawyer and the tax-fed or rent-fed priest, all prostrate at the foot of the throne — is composed the everlastingly and unchangeably ruling interest. Opposite to the interest of the greatest number — opposite through the whole field of government — is that same ruling interest. That which this interest requires, is that the quantity of power, wealth and factitious dignity in the possession and at the disposal of the ruling few, should be at all times as great as possible. That which the interest of the subject many requires is — that the quantity of power and wealth at the disposal of the ruling few should at all times be as small as possible: of these necessary instruments the smallest quantity: of that worse than useless instrument — factitious dignity, — not an atom: no such instrument of corruption and delusion, no such favoured rival and commodious substitute to meritorious and really

In der Einleitung zum Reformkatechismus wird zwar nur Aufsteigen zur Demokratie gewollt, die representative Demokratie aber auch als das nothwendige Ziel hingestellt, und es heisst, der einzige Rechtfertigungsgrund für die Monarchie sei die Legitimität, für die Aristokratie der Satz, dass Besitz Tugend ist.

Nur das anerzogene englische Gefühl der Hochachtung vor dem König scheint bei Bentham selbst eine Art von Staunen über seine Kühnheit hervorgerufen zu haben, als er zuletzt mit dürren Worten den König als nutzlos bezeichnete. Der Fortschritt liegt nur in dem leidenschaftlichen Ausdruck.

Die politischen Ideen Bentham's in ihrer letzten Ausbildung liegen uns am deutlichsten vor in seinem letzten unvollendet hinterlassenen Werk, dem „Constitutional Code". Dieser Codex soll zunächst für Republiken brauchbar sein, aber auch in England für diejenigen, die durch allmälige Umbildungen auf Republik zusteuern. Dass wir zunächst wieder das Nützlichkeits- und das Interessen-Verbindungsprincip und sonst endlose Wiederholungen finden, ist selbstverständlich.

Ganz bestimmt wird die repräsentative Demokratie als einzig gute Regierungsform hingestellt. Selbst radicale Parlamentsreform ist ungenügend (Werke Bd. IX, S. 144), so lange die Lords und der König bleiben. „Das Ganze (d. h.

---

useful service: no such essentially disproportionate mode of remuneration, while for really useful service apt notification would afford the only remuneration, which in the shape of honour can be proportionate: can opposition be more complete? But to be governed by men, themselves under the dominion of an interest opposite to one's own, what is it but to be governed by one's enemies? In or out office; possessors or expectants; Tories or Whigs; leaning most to the monarchical side or most to another side equally hostile to that of the people — what matter is it, in which of these situations a man is, if to all the interest he adds more than the power of an enemy?

Vain therefore, vain for ever will be all hope of relief, unless and until the form given to the government is such that those rulers in chief, whose particular interests are opposite to the universal interest, shall have given place to others, whose particular interests have been brought into coincidence with that same universal interest."

die demokratische Republik) ist sehr einfach, das Halbe (d. i. die constitutionelle Monarchie) ist sehr complicirt." Selbst eine Revolution, welche nur die Person des Königs ändert, kann nicht helfen, denn „Ihr könnt keinen König haben, es sei denn, Ihr hättet einen Beamten, der nicht Unrecht thun kann." —

Was hat es zu bedeuten, wenn Bentham's schematischer Geist die föderative Staatsform zurückweist und bei der centralisirten Demokratie bleibt; wenn er nicht selbst Revolution organisirt, sondern nur die Leidenschaften, durch Schilderung des Bestehenden als absolut verwerflich, anreizt?

Wir werden sehen, wie die erregten Arbeiter 1831 und später zur Zeit der Chartisten in seinen Worten sprechen.

Bentham ist der erste grundlegende Wortführer all derjenigen Richtungen, welche den englischen Staat des 18. Jahrhunderts angreifen und dabei die Staatsidee selbst verlieren. Wenn man vom einzelnen Menschen ausgeht und den Staat nur als etwas dazu kommendes, Secundäres betrachtet, so kann man überhaupt nur mehr sociale Beziehungen und Interessen verstehen. Das Streben des erstarkten Bürgerthums nach politischer Macht gegenüber der alten Aristokratie zu dem Zwecke sich weiter zu bereichern, und die Feindseligkeit der Arbeiter gegen die Regierung in Folge von materiellem Elend — für diese beiden Empfindungen liefert Bentham die Formel.

Er bleibt dabei im Wiederspruch stecken und beweist wider Willen die Verkehrtheit der absoluten Demokratie.

Wenn, wie es in der zweiten Vorrede zum Fragment (Werke, Bd. I, S. 244) an so vielen Stellen klar ausgesprochen ist:

1) das Ziel aller Gesetze u. s. w. das grösste Glück der grössten Zahl sein soll;
2) wenn dem im Wege steht der natürliche Egoismus aller Menschen, demzufolge sie ihr Interesse dem der Gesammtheit vorziehen;
3) wenn man daher die Interessen der Regierenden und der Gesammtheit künstlich identisch machen muss durch abso-

lute, beständige Abhängigkeit der Regierenden von der Majorität u. s. w:
wenn dies die Hauptsätze aller Politik sind, wie kommt es denn, dass bei dem natürlichen Egoismus aller Menschen ein stiller Gelehrter das Soll des allgemeinen Nutzens aufstellen, und ohne künstliche Maassregeln und Abhängigkeit in maassgebender Weise die Mittel zur Herstellung des allgemeinen Glückes, statt seines eigenen, entdecken kann?

Die Geschichte lehrt uns, dass und wie reine Demokratie in Tyrannis und Cäsarismus umschlägt. Bentham lehrt uns, dass ein Philosoph, der das Evangelium der reinen Demokratie — ausgehend von der Vernunft und den egoistischen Interessen der Individuen — verkündet, seine Einsicht und seinen guten Willen als absolute und höchste Autorität hinstellen muss. Von dem unbedingten Recht der individuellen Vernunft zur Kritik ging er aus; es blieb ihm zuletzt nichts Festes, als eben seine eigene Vernunft. Nicht die Göttin der Vernunft in Gestalt eines Mädchens, wohl aber seine eigene Vernunft, setzte er auf den Thron.

Die socialen Mächte des Bürgerthums und des Proletariats haben seit 1776 den alten englischen Staatsbau unterwühlt, indem sie nicht nach Herrschaft einer neuen Idee, sondern nach Befriedigung ihrer wirthschaftlichen Interessen, nach ihrem materiellen Glücke strebten. Die Zeit vor 1830 ist die Zeit der Gährung, der vorbereitenden Entwicklung der Ideen. In Bentham haben sich diese Ideen am reinsten und vollendetsten ausgelebt. Er endet in staatlicher Hinsicht mit der reinen Negation. Und wie steht es mit den Thatsachen, welche sich nach seinem Tode vollzogen?

Gewachsen ist der Reichthum; fruchtbar war die Gesetzgebung, wirthschaftliche Bedürfnisse der neuerstarkten Stände zu befriedigen. Allein wenn wir den Staat als solchen, sein Princip, seinen Zweck, seine Macht ins Auge fassen, so steigen uns Bedenken auf. Seit der Parlementsreform von 1867 ist kein principieller Grund mehr gegen das allgemeine gleiche Wahlrecht zu finden; die alte Organisation der Selbstverwaltung ist überall durchbrochen. Aber es fehlt die Macht.

welche die nach Glück strebenden socialen Kräfte zusammenfasst unter einer grossen nationalen Idee. Bentham ist der Prophet der Unterordnung des Staates unter die socialen Interessen und die Form dafür ist das Schema der kosmopolitischen Demokratie.

Zu Bentham's Zeit und leider auch später kämpften gegen seine Ideen nur Tradition und conservatives Interesse; so kümmerlich seine Philosophie war, es trat ihr keine von höheren Gesichtspuncten ausgehende Philosophie mit Erfolg entgegen; sein systematischer Empirismus hatte leichtes Spiel gegenüber dem unsystematischen Empirismus der Gegner. Mächtige Thatsachen und grosse Gefahren allein können die gesunde Kraft des Volkes gegen Bentham's Leben tödtende Formeln wachrufen.

Rücksichtslose Kritiker wie Bentham sind nöthig in einer Zeit, in der es gilt, nach langer Erstarrung überhaupt neue Bewegungen in Fluss zu bringen. Unleugbar war der alte englische Staatsbau den neuen socialen Verhältnissen gegenüber beim Wechsel des Jahrhunderts unhaltbar geworden, und die socialen Interessen der politisch nicht privilegirten Classen hatten ein natürliches Recht, sich gegen die regierende Classe aufzulehnen, da diese ihre Herrschaft selbst theilweise in ihrem wirthschaftlichen Interesse missbrauchte. Allein was Bentham lehrte und was in seinem Geiste bisher geschehen ist, ist zumeist nur ein Niederreissen alter Ordnungen und darf daher nicht als eine Vollendung, nur als ein nothwendiger Uebergang betrachtet werden.

Die Zahl der an der Herrschaft im Staate Betheiligten musste vergrössert, die auf locale Ehrenämter basirte innere Verwaltung durch technische Centralbehörden, durch besoldete und von Wählerschaften controlirte Staatsbeamte durchbrochen werden. Allein es wäre kein gesunder Fortschritt, wenn die neuen Wähler und Gewählten des Unterhauses fortgesetzt sich vorherrschend als Vertreter wirthschaftlicher Interessen betrachteten, wenn die neuen Verwaltungsorgane isolirte Werkzeuge zur Pflege einzelner socialer Interessen blieben. England müsste von seiner Grösse herabsinken und die von Ledru

Rollin prophezeite „décadence de l'Angleterre" würde sich in einem andern Sinne verwirklichen, wenn die geistigen und materiellen Umwälzungen, die seit der Mitte des vorigen Jahrhunderts begannen, nicht in neuen politischen Schöpfungen von positivem und grossartigem Charakter ihren Abschluss fänden; wenn es nicht gelänge, das alte mächtige Staatsgefühl neuerdings und in neuer Form zu beleben; wenn von dem Geist der alten Institutionen in der That nur übrig bliebe der Gedanke der Repräsentation, welchen Bentham als Simon de Montfort's grösstes Verdienst preist. Im Zeitalter der Elisabeth wurde England reich und politisch mächtig zugleich — was die Staatsmänner jener Zeit leisteten, bleibt für die Gegenwart noch zu leisten.

Geistreich und treffend hat Gervinus eine Parallele zwischen Rousseau und Bentham gezogen. Auf dem Continent hat die französische Philosophie des vorigen Jahrhunderts stärker und directer politische Zersetzung vorbereitet, als Bentham's Lehren. Bentham's beschränkter Ausgangspunct konnte namentlich bei dem Volke, das Kant und Fichte erzeugt hat, weniger Anklang finden. Dennoch sagt derselbe Gervinus, der Bentham's Einseitigkeit erkennt und tadelt, in seiner Einleitung zur Geschichte des 19. Jahrhunderts, dass seit der Reformation eine beständige Kraft dahin wirke, bei unseren Völkern die Herrschaft der Wenigen durch die Herrschaft der Vielen zu ersetzen und er meint, seit Napoleon I. sei die Zeit der führenden Geister vorüber und diese würden durch Massenbewegungen ersetzt.

Und Gervinus, einst ein Führer seines Volkes, verstand sein Volk nicht mehr, als ein grosser Staatsmann ausführte, was die Vielen hofften und wollten, und er starb verbittert!

Eine weiter blickende Philosophie mit grösseren Gesichtspuncten und mächtige geschichtliche Ereignisse, vollzogen durch gewaltige Opfer des ganzen Volkes, wirkten bei uns den Einseitigkeiten Benthamitischer Demokratie entgegen. Dennoch entsprachen Bentham's Ideen so sehr einem oppositionellen Zuge, der in der neuesten Zeit die ganze civilisirte Welt ergriff, dass auch in dem Lande der allgemeinen

Wehrpflicht und der von Friedrich Wilhelm I. erzogenen Bureaukratie zeitweilig grosse Massen des Volkes und einzelne hervorragende Denker von radicalen Schwächen ergriffen werden konnten. Es kann auch bei uns nicht oft genug gesagt werden, dass die Herrschaft der Vielen an sich kein goldenes Zeitalter verbürgt, sondern dass sie nur dann vor Auflösung des Staates bewahrt, wenn die mitherrschenden Vielen ihrerseits beherrscht sind von der Leidenschaft, dem Staate zu dienen.

§ 2. Die Benthamiten.

Als der Mann, in dessen Kopf jede Art von englischem Radicalismus vollauf ausgebildet war, erschien uns Bentham. Bentham ist es, wie wir oben (S. 58) gesagt haben, der Kant und Rousseau an die Seite gesetzt werden muss, wenn man die nationalen Philosophen aufführt, die ihre Völker in die neueste Zeit einführten. Tausende, die seinen Lehren folgten, kannten ihn nicht, wussten nicht dass er lebte oder gelebt habe. Dennoch lässt sich nachweisen, wie seine Schriften selbst auf die radicale Tagespresse in den 20er und 30er Jahren wirkten.

Ausser den Nationalökonomen und ihren Anhängern, die einen Theil der Bentham'schen Anschauung consequent ausbildeten und ausser einzelnen Parteiführern, die wir als Bentham's Schüler kennen lernen werden, gab es auch ein kleines Häuflein reiner und vollkommener Benthamiten, die sich selbst „philosophische Radicale" nannten, d. h. Männer, die weder ausschliesslich Nationalökonomie noch politische Agitation trieben, sondern die ganze Weltanschauung Bentham's acceptirten und diese in der Literatur wissenschaftlich und popularisirend weiter entwickelten.

J. St. Mill erzählt uns in seiner Autobiographie sehr anschaulich von dieser Gruppe. Die ganze Schrift[1]) ist höchst charakteristisch, indem sie uns in schlichter und offenbar höchst wahrheitsgetreuer Schilderung das Bild einer rein

---

[1]) Autobiography by John Stuart Mill. Second edition. London 1873.

rationalistischen Erziehung vorführt, die der junge Mill durch seinen Vater, Bentham's Freund, genoss — eine höchst einseitige, fast unmenschlich zu nennende Erziehung, deren Spuren sich bei dem Manne Stuart Mill zeigten, indem er als Politiker höchst unpraktisch, selbst als Schriftsteller stets sehr einseitig blieb. Dennoch hat die unverwüstliche Liebenswürdigkeit und Menschenfreundlichkeit seiner Natur bewirkt, dass Derjenige, der nur die Schriften des Mannes kennt, die volle Einseitigkeit seiner Erziehung und Entwicklung nicht leicht sofort durchschaut, die eben erst aus der Autobiographie klar hervorgeht.

In diesem Buch erzählt Stuart Mill, wie es ein lang gehegter Plan seines Vaters und Bentham's war, ein eigentlich radicales Organ gegenüber der Edinburgh- und der Quarterly-Review zu gründen. 1823 kam dann die Westminster-Review unter Bowring's Redaction wirklich zu Stande.

Der Kreis von Männern, die dies Organ leiteten und für dasselbe schrieben, bestand zumeist aus Freunden des älteren Mill, auf welche dieser persönlichen Einfluss gewann. Sie vertraten die sich durchaus innerlich verwandten Principien von Bentham, Ricardo und Malthus — die des letztern ohne seine staatsmännischen Ideen. Sie glaubten unbedingt an die Segnungen des Repräsentativsystems und der freien Discussion und theilten trotz allen Kampfs gegen Robert Owen auch die Idee von der unbedingten Verbesserungsfähigkeit des Menschen durch „die Umstände". Die Review erregte Aufsehen, gerieth aber doch 1828 in finanzielle Verlegenheit — Mill zog sich damals von ihr zurück.

Die Westminster-Review machte aber nicht nur Aufsehen, sondern gewann auch wachsenden Einfluss. Wie die Agitation von Burdett und Cobbett kämpfte sie gegen Aristokratie, Staatskirche und die Politik der heiligen Allianz. Ihr Einfluss, d. h. der Einfluss des Radicalismus überhaupt, zeigte sich in der allmäligen Bewilligung einzelner wirthschaftlicher Reformen, besonders darin, dass auch in anderen Organen und Kreisen die ganze Denkweise des Radicalismus allmälig Eingang fand.

Stuart Mill blieb seinen Jugendideen im Grossen und Ganzen bis an sein Ende treu; er wurde einer der populärsten Schriftsteller Englands. Es wäre später zu zeigen, wie er den allmäligen Sieg des Radicalismus repräsentirt. Betrachten wir hier die Zeit vor 1832, so war die Westminster-Review natürlich kein Werk aus Einem Guss, das lediglich ein scharf ausgeprägtes Programm vertrat. Stuart Mill selbst erzählt uns, wie viele Artikel den jüngeren Mitarbeitern nicht gefielen [1]). Aber alle ihre wichtigen Artikel machten die Principien des Radicalismus bekannt und populär, so namentlich schon die ersten Artikel des älteren Mill, von denen der Sohn erzählt. Sie machte von Anfang an Front gegen die Whigs, allein es fehlte jener übersprudelnd giftig agitatorische Charakter, den wir in Cobbett's Schriften finden — sie war geeignet, in dem denkenden Theil der gebildeten Jugend Englands einen individualistischen Liberalismus zu erzeugen, der wohl warme Ueberzeugungstreue, aber nicht die gehässige Leidenschaft eines ökonomisch gedrückten Standes besass. Es war ein ehrlicher Radicalismus, den die getreuen Benthamiten der Westminster-Review vertraten — doch ein Bourgeois-Radicalismus, der noch vieles neu erringen wollte, aber auch schon Errungenes zu bewahren hatte.

Greifen wir aus den älteren Jahrgängen der Review

---

[1]) Was Stuart Mill über das Verhältniss von Bentham und der kleinen Benthamitischen Schule zu der Review erzählt, wird durch das Vorwort zu einem Artikel October 1826 S. 446 bestätigt und ergänzt. Es ist dies ein Artikel von Bentham selbst über ein Buch von James Humphrey. Im Vorwort der Redaction heisst es: „Es ist selten, dass unsere (der Review) Meinungen nicht von unserer ganzen Gesellschaft (corps) getheilt werden, noch seltener, dass ein Artikel veröffentlicht wird, ehe er nicht mehr als einem Urtheil unterworfen worden ist. Der folgende Aufsatz aber ist unverändert, wie er aus der Feder des Verfassers (Bentham) kam, veröffentlicht. — Wir halten den Geist Benthams in höchster Achtung und haben die legislativen Gesichtspuncte dieses grossen Rechtsgelehrten, den wir als Begründer eines neuen und besseren Systems betrachten, stets aufrecht erhalten — man wird uns verzeihen, wenn wir in diesem speciellen Fall von der bewährten Form, die Ansichten eines Reviewers zu überliefern, abweichen."

Einzelnes heraus, so hat sie den Krieg Englands gegen Frankreich bekämpft als einen Krieg im Interesse der Aristokratie, der dem Volke zahllose Nachtheile gebracht habe; sie war gegen politisch reactionäre Maassregeln, Staatsschuld, verschwenderische Gewohnheiten in Bezug auf Staatsausgaben. All dies wird[1]) nicht mit der Leidenschaft, aber ganz in dem Sinne Cobbett's ausgeführt — von dem dann freilich die Review erheblich abweicht, indem ihr Reduction der Zinsen der Staatsschuld als Vertragsbruch ein höchst verabscheuungswürdiges Verbrechen ist — ein Vorschlag, den nur eine Aristokratie machen kann, deren Moralität ganz durch die Gewohnheit zu herrschen, ihr Interesse mit Moral zu verwechseln, ruinirt ist. Die Review weicht von Cobbett ab, wo es sich um die Interessen des Capitals handelt; denn die Mittelclassen sind der Review „der Ruhm Englands"[2]), sie allein haben Englands Uebergewicht über andere Nationen begründet, jener Theil des Volks, von dem „alles Gute, das wir haben, herrührt."

Solch dithyrambischem Lobe der Mittelclassen, dem energische Bekämpfung der Kornzölle entspricht[3]), geht dann eine ernstgemeinte, wenn auch etwas platonische Liebe zu den arbeitenden Classen zur Seite, und es wird sogar zugestanden, dass von „den zwei Classen der productiven Bevölkerung" — die im Gegensatz zu den unproductiven Landlords gedacht wird — die Capitalisten trotz aller Schwierigkeit immer reicher werden, während man dies von den zahlreichen Arbeitern nicht behaupten könne[4]) — woraus aber nichts Weiteres gefolgert wird als Anklagen gegen die Aristokratie. Als Hauptfrage, in der alle anderen eingeschlossen sind, erscheint schliesslich die Nothwendigkeit, das Parlament dem beherrschenden Einfluss der Grundaristokratie zu entziehen.

Andere Interessen als Cobbett, aber keine höhere Auf-

---

[1]) S. Jahrgang 1826 October S. 249 ff.
[2]) S. l. c. 269
[3]) S. auch den Artikel October 1826 S. 373 ff., der die Kornzölle vom Standpunct der Gesammtproduction bekämpft und weil sie die „Profits" vermindern.
[4]) S. 263.

fassung. Der von der Aristokratie angeregte Krieg wird geschmäht wegen seiner Folgen, namentlich der ökonomischen und mit besonderem Hohn behandelt die Review den Satz, es sei dies ein Krieg gegen Ideen gewesen. Die Review versteht das einfach nicht und erklärt die Ideen nur als Euphemismus für die Interessen der Aristokratie.

Natürlich: Wenn der Staat und das Recht, wie die Review sagt, nur da ist, um Person und Eigenthum zu schützen, wenn der Staat keinen Culturideen dient, so kann auch der Staat keinen Krieg mehr führen, um bestimmten Culturideen das Leben zu erhalten, den Sieg zu erringen. So sehr sich die allgemeine Friedensliebe mit dem Scheine der Humanität umgeben mag, die principielle Abneigung gegen den Krieg, das Schmähen auf Ursachen und Folgen jedes Kriegs ist und bleibt ein charakteristischer Ausfluss jener Kurzsichtigkeit, wonach Leben in Wohlstand der Güter höchstes, und der wirthschaftliche Kampf ums Dasein die einzige menschenwürdige Kraftbethätigung ist.

Wo die souveränen Gemeinschaften der Menschen, die Staaten, nicht mehr den Zweck haben, die Menschheit ihren höchsten Idealen näher zu bringen, da freilich sind auch Collisionen unter den Völkern über die richtige Auffassung dieser Ideale unmöglich. Dieser Grundauffassung entspricht es, dass die vorwiegende Tendenz der meist sehr gut geschriebenen Artikel der Review gegen die Aristokratie gerichtet ist und dass die Popularisirung der den Mittelclassen dienenden Nationalökonomie in höherem Maasse den Mitarbeitern der Review am Herzen liegt als selbst die politische Freiheit.

Fast leidenschaftlich werden die Jagdgesetze als eine Einrichtung zu Gunsten der Vergnügungssucht des Adels selbst auf Kosten des Lebens der Ackerbauer angegriffen; offen wird das Uebergewicht des Grundbesitzes über das Capital beklagt (Januar 1826, S. 2); die Ehrenämter der Selbstverwaltung werden ohne Weiteres als Mittel der Classenherrschaft denuncirt (ebenda S. 21, ferner Febr. 1831, S. 168). In der Vertheidigung der Maschinen geht die Review noch über

Ricardo hinaus und entwickelt die Anfänge einer Lehre der vollkommenen Harmonie der Interessen zwischen Arbeit und Capital, indem zwar zugestanden wird, dass Einwanderung fremder Arbeiter dem Capital nützlich, den Arbeitern schädlich sein könne, dass aber jede dem Capitalisten vortheilhafte Capitalanlage, selbst solche ausser Landes, den Arbeitern vortheilhaft sein müsse (Januar 1826, S. 130). Der Beweis dieses Satzes wird abgeleitet aus den bekannten Sätzen, dass Capitalgewinn identisch sei mit Reineinkommen der Nation; dass Capital die ersparte Frucht früherer Arbeit sei und Capitalvermehrung, das Hauptinteresse der Nation, nur durch Erhöhung des Capitalgewinns entstehe.

Bei diesen Auseinandersetzungen ist an der bona fides der Verfasser nicht zu zweifeln. Doch muss darauf hingewiesen werden, dass die Definition des Capitals als ersparter Arbeit an sich tendenziös ist, wenn auch die Tendenz Vielen, welche die Definition gebrauchen, keineswegs klar bewusst war.

Man definirt Capital als ersparte Arbeit und versteht darunter den Besitz von Fabrikanten, Kaufleuten und Pächtern im Gegensatz zum Grundbesitz. Nun ist heutiger Grundbesitz ein wirthschaftliches Gut, ebenso wie eine Lokomotive oder eine andere Maschine; ebensogut wie eiserne Werkzeuge ist Grund und Boden Gegenstand des Eigenthums, ein Werthobject, das dadurch seinen heutigen Werth hat, dass vergangene Arbeit natürliche Stoffe in eine bestimmte Lage und Gestalt gebracht hat. Ohne vergangene Culturarbeit wäre der heutige Grund und Boden Englands kein Gut, ohne den natürlichen Stoff Eisen würde Arbeit allein eine Maschine nicht erzeugen können. Es ist also falsch, das mobile Capital allein Frucht der Arbeit zu nennen, den Boden dagegen Geschenk der Natur; und die Tendenz dieser Falschheit ist klar: Grundbesitz erscheint dadurch als unverdient, Besitz mobilen Capitals als verdient. Mobiles Capital und Arbeit scheinen dadurch gleiche, Grundbesitz und Arbeit verschiedene Interessen zu haben. Man kann ja gewiss an sich das Wort Capital auf die mobilen Besitzthümer beschränken und gewiss hat der Immobiliarbesitz manche eigenthümlichen Interessen.

Allein die scharfe principielle Trennung zwischen Capital und Grundbesitz, wie sie die englische Nationalökonomie vornahm, ist überaus einseitig und tendenziös. Das Capital als Frucht der Arbeit definiren heisst das Capital, d. h. das mobile Capital, hinstellen als die höchste Frucht der Arbeit, als natürliche Spitze und wohlthätige Beherrscherin der Arbeit — es ist ganz derselbe Gedanke, wie wenn die Review die Mittelclassen (das sind eben die Capitalisten) als die Führer des ganzen Volks (das sind die Arbeiter) auf dem Wege zum Fortschritt hinstellt. S. April 1827, S. 270: „Die allmälige Bildung Weniger bewirkte für diese im Laufe der Zeit eine gewisse Emancipation, und in Folge davon Reichthum, Macht und Mittel zum Widerstand. So schickte das gemeine Volk einen Schwarm aus, der jene neue Colonie in seiner Mitte, die Mittelclasse, bildete, und so wurde England schrittweise, was es ist, in Freiheit, Reichthum und Bildung."

Einen breiten Raum nimmt demzufolge in der Review der Kampf gegen die Kornzölle und für Freihandel überhaupt ein; die Review excerpirt Thompson's Katechismus (Januar 1827 S. 178), tritt für freie Einfuhr von Schiffsbauholz ein, eifert gegen die Navigationsgesetze (Juli 1831, S. 180), bespricht und rühmt alle freihändlerischen Leistungen der Nationalökonomie. Gelegentlich der Besprechung von Senior's Introductory Lecture heisst es (Juli 1825, S. 181):

„Man soll die Menschen frei lassen seitens des Gesetzes, dass sie alle Waaren produciren können, wie es ihr Interesse ist. — — Nach der Production sollen sie Freiheit haben, ihre Waaren auszutauschen wo und gegen was immer ihnen passend erscheint: — — Das sind die grossen Principien, durch die nach den Lehren der Nationalökonomie die grösste Summe von Gütern mit dem geringsten Aufwand von Arbeit erlangt werden kann."

Diese rechtgläubigen Nationalökonomen bekämpfen nicht nur Robert Owen's Theorien, sondern verkennen auch die Macht der Cooperation — doch weil sie, wie erwähnt, bona fide agitiren, so warnen sie vor polizeilicher Verfolgung der Socialisten (April 1832, S. 317). Von Malthus acceptiren sie mit grossem Eifer die Tendenz gegen Staatsintervention (Januar 1827; Juli 1827, S. 182), erklären Irlands Noth aus Uebervölkerung etc. — aber für die ethisch-politischen Gedanken von Malthus haben sie kein Verständniss.

Der Agitation für stempelfreie Presse schloss sich die Review mit vollstem Eifer an (Juli 1831, S. 238 ff.). Es war jedenfalls gerechtfertigt den damaligen englischen Zeitungsstempel zu bekämpfen, und wenn wir den einseitigen Bildungsfanatismus der Review nicht unbedingt theilen können, so müssen wir ihn doch als einen Hauptbeweis für die Ehrlichkeit ihres Radicalismus anerkennen. Die Review ist der Meinung, Bildung kühle die Leidenschaften, sei das beste Mittel gegen Aufruhr etc. — kurz, sie identificirt mehr oder minder Bildung und Moral, indem sie in echt Benthamitischer Weise der Ueberzeugung lebt, dass die Einsicht in den allgemeinen und den damit zusammenfallenden individuellen Nutzen die Grundlage der praktischen Moral sei. Die Review fürchtet in der That von wachsender Volksbildung Nichts für die begünstigte Stellung des Besitzes, sondern sie will Bibliotheken, Museen etc. auch den Arbeitern mehr zugänglich machen (Juli 1827), sie erwartet von dem reformirten Parlament energischere Beförderung der Volksbildung (Juli 1831), Eifer für Bildung erscheint ihr als ernsteste Pflicht (April 1825). Wenn es ihr dabei zumeist auf naturwissenschaftlich-technische Bildung ankommt, so erkennen wir darin die Schule Bentham's und diejenige Nationalökonomie, welche die inneren Güter des Menschen über der Sorge um Vermehrung der äusseren Güter vergass.

Wenn in der hauptsächlich von Arbeitern gelesenen radicalen Presse kurz vor der Reformbill die Leidenschaft sich gewaltig steigert und gleich darauf der offene wilde Kampf gegen die Mittelclassen ausbricht, so ist auch unser Organ der radicalen Mittelclassen, das die Reformbill um ihrer selbst willen, nicht als ersten Schritt zum allgemeinen Wahlrecht will, bereit zur Durchführung der Bill eventuell Gewalt zu brauchen und nach ihrer Durchsetzung erscheint ihm kein Mittel zur Abschaffung der Kornzölle unanwendbar.

Im Januar 1832, nachdem die Reformbill im Unterhaus in zweiter Lesung durchgegangen, sagt die Review, wenn die Lords die Bill wieder verwerfen, stehe England vor der Alternative: Krieg gegen Freiheit oder Revolution — letzteres sei das weit geringere Uebel — und im October 1832 sagt unser Organ, die Korngesetze, die einen Theil der Nation verhinderten, nach ihrem Interesse zu kaufen und zu verkaufen, seien ein genügender Grund zur Revolution, wenn kein anderes Mittel hilft.

Die Arbeiter hofften von möglichster Ausdehnung des Wahlrechts für sich Alles und waren daher bereit, an Erreichung dieses Ziels Alles zu setzen — doch waren sie aus praktischen Gründen zunächst mit einem Anfang zufrieden. Die Mittelclassen wollten diesen Anfang, d. h. eine mässige Ausdehnung des Wahlrechts zur Befestigung dessen, was sie bereits errungen hatten, kamen aber in der Hitze des Kampfs theilweise ganz guten Glaubens zur Anerkennung weitergehender radicaler Theorien.

So spricht die Review von Ausgleichung aller politischen Rechte als einem Ziel, das aber nur schrittweise zu erreichen ist; sie behauptet, die beste Wählerschaft würde sich in den grossen Städten ergeben und von der Reformbill sei vor Allem Sparsamkeit der Regierung zu erwarten — ihre weiteren Wünsche beschränken sich zumeist auf Einführung der geheimen Abstimmung, d. h. einer den factischen Einfluss der Grundherrn vermindernden Einrichtung (Juli 1831).

Die Review freut sich, dass das Nützlichkeitsprincip in Amerika zu praktischer Anerkennung gekommen ist (Januar 1826), sie eifert vielfach gegen die Staatskirche und die Zehnten und ist für volle Trennung von Kirche und Staat (April 1826 S. 505, October 1831 S. 338, April 1832 S. 390), sie legt bei Beurtheilung von Canning und Huskinson den Maassstab der politischen Principien Bentham's an (October 1831), sie schwärmt für die Pariser Julirevolution wieder unter Berufung auf Bentham (October 1831, S. 406), sie höhnt über die Furcht vor Angriffen des Volks auf das Eigenthum und glaubt, dass Demokratie gerade die beste Sicherheit gewähre (Januar 1832, S. 225), sie nennt Bentham (Juli 1832) „das führende Werkzeug zur Durchführung des Wechsels der Ansichten, der die alte Welt zersprengt wie die gefangenen Wasser der Geologen die Erdrinde." Die Mitarbeiter der Review haben in der That, wie die Review einmal von Galt (Juli 1832) sagt, selber „das volle Gefühl von der Unterdrückung, unter welcher die Masse des Talents, der Thätigkeit, der Nützlichkeit, in einem Wort der Segen von England durch eine Oligarchie niedergehalten wurde" — aber diese Oligarchie ist ihr eben factisch der grundbesitzende Adel und bei „der Masse von Talent und Thätigkeit" denkt sie vor Allem an die Mittelclassen — nicht ahnend, dass diese selbst zur Oligarchie werden könnten.

Man ersieht aus den angeführten Beispielen die ganze Haltung der Review, des Organs der gelehrten Radicalen: sie haben sich die Weltanschauung Bentham's angeeignet, sie haben dieselbe aber, vielleicht unbewusst, ein wenig abgedämpft, um sie den Mittelclassen desto annehmbarer zu machen.

In der Betrachtung der Benthamiten, einer kleinen Gruppe journalistisch wirkender Männer, haben wir etwas vorgreifend geschildert, wie das Denken und Fühlen des gebildeten Mittelstandes im Stillen dem Individualismus gewonnen wurde. Nun treten wir hinaus in das Geräusch des politischen Lebens um die Radicalen, d. h. die Führer der auf dem Individualismus beruhenden englischen Parteien, kennen zu lernen.

Viertes Capitel.
Die Radicalen.

§ 1. John Cartwright.

Der englische Radicalismus, der hauptsächlich von den Arbeitern getragen wurde, vereinigte sich im Anfang des Jahrhunderts und insbesondere seit 1815 unter dem Schlachtruf: Allgemeines Wahlrecht. Die Erregung und Bewegung beruhte zumeist auf dem Gefühle des Drucks, unter dem das Proletariat seufzte und dem daraus entspringenden allgemeinen Wunsch nach einer Aenderung der Zustände. So einfach und zugleich so beschränkt dies Postulat war, so waren es doch verschiedene Anschauungskreise, die wirksam waren, wo immer der Versuch einer bewussten Formulirung des Postulats gemacht wurde. In Paine's Schriften z. B. spiegelte sich die Wirkung der amerikanischen und französischen Revolution und der Ideenwelt der letzteren, eine Wirkung, die in Bezug auf die englischen Arbeiter nur eine indirecte genannt werden kann. Doch war er nicht fähig, jenen sittlichen Ernst, der, wie wir aus Bamford's Selbstbiographie entnehmen können, in einem grossen Theil der erregten Arbeiter lebte, zu vertreten. Dieser sittliche Ernst war nicht nur eine allgemeine Eigenschaft des englischen National-Charakters, sondern insbesondere ein Erbtheil aus der Zeit der Puritaner und der Revolution von 1688, das damals noch viel lebendiger vorhanden war als heute. Puritanische Anschauungen, die den Geist der Demokratie durch ein schroffes christliches

Pflichtgefühl bändigten, lebten unter den Dissenters noch wirksam fort, Hampden blieb ein populärerer Held als Robespierre. Politische Umwälzungen verlangte man noch immer nicht lediglich auf Grundlage rationalistischer Schemata, sondern unter Berufung auf alte Rechte und zur Begründung eines neuen dauernden Rechtszustands.

Diese Tendenzen des Arbeiterstands vertrat nun vor Allem John Cartwright, unbedingt die edelste Gestalt unter den radicalen Volksführern. Er stammte aus guter Familie[1]) und gehörte doch nicht zu jenen Volksführern, die das Volk für ihre ehrgeizigen Zwecke missbrauchen; 1740 geboren, schwärmte er in seiner Jugend für Friedrich den Grossen und wollte unter ihm dienen. Da dies verhindert wurde, trat er in die englische Marine und bewies sich in Gefechten und Seegefahr ebenso muthig als aufopferungsfähig. Darauf verweilte er in Amerika.

1766 machte es grossen Eindruck auf ihn, dass ein von Bewerbern um Anstellungen bestürmter Lord schliesslich ausrief: „Ich habe Euch alle gekauft und werde Euch bei Gott alle verkaufen."

1774 veröffentlichte der Lieutenant Cartwright seine ersten Briefe über amerikanische Unabhängigkeit; 1775 beantwortete er Burke's Brief über amerikanische Besteuerung; 1777 wurde er mit Burke persönlich befreundet. Er trat für die Unabhängigkeit Amerika's energisch ein, blieb aber dabei nicht stehen, sondern schrieb schon 1776 sein erstes Werk über Parlamentsreform: „The legislative Rights of the Commonalty vindicated." Er begann also in dem Jahre der amerikanischen Unabhängigkeitserklärung, demselben Jahr, in dem Bentham seine literarische Thätigkeit anfing, seine Agitation für freiheitliche Reformen, die er von da ab bis zu seinem Tode 1824 unermüdlich fortsetzte.

1775, in demselben Jahr, in welchem er Major der

---

[1]) Siehe: The life and correspondence of Major Cartwright, by his niece F. D. Cartwright, London 1826, und

A Memoir of John Cartwright the Reformer. London 1831.

Nottingham Miliz wurde, sagte er in einem Brief: „die Principien der Politik sind die Principien der **Vernunft, der Sittlichkeit und der Religion**, angewendet auf die Angelegenheit grosser Gemeinschaften. Daher gestehe ich nicht zu, dass die richtige und redliche Politik Jedermanns Urtheil entspricht, sondern sie ist bestimmt durch die **Gesetze Gottes und der Natur**. Die Bibel ist die letzte Richterin über die Grundsätze des öffentlichen und Privatlebens." Diesen Principien blieb er treu während der langen Zeit seiner Agitation. Die Inschrift auf seinem am 20. Juli 1831 errichteten Monument fasst seine Thätigkeit so zusammen:

„John Cartwright, der feste, standhafte und aushaltende Vertreter von allgemeinem Wahlrecht, gleicher Vertretung, geheimer Abstimmung, jährlichen Parlamenten.[1]) Er war der erste englische Schriftsteller, der offen für die Unabhängigkeit der vereinigten Staaten von Amerika eintrat: obwohl seine ausgezeichneten Verdienste als Marineoffizier seit 1776 die schmeichelhaftesten Aussichten auf Avancement im Dienste eröffneten, wies er es doch edelmüthig zurück, sein Schwert gegen die aufstrebende Freiheit eines unterdrückten und kämpfenden Volks zu ziehen. In dankbarem Andenken an seine unbeugsame Rechtschaffenheit, seinen begeisterten Patriotismus, seine tiefe Kenntniss der Verfassung und in aufrichtiger Bewunderung der makellosen Tugend seines Privatlebens wurde diese Bildsäule durch öffentliche Subscription errichtet, nahe dem Platz, wo er seine nützliche uud verdienstreiche Laufbahn beschloss."

Sein zweites Buch „Take your choice" machte ihn mit dem Herzog von Richmond bekannt, der die Parlamentsreform zuerst im Parlament selbst beantragte. 1777 schrieb er die „Proposals für saving America", 1780 wurde er Mitgründer

---

[1]) Ein Artikel der Westminster Review Nr. 16 S. 253 führt aus, Cartwright sei nicht der **Vater** der Parlamentsreformen. Die einzelnen Postulate, jährliche Parlamente, allgemeines Wahlrecht und geheime Abstimmung seien schon viel früher aufgestellt worden, z. B. von Burgh. Cartwright aber habe all diese Postulate zusammengefasst.

der „Society für constitutional Reformation", der auch Price und verschiedene Mitglieder der Aristokratie angehörten, und deren erste Adresse Cartwright verfasste. Auch an anderen Vereinen betheiligte er sich. In der Gesellschaft „Friends of the People" bekämpfte er 1792 den reinen Republikanismus Paine's, obwohl er 1789 auch für die französische Revolution geschwärmt und 1791 den Jahrestag des Bastillesturmes mitgefeiert hatte. 1812 trat er auch dem ersten Hampdenklub bei, schied aber bald aus, um nicht den Beitritt anderer einflussreicher Männer zu verhindern — was jedoch nicht verhinderte, dass 1819 der Hampdenklub an Theilnahmslosigkeit starb. Seine Pflichten als Milizmajor erfüllte er gewissenhaft und nahm auch trotz mangelnder Beförderung seine Entlassung nicht, wurde aber 1792 unter Protest unrechtmässiger Weise entlassen.

Später (1821) wurde er selbst processirt und bestraft; er vertheidigte sich mit grosser Würde gegen die Anklage der Conspiration. Wenn er auch die Republik principiell der Monarchie vorzog, so hat er doch eben so principiell jede revolutionäre Gewaltthat verworfen, und er behandelte es geradezu als seine Hauptaufgabe, Gesetzlichkeit zu predigen. „Hold fast by the law" war sein Wahlspruch, der, wie wir durch Bamford wissen, in der That auch von den Arbeitern mit religiösem Ernste aufgefasst wurde.

Seine Mahnung zur Gesetzlichkeit war nicht ein diplomatischer Kunstgriff, um seine Person gegenüber den Gerichten zu decken, nicht ein nothwendig erfolgloses Nachwort, das aufregenden Brandreden zur Salvirung des Gewissens angefügt wurde — sondern sie ergab sich mit Nothwendigkeit aus seiner gesammten Anschauung als ein wichtiger Theil derselben.

Schon in der Schrift „American Independence" von 1774 sehen wir Cartwright glänzen nicht durch Geist und Witz, nicht durch gefälligen populären Stil, sondern durch charaktervollen Ernst. Mit vollem Muth spricht er seine freiheitlichen und menschenfreundlichen Ansichten aus und beruft sich dabei wie Locke, den er citirt, auf das Naturrecht und die Bibel. Die Freiheit ist von Gott allen Menschen gegeben und unveräusserlich. Daher verwirft Cartwright alle Sklaverei und giebt den Engländern den Rath, die Amerikaner nicht als bevormundete Kinder, sondern als Schwesternation mit männlicher und unabhängiger Freundschaft zu behandeln: „Die ursprünglichen und allein wirklichen Grundsteine der Freiheit sind von dem allmächtigen Baumeister zusammengelegt mit den Grundsteinen der Welt, indem das Recht in die Natur des Menschen bei seiner Schöpfung eingepfropft wurde. Deshalb kann es nicht nach der Art äusseren Besitzes durch Urkunden und Rechtstitel aus Menschenhand aufrecht erhalten werden. Wir müssen sorgen, evangelische Reinheit in unserer bürgerlichen wie religiösen Verfassung zu bewahren, denn Beide sind auf Gottes Wort gegründet."

Es ist charakteristisch, dass auch Cartwright gleich anderen Radicalen gegen das stehende Heer ist, aber dass ihm diese Negation und die dadurch erzielte Geldersparniss keineswegs die Hauptsache ist, Hauptsache ist ihm vielmehr der positive Vorschlag der Schaffung eines nationalen Vertheidigungsheeres, bestehend aus allen waffenfähigen Männern nach dem Vorbild der Wehrverfassung des angelsächsischen Königs Alfred des Grossen. Dies System, das nachher in gewisser Weise durch Preussens Landheer und Landsturm verwirklicht ward, will Cartwright in der ausgesprochenen Absicht, dass solch starkes Vertheidigungsheer Napoleon von Angriffen abschrecken würde und er empfiehlt es auch den deutschen Staaten schon 1806 in seiner Schrift „Englands Aegis": „Die deutschen Fürsten sollen sich zu Verbündeten ihrer Völker machen; sie sollen zur Vertheidigung ihrer irdischen Throne nichts haben als das Schwert des freien Mannes. Und nur eines freien Mannes Stimme soll sich zum himmlischen Throne in Anbetung erheben, denn nur dann wird Deutschland einer erfolgreichen Vertheidigung sicher fähig sein."

Innige Gottesfurcht, warme Vaterlandsliebe und aufrichtige Gesetzestreue verbanden sich mit dem Radicalismus dieses Radicalen, der vor allen den englischen Arbeitern den

Schlachtruf: Allgemeines Wahlrecht, gleichmässige Vertretung, geheime Abstimmung, jährliche Parlamente gab. Der Geist von Cromwells gottseligen Regimentern war noch lebendig bei der in langen Dezennien vollbrachten Formirung der Arbeiterbataillone, welche die socialen Schlachten dieses Jahrhunderts ausfochten und trotz aller Leidenschaft und Unklarheit dem Staat und seinem Gesetze treu blieben. Wie die Revolution von 1688 den Staatsvertrag anführte und doch zugleich an die alten geschriebenen Verfassungsrechte anknüpfte und sich darauf berief, so begnügte sich auch Cartwright nicht, seine vier Postulate in Bezug auf Wahlrecht wie Paine aus dem Naturrecht abzuleiten, sondern er erklärte sie zugleich für altes sächsisches Recht, das durch die Normannen dem Volke unrechtmässiger Weise genommen worden sei. So überwiegt denn in den Schriften dieses Mannes nicht der Geist kampflustiger Kritik, sondern der begeisterte Glaube an positive Ideale. Noch 1823 in seiner Schrift „The english Constitution" rief der greise Volksführer aus: „Dann (— wenn die genannten vier Puncte als Programm angenommen sind —) sollen zustimmende Millionen die Luft mit aus dem Herzen kommenden Ruf erfüllen. Und ein unwiderstehliches Volk gesammelt um solch ein Banner, und mit solchen Führern, wird bald seinem theuren England die richtige Stelle geben an der Spitze eines geheiligten Bundes freier Staaten, zum Schrecken einer unheiligen Allianz von hassenswürdigen Despoten und Feinden des Menschengeschlechts."

§ 2. Cobbett.

Mit puritanischer Strenge und in würdevoller Haltung hatte Cartwright die Forderung der Parlamentsreform aufgestellt und für dies sein einfaches Glaubensbekenntniss Anhänger geworben, ohne sich im Uebrigen tief in die politischen Tagesfragen einzulassen.

Ganz anders Cobbett, dessen Wirksamkeit in England 1802 begann und bis über das Jahr 1832 hinaus andauerte: er ist ein geistreicher, witziger Journalist, der nicht an religiöse

Stimmungen anknüpft, sondern sich salbungslos an alle Leidenschaften wendet, die in der Brust irgend eines Unzufriedenen leben. So ward er der wirksamste Förderer des Radicalismus und hat vielleicht mehr als irgend ein Einzelner zur Durchsetzung der Parlamentsreform beigetragen. Dabei war sein grosses Hülfsmittel dies: er kämpfte gegen alle einzelnen Missstände in England, gegen alle Einrichtungen, von denen man augenblicklich gerade einen Druck zu verspüren glaubte, und wusste von da aus Uebergänge zu finden zu der Forderung, in die er die Wünsche der Massen zusammenfasste und die dadurch zum Programm einer politischen Partei erhoben wurde.

Cobbett organisirte nicht Vereine und Versammlungen, und als er in spätem Alter endlich nach der Reformbill im Parlament sass, entfaltete er keine nennenswerthe praktische Wirksamkeit mehr, sondern war ein Mann, der seinen Dienst gethan hatte und noch mit Neugierde betrachtet wurde. Aber er sprach 30 Jahre hindurch in zahllosen Artikeln und Pamphleten, welche das ganze Volk und auch die Gegner mit neugierigem Interesse lasen, mit dem ungewöhnlichsten Talent das aus, was in den Herzen der Millionen empfunden wurde. Er verwandelte Gefühle in Sätze, dunkle Wünsche in Postulate, er war der Mund der Arbeiter, die sich langsam zu einer politischen Partei entwickelten um später eine sociale Partei zu werden.

War er ein ehrlicher Sohn und Führer des Volks, oder ein gewissenloser Demagoge?

Es wird behauptet, er sei von der Tories bestochen worden. Dafür fehlen mir die Beweise und es lässt sich das gesammte Thun des Mannes ohne solche Annahmen erklären. Wahr ist, dass er grosse Schulden gemacht hat und plötzlich ohne Bezahlung derselben nach Amerika ging. Wahr ist, dass er einen ganz erstaunlichen Wechsel seiner Ansichten durchmachte, aus einem eifrigen Diener des Thrones und Anhänger der Tories ein wilder Radicaler wurde — und zwar plötzlich, nicht in Folge langsamer Entwicklung seiner Ideen und vielfacher Erfahrungen. Unleugbar ist sogar, dass dieser

Wechsel die Folge persönlicher Erlebnisse, d. h. verletzter Eitelkeit war.

All dies zeugt nicht von sittlicher Grösse — es beweist aber nicht positive Unaufrichtigkeit. Cobbett kann doch in jedem Augenblick, das was er sagte und lehrte für wahr gehalten haben und ich möchte sagen, dass man so wirksam wie Cobett eine Ueberzeugung nur aussprechen kann, die man selbst hat. Der Glaube an die eigenen Worte ist das grosse Geheimniss populären Erfolgs; er kann Cobbett nicht gefehlt haben, wenn auch sein jeweiliger Glaube niemals aus der Entwicklung eines wissenschaftlich geschulten Geistes und oft theilweise aus Leidenschaften entsprang, die ans Gemeine grenzen. Wie oft hat man es erlebt, dass erfolgreiche Agitatoren sich fortwährend im feurigen Pathos steigern, weil dies Applaus erregt und sie den Applaus nicht missen können — und schliesslich die extremsten Ansichten wirklich hegen, weil sie dieselben so oft mit Erfolg ausgesprochen haben? Wer einmal für die Massen schreibt oder spricht, verliert im Rausch des Erfolgs stets leicht die Selbstkritik. Ruhige Beobachter werden an ihm irre, aber er lügt nicht, sondern er überlegt nicht mehr objectiv, was er sagt.

Was bei Agitatoren, die zum Kampfe in pathetischer Leidenschaft anfeuern, so oft eintritt, das kann auch bei einem Agitator eintreten, dessen beste Waffe der Witz war. Cobbett hatte immer Erfolg, wenn er Personen oder Institutionen mit beissender Kritik angriff. Seine Natur war von Hause aus streitsüchtig. Intellectuelle Schulung und moralische Zucht hatte er nie erfahren.

Die Eitelkeit des Autodidacten war selbstverständlich gross in ihm und die daraus entspringende Selbstüberhebung steigerte noch die natürliche Anlage zum Cynismus. Natur und Lebensgang vereinigten sich, einen Mann zu erzeugen, dessen Lebenselement der publicistische Zank wurde.

Gewiss war Cobbett kein Volksheld wie Bamford oder Lovett, kein edler Volksfreund wie Cartwright oder Owen. Dennoch war er kein ehrgeiziger Streber, der auf den Schultern der missbrauchten Massen emporsteigen, kein feiler und feiger Schreiber, der im allgemeinen Trubel nur seinen Vortheil erreichen wollte. Er freute sich des Erfolgs seiner Bissigkeit und das Object seiner Angriffe bestimmte nicht heilige Ueberzeugung, sondern oft persönliche Rancüne, verletztes Selbstgefühl oder Hoffnung auf Befriedigung der Eitelkeit. Aber wenn ich oben sagte, dass solche Wirksamkeit, wie Cobbett hatte, eine positive Lüge ausschliesst, wenn auch ein edler tiefer Glaube der Natur des Agitators überhaupt fremd sein mochte — so muss noch dazu gesagt werden, dass neben allem Bedenklichen und Gemeinen ein sittlich edler Zug in Cobbett's Wesen lag. Er war nicht nur ein tadelloser Ehemann und Familienvater, er besass nicht nur eine sittliche Energie, die ihn selbst aus dem Gefängniss heraus mit ungetrübter Frische für seine Wirthschaft, seine Familie und das Volk wirken liess — er hatte in seiner Weise eine wahrhafte Sympathie mit den elenden Massen und eine wahrhafte Liebe für das Volk. Er stand principiell auf Seiten der Unterdrückten, der Schwachen, der Minorität. Solche Neigung kann statt eines Helden einen Raufbold erzeugen, sie kann fratzenhaft werden durch Verbindung mit der Eitelkeit, dass man als eine Person die Schwachen stark machen werde, ist aber an sich das Gegentheil des Unedlen und Gemeinen, und war es ganz besonders in einer Zeit und einem Staate, wo es in der That galt, vielfachste Unterdrückung aufzuheben, ohne dass man den Weg dazu schon klar sah.

Auch das beweist, dass der merkwürdige Mann wohl ein unberechenbarer, zuchtloser und gefährlicher, aber kein positiv schlechter Charakter war, dass er oft mit Erfolg seine Autorität anstrengte, um unbesonnene rechtswidrige Schritte der erregten Massen zu verhüten. Er trachtete nicht, gefürchtet zu werden, indem er etwa den Massen das Risico gefährlicher Thaten zuwälzte.

Jahrzehnte brauchte der englische Arbeiterstand, bis er seine Wünsche in ein politisches Programm zusammengefasst hatte; weitere Jahrzehnte waren nöthig, um die Ueberzeugung allgemein zu machen, dass nicht Aenderungen der Verfassung, sondern der socialen Zustände die Hauptsache seien. Unter Cobbett's geistiger Führung vollzog sich diese erste Formirung des Arbeiterstandes zur politisch radicalen Partei. Dies war im Grunde nur eine Negation — worauf es positiv ankam, das wusste man noch nicht — und so ist es natürlich, dass die erste, sozusagen provisorische Constituirung des vierten Standes in England vorzugsweise durch einen Mann geleitet wurde, dessen natürliche Stärke im Negiren und Protestiren lag.

Das äussere Leben Cobbett's ist allgemein bekannt. Auch Bulwer liess es sich nicht entgehen, den psychologisch merkwürdigen Charakter zu skizziren, freilich nur den Mann für sich allein, nicht im Zusammenhang mit den von ihm bewegten und ihn bewegenden Massen. —

William Cobbett wurde 1766 als Sohn eines Aufsehers und Enkel eines Taglöhners geboren, verliess 17 Jahre alt seine Heimath und wurde Schreiber in London. 1784 wurde er Soldat, 1791 in Amerika als Sergeantmajor und als ein Soldat, der niemals bestraft worden war, vom Regiment entlassen.

Er blieb in Amerika, heirathete, wurde Sprachlehrer und Buchhändler. Bald wurde er Schriftsteller und zwar polemisirte er gegen Paine und Priestley und vertrat das englische Torythum gegen die Sympathien der Amerikaner mit der französischen Republik. Dadurch wurde er trotz der Gewandtheit seines Stils in Amerika unpopulär und sogar wegen „libel" zu schwerer Geldbusse verurtheilt.

Er verliess deshalb 1800 Amerika und gab in England selbst seit 1801 ein Blatt heraus, nämlich das Politische Wochenregister, das Anfangs 10 pence resp. 1 shilling kostete, dann nur 2 pence, worauf der Absatz von 2—3000 auf 60—70,000 Exemplare stieg. Da er aber hier mehr Bewunderung als persönliche Unterstützung fand, so begann er im „weekly register" gegen alle Parteien, auch gegen die Minister zu agitiren, was ihm 1803 einen Pressprocess zuzog. Dies verbitterte ihn noch mehr: er blieb zwar Zeitlebens den Whigs noch feindlicher gesinnt als den Tories, aber er wurde ein erklärter Radicaler im Bunde mit Cartwright, Burdett, Hunt etc. und wirkte in der von ihm sozusagen begründeten volksthümlichen Presse immer leidenschaftlicher gegen Hof und Regierung.[1])

1809 wurde er zu 1000 Pf. St. und 2 Jahren Gefängniss verurtheilt; er suchte — was er allerdings selbst leugnete — durch Concessionen seine Begnadigung fruchtlos zu erkaufen, benahm sich aber im Gefängniss sehr muthvoll.

Wieder frei geworden, gab er kleine Flugschriften (Twopenny trash) heraus, die weil sie keine Zeitschrift waren, Steuerfreiheit genossen; die „Six Acts" von 1817 waren hauptsächlich gegen ihn gerichtet, die Reaction machte ihn zum Märtyrer und Helden; dennoch konnte er seine Position nicht halten und entzog sich neuer Haft und der Bezahlung seiner Schulden durch plötzliche Flucht nach Amerika. Dort schrieb er Artikel für England, und auch seine berühmte Grammatik. Da er aber in Amerika, wo Jedermann republikanisch und demokratisch gesinnt war, nicht viel Aufsehen erregte und seine Artikel von dort in Europa stets post festum kamen, so kehrte er bald wieder mit Paine's Gebeinen zurück und fing neuerdings als Journalist unermüdlich zu wirken an.

So wenig seine Person Respect einflösste, so wirksam, ja furchtbar war seine Feder. 1820—26 schrieb er seine wichtigsten grösseren Brochüren, 1827 agitirte er gegen Canning; 1830 war Cobbett's „Register" das Hauptorgan der für Parlamentsreform agitirenden Massen: Er kam dann auch ins Parlament.

Sein Register wurde nach seinem Tode 1835 noch kurze Zeit von seinen Söhnen fortgesetzt.

Seine literarische Thätigkeit interessirt uns erst seit der Zeit, in der er anfing, den Radicalen zu dienen.

Seine (und seiner Söhne und Mitarbeiter) unzählige Artikel sind das beste Bild der Volksbewegung, die sich vor

---

[1]) Im Twopenny Trash rühmt Cobbett selbst den Major Cartwright als den grossen Vorkämpfer für Reform seit 1770 und erzählt, dass er sich ihm 1806 angeschlossen habe.

1815 vorbereitete und 1832 in der Parlamentsreform ihren vorläufigen Abschluss fand. Ich halte mich ausschliesslich an die politischen Agitationsschriften, ohne die anderen populären Werke über Landwirthschaft, Grammatik etc. zu berühren. Cobbett's Söhne veröffentlichten nach seinem Tode „Selections from Cobbett's political works" worin namentlich Auszüge aus dem „weekly political register" mit Anmerkungen enthalten sind.

Es ist selbstverständlich, dass ein so fruchtbarer Schriftsteller, wie Cobbett sich in unendlichen Wiederholungen erging. Diese wirkten aber durch ihr periodisches Erscheinen und durch die reiche Abwechselung in Angriffen gegen einzelne Personen immer frisch. Als Quintessenz all seiner Tendenzen erscheint der Gedanke: dass er die Leidenschaften der Massen ausschliesslich gegen die Regierung und die geltenden Gesetze dirigirte — aber immer wegen des von diesen auf die Massen geübten ökonomischen Drucks. Das wirthschaftliche Interesse, nicht ein naturrechtliches Princip ist die Hauptwaffe seiner politischen Agitation.

Paine verlangte Republik und Gewissensfreiheit ohne Nationalreligion aus Princip; Cobbett verlangt direct „billige Regierung und billige Religion." Steuerreformpläne erscheinen bei Paine nebenbei, bei Cobbett ist finanzielle Erleichterung der Hauptzweck aller politischen Reform.

Auch er kämpft noch nicht direct gegen die radicalen Mittelclassen und das Capital, er wirkt sogar für die Reformbill als ersten Schritt — aber die ökonomischen Interessen der steuerzahlenden Massen und besonders der Arbeiter werden von ihm so speciell betont, dass sie den Massen zum Standesbewusstsein verhelfen. Am Meisten zeigt sich dies in dem Kampf gegen die Staatsschuld, betreffs deren die Interessen des Arbeiterstandes und des mobilen Capitals schon damals auseinandergingen.

Als die zu bekämpfenden Feinde des Volks erscheinen bei Cobbett in unendlich häufiger Wiederholung: „Adel, Geistlichkeit und Geldhändler."

Das Wahlrecht muss erweitert werden zu dem bestimmten

Zweck eines Wechsels im Regierungssystem, d. h. der Abschaffung von „Sinecuren, Pensionen, Zuwendungen (grants), Zehnten, Kronländereien und Staatsschuld." Man soll wählen nicht reiche, geldgierige und luxuriös lebende, sondern mässige, arbeitsame und kenntnissreiche Männer, welche wirken sollen für Abschaffung der Malz-, Hopfen-, Seifen-Steuer, der Kornzölle, Zehnten, aller „assessed taxes" und Stempel.

„Wir verdanken die Reformbill nur uns selbst und sollten nie vergessen, wieviel wir den ländlichen Arbeitern und insbesondere denjenigen verdanken, die zuerst beschlossen, nicht länger von Kartoffeln leben zu wollen." (Twopenny trash 1832 S. 243). Am 1. Juni 1832 sagt Cobbett rund heraus: „er und die Seinen haben die Reformbill gewollt, um diejenigen, welche die Steuern auflegen, selbst zu wählen, um zu verhindern, dass unser Verdienst uns ungerecht genommen werde."

Wie Cobbett zur Zeit der Reformbill selbst die Parlamentsreform als Mittel zur Verbesserung der materiellen Lage der unteren Classen wollte, so schon im Anfang seiner Agitation während der Kriegszeit. Cobbett mahnte die Arbeiter von Fabrikzerstörung und anderer ungesetzlicher Gewaltthat ab, entschuldigt aber die Ludditen, weil sie durch Hungersnoth zur Verzweiflung getrieben seien (1812), und verlangt 1816 in Briefen an Burdett die Parlamentsreform wegen des Steuerdrucks. Cobbett verschmäht nicht Bundesgenossenschaft und Compromiss mit besitzenden Radicalen, aber er macht, deutlich ausgesprochen, die Politik für die Arbeiter zur Magenfrage. 1835 schrieb ihm die Irische Anti-Tory-Association einen artigen Brief. Er antwortete darauf benthamitisch, er gehöre zu keiner Partei, diese seien nur „eine Täuschung der Vielen zum Gewinn von Wenigen." Er sei kein Liberaler und hasse die Liberalen, die das Armengesetz gemacht hätten. Das Organ der Anti-Tory-Association klage ihn an, „viel Bier und Speck seien ihm die einzigen Zeichen guter politischer Zustände." Er antwortet darauf im Politischen Wochenregister (21. Februar 1835):

„Man füge hinzu Brod, gute Kleidung, Hemden für die

Frauen, Schuhe, Strümpfe und Kopfbedeckung, Glasfenster in den Wohnungen, Betten und Bettzeug: einen Abtritt in jedem Haus — man füge das Alles hinzu und dann hat das Organ recht. Das sind nach mir die Zeichen guter politischer Zustände. Und von Herzensgrund verabscheue ich die Liberalen, deren Programme nur von geistigen Freuden reden, während die elenden Gerippe unter ihrer Herrschaft vor Hunger und Elend sterben."

So bereitete Cobbett direct die politische Arbeiterpartei der Chartisten vor; aber immer erwartete er Besserung der Lage der Arbeiter nur durch Politik und dachte nicht an speciellen Krieg gegen die Fabrikherrn. In seinen Angriffen gegen einzelne staatliche Institutionen übertrieb er entsetzlich, aber er traf doch immer Puncte, in denen in der That eine Benachtheiligung der Arbeiter und Armen nachweisbar war, wenn er denn auch, leidenschaftlich und gemeine Leidenschaften schürend, weit über das Ziel hinausschoss.

Der keimende Gegensatz zwischen Arbeit und Capital tritt besonders deutlich hervor, wenn man Cobbett's Schriften über Papiergeld und Staatsschuld mit denen von Ricardo vergleicht.

1828 erschien Cobbett's Schrift: „Paper against Gold," die aus 29 zuerst 1810—1811 erschienenen Briefen besteht, und Wellington gewidmet ist. In der Vorrede sagt Cobbett mit unglaublichem Selbstgefühl — das aber nie so theatralisch ist wie später bei O'Connor — er habe schon 1803 erkannt, dass das Papiergeld entwerthet sei und Erschütterung im Lande hervorrufen müsse, wenn man nicht zur Goldwährung zurückkehre und gleichzeitig die Staatsschuld vermindere. Man habe nur das erste, nicht zugleich das letzte gethan und dadurch das Volk schwer geschädigt; man hätte das stehende Heer abschaffen, die Hälfte der Steuern erlassen müssen und solle das noch jetzt thun. Schon 1803 habe er und vorher schon Paine die Nutzlosigkeit des Tilgefonds bewiesen.

In den Briefen nun gab Cobbett dem Volke eine vom Standpunkt seiner Tendenz ausgezeichnet geschriebene Geschichte der englischen Bank und der Staatsschuld. Cobbett führt aus, dass Staatsschuldentitel keine reellen Werthe, sondern nur Rechte auf Zinsen sind, dass das Wachsen der Staatsschuld Steuererhöhung, Elend, Zunahme der Armenlast bewirke: „die Tendenz der Besteuerung ist, eine Classe von Leuten zu schaffen, die nicht arbeiten; von denen, die arbeiten, das Product ihrer Arbeit zu nehmen und es denen zu geben, die nicht arbeiten." (3. Brief) — d. h. also die Regierungspolitik, nicht das Capital, steckt den Marx'schen Mehrwerth ein.

Im ersten Brief schon heisst es, die Notenvermehrung sei geschehen, um die Zinsen der Staatsschuld zu zahlen — und im 25. Brief heisst es, wenn die Bankrestriction wieder aufgehoben, die Zinsen der Staatsschuld und alle Gehälter in Gold bezahlt würden, so bekämen die Gläubiger und Beamten factisch mehr als bisher — es sei also gleichzeitige Steuererniedrigung nöthig.

Daran ist nun unleugbar viel Wahres. Allein Cobbett erhebt sich nicht zu Postulaten einer durchdachten socialen Gerechtigkeit, d. h. er verlangt nicht eine Reform der Vertheilung der Steuerlast zu Gunsten der Armen, sondern einfach Steuerverminderung um jeden Preis; und er verschmäht nicht (29. Brief) das rohe und ungerechte Mittel des Staatsbankerotts, durch welchen die Zinsen der Staatsschuld und damit viele Steuern allerdings einfach wegfallen würden. Die Radicalen seien dann jedenfalls am Staatsbankerott nicht Schuld, denn sie hätten den Krieg nicht gewollt. Ueber den Papiergeldbankerott spricht er sich cynisch aus. „Es ist meine entschiedene Meinung, dass, was immer das Schicksal des Papiergelds sein möge, dieses Schicksal keineswegs nothwendig auch nur die geringste Gefahr für die Unabhängigkeit Englands, die Sicherheit des Thrones, die Freiheiten und das Glück des Volkes bringen wird." Hat man die Zinsen der Schuld bisher in Papier statt Gold bezahlt, so kann man, meint Cobbett, auch ganz bankerott machen. — Wer Geld ausleiht, läuft ja immer ein Risico!

Solche Brandschriften erregten natürlich Schrecken und

Zorn in anderen Kreisen, und Cobbetts Uebertreibungen wurden mit eben so grossen Uebertreibungen beantwortet. Eine Schrift von 1826[1]) behauptet, Cobbett und seine Schüler seien an den Handelskrisen etc. Schuld, und giebt Cobbett den wohlmeinenden Rath, er solle den etwaigen Verheissungen „seiner höllischen Majestät" auf eine wichtige Stelle in der Hölle nicht trauen, da der Teufel keine guten, sondern nur ausserordentlich heisse Stellen vergeben könne.

Nächst der Staatsschuld und dem stehenden Heer war ein Hauptangriffspunct für Cobbett die Staatskirche.

Die arbeitenden Klassen hatten sich längst der vornehmen Staatskirche abgewendet und ihr religiöses Bedürfniss wurde insonderheit durch die Secten befriedigt, in denen auch der demokratische Geist der Puritaner in abgeschwächten Formen fortlebte.

Cobbett's Agitation gegen die Staatskirche war aber nicht von strengem puritanischem Geiste erfüllt, sondern sie war hauptsächlich hervorgerufen durch Begehrlichkeit nach dem grossen Vermögen der englischen Staatskirche und kam zumeist dem Katholicismus zu gute, so dass der Ultramontanismus aus Cobbetts Schriften grossen Gewinn zog. Es ist dies eine der merkwürdigsten Seiten des merkwürdigen Mannes, dass er dem auf die gemeinen Leidenschaften der Massen speculirenden demokratisirenden Ultramontanismus der neuesten Zeit ein leuchtendes Vorbild wurde.

In seiner Schrift „Legacy to Parsons, London 1835" behauptet Cobbett unter vielfacher Berufung auf seine Reformationsgeschichte, die Staatskirche sei nicht von Christus eingesetzt, sondern durch Parlamentsacte gegründet, und häuft die wüthendsten Schmähungen auf Heinrich's VIII. Blutdurst und Geldgier und bezeichnet es als eine reine Nützlichkeitsfrage, ob das ganze Kirchengut saecularisirt werden solle. Unchristliche Lehren kommen nicht vor, vielmehr wird der wahre christliche Sinn der Dissenters weihevoll gepriesen und

---

[1]) A general account of Cobbetts Conspiracy against public Confidence, by Richard Brash, London 1826.

das in Amerika verwirklichte Princip der Trennung von Kirche und Staat ganz im Sinne unserer heutigen Ultramontanen als das einzig Richtige warm empfohlen. Der Skandal der Staatskirche rufe eben den Atheismus hervor, England müsse streben nach einer „billigen Regierung und einer dem Gesetz unbekannten Religion."

In den Jahren 1824—1826 veröffentlichte Cobbett in fortlaufenden Briefen eine Geschichte der protestantischen Religion in England und Irland, die (wohl wegen ihrer Brauchbarkeit im Interesse des Ultramontanismus) 1828 ins Deutsche übersetzt wurde. In dieser Schrift entwickelt Cobbett die grösste Leidenschaftlichkeit und Einseitigkeit, indem er im Protestantismus die Quelle aller Uebel erkennt und unter willkürlichster Entstellung der Thatsachen nicht nur Heinrich VIII. als Ungeheuer hinstellt, die Königin Elisabeth mit giftigem Spott überschüttet — sondern auch unbedenklich Luther als gemeinen, schlechten Charakter schildert. Im Eifer den einmal ergriffenen Gedanken zu verfolgen, wird Cobbett einfach ein Lobredner und Vertreter des Katholicismus und verschmäht hier ganz besonders nicht die sophistischsten Argumente. Ewig kehrt zu Gunsten des Katholicismus das Argument wieder, dass Alfred der Grosse, dass die Schöpfer der Magna Charta, kurz, dass alle grossen Engländer, denen das Vaterland vor Heinrich VIII. etwas verdankt, Katholiken gewesen seien — wobei der Katholicismus seit dem 16. Jahrhundert beständig mit dem Urchristenthum identificirt wird. Oft nimmt die Sophistik der Argumente einen komischen Charakter an — dennoch waren sie auf Cobbett's Leser richtig berechnet: so wenn Cobbett die Behauptung von der geistigen Superiorität des Protestantismus dadurch widerlegt, dass in dem „Allgemeinen historischen, kritischen und bibliographischen Lexikon" mehr Namen (katholischer) Franzosen als (protestantischer) Engländer vorkommen.

Fragt man nach den Gründen dieser seltsamen Parteinahme für den Katholicismus, so sind diese dieselben wie die leitenden Motive bei Cobbett's gesammter Agitation. Vor Allem waren die Katholiken in England eine unterdrückte Minorität und einer solchen nahm sich Cobbett — mit den üblichen einseitigen Uebertreibungen — immer an.

Ferner gab es damals in England eine wachsende Zahl irischer Arbeiter, die man gewinnen musste. Besonders aber stimmte es mit Cobbett's gesammten Tendenzen, das Vermögen der Staatskirche als geraubt hinzustellen, es dadurch gehässig zu machen, und die alte Armenpflege der katholischen Klöster der modernen englischen Armenpflege zur Aufregung der Armen gegenüber zu stellen.

Dazu kam, dass die „guten alten Zeiten", in denen die geistige Suprematie des Papstes ein Gegengewicht gegen die Macht des Königs bildete, sich zu Gunsten jeder Agitation gegen die Regierung ausbeuten liessen.

Auch hier verfolgt Cobbett zunächst politische Ziele, ist aber geleitet von socialen Motiven. Der Protestantismus schafft wirthschaftlich energischere Menschen als der Katholicismus, also kann die Armuth in ihrer Auflehnung gegen den Reichthum mit dem Katholicismus gegen den Protestantismus sympathisiren.

„Ich will", sagt Cobbett in der Geschichte der Reformation, „die Reformation durch alle ihre Abstufungen verfolgen, bis ich euch ihre natürliche Wirkung in den Entwürfen des Pastors Malthus, in dem von Lord John Russel empfohlenen Plan, in dem dermaligen unbeschreiblichen Elend der ackerbauenden Classe in England und Irland und in dem verhassten abscheulichen System zeige, welches Juden und Papiergeldfabrikanten zu den wirklichen Eigenthümern eines grossen Theiles der liegenden Gründe des Königreichs macht."

Es ist nicht zu leugnen, dass Cobbett in der Geschichte der Reformation die Gefühle eines warmen Protestanten oft derb verletzt, aber die Religion überhaupt greift er doch auch hier nicht an und im Grunde kämpft er auch hier gegen einzelne gegenwärtige Institutionen: — immer, im Gegensatz zu Paine, der praktische Engländer.

Die Objecte seiner Leidenschaft sind im Grunde immer dieselben, doch kommt es dem für den Moment schreibenden Journalisten natürlich nicht darauf an, gelegentlich eine Institution, die er sonst giftig angreift, auch gnädiger zu behandeln. Im „Legacy to Peel", das 1836 erschien, wird im dritten Brief behauptet, die Abschaffung der Staatskirche sei weniger revolutionär als Manches, das Peel schon vollbracht habe; im vierten Briefe aber donnert Cobbett gegen das „money-monster", wobei denn die Kirche zur Abwechselung vergleichsweise gut behandelt wird.

Von seinen verschiedenen Vermächtnissschriften: an die Geistlichkeit, an Peel, an die Arbeiter, verspricht sich der alternde Cobbett den grössten Erfolg. Je länger er schrieb, desto mehr wurde es bei ihm Gewohnheit, die Worte „Ich" und „das Volk" zu verwechseln. „Das müsste eine schwerfällige Nation sein, die sich an diesen drei Vermächtnissschriften nicht aufrichten würde", meint er im Legacy to Peel. „Das Volk", mit dem sich Cobbett selbst identificirt, ist ein niemals scharf präcisirter Begriff — im Allgemeinen umfasst es alle, die leidenschaftlich Opposition machen. Manchmal (z. B. S. 9 im Legacy to Peel) wird der Begriff Volk angewendet, den niederen Massen zu schmeicheln, indem behauptet wird, die Handarbeiter seien die wahre Intelligenz des Landes, sie seien das ganze Volk. Wie später die Chartisten lieber den Tory-Candidaten als den Whigs und Freihändlern ihre Stimmen gaben, so war auch Cobbett, wie schon erwähnt, nicht am meisten gegen Tories und Grundaristokratie erbost, denn er fürchtete das „money-monster", das sich an die Stelle der Aristokratie setzen könnte. Aber der bewusste Plan eines Bundes zwischen Grossgrundbesitz und Handarbeitern gegen das mobile Capital ist noch nicht vorhanden. Unter dem money-monster werden im Grunde nur die Banquiers und Staatsgläubiger verstanden. Nur ganz gelegentlich wird auf „monopolists, paper money millionaire loan jobbers etc. etc. und — lords of the loom and spinning-jenny-baronets" geschimpft. Im Legacy to Peel erscheint zwar das money-monster, nicht „der Zeitgeist" als eigentlicher Urheber der Revolution, als Verführer und Verderber der Gentry, als intellectueller Urheber der neuen Armengesetze etc. etc. — aber Cobbett tastet doch die Vermögensrechtsordnung nicht an, sondern wendet sich immer wieder in altgewohnter Weise gegen öffentlich rechtliche Institutionen, Sinecuristen, Pensionäre etc. und namentlich gegen die Staatsschuld. Welches die eigentlichen Ziele von Cobbett's Agitation waren, geht schon aus den Ueberschriften der einzelnen Briefe, aus denen das Vermächtniss an Peel besteht, hervor:

Brief 1: Was wollen Sie jetzt mit dem Haus der Gemeinen machen?

Brief 2: Was wollen Sie mit Irland und besonders mit der Kirche von Irland thun?

Brief 3: Was wollen Sie mit der Kirche und den Dissenters in England thun?

Brief 4: Von den zerstörenden Wirkungen der Staatsschuld und des Papiergelds in England, Frankreich und Amerika.

Brief 5: Was wollen Sie mit den Steuerverzehrern, genannt Pensionaire, Sinecuristen, grantees, retired allowance people, Halb-Soldleuten, Geheimdienstleuten etc. etc. thun?

Brief 6: Was wollen Sie mit den Kronländereien, mit der Armee und besonders in Bezug auf die Strafen in der Armee thun?

Politik und Regierung bleiben also die eigentlichen Gebiete, innerhalb deren Cobbett aufregt — ohne eigentliche politische oder sociale Revolution zu predigen. Ausdrücklich betheuert er im sechsten Brief, er sei kein Republikaner und werde keiner werden „bis er alle Hoffnung verloren habe auf die Möglichkeit, dass die Beschwerden gehoben und dem Volk Gerechtigkeit gethan werde." Freilich gesteht er, dass ihm die Republik lieber sei, dass der König kein göttliches Recht habe, und dass es kein Verbrechen sei, totale Aenderung der Regierungsform zu wünschen.

Klarer ist Cobbett in seiner Abneigung gegen sociale Revolution, indem er in der That Heilighaltung des Eigenthums predigt, und nur die üblen Folgen concentrirten Besitzes verhüten will. Er beruft sich dabei auf das „Vermächtniss an die Arbeiter", das 1834 erschien.

Hier wendet sich Cobett zunächst gegen den Grundbesitz, d. h. dessen Abneigung hohe Armensteuer zu zahlen, und entwickelt die alte Theorie, dass Arbeit die Grundlage alles Eigenthums sein solle; das Grundeigenthum in England aber beruhe auf Eroberung. Es kommen dabei Sätze vor, die stark an den bekannten Satz von der Erde als geheiligtem Erbe der Menschheit anklingen — allein man würde sich sehr täuschen, wenn man etwa glaubte, Cobbett wolle sagen: „Da Eigenthum auf Arbeit beruht, Grundeigenthum nicht, so ist Sondereigenthum an Grund und Boden an sich naturrechswidrig und muss abgeschafft werden."

Grundeigenthum an sich erscheint ihm vielmehr als Nothwendigkeit im Interesse des Gemeinwohls (Siehe Brief I), und nur speciell das englische Grundeigenthum beruht auf Eroberung. Doch auch dieses Grundeigenthum soll wegen seines Ursprungs aus Gewalt nicht gestürzt werden — Cobbett sagt nur, Wilhelm der Eroberer habe seinen Rittern den Grund und Boden gegen die Verpflichtung des Kriegsdienstes gegeben, und klagt, dass Cromwell diese Verpflichtung aufgehoben und dafür das Accisesystem eingeführt habe. Die Entstehung des englischen Grundeigenthums durch Eroberung begründet also nicht Abschaffung desselben — sondern nur Verpflichtungen der Eigenthümer. In echt englischer Weise beruft sich Cobbett dabei auf den formal gültigen Rechtssatz, dass der König allein oberster Grundherr, die Landbesitzer nicht absolute Eigenthümer seien, sondern nur Inhaber, die gesetzliche Nutzniessung haben und denen das Gesetz daher jede Beschränkung der Befugnisse ihres sogenannten Eigenthums auflegen kann. Auch der Zorn über das Niederlegen von Bauernhöfen verschanzt sich wieder hinter ein formal geltendes englisches Recht. Cobbett sagt, die Grundbesitzer hätten nicht das Recht, ihr Land so zu benutzen, dass sie die Eingeborenen davon vertreiben, da jeder Engländer ein Recht habe, in England zu leben.

All dies läuft nun lediglich darauf hinaus, dass Cobbett reichliche Armenunterstützung durch Steuern des Grundbesitzes verlangt. Das ganze Vermächtniss an die Arbeiter ist nur eine geschickte Schrift gegen das neue Armengesetz und wie wenig der Classengegensatz zwischen Capital und Arbeit Cobbett eigentlich berührt, geht besonders daraus hervor, dass gerade in dem Vermächtniss an die Arbeiter das „moneymonster" kaum erwähnt wird.

Ich habe gerade die letzten, aus der Zeit der Reformbill und kurz nachher entstandenen Schriften Cobbett's excerpirt — eine Beschränkung musste bei der Unmasse seiner Schriften ja doch stattfinden — d. h. gerade die Schriften aus der Zeit, in welcher das Hervorheben des Socialen am nächsten lag und die lange agitatorische Vergangenheit extreme Ansichten am weitesten ausgebildet haben konnte. Dennoch finden wir selbst da die socialen Gegensätze zwar gefühlt und benutzt, wir sehen wirthschaftliche Zwecke als Ziel der Agitation, aber keine Tendenz socialer Umwälzung oder principieller Revolution überhaupt. Der charakteristischste Führer des Arbeiterradicalismus will weitgehende, aber doch specielle politische Reformen zu Ehren der Verbesserung der materiellen Lage des Volks. Sein Gegner ist die Regierung, und die Hauptforderung, welche er immer und immer wieder stellt, die „billige Regierung", ist kein Gegensatz zu den Forderungen der radicalen Bourgeoisie.

Von allen Schriften Cobbett's, die ich las, erschien mir seine 1831 in Manchester gehaltenen „Six Lectures" als diejenige, welche am deutlichsten und schärfsten alles zusammenfasst, was Cobbett während seiner ganzen Agitation wollte. Freilich, es waren Wahlreden' und sie mögen insofern diplomatisch gewesen sein, als der Candidat Cobbett am allerwenigsten Grund hatte, die Bourgeoisie vor den Kopf zu stossen. Allein, wenn man Cobbett's gesammte Thätigkeit überblickt, so ist kein Zweifel, dass es ihm vollständig ernst war, wenn er das thätige industrielle Manchester gegenüber dem müssigen Westminster preist und dass es ihm dabei gar keine Ueberwindung kostete, etwa einen Hieb auf die Schlotjunker zu unterdrücken. Cobbett war damals schon so eitel, und in seiner Agitation, d. h. in deren Zielen und Haupttendenzen so stereotyp geworden, — er hat, seit er überhaupt ein Radicaler wurde, zwar in einem Moment mehr diesen, in einem andern jenen Punct betont, jedoch nicht eigentlich seine Meinung gewechselt — dass man die 14 Propositionen dieser Wahlrede für ein getreues Abbild seiner gesammten politischen Anschauung halten kann. Von Altersschwäche zeugen diese Reden auch nicht, die Kunst der Beredtsamkeit ist so gross wie in seinen jüngeren Tagen; selbst die Eitelkeit, mit der er sagte: „Meine Laufbahn war lang und immer glänzend — und glänzend soll sie sein bis zuletzt", war längst nichts Ungewohntes bei ihm.

Die 14 Propositionen nun, welche Cobbett in seiner Wahlrede vertheidigt, lauten:

I. Abschaffung aller Pensionen, Sinecuren etc. etc. und Herabsetzung aller Gehalte auf den amerikanischen Maassstab.

II. Abschaffung der stehenden Armee bis auf so viel Leute, wie nöthig sind, die Arsenale in den Seehäfen kriegsbereit zu erhalten.

III. Jede Grafschaft soll im Verhältniss zu der von ihr gestellten Zahl von Parlamentsmitgliedern auf ihre Kosten Miliz unterhalten, die ähnlich wie in Amerika von Zeit zu Zeit gemustert werden und ein stets bereites Vertheidigungsheer von 100 000 Mann bilden soll.

IV. Abschaffung aller Zehnten, Unterhaltung der Geistlichkeit durch freiwillige Beiträge, abgesehen von den ihr überlassenen Kirchen, Pfarrhäusern etc.

V. Einziehung alles übrigen Kirchenguts, sowie des schlecht benutzten Vermögens von Corporationen; auch der Kronländereien zum Zweck der Staatsschuldentilgung.

VI. Einstellung der Zahlung von Staatsschuldzinsen innerhalb zwei Jahren.

VII. Vertheilung des Verkauferlöses für die Güter (unter V) unter die Staatsgläubiger, die aber Nichts aus dem Steuerertrag bekommen sollen.

VIII. Regulirung aller Privat-Schuld-Contracte nach Maassgabe der Aenderungen des Geldwerths.
IX. Abschaffung aller inneren Steuern mit Ausnahme der vom Boden gezahlten, [inclusive der Stempeltaxen; Herabsetzung der Postgebühren, so dass gerade nur die Kosten der Post gedeckt werden.
X. Auflegung von nur so viel Eingangszöllen als zum Besten der Schifffahrt, des Handels und der Industrie im Ganzen erforderlich sind.
XI. Hebung der Marine durch gute Bezahlung der Seeleute und Avancement lediglich nach Verdienst.
XII. Feste und generöse Ausstattung der königlichen Familie. Freie Wahl der persönlichen Diener und der Minister durch den König etc. etc., so dass der König in jeder Hinsicht sei, was das Haupt eines freien Volkes sein soll, dass sein Name in höchsten Ehren, seine Person heilig gehalten werde als der grosse Wächter der Volksrechte.
XIII. Allgemeine Steuer von allem realen Vermögen, deren Ertrag mit den Staatsbedürfnissen wechseln soll.
XIV. Abschaffung der irischen Staatskirche. Alle drei Jahre sollen Hof und Parlament einmal in Irland residiren.

Namentlich die Punkte IX und X beweisen, wie wenig Cobbett den bürgerlichen Radicalismus bekämpft, wenn er auch sonst hie und da gegen Whigs und Liberale mit Vorliebe donnert.

Wir schildern nicht, wie er in die praktischen Agitationen seiner Zeit eingriff. Hier gilt es, die von ihm vertretenen Ideen zu charakterisiren, und diese waren die des englisch nationalen Arbeiterradicalismus mit wirthschaftlichen Zielen, allein ohne sociales Hauptprogramm; die des politischen Radicalismus ohne höhere Staatsidee, welcher in der Opposition möglichst weit ging, ohne jedoch principiell revolutionär zu werden, und in der Zeit der Herrschaft der Reaction sich vom bürgerlichen Radicalismus in gemeinsamer Opposition gegen die Regierung noch nicht scharf schied — unmittelbar nach der Reformbill aber namentlich in Folge des Armengesetzes anfing, vom socialen Gegensatz zwischen Besitz und Arbeit beherrscht zu werden. —

Werfen wir nach dieser Schilderung der Stellung Cobbett's in ihrer letzten Ausbildung noch einen kurzen Blick auf seine Entwicklung, die namentlich aus dem Studium der oben erwähnten Selections entnommen werden kann, so werden wir finden, dass er nicht nur in den Ansichten über manche einzelne Puncte sich immer ganz gleich blieb, sondern dass auch, trotz des Wechsels seiner Parteistellung, gewisse Grundanschauungen und Gefühle bei ihm von Anfang an vorhanden waren.

Er begann seine schriftstellerische Thätigkeit 1794 in Amerika und wendete sich zunächst gegen Priestley (vergl. oben Seite 65). Priestley's Ansichten und die Sympathie mit der französischen Revolution hatten in Amerika die Uebermacht — Cobbett setzte sich dazu in Opposition und vertrat seinen englisch-conservativen Standpunct wenigstens mit keiner Philosophie, die im Gegensatz zu seinen späteren Anschauungen stünde. Er eifert gegen Deismus und Atheismus — er ist auch später nicht antireligiös geworden — allein er beruft sich bei der Motivirung seiner politischen Ansichten nicht auf das göttliche Recht, sondern — schon damals ein treuer Sohn der Zeit Bentham's — auf die praktische Nützlichkeit.

„Glück ist der Zweck jeder guten Regierung, also ist die beste Regierung diejenige, welche am meisten Glück erzeugt. Vergleichung ist das einzige Mittel, den relativen Werth der Dinge zu bestimmen und es ist leicht zu ersehen, was besser ist: die Tyrannei, deren sich die Franzosen früher erfreuten, oder die Freiheit und Gleichheit, unter welcher sie jetzt laboriren" (Selections Bd. I. S. 25).

Cobbett war anfangs conservativer Engländer aus Nationalgefühl und aus Zweckmässigkeitsgründen zugleich — hierin dem damals noch von ihm citirten Burke ähnlich; er konnte, ohne seine Weltanschauung zu ändern, aus Gründen der Zweckmässigkeit ein radicaler Engländer werden.

In England predigte er anfangs mit einem nicht nur wirksamen, sondern oft geradezu schönen Pathos den Nationalkrieg gegen Frankreich und Bonaparte und schliesst sich eng an Pitt an. 1803 predigt er fortwährend den Krieg, jedoch nun in oppositioneller Weise. Es beginnt der Kampf gegen das herrschende Finanzsystem und damit gegen Pitt, mit dem er dann im September 1804 vollständig brach.

Die Artikel aus den Jahren 1803 und 1804 zeigen uns den Uebergang Cobbett's aus dem conservativen in das radicale Lager und zwar so, dass er zunächst so zu sagen ein radicaler Tory wird und einen Theil seiner alten Sympathien und Antipathien beibehält.

In seinem energischen nationalen Ehrgefühl empört er sich (Mai 1803) über die Börsenleute, welche ihre krämerhafte Gesinnung in die Politik hineintragen und aus Furcht vor einem Sinken der Curse der Staatspapiere den Krieg scheuen. Und so begann er in conservativem Nationalgefühl gegen die Staatsschuld als eine den Geist des Volkes vergiftende Institution zu kämpfen, während er noch die Parlamentsreform als Angriff auf die Institutionen des Landes ablehnte, welche er später beständig als Mittel zur Abschaffung der Staatsschuld anpries.

Dieser Hass gegen Staatsschuld und Geldhändler bildet die Brücke zwischen dem conservativen und radicalen Cobbett, wenn er auch 1803 und 1804 die Staatsschuld noch wegen des Staats, später wegen der armen Steuerzahler bekämpfte. Auch darin blieb er sich consequent, dass der Conservative, welcher ausrief: „Reichthum giebt nicht Macht, sondern Macht giebt so viel Reichthum als eine Nation braucht" (Selections Bd. I. S. 323), ebenso wenig wie der spätere Radicale gegen das Bürgerthum und den mobilen Reichthum an sich, sondern nur gegen die „jüdischen Speculanten", nämlich die anglogallischen Gläubiger (Februar 1804) und gegen die „Papieraristokratie", d. h. die „loan jobbers, directors, brokers, contractors" etc. vorging, welche dem Grundbesitzer und dem wahren Kaufmann gleichmässig entgegengesetzte Interessen vertreten (September 1804). — Der Unterschied zwischen der späteren und früheren Agitation ist lediglich der, dass Cobbett später ausgesprochene Opposition gegen die das Staatsschuldenwesen unterstützende Regierung machte und dass seine Vorliebe für den alten Adel abnahm; in Bezug auf den Gegenstand des Angriffs — und das ist doch bei Cobbett die Hauptsache — ist seit 1803 ein principieller Wechsel nicht zu entdecken. Es ist sogar die Consequenz in dem einen Irrthum merkwürdig, dass Cobbett weder als toryistischer Bundesgenosse des grundbesitzenden Adels, noch als Arbeitervertreter den Mittelstand als solchen, sondern immer nur das angriff, was wir heute haute finance nennen würden. Er erkennt (Oktober 1804), dass die Zunahme des (mobilen) Reichthums den militärischen Geist etc. schwäche — und greift doch nur das Papiergeld eigentlich an; er ist auch (schon 1804) gegen die Kornzölle, nimmt also auch in dieser Frage nicht einfach gegen die Mittelclassen Partei. Kurz, Ende 1804 ist Cobbett ein radicaler Tory, welcher die Bedeutung socialer und wirthschaftlicher Kräfte erkennt, den Zusammenhang verschiedener wirthschaftlicher Bewegungen jedoch nicht ganz versteht — und gedrängt durch seine zur Opposition neigende Natur auf dem Wege ist, immer mehr radical als Tory zu werden.

Seit 1805 nun zieht sich das leidenschaftliche Schelten über Staatsschuld und Papiergeld wie ein rother Faden durch all seine Artikel hindurch; seit diesem Jahre auch schlug Cobbett unbedenklich Zinsherabsetzung und schliessliches Einstellen der Zinszahlung, also Staatsbankerott, als einziges Mittel gegen das nach seiner Meinung grösste Nationalunglück vor. Im Anfang des Jahres 1806 war er noch gegen Parlamentsreform, betrachtete das allgemeine Wahlrecht sogar noch mit „Ekel" und meinte noch, mässige Reform sei nutzlos, weil sie das Staatsschuldensystem nicht abschaffen würde. Seit dem Juni 1806 aber — nachdem er als Parlamentscandidat durchgefallen war — gesellte sich zu den alten Objecten seiner Angriffe als ein neues die Wahlbestechung und sonstige Corruption im öffentlichen Leben.

Die Wahlbestechungen, welche in England ja bereits im vorigen Jahrhundert zu einem förmlichen System ausgebildet waren, bildeten den Grund, weshalb auch namentlich Pitt

1782 und sonst noch manche principielle Gegner des allgemeinen Wahlrechts auf Parlamentsreform drangen. — Indem Cobbett sich gegen Wahlbestechung wendete, kam neue Variation in seine journalistische Thätigkeit, und er griff dabei ein Unwesen an, welches in der That dem schon früher bekämpften Unwesen des Uebergewichts der Börseninteressen etc. nahe verwandt war. Cobbett konnte noch immer hauptsächlich als Patriot und Ehrenmann donnern, und brauchte noch nicht kurzweg Demokrat zu werden. Freilich wurde er damit abermals einen Schritt weiter in der Bahn der principiellen Opposition gedrängt. Denn er griff ja natürlich nicht nur den Kauf der Stimmen der Wähler durch die Candidaten, sondern auch den Kauf der Stimmen der Gewählten durch von der Regierung verliehene Sinecuren, Pensionen etc. an (September 1806, Selections Bd. II. S. 111). Im Jahr 1807 sehen wir Cobbett bereits gegen das No-Popery-Geschrei eifern und er erklärt sich gegen alle alte Parteien: Whigs, Tories, Pittites, Foxites. Man müsse sich nicht nach Namen, sondern nach Principien entscheiden — welchen Principien er sich inzwischen angeschlossen hatte, geht aus den vielen Artikeln hervor, in welchen nunmehr der Führer der Radicalen, Sir Francis Burdett, gepriesen wird.

Cobbett war also jetzt ein entschiedener Radicaler — die Schwenkung der Parteistellung war vollzogen; allein die allmälige Entwicklung dieser Aenderung ist völlig verständlich und ohne Annahme von Lüge oder Charakterlosigkeit erklärlich. Die wachsende Entrüstung über bestimmte Missstände, die auch der wärmste Conservative beklagen konnte, trieb ihn in's radicale Lager, weil er allmälig an der Lösung der Fragen durch andere Parteien verzweifelte — und in der That unterschied er sich noch scharf von jenen aus dem liberalen Lager hervorgegangenen Radicalen, welche von den Menschenrechten ausgingen. Nicht in Bezug auf den persönlichen Charakter, wohl aber in Bezug auf Grundanschauungen steht Cobbett Cartwright viel näher als Paine, und noch 1807 spricht Cobbett so echt englische Sätze aus, dass Burke oder Pitt dieselben ausgesprochen haben könnten:

„Englische Freiheit ist das, was wir brauchen, nicht französische oder amerikanische Freiheit. Es ist die Freiheit, für welche unsere Vorfahren kämpften und die sie erlangten. Es ist die Freiheit von jeglicher Unterdrückung, sei es durch grosse oder kleine Tyrannen" (August 1807, Selections Bd. II, S. 257) — wobei unter kleinen Tyrannen die schon früher bekämpften Geldleute verstanden werden, welche bereit sind, die Ehre der Nation ihrem Geldinteresse zu opfern.

Wer wie Cobbett sein ganzes Leben hindurch die Geldhändler am meisten hasst und gegen das ungebührliche Uebergewicht des Handels, d. h. des internationalen Grosshandels, eifert, kann aus einem Tory ein Radicaler werden ohne dass dieser Uebergang etwas Gewaltsames und Unnatürliches hätte. Cobbett sagte (December 1807) nicht der Handel hätte England frei gemacht, sondern die Könige, welche sich mit dem Volke gegen den Adel verbündeten, hätten dem Volke politische Rechte und Eigenthum gegeben — diese Ansicht genügt, den Uebergang zum Radicalismus nicht als Bruch mit alten Ansichten, sondern als Weiterentwicklung erscheinen zu lassen.

Der alte Conservative zeigt sich auch darin, dass Cobbett (ebenfalls schon 1807) gegen jede auch nur scheinbar inhumane Armenpolitik eiferte, in vollstem Gegensatz zu Malthus reichliche Armenunterstützung verlangte, während er gegen jeden Schulzwang war und sogar Lesen und Schreiben als Künste von zweifelhaftem Werth für Handarbeiter betrachtete (August 1807, Selections Bd. II. S. 289) — eine Meinung, die er auch später beibehielt und die ihn ganz charakteristisch von allen aus den liberalen Mittelclassen herausgewachsenen Volksfreunden unterscheidet. Cobbett blieb dieser Ansicht bis zuletzt trotz seines wachsenden Radicalismus treu; im December 1813 bezeichnet er die Kunst des Lesens geradezu als ein Unglück für arme Leute und noch im März 1834 war er gegen Zwangsschulen. Mit dieser Eigenthümlichkeit hängt zusammen, dass er zwar, wie erwähnt, im Lauf der Zeit ein eifriger Vertreter der Katholiken wurde, jedoch den Dissenters und besonders den Methodisten keineswegs zugeneigt war, welche bei anderen Radicalen und Liberalen stets in hoher Gunst standen (Selections Bd. IV. S. 53, Mai 1811).

Ein wirklicher Bruch mit seinen früheren Anschauungen und Gefühlen, welcher sich aber durch die Nothwendigkeit erklärt, den neuen Bundesgenossen in Manchem nachzugeben, lässt sich darin erkennen, dass seit 1808 der nationale Eifer für den Krieg gegen Frankreich bei Cobbett aufhört und er von da ab beginnt den volksdrückenden steuerverschlingenden Krieg mit ähnlichen Waffen wie andere Radicale zu bekämpfen. Von dem Kriege in Spanien sagt Cobbett im Januar 1809: „Wir machten die Sache Spaniens zur Sache des Königs"; kurz darauf: man hätte die Franzosen sich selbst überlassen und in England das Parlament reformiren sollen, anstatt die englischen Reformer und französischen Republikaner zu identificiren, erstere mit den Jacobinern zu verwechseln und beide zu bekämpfen — — man solle England gegen die äusseren Feinde durch Zufriedenheit im Innern, d. h. durch Parlamentsreformen sichern (Selections Bd. III. S. 495, 1811). Doch wird die von nun ab häufiger und eifriger verlangte „radicale Aenderung des Systems der Corruption" fortgesetzt als Wiederherstellung und Reinigung der alten englischen Verfassung bezeichnet, so dass bei Motivirung des Postulats der Parlamentsreform noch immer Reminiscenzen an Pitt deutlich hervortreten.

Der wiederherzustellende alte Verfassungsgrundsatz ist nun vor Allem der, „dass Niemand besteuert werden soll, der nicht durch seine Repräsentanten zugestimmt hat" (Mai 1809); eine Reform in diesem Sinne sei aber zur Erhaltung des Thrones nöthig. Und dass es Cobbett Ernst ist, wenn er sich nicht auf Menschenrechte, sondern auf die alten Grundsätze der englischen Verfassung beruft, geht daraus hervor, dass er nicht nur immer noch mehr gegen die Wahlcorruption als gegen die ungleichmässige Vertretung eifert, sondern dass er in der That im Jahre 1809 nur Ausdehnung des Wahlrechts auf alle Leute von Besitz, welche directe Steuer zahlen, anstrebte.

Den alten Groll gegen Papiergeld und Staatsschuld und

den neuen Eifer für Parlamentsreform brachte Cobbett leicht miteinander in Verbindung durch die häufig wiederkehrende Behauptung, der Mangel an Parlamentsreform sei Schuld an dem Papiergeld; allein das Mittel zum Zweck der Abschaffung der Staatsschuld wird immer mehr zugleich Selbstzweck, und je mehr dies der Fall wird, desto weiter wird Cobbett gedrängt — allmälig ist vom „allgemeinen Wahlrecht und jährlichen Parlamenten" kurzweg die Rede, und bereits Ende 1811 wird ihm Amerika „die Heimath politischer und religiöser Freiheit." —

Wenn aber Cobbett im Laufe der Zeit häufiger mit den von der französischen Schule beeinflussten Radicalen übereinstimmte und in seinen Postulaten immer weiter getrieben wurde, so muss man bedenken, dass dies theilweise nur sehr momentan geschah, um vorübergehend ein brauchbares und wirksames Argument zu gewinnen — theilweise lediglich daher rührte, dass Cobbett auf dem Gebiete praktischer Agitation gelegentlich gleich anderen Führern geschoben wurde, statt zu schieben. Lediglich durch das Drängen seiner Genossen ist es zu erklären, dass Cobbett im November 1816 ausdrücklich nur Ausdehnung des Wahlrechts auf diejenigen verlangte, welche directe Steuern bezahlen, und im December desselben Jahres sich nicht ohne gewundene Motivirung für das allgemeine Wahlrecht erklärte — doch immer noch in der Weise, dass er mit Wahlrecht aller householders und Ballot auch zufrieden gewesen wäre.

Jedenfalls erkennt man das Ueberhandnehmen des radicalen Geistes bei Cobbett ganz vorzugsweise an der zunehmenden Bissigkeit seiner Angriffe, an dem leidenschaftlichen Widerstand gegen die Aufhebung der habeas corpus Acte und andere reactionäre Maassregeln, an der Begierde, mit welcher er sich jedes Aufregungsmittels bedient und z. B. für die Prinzessin von Wales Partei ergreift; d. h. Cobbett wird immer radicaler, mehr was die Form als was den Inhalt seiner Artikel betrifft. In Bezug auf letzteren ist in den letzten zwei Jahrzehnten seines Wirkens sogar eine gewisse Eintönigkeit zu bemerken. Er eiferte heftiger gegen Malthus als früher, er verlangte Abschaffung des stehenden Heers und Säcularisation des Kirchenguts, nahm für die Katholiken Partei — — aber immer bleiben Papiergeld, Staatsschuld und Steuern die eigentlichen Objecte seiner Leidenschaft, worin Cobbett so einseitig bleibt, dass nach seiner Ansicht nicht die Zehnten und die Armentaxen, sondern nur die Staatssteuern das Volk drücken. Letztere sind sogar nach Cobbett allein an den hohen Brodpreisen und den durch die Grossindustrie hervorgerufenen Uebelständen Schuld.

Cobbett war und blieb Radicaler gleichsam von Natur, weil es ihn innerlich drängte in irgend einer Richtung kämpfend und mit möglichster Schärfe vorzugehen, und nicht, weil er für die politischen Ziele des damaligen Radicalismus aus Ueberzeugung besonders begeistert gewesen wäre. Er hat in Bezug auf allgemeines Wahlrecht seinen Genossen nachgegeben, allein er blieb doch unabhängig gegenüber Attwood, dessen Schwärmerei für Papiergeld er entschieden ablehnte. Er liess sich auch niemals so weit hinreissen, sich für die Republik zu begeistern, vielmehr war er — ungleich Bentham — noch 1833, wie stets vorher, ein Anhänger der englischen Verfassung mit König, Lords und Gemeinen, ja, trotz aller zunehmender Vorliebe für Amerika blieb er der Ansicht, dass die dort in der Republik aufwachsende Geldaristokratie die schlechteste aller Aristokratien sei. Die Leidenschaften des Volkes und das Verlangen der Armen nach Verbesserung ihrer materiellen Lage förderte und benutzte er; die aus verzweifeltem Hunger zu Verbrechen getriebenen Ludditen wusste er zu entschuldigen, zugleich aber belehrte er dieselben eingehend, dass es unrecht und unsinnig sei, die Maschinen zu zerstören (Juli 1812, November 1816, Januar 1817). Den Spence'schen Communismus perhorrescirte Cobbett ausdrücklich und wenn er auch ganz gelegentlich über die „spinninglords" höhnte und die Schäden der Grossindustrie anerkannte (August 1807, November 1824, December 1830), so betrachtete er die Excesse des industriellen Grosscapitals doch nur als Folge der hohen Steuern, der Staatsschuld und des Papiergeldsystems. Unentwegt blieb er bis zuletzt ein streitlustiger Agitator, der sich niemals gänzlich mit den Leidenschaften einer Volksclasse identificirte, sondern als Vertreter der arbeitenden Massen einzelne finanzielle Missstände mit aller Kraft und allen denkbaren Mitteln bekämpfte. Noch im November 1830 bezeichnet er es als seine Aufgabe: „zu zeigen, wie dieses glückliche Volk elend gemacht wurde durch die Besteuerung; dass diese Besteuerung, durch die Staatsschuld, durch das stehende Heer, die Pensionen und Sinecuren hervorgerufen ward; dass diese in Gesetzen ihren Ursprung haben, welche von einer erblichen Aristokratie und von einem Haus der Gemeinen gemacht werden, welch letzteres nicht vom Volk im Ganzen, sondern von der Aristokratie und den Reichen gewählt wird."

Nach dieser Stelle, in welcher Aristokratie und Reiche zusammengeworfen sind, scheint es, als sei Cobbett schliesslich ganz von seinen toryistischen Traditionen abgewichen; an anderen Stellen (September 1826) schmäht er auch über „die Unverschämtheit der Aristokraten, welche Kornzölle und Erhaltung der Sinecuren verlangen" — bei genauerer Betrachtung jedoch erkennt man, dass Cobbett sich über den Grundadel lediglich ärgert, weil dieser sich nicht mit ihm verbündet, dass er aber für diesen Stand doch noch eine nicht geringe Sympathie gegenüber „den Geldhändlern" bewahrt. Interessant ist in dieser Hinsicht namentlich seine Stellung zu den Kornzöllen (s. die Artikel vom Oktober 1813, von 1814 und 1815, Januar 1820). Cobbett verlangt nämlich freien Kornhandel, aber nicht weil die Kornzölle das Brod vertheuern, sondern weil er doch keinen grossen Kornimport erwartet und weil die Kornzölle dem Ackerbau nichts nützen, wohl aber die Leidenschaften in eine falsche Richtung lenken. Er schliesst sich also hier den Ansichten der Radicalen aus den Mittelclassen absolut nicht an. Nach seiner Ansicht ist es nicht ungerecht, aber eine Dummheit, Kornzölle zu wollen (s. Mai und Juni 1818). Die Abschaffung der Kornzölle sei ein von den „Steueressern" erfundenes Beschwichtigungsmittel für das Volk, gegen welches man nicht aufkommen könne, obwohl die Kornpreise nicht davon abhingen, sondern von den Steuern und dem Gelde — selbst bei grösserem Import würden die Kornzölle wegen der Möglichkeit der Auswanderung unwirksam sein — deshalb sei er gegen Kornzölle und zugleich für Steuerverminderung. Uebrigens würden die Kornzölle gar nicht von den Grundbesitzern, sondern von der ministeriellen Majorität verlangt.

Cobbett fährt also fort, den grundbesitzenden Adel vergleichsweise in Schutz zu nehmen und bei allem oppositionellem Radicalismus sagt er noch December 1817 von den Whigs: „Ich kann nicht umhin, ihnen den Mund zu stopfen, wo immer sie ihn aufmachen," während er im März 1817, unmittelbar vor seiner Flucht nach Amerika, noch Hoffnungen auf den Landadel setzt: „die Landedelleute werden den Tag, da die Arbeiter sich wieder mit ihnen versöhnen, nicht sehen, wenn sie nicht ehrlich die Führerschaft der Arbeiter übernehmen"; und wenn er auch im August 1821 grimmige Drohungen gegen die Landowners ausstösst, für den Fall diese sich fortwährend gegen Parlamentsreform etc. stemmen sollten, so erhofft er doch noch (September 1821) eben von dem Interessengegensatz zwischen den Grundbesitzern und den Staatsgläubigern die beständig erstrebte Abschaffung der Staatsschuld.

Es war seine Lebensaufgabe, die Massen zur leidenschaftlichen Opposition — nicht zur Revolution zu erziehen. Diese Aufgabe hat er besser gelöst als die andern systematischen, mehr doctrionären Radicalen, indem er an die Interessen der Massen anknüpfte und dieselben anleitete einzelne Postulate gegenüber der Regierung zu stellen, namentlich in soweit diese sich mit den grossen Geldinteressen coalirte. Wenn auch kein edler Charakter, war er doch nicht charakterlos; trotz eines Wechsels seiner Genossen, trotz einer beständigen Weiterentwicklung seines Radicalismus und einer Erweiterung der von ihm verfolgten Ziele blieb er sich in seinen wichtigsten Sympathien und Antipathien treu, und seine kampflustige Originalität bewahrte ihm eine gewisse Selbständigkeit des Urtheils. Die Bornirtheit seines Denkens wurde aufgewogen durch die Energie seines Wollens, die schamlose

Sophistik seiner Argumente beeinträchtigte nicht seinen Erfolg bei den Massen. Unerreicht blieb er als nationaler Agitator — und seine damit befriedigte Eitelkeit liess ihn nach dem Ruhme eines Staatsmannes nicht begehren.

§ 3. Carlile, Attwood, Thompson, Elliot.

Es ist heute schon schwierig, einen Ueberblick über die Literatur an radicalen Flugschriften und Journalen aus der Zeit 1820—1832 zu gewinnen. Ich habe zunächst die zwei grössten, einflussreichsten und charakteristischen Volksführer, Cartwright und Cobbett ausführlich geschildert. Ich will versuchen, noch Proben aus anderen Schriftstellern und aus der anonymen Presse zusammenzustellen. Es wird daraus hervorgehen, dass man in Worten theilweise sehr weit ging, dass aber der gesammte Radicalismus keine anderen Ideen hatte als diejenigen, die wir bei Paine und Bentham, Cartwright und Cobbett schon gefunden haben. Ebenso wird sich zeigen, dass eigentlich rein sociale Pläne und Ideen erst seit 1830 deutlicher in den Vordergrund zu treten beginnen — abgesehen von den eigentlichen Socialisten, den Owenianern, welche aber der allgemeinen Bewegung des Radicalismus ferner standen.

Einer der einflussreicheren radicalen Schriftsteller war. R. Carlile; er war die Seele des Organs „The Republican" ein Anhänger Paine's, der den Namen „Radicale" verwarf und vorschlug sich „Reformer", oder geradezu Republikaner zu nennen. In einer Schrift von 1821 „A new years Adress to the Reformers of Great Britain" begeistert sich Carlile für die Revolution in Neapel und Spanien, schlägt vor die Soldaten durch Flugschriften zu bearbeiten und verlangt allgemeines gleiches Wahlrecht als Ziel, weil wir Alle gleich geboren sind. Aber er empfiehlt zugleich Mässigkeit, will „jetzt nicht von Insurrection sprechen" sondern nur Thätigkeit und Zusammenhalten empfehlen — und er ist bereit, „zusammenzuarbeiten mit den Whigs, mit der Königin — mit jeder Person oder Partei, die bereit ist, einen Theil des richtigen Wegs mit ihm zu gehen,"— welch' ein Gegensatz gegen die Barrikadenlust der Franzosen und gegen das Zurückweisen jedes Bundes mit Nicht-Proletariern seitens unserer heutigen Socialdemokraten!

Carlile bekannte sich zum Republikanismus, wenn auch sozusagen nur theoretisch — er war zugleich wie Paine Deist; es fehlte ihm Cartwrights Bibelglaube. Das Christenthum ist ihm „nur eine Mythologie, die Wahrheit kann nur durch Untersuchung der Naturgesetze gefunden werden."

War der extreme Carlile bereit, mit den Whig's zusammenzugehen, so gab es vor 1832 andere Schriftsteller, in deren Werken das Zusammengehen des bürgerlichen und proletarischen Radicalismus geradezu Princip ist. Hierher gehört vor Allem Thomas Attwood, der später als Haupt der Birminghamer Union bekannt wurde. Dieser Radicale aus den Kreisen der Besitzenden secundirte Cobbett, indem er gegen die Wiederherstellung der Baarzahlung und Wiederemporhebung der Noten, auf den Nennwerth war. Diese Maassregel war, wie wir bei Ricardo gesehen haben, an sich nothwendig, begünstigte aber, ohne gleichzeitige Steuerreform, die Gläubiger aller Art, insbesondere die Staatsgläubiger. Attwood ist nur gegen diese Maassregel vom Standpunct des Fabrikanten, indem er meint, sie bewirke eine Verringerung der Circulationsmittel und damit eine Einengung des Markts — eine dem Fabrikanten und dem Arbeiter schädliche Verminderung des Absatzes der Industrie. Er schlägt vor 10 Millionen der fundirten Schuld in Papiergeld zu verwandeln[1]), um so Markt und Absatz zu schaffen. Attwood's nationalökonomische Anschauungen sind so wenig durchdacht, dass er keineswegs als ein ebenbürtiger Gegner

---

[1]) A letter to the right honorable Nicholas Vansittart on the creation of Money and on its action upon national prosperity bei Thomas Attwood, Birmingham 1817.

Ricardo's erscheinen kann. Auch versteht er nicht so geschickt wie Cobbett die Leidenschaften der Massen zu erregen und Cobbett traf Ricardo's Schwäche viel richtiger, wenn er Steuerverminderung um jeden Preis, auch durch Staatsbankerott verlangte, als Attwood, der im Anschluss an populäre Vorurtheile und in halb mercantilistischer Weise vor Allem den Segen reichlicher Circulationsmittel pries. Die Argumentation bei Attwood ist überaus schwach; die bekannte Thatsache, dass grosse Staatsausgaben in Folge von Krieg etc. sich der Wirthschaft der Nation erst nachher recht fühlbar machen, erkennt er nicht, sondern hält sich immer an die äusserliche Erscheinung der Geldmenge; interessant ist nur die ganz naive Tendenz, Fabrikanten und Arbeiter als thätige Menschen gegen die Müssigen und gegen die Regierung zu führen. Attwood gesteht selbst zu, dass ein englischer Arbeiter viermal mehr producire, als er an Lohn erhalte — folgert aber daraus nur, „wie grausam es sei, einen so nützlichen Menschen durch Geldmangel ganz brodlos zu machen!"

Noch confuser wird Attwood in seinem optimistischen Radicalismus, wenn er die Bevölkerungsfrage betrachtet, Malthus'sche Ansichten [1]) mit seinem Mercantilismus verbindet. Attwood ist nämlich auch gegen die öffentliche Armenpflege und ruft aus: „Vernichtet das Almosen und ihr werdet die Armuth vernichten"; er verlangt, dass kein Arbeitsfähiger unterstützt werde, ohne in öffentlichen Etablissements Arbeit zu bekommen, worauf er ein Recht habe — aber die Möglichkeit der Uebervölkerung bei genügender Geldmenge leugnet Attwood. Es handle sich nur darum, Nachfrage nach ehrlicher Arbeit statt nach Armuth und Bettel zu schaffen. Darauf folgt denn wieder der Satz, der Werth des Geldes dürfe nicht auf den Stand von 1791, sondern nur auf den von 1810 gesetzt werden, die Staatsschuld entspreche einer wirklichen Vermehrung des Nationalreichthums durch die Erfindungen

---

[1]) Observations on Currency, Population and Pauperism in two letters to Arthur Young by Thomas Attwood. Birmingham 1815.

und Verbesserungen der letzten 30 Jahre. Deshalb könne sie als reelle und bona-fide-Schöpfung von Capital im Betrage ihres Nennwerths betrachtet werden und bedürfe einer Vermehrung des Geldes zu ihrer Repräsentation — — es ist klar, in einer Geschichte der Nationalökonomie dürften Attwood's confuse Schriften kaum eine Stelle beanspruchen: nur als Zeichen der Zeit, in der radicale Fabrikanten und Arbeiter sich noch aufrichtig verbündeten, wagen wir sie zu erwähnen.

Zu den Radicalen, bei denen die Harmonie von Arbeitern und Fabrikanten im Bunde gegen die alte Aristokratie deutlich hervortretendes Princip ist, gehören auch die älteren Agitatoren für Freiheit des Kornhandels. Später wurde die Abschaffung der Kornzölle ausschliessliches Programm der Mittelclassen, und die Arbeiter verhielten sich misstrauisch dagegen. Vor 1832 wurden die Kornzölle zwar schon von Ricardo's Schule bekämpft, in der populären Agitation spielten sie aber noch keine Rolle. Doch fehlte es nicht an einzelnen Männern, welche sie im gemeinsamen Interesse der Arbeiter und Mittelclassen energisch und geschickt angriffen, und auf welche sich später Cobden und seine Anhänger mit Erfolg beriefen. Hierher gehören insbesondere Perronet Thompson und Ebenezar Elliot.

Thompson's „Catechism on the Cornlaws" erschien zuerst 1827; die fünfzehnte Auflage ist von 1831 — Beweis, dass schon damals seine Worte nicht ohne Eindruck blieben. Thompson's Katechismus ist vor Allen interessant durch das ungewöhnliche Geschick der Darstellung und den packenden Stil. Auf dem Titelblatt ist die Arche Noah's abgebildet und darunter steht: „Hätte Noah sich in seiner Arche eingeschlossen und seine Familie nichts essen lassen, als was auf dem Dach der Arche wachsen konnte, so würde bald ein Angstschrei über Bevölkerung und ein Auswanderungscommittee entstanden sein; Sem, Cham und Japhet würden „Manufacturisten im Nothstand" geworden sein. Ich kann keinen

Unterschied darin erkennen, ob Menschen auf das Korn einer Arche oder einer Insel beschränkt werden." Interessant ist aber nicht nur die Schreibart, sondern auch die eigenthümliche Mittelstellung zwischen Ricardo und Cobbett.

An Ricardo (und Adam Smith) schliesst sich Thompson schon durch den vorwiegend nationalökonomischen Inhalt seiner Schrift, dann aber auch durch die durchaus herrschende, wenngleich populär gehandhabte Methode der Abstraction an, insbesondere durch die scharfe Tendenz gegen den Grundbesitzerstand. Thompson polemisirt zwar gegen Ricardo, aber nur insofern, als er noch schärfer den Interessengegensatz zwischen den Grundbesitzern und allen anderen Menschen betont. Die Rente entsteht nach ihm lediglich durch den hohen Preis des Kornes — es ist nur eine Folge hievon, dass schlechteres Land dem Anbau unterworfen wird. Deutlicher als bei Ricardo wird ausgesprochen, dass das Eigenthum nur durch Arbeit entstehe und die Menschen sich zum gegenseitigen Schutze des Eigenthums nur verbunden haben, weil ohne solchen Schutz Arbeit und Production unmöglich würde. Grundrente aber sei nicht Entgelt für Arbeit; „die Grundbesitzer weben nicht und spinnen nicht, sie leben vom Spinnlohn Anderer."

Aus diesen Sätzen müsste nun die volle Abschaffung aller Grundrente, d. h. alles Grundeigenthums, ja sogar die Abschaffung alles Einkommens von Besitz gefolgert werden. Dies aber thut Thompson nicht, sondern er folgert nur, dass die Grundrente nur beschützt werden dürfe, so lange sie dem allgemeinen Besten dient und so lange die Gutsbesitzer Anderen keine Gewalt anthun, d. h. es wird nur im gemeinsamen Interesse von Fabrikanten und Arbeitern Abschaffung der Kornzölle als „allgemeinen Verlustes" verlangt und dies verdeutlicht, indem der Kornzoll geniessende Grundbesitzer verglichen wird mit einem Mann, der, um einen Fisch zu fangen, zwei Fische im Wasser des Nachbars tödtet. Da Cobbett immer verhältnissmässig noch mehr Sympathie mit der Grundaristokratie und den Tories, als mit den Banquiers und Whigs hatte, so erklärte er 1830 die Kornzölle als unschuldig an der Theuerung und erwartete nichts von Ausdehnung des Freihandels. Dagegen polemisirt Thompson und erwartet von Abschaffung der Kornzölle gerade den grössten Gewinn für die Arbeiter. Aber er tritt dann mit Cobbett und gegen Ricardo voll und ehrlich für das allgemeine Wahlrecht ein:

„Unsere Vorfahren nannten einen freien Mann den, der Wahlrecht hatte — nur wenn Jedermann gleichmässig repräsentirt ist, hat Besitz aller Art seinen gerechten Einfluss. Und die Besitzenden unter den industriellen und handeltreibenden Ständen werden vielleicht einst entdecken, dass der Widerstand gegen das allgemeine Wahlrecht nichts ist als ein Kunstgriff, um sie ihres gerechten Einflusses und ihres Besitzes zu berauben." —

Kurz Thompson's Katechismus zeigt in charakteristischer Weise, wie die Ricardo'sche individualistische Nationalökonomie, consequent ausgebildet, Waffen für den Arbeiterradicalismus liefern muss und Thompson ist ehrlich genug, wenigstens einen Theil dieser Consequenzen zu ziehen, indem er noch völlig an Identität der Interessen von Arbeit und Capital contra Grundbesitz glaubt. In der Westminsterreview von 1830 tritt er für Wiederherstellung der Baarzahlung ein und preist Freihandel als das gemeinsame Interesse von Arbeit und Capital:

„Dass der Reichthum und das Glück der Nation aus reichlichem Capitalgewinn und Lohn der Individuen entspringen, ist an sich eine grosse Wahrheit. Aber dann müssen diese hohen Gewinne und Löhne aus einem Wachsthum des gesammten Handels (trade) entspringen, das nur das Resultat von Freiheit sein kann. Der allgemeine Satz von Lohn und Gewinn hängt von der Schnelligkeit ab, mit der der gesammte Handel wächst oder abnimmt — — dies beweist die beschränkte Nützlichkeit der verschiedenen Palliativmittel, mit denen sich die Menschen amüsiren, statt ihre Kräfte zur Entfernung des grossen Uebels der Handelssperre anzuwenden. Dahin gehören z. B. die vorgeschlagenen Hausmittel der Sparsamkeit, der Clubs zur Herabsetzung der Preise nothwendiger Dinge, der Cooperativgesellschaften etc."

Neben Thompson ist vor Allen Ebenezar Elliot zu nennen. Elliot wurde 1781 als Sohn eines kleinen Eisengiessers, der Calvinist und Jacobiner war, geboren[1]), empfing wenig Schulbildung, diente seinem Vater als Arbeiter und wurde schliesslich selbst kleiner Unternehmer. 1821 trat er als Dichter auf.

Er folgte den Ideen von Adam Smith, Bentham und Thompson. Sein Hauptziel war und blieb Abschaffung der Kornzölle und die wirksamsten Gedichte dieses titanenhaft empfindenden Naturkinds, das für Lord Byron schwärmte, waren die Cornlaw-Rhymes. Den Mittelclassen angehörig, von den Interessen der Mittelclassen durchdrungen, daher principiell Freihändler und Gegner des Socialismus und Communismus, war er doch vor Allem ein ehrlicher Radicaler und empfand feurig für die Leiden der Arbeiter, wurde von den besseren Arbeitern Sheffields hoch verehrt, von den Mittelclassen nicht immer verstanden. Darum arbeitete er eifrig für Parlamentsreform und neigte später zu den Chartisten, von denen er sich nur abwandte, weil sie sich der Anti-Kornzollagitation nicht anschlossen und weil ihm O'Connor widerwärtig war. Den deutlichsten Beweis, wie Ebenezar Elliot für radical denkende Arbeiter empfand und schrieb, liefern die Gedichte selbst[2]) (Cornlaw-Rhymes, 3. Aufl., 1838).

---

[1]) Siehe January Seasle, Memoirs of Ebenezar Elliot. London 1852, sowie einen Artikel von Robert Leaser, der in dem erstgenannten Buch im Auszug mitgetheilt ist.

[2]) Eines mag als Probe in der Ursprache folgen:
„Child is thy father dead?
Father is gone.
Why did they tax his bread?
God's will be done!
Mother has sold her bed
Better to die than wed!
Where shall she lay her head?
Home we have none.

Seine Cornlaw-Rhymes dedicirte er „Allen, welche das Andenken von Jeremias Bentham, unserem zweiten Locke, ehren und welche das grösste Glück der grössten Zahl für die grösste Zeitdauer zu befördern streben," und spricht in der Einleitung aus, „dass die grosse Frage der Löhne vor Abschaffung der Kornzölle in England nie gelöst werden kann" und eine Erklärung der Sheffielder Arbeiter-Anti-Brod-Steuer-Gesellschaft ist beigedruckt, welche sagt, dass die Arbeiter allein unabhängig genug sind, den Freihandel durchzusetzen. In einem voll bevölkerten Lande sei es ein Act nationalen Selbstmords, den Austausch der Manufacturwaaren gegen Korn zu beschränken.

§ 4. Letzte Steigerung des Radicalismus.

Der herrschende Charakter dieser ganzen Literatur ist und bleibt ein vorwiegend auf die Arbeiterinteressen gegründeter politischer Radicalismus ohne bewussten und hervortretenden Gegensatz zu den Interessen des mobilen Capitals. Dieser Radicalismus wuchs von 1815—1830 ununterbrochen an Verbreitung und an Kraft, bis ihn die französische Julirevolution zur höchsten Leidenschaft entflammte. Als er in

---

    Father clamm'd thrice a week
      God's will be done!
    Long for work did he seek
    Work he found none.
    Tears on his hollow cheek
      Told what no tongue could speak.
    Why did his master break?
      God's will be done!

    Doctor said, air was best;
      Food we had none;
    Father, with panting breast
      Groan'd to be gone;
    Now he is with the blest!
    Mother says death is best!
    We have no place of rest,
    Yes we have none."

diesem Höhepunct seiner Leidenschaft die Reformbill von 1832 durchgesetzt hatte, trennte sich sofort der Arbeiterradicalismus scharf und bewusst von dem der Mittelclassen, die socialen Ziele und Wege traten in den Vordergrund. Diese Bewegung spiegelt sich wieder in der Literatur, indem 1830 die Menge und Leidenschaftlichkeit der radicalen Organe und Flugschriften erstaunlich wuchs, um dann 1832, in Anfängen theilweise schon vorher, ihren Charakter zu ändern, insofern sie mehr social, weniger politisch wurde. Die periodische Presse und Brochürenliteratur von 1830—1832 ist gleichsam das extreme Schlussresultat der geistigen Aufregung, welche Bentham, Cobbett, Paine und ihre Gesinnungsgenossen in langen Jahrzehnten geschürt hatten. Auch von dieser Literatur sei es erlaubt, einige Proben zu geben. Man staunt oft, dass so wilde Aeusserungen in dem monarchischen England geduldet wurden — aber man bedenke, dass der Zweck, zunächst nur die auch von den friedlichen Mittelclassen gewollte Reformbill war und dass in einem freien Lande die Agitation sich der leidenschaftlichst übertriebenen Worte bedienen kann, ohne dass man zu befürchten braucht, es werde dem Worte gleich die entsprechende That folgen.

1832 existirte ein Blatt, betitelt „the Republican". Dasselbe missbilligt zwar die Blutthaten der ersten französischen Revolution als unrepublikanisch; denn Republik ist reine Humanität im Gegensatz zu dem „aristocratico-monarchical England", aber es geht doch in Bezug auf Bitterkeit der Leidenschaft und hochverrätherische Ausdrucksweise weit über seine Hauptautorität Thomas Paine hinaus. Es wird nicht nur gesagt: „der Beamte, den man König nennt, hat keine eigene Autorität, die gerechten Ansprüche von Jedermann auf Repräsentation zu verweigern oder zu gewähren," sondern es ist auch die Rede von „William Guelph or any other gentleman called king", vom „Bürger Talbot, der auch Earl of Shrewsbury heisst, oder vielmehr dessen Ahn irgend eine königliche Person in den guten alten Zeiten so zu nennen beliebte, den aber die Republikaner nicht so zu nennen belieben etc." Doch auch dieses Organ will die Reformbill als Abschlagszahlung und denkt nicht an Krieg gegen das Capital.

Verschiedene Brochüren von 1832, so „The Rights of Nations", „The People's Charter", „The Reformers Catechism" sind in demselben Sinne geschrieben.

Letztere Schrift erkennt keine verjährten Rechte, nur den von jeder Generation frei und neu schliessbaren Gesellschaftsvertrag zu dem Endzweck: „des grössten Wohls jedes Einzelnen, das mit dem Wohl der Gesammtheit zusammenfällt." In jeder Verfassung muss das erste eine Erklärung der Rechte sein. Dann wird geeifert für allgemeines Wahlrecht, geheime Abstimmung, jährliche Parlamente, für Heiligkeit des Eigenthums, für Freihandel, namentlich freien Kornhandel, Pressfreiheit, freies Versammlungsrecht, freie confessionslose Schule, Milizsystem, für ausschliesslich gewählte Beamte, gegen die Staatskirche, da alle Priesterherrschaft auf Unbildung beruhe — — kurz, der alte Radicalismus französischen Stils, der gegen König und Pfaffen wild eifert.

Ganz vorübergehend ist von Schutz der Arbeit gegen Habsucht der Capitalisten die Rede, aber gewöhnlich wird factisch unter Eigenthum nur das Grundeigenthum verstanden, so dass die ganze auf leidenschaftliche Arbeiter berechnete Schrift im Grunde doch völlig dem Bunde des capitalistischen und proletarischen Radicalismus und dem gemeinsamen Ziel der Parlamentsreform dient. Radicale und Republikaner waren damals, wie sie sich selbst auch nannten, Reformer, d. h. Parlamentsreformer und dies Ziel wurde mit übersprudelnder oft unklarer Begeisterung erstrebt [1]).

---

[1]) Wie namentlich auch ein den Schluss des Werkchens bildendes schlechtes Gedicht von sechs Strophen beweist:

A Song for young Reformers.

Glorious Albion!
O! land of the brave!
Down cast the tyrants
Unfetter the slave!

Behold France is free
Prepaired Almaine
Up stands Italy
Rise shall Poland again!

„The Peoples Charter", von demselben anonymen Verfasser, enthält noch leidenschaftlichere Sätze. Es wird Byron's Satz citirt, dass „revolution alone can save from hell's pollution". Aber es wird doch schliesslich vom Gebrauch der Waffen abgemahnt, man „solle nur gerüstet sein, Waffen haben, und niemals aufhören, Reform zu verlangen." Als sofort anzuwendendes Gewaltmittel wird nur Steuerverweigerung empfohlen, „weil kein Parlament Unvertretene verpflichten könne und alle Unvertretene allzeit ein Recht haben, der Steuerzahlung Widerstand zu leisten." Die Zeit wird kommen, wo man nach Mackintosh's Wort „nichts Altes mehr dulden wird, das die Vernunft nicht billigt, und vor nichts Neuem zurückschrecken wird, das die Vernunft empfiehlt."

Nach Durchsetzung der Parlamentsreform änderte sich der Ton der populären Literatur, indem dann sofort die Lostrennung der Arbeiter von allen Parteien der Besitzenden gepredigt und sociale Erörterungen im Gegensatz zu der Zeit vor der Reform häufiger wurden. Das mit dem 22. November 1832 beginnende Blatt „The working man's friend and Political Magazine" z. B. folgt Carpenter, Carlile und Cobbett, erklärt alle alten Parteiunterschiede für Täuschung und sagt mit Cobbett, es solle nur zwei Parteien geben, die Partei der billigen und der theuren Regierung. Das von J. Watson redigirte Blatt diente der „National Union of the working classes and others" und begnügte sich nicht für gleiche Rechte zu kämpfen, zu behaupten, dass der „Begriff einer Aristokratie das Wesen jedes Lasters einschliesse," sondern brachte auch schon Artikel über die „Manufacturhöllen".

O! crouch not to lords:
Employ but the wise:
Burst all their base cords
Arise! O arise!

Then high in thy hand,
Thy bright trident raise;
And fling o'er each land
New light from its blaze.

So with devotion
Shall nations set free
Bend, Queen of Ocean,
To thee! — but to thee!

Thus glorious Albion
Land of the brave!
Down cast the tyrants;
Unfetter the slave!

Die Flugschrift „The Political Unionist's Catechism — adressed to the working classes", London 1833, sagt: Bald würden Whigs und Tories zusammen Conservative sein gegenüber dem Volk, das bisher geplünderter Zuschauer sei. Die Schrift agitirt für weit möglichste Ausdehnung des Wahlrechts und will die arbeitenden Classen durch ein gemeinsames politisches Glaubensbekenntniss einigen. —

Doch ich will nicht vorgreifen und erwähne die letztgenannten Schriften hier nur deshalb, um zu zeigen, wie der Gedanke einer radicalen Partei, die principiell nur Arbeiterpartei sein soll, erst nach der Reformbill mit Kraft und Bewusstsein auftrat. Von allen mir bekannten Zeitungen, welche dem Radicalismus, d. h. besonders dem Arbeiterradicalismus, unmittelbar vor und nach der Reformbill dienten, ist die leidenschaftlichste und charakteristischste „The Poor Man's Guardian, a Weekly Newspaper for the people established contrary to ‚Law' to try the power of ‚might' against ‚right'." Das Journal erschien von Juli 1831 bis December 1835 und wurde dann durch ein anderes ersetzt. Verleger war Hetherington, Hauptzweck die Durchsetzung einer billigen ungestempelten Presse für die Arbeiter — es war aber zugleich ein Blatt, in welchem sich alle radicale Aufregung der Arbeiter breit machte. Redacteur war der spätere Chartist Bronterre O'Brien [1]). Es thaten aber in dieser Zeit allgemeiner Gährung auch gemässigtere Elemente mit, z. B. Lovett, der spätere Führer der Partei der moralischen Gewalt unter den Chartisten.

---

[1]) Bronterre O'Brien hat auch selbständige Bücher, so eines über Baboeuf und eine Biographie von Robespierre geschrieben, in welcher dieser von aller Blutschuld rein gewaschen und als edler Gleichheitsheld hingestellt wird. Der Verfasser skizzirt in der Einleitung des Buches seine eigene Tendenz nach socialer Gleichheit im Gegensatz zum Monopol des Land- und Geldbesitzes der höheren Classen, jedoch ohne irgend einen communistischen Ausgleichungsplan zu entwickeln. Derselbe gab Januar bis März 1837 ein Wochenblatt „National Reformers" heraus, „zur Beförderung einer radicalen Reform in Regierung, Gesetz, Eigenthum, Religion und Moral zu Gunsten der grossen Masse der Gesammtheit, welche bewirkt werden soll in der möglichst kurzen Zeit ohne Gewaltthat durch die Macht der öffentlichen Meinung und womöglich durch die legalen Reichsautoritäten." In dem Blatt wird das allgemeine Wahl-

Der Poor Man's Guardian zeichnet sich nicht nur durch die Leistungen der jugendlich aufbrausenden Talente seiner Mitarbeiter aus, sondern insbesondere dadurch, dass er von Anfang ab die socialen Interessen der Arbeiter scharf erkannte und vertrat. Es war kein Journal, das den abseits stehenden rein wirthschaftlichen Bestrebungen der Gewerkvereine oder der Cooperation diente — die unpolitische Gesinnung der Cooperationsfreunde wird sogar heftig getadelt; es war vor Allem ein politisch-radicales Blatt, aber mit so exceptionell scharfer Betonung des speciellen Arbeiterstandpuncts, dass es weit über Cobbett hinausging, der der beste Freund der Arbeiter genannt wird und Alles zusammen genommen, hatte das Blatt eine Richtung, welche mit der unserer heutigen Socialdemokratie nahezu zusammenfällt. Es ist mir in der ganzen englischen Literatur kein Organ und kein Buch vorgekommen, das man mit Recht eigentlich socialdemokratisch nennen könnte, ausser diesem Producte einer Zeit allgemeiner Gährung, das dem späteren Chartismus direct vorarbeitete und womöglich noch wilder und extremer war als der Chartismus selbst.

Da das Blatt vor 1832 entstand, so soll es hier besprochen werden. Es verdient allgemeine Beachtung in Bezug auf den bekannten Streit, wann und von wem das Programm der heutigen Socialdemokratie zuerst formulirt worden ist. Es schliesst gleichsam den alten englischen Radicalismus der Zeit vor 1832 ab und begründet zugleich den neuen Radicalismus, in dem der Streit zwischen Capital und Arbeit die Hauptrolle spielt.

In der ersten Nummer vom Juli 1831 wird von Gewissensfreiheit gesprochen, wenn auch die Religion nur vom politischen Standpunkt berührt werden soll. Es wird auch sofort

---

recht verlangt, das Armenrecht angegriffen, die Antikornzollagitation verdächtigt, die „Profitmacher", die schlimmer als die Aristokraten sind, angefochten — — extreme politische Gleichheitsideen, nicht extrem socialistische Pläne herrschen, wenn auch der Gegensatz zwischen Arbeit und Capital erkannt resp. empfunden ist.

innere Neigung zur Republik verrathen. Directe Revolution wird nicht gepredigt, aber der König wird Mr. William Guelf genannt, die beabsichtigte Krönung mit wüthendem Hohn besprochen: „Schande über solch nutzlose, verkehrte, kindische Ueppigkeit, während Noth im Lande herrscht." Ein besonders wilder, aber in der That exceptioneller Artikel beginnt sogar mit den Worten: „Nieder mit Königen, Priestern und Lords" und schliesst mit dem Satz, „das Eigenthum müsse fallen, dann würde das Königthum von selbst fallen." Es muss dagegen erwähnt werden, dass zu den Puncten, welche die National Union of the Working classes in eine Declaration aufnehmen wollte, auch die Heiligkeit des Eigenthums gehörte und dass stets zu friedlichem Vorgehen ermahnt wurde.

Cartwright und Hunt werden als Gesinnungsgenossen, Hume und Burdett aber als „Halbe" bezeichnet; noch schlechter kommt O'Connell weg; Attwood wird ein gutherziger Mann genannt, der das Loos der Arbeiter bessern, aber sie doch als Arbeiter erhalten, nicht sich gleichstellen wolle. Fielden ist ein „middle man", der persönlich alle Anerkennung verdient. Als es mit der Reformbill Ernst wurde, zerfiel das Blatt gelegentlich auch mit Hunt selbst und mit Carpenter — während es sehr warm für Sadler eintritt (4. August 1832) — kurz, es zeigt sich das Misstrauen der Arbeiter gegen die Radicalen aus den Mittelclassen. Darum wird auch das allgemeine Wahlrecht unbedingt verlangt, die beabsichtigte Reformbill wird als ungenügend bezeichnet. Das Wichtigste dabei ist, dass das allgemeine Wahlrecht nicht einfach deshalb verlangt wird, weil es allein der radicalen Theorie völlig entspricht, sondern weil das specielle Interesse der Arbeiter es verlangt. Mit Genugthuung wird im Juli 1831 über eine Rede referirt, die ein gewisser Wardel auf einer Versammlung der National Union of the Working classes hielt und worin dieser sagte: „dass wir (die Arbeiter) jährlich Reichthum im Gesammtwerth von 500 Millionen Pfd. Sterl. schaffen und nur ein Achtel davon consumiren dürfen. Die Reformbill ist nur 5 Schilling auf's Pfund, wir aber verlangen 15 Schilling mehr und werden sie bekommen."

Diesen socialdemokratischen Gedanken, dass der Arbeiter um einen Theil des nur von ihm geschaffenen Products beraubt und betrogen werde, führt dann der Leitartikel vom 30. Juli näher aus, indem da gesagt wird, dass die Arbeiter allein den wirklichen Reichthum des Landes produciren, aber nur einen kleinen Theil davon geniessen. Den anderen verzehren nicht nur König, Priester, Lords, Esquires and Gentlemen — sondern auf Kosten des Arbeiters bereichern sich auch die „masters and traders", d. h. das Capital. In der weiteren Ausführung fällt der Vergleich zwischen alter Aristokratie und Capital (middle men) zu Ungunsten des letzteren aus:

„Adelige Adler und kirchliche Geier haben sich bisher von Euch genährt; sie halten Euch für wahrhaftes Aas, haben aber nicht verschmäht, sich an Euch zu mästen; wahrhaftig, sie haben sich gesättigt. Und jetzt zu schwach, ihre ausschliessliche Beute zu vertheidigen, machen sie Platz für die hungrigen Raben, deren Zahl sie schreckt, dass sie kommen und auch nach Euch hacken. Und glaubt uns, was für die Adler und Geier einfach Nahrung war, wird für diese schmutzigen Raben ein Leckerbissen sein. „Aas" ist ihre Wonne und sie werden es bis auf die Knochen auffressen. Und was anders sind diese vielfrässigen Raben als Eure Leute von den Mittelclassen, welche mit gierigen Augen die Adler des Staats und die Geier der Kirche verfolgten, die Euch verschlangen — welche ihren Ruf mit dem Eurigen nach Gerechtigkeit und Barmherzigkeit verbanden, bis Lords und Priester ihnen gestatteten, theilzunehmen an der Beute, an der sie sich selbst übersättigt haben, vor der sie Ekel und Ueberdruss empfinden."

Solche Agitation liess sich natürlich nach Durchsetzung der Reformbill mit ungeschwächter Leidenschaft fortsetzen. Robespierre wurde als der grosse Mann der französischen Revolution, als Vertreter der Arbeiter gegenüber der „Bourgeoisie" gefeiert, die das Regiment usurpirte, während der Name Republik blieb (Dezember 1835). Das ausgesprochene Hauptziel des Blattes wurde, alle Arbeiter zur Durchsetzung des allgemeinen gleichen Wahlrechts zusammenzufassen, denn es helfe Nichts gegen einzelne Gesetze, wie z. B. die Kornzölle, zu agitiren; nur das neue Armengesetz solle womöglich noch vor der Einführung des allgemeinen Wahlrechts fallen — das erste aller Dinge sei das allgemeine Wahlrecht, „damit wir die Direction aller Reformen in unsere Hand oder besser in die Hand des ganzen Volks bringen" (31. October 1835).

Das „ganze Volk" aber besteht factisch aus den proletarischen Arbeitern. Nach einem Artikel vom 19. Dezember 1835 hat das „Capital menschenmörderische Gewalt"; dass der Arbeiter aus Hunger für jeden Lohn arbeiten muss, ist das ungeheuerliche Uebel der Gesellschaft. Und dann folgt wieder eine Theorie, die in roher und übertriebener Form dieselben Gedanken enthält, die wir in Marx's Theorie von der Aneignung des Mehrwerths durch den Capitalisten finden:

„Die Lehre des Capitalisten lautet, dass er ein Recht habe, vom Product des Arbeiters diesem so viel wegzunehmen als letzterer aus Furcht vor dem Tode hergeben muss. Wenn der Arbeiter per Tag einen Werth von 30 Schilling produciren und von einem Schilling leben kann, so denkt der Capitalist, er habe ein Recht auf die übrigen 29 Schillinge; weil nur der eine Schilling nöthig ist für die Existenz des Arbeiters, so muss dieser aus Furcht vor dem Tode auf den Ueberschuss zu Gunsten des Capitalisten verzichten. Und das ist britische Freiheit! Diese Macht grosshändlerischen Raubs und Mordes in der Hand des Capitalisten nennt man Freiheit und man sagt, der Arbeiter sei gerade so gut frei wie der Capitalist, weil er, wenn er will, sich dem Raub entziehen kann — wenn er sich nur dem Hungertod unterwirft! Bewundernswerthe Logik, segensreiche Freiheit, glückliches, dreimal glückliches Land."

Wir wissen sehr wohl, wie solche eigentlich socialdemokratische, social- und politisch-revolutionäre Tendenzen in England zu keiner grossen Bedeutung gelangten und nie das eigentliche Programm einer grossen Arbeiterpartei wurden. Aber es bleibt in hohem Maasse charakteristisch und lehrreich, dass die von Bentham und Anderen begründete radicale

Literatur im modernen England sich in Leidenschaft und Gleichheitslust beständig steigernd, schliesslich zu Sätzen gelangte, welche heute dem „Vorwärts" zur Zierde gereichen würden. Auch in England bewährt sich der Satz, dass die Socialdemokratie die letzte Consequenz nicht des Liberalismus, aber des extrem-individualistischen Radicalismus ist. —

§ 5. Rückblick.

Von der Entwicklung, die in den vorigen Capiteln geschildert ist, erhalten wir ungefähr folgendes Bild.

Der Individualismus erwacht in England zu neuem Leben durch den Abfall der amerikanischen Colonien und durch die französische Revolution. Aber es sind vorerst einzelne Schriftsteller, die entweder ganz als Theoretiker auftreten, oder deren praktische Thätigkeit — wie die Paine's — nur wenig bedeutet. Indessen entsteht nach und nach in denjenigen Classen Englands, die sich als minderberechtigte gegenüber dem das Parlament beherrschenden Grundbesitzerstande fühlen, ein Geist der Verneinung und des Widerstandes, ein Verlangen nach Ausdehnung von Rechten, das Streben für das Individuum als solches gleichen Antheil an der politischen Macht zu erlangen — wobei man sich bald auf Gründe der Zweckmässigkeit, bald auf das Naturrecht berief.

Den so emporstrebenden Classen bleibt es vorläufig unbewusst, dass sie unter sich keineswegs gleichartig sind; sie greifen gemeinsam das Bestehende an, bald einzelne Maassregeln, bald umfassende Institutionen, und sie finden endlich im Rufe nach allgemeinem Wahlrecht ihr gemeinsames Feldgeschrei. Die Lehre des Individualismus greift ein in die englischen Verfassungskämpfe, sie lehnt sich auf gegen die bestehende Ordnung und das hergebrachter Weise Geltende, sie wird zum Radicalismus.

Die Forderung eines allgemeinen gleichen Wahlrechts stand, trotz des ausdrücklichen Festhaltens Vieler an den alten Grundlagen der englischen Verfassung, gerade mit dieser Verfassung in unlösbarem Widerspruch; denn die Verfassung, wenn sie auch etwas verknöchert war, beruhte doch auf dem gesunden Grundsatze der Vertretung des organisirten, nicht des atomisirten Volkes und auf der Herrschaft des dauernden, entwicklungsfähigen Gesetzes — nicht auf schwankender Majorität der Massen.

Den Neuerern principiell gegenüber stand noch die Theorie vom göttlichen Rechte der Krone, welche — so wenig Anklang sie mehr fand, doch in sich folgerichtig war. Aber sie hatte nicht mehr die Kraft, dem Ansturme der neuen Ideen zu widerstehen.

Den neuen extremen Lehren konnte man nur mit Erfolg begegnen, wenn man nachwies, dass der „Naturzustand" mit unbeschränkter individueller. Freiheit eine Täuschung ist; wenn man nachwies, dass das Bedürfniss nach organischer staatlicher Gliederung ebenso unabweisbar, ursprünglich und natürlich ist, wie das Bedürfniss nach Entfaltung der individuellen Kräfte, und dass eine staatliche Gesammtheit nie eine Summe gleichwerthiger Atome war, nicht ist, und nie sein kann; und wenn man daraus ableitete, dass der Wille jeweiliger Majorität nicht das die Gesammtheit zusammenhaltende Recht sein kann, sondern dass das organische aus der gewordenen Verfassung heraus sich entwickelnde Recht die ewig nothwendige Schranke jeder individuellen Willkür ist.

Trat in England eine solche organische Staatslehre als Gegensatz gegen den Individualismus auf? Wir finden wohl Anklänge und Ansätze, aber keine durchdachte und dadurch mächtige Entwicklung solcher Ideen. Denn die Erinnerung an die „glorreiche Revolution", sowie die geringe Neigung oder Begabung des Engländers zu durchdachter Systematisirung bewirkte, dass man zumeist die Consequenzen des abstracten Individualismus nur gefühlsmässig ablehnte, statt diese allerdings einfache und klare aber unhaltbare Anschauung verstandesmässig zu widerlegen.

Der grösste politische Erfolg des geschilderten, noch einheitlich auftretenden Radicalismus war die Parlamentsreform von 1832; keineswegs eine Neugestaltung des ganzen Wahlrechts, sondern nur, wie bekannt, ein principloser Compromiss zwischen dem alten Herkommen und den neuen Bedürfnissen; immerhin jedoch der Anfang einer immer weiter gehenden gleichmässigeren Heranziehung bisher unberechtigter Classen zur Wahl von Vertretern.

Bei den Vorkämpfern des Radicalismus in dieser älteren Zeit findet man zwar eine warme Liebe für die Masse des Volks und ein Streben, diese Masse mit in die politische Bewegung zu ziehen, aber fast nirgends eine Spur socialer Umsturzpläne, etwa zu Ehren factischer Gleichheit. Es herrschte noch soviel naiver Glaube an die natürliche Gleichheit der Menschen, dass man vermeinte, durch einige politische Reformen könne diese Gleichheit in ihrer ursprünglichen Reinheit wiederhergestellt und so ein goldenes Zeitalter für Alle begründet werden.

Von der Gleichheitsidee waren sowohl die Nationalökonomen als die eigentlich politischen Vorkämpfer beherrscht, und zwar in etwas verschiedener Weise. Die Nationalökonomen dachten sich die wirthschaftlich freien Individuen als mit gleichen natürlichen Kräften ausgerüstet. Die radicalen Wortführer hingegen, welche unmittelbar auf die Massen wirkten, verlangten Gleichheit politischer Rechte, ohne irgendwie gegen die Freiheit der wirthschaftlich Starken zu agitiren, weil sie zwar den Unterschied zwischen Starken und Schwachen kannten, aber die Gefahren unterschätzten, denen der Schwache bei Herrschaft der Freiheit ausgesetzt sein musste.

Der sociale Gegensatz zwischen Capital und Arbeit war, wenn auch vorhanden, doch nicht hinlänglich zum Bewusstsein gebracht, und das Capital selbst lag noch zu sehr im Kampfe mit der Aristokratie, stand also an der Spitze der Bewegung, die damals den gesammten nicht-aristokratischen Classen gemeinsam war. Die Zeit war noch nicht gekommen, in welcher man Gleichheitsideen schon im Sinne des socialen Umsturzes als Kampfmittel hätte verwerthen können.

Um eine Analogie zu benutzen, die dem deutschen oder französischen Betrachter nahe liegt, so begriff man damals den Classengegensatz noch nicht, der sich in Frankreich durch Louis Blanc's, in Deutschland durch das Wirken von Marx und Engels vor 1848 herausbildete, sondern man stand auf dem Standpuncte St. Simon's, bei welchem die industriellen Classen aus Arbeitern und thätigen Capitalisten bestehen, denen Adlige, Hofbeamte, Staatsdiener, Officiere, Rentner etc. gegenüber gestellt werden.

Die wirksamsten älteren Volksführer, wie Paine, Cartwright und sogar Cobbett leisteten also eigentlich nur dies, dass sie vorläufig überhaupt begeisterte Kampflust für Freiheits- und Gleichheitsideen erweckten, ohne diesem Kampf vorwiegend sociale Ziele zu stecken. Wo letzteres versuchsweise geschah, blieb es zunächst ohne bedeutende Wirkung.

Der Hauptvertreter dieses älteren theoretischen Radicalismus ist, wie wir gesehen haben, Bentham.

Diese ganze geistige Bewegung ist erfüllt von dem einen grossen Gedanken: Demokratisirung des Staats, damit er seinen einzigen vernünftigen Endzweck, **dem materiellen Wohl des einzelnen Menschen zu dienen**, erfülle.

Die im Einzelnen gewünschten Reformen sind theils nur negativ — wie die Abschaffung der Schutzzölle — theils positiv wie das allgemeine Wahlrecht.

Dass das materielle Wohl des Menschen als Endziel aller Politik nothwendig einen Kampf zwischen Ständen, insbesondere zwischen Besitz und Nichtbesitz, hervorrufe, wird hie und da geahnt — doch geht man im Grossen und Ganzen noch vereint gegen den alten aristokratischen Staatsbau vor.

Erst nach 1832 spaltete sich der Radicalismus im englischen Sinne des Wortes in zwei verschiedene Richtungen, indem die Mittelclassen als Freihändler oder Manchestermänner, die Arbeiterclassen als Chartisten auftraten.

Das Manchesterthum ist die Anwendung der Lehren der classischen Nationalökonomie zur Agitation im Interesse bestimmter Zwecke des beweglichen Besitzes. Die praktischen Vorschläge dieser Richtung erscheinen uns als Caricatur der Einseitigkeiten, die in den nationalökonomischen Lehren enthalten waren. Erst in dieser Caricatur wird die Unterordnung aller idealer Lebenszwecke und des ganzen Staates unter die wirthschaftlichen Interessen des Besitzes zum ausschliesslichen

Princip. Der Mittelstand ist von dem politisch Erreichten befriedigt und will den neuen Zustand für sich ausnutzen.

Die Arbeiterclasse hingegen sieht sich durch die schonende Parlamentsreform enttäuscht, sie agitirt im Chartismus zunächst politisch weiter, um wirklich allgemeines Wahlrecht durchzusetzen und hat dabei mehr instinctiv die Vorstellung, dass ein gänzlich reformirtes Parlament dann auch Aenderungen der socialen Verhältnisse herbeiführen werde, eine Vorstellung, die nur ganz vereinzelt hie und da socialdemokratische Gedanken in unserem Sinne des Wortes hervorbringt. Der Chartismus entspricht also dem, was auf dem Festland, in engerem Sinne als in England, Radicalismus genannt zu werden pflegt.

So früh demnach in England mit der Grossindustrie das Proletariat entstand, und so sehr der Fabrikarbeiter sich gedrückt fühlte — es blieb zunächst bei Ausbrüchen blinder Wuth, die zur Zerstörung von Maschinen oder Fabriken führte. Programmgemäss richtete sich die Leidenschaft dieser Classe nicht gegen das Capital als solches, sondern gegen die bestehende Staatsverfassung.

Das noch unentwickelte, erst keimende Classengefühl des industriellen Proletariats gebrauchte Anfangs zum Ausdruck seiner Unzufriedenheit eine politische Formel, die es aus dem Vorkampfe der Mittelclassen entlehnte.

Erst nach und nach rückte es vor zu selbständiger Formulirung seiner Wünsche, und hierzu that wohl das Meiste derjenige, welcher zuerst die sociale Seite der ständischen Neubildung ganz und gar begriff. Es war Robert Owen, der die Bestrebungen des Proletariats vom politischen Gebiet ableitete und auf rein socialen Boden hinüber führte.

Fünftes Capitel.
Die Socialisten.

§ 1. Robert Owen.

Der englische Socialismus war principiell unpolitisch. Dennoch wuchs auch er aus dem eudämonistischen Individualismus heraus und muss als eine eigenthümliche Abart des Radicalismus betrachtet werden. Er entstand vor 1832 und entwickelte sich nach der Reformbill weiter, ohne durch die politischen Aenderungen nahmhaft beeinflusst zu werden. Es ist später die Varietät der „sacred socialists" und es sind die christlichen Socialisten aufgetreten — beide ebenfalls principiell unpolitisch und daher von unseren Socialdemokraten viel weiter entfernt als die Arbeiter, die Cobbett oder später O'Connor folgten.

Der eigentliche Vater des englischen Socialismus, dessen Anhänger sich auch zuerst Socialisten nannten und so genannt wurden, war Robert Owen [1]). Wie Cobbett und Paine war auch Owen ein Autodidact, der allerdings, ehe er Schriftsteller

---

[1]) The Life of Robert Owen written by himself, 2 Bde., London 1857.
W. Lucas Sargant, Robert Owen and his social Philosophy, London 1860.
C. J. Holyoake, History of Cooperation, Bd. 1. London 1878.
M. L. Reybaud, Études sur les Reformateurs, Paris 1864, Bd. 1.
Life of Robert Owen, Philadelphia 1866.
Meine Aufsätze in der Concordia, Zeitschrift für die Arbeiterfrage 1876. Nr. 5 ff.

wurde, schon eine höhere sociale Stellung als grosser und erfolgreicher Fabrikant errang, der aber niemals irgend eine regelrechte wissenschaftliche Schule durchmachte. Welche Schriften und persönlichen Einflüsse ihn anregten, ist schwer nachweisbar, da er zwar bekanntlich Vielerlei gelesen hat und mit vielen hervorragenden Männern Umgang hatte, in seinen zahllosen Schriften aber fast niemals citirt und bei der überaus starken, wenngleich ehrlichen Illusionsfähigkeit seines Wesens alle von ihm ausgesprochenen Gedanken für seine eigenste Erfindung hielt. Er gehört zu den utopischen Socialisten, welche ohne jede Neigung zur Gewaltthat und zur Verbindung mit der politischen Revolution alle Leiden der Menschheit durch ein von ihnen erfundenes Weltbeglückungssystem aufheben und dieses lediglich durch die Kraft der Ueberzeugung einführen wollen. Solche Schwärmer hat es zu den verschiedensten Zeiten gegeben und kurz vor Owen's Auftreten schrieb Fourier, mit dessen Ideen Owen's Vorschläge vergleichsweise am meisten Aehnlichkeit haben, sein grundlegendes Werk „Théorie des quatre mouvements" (1808). Owen hat aber nie eine andere Sprache als die englische gesprochen und verstanden und so unterliegt es keinem Zweifel, dass er eine directe Anregung durch seine zeitgenössischen französischen Gesinnungsgenossen nicht empfing — was auch Reybaud zugesteht. Dagegen steht es fest, dass er mit Rousseau bekannt war und von John Bellers Manches entlehnte. Der Hauptsache nach gingen seine Ideen hervor aus den durch die Grossindustrie geschaffenen neuen Verhältnissen, in denen er lebte, aus seiner Natur, die eine Leidenschaft des Wohlthuns besass und aus einer Menge ihm selbst unbewusster Anregungen des philanthropischen Zeitgeists, die er ohne Kritik aufnahm und die in ihm eine höchst einseitige warm empfundene und wenig durchdachte Weltanschauung erzeugten. Ein wichtiger Theil seines praktischen Wirkens fällt erst in die Zeit nach 1832. Lange vorher aber begann er sein agitatorisches Wirken und sprach er die Grundgedanken aus, denen er immer treu blieb. So wurde er in derselben Zeit, in der der alte Radicalismus, der Vorläufer des Chartismus, die englichen Arbeiter ergriff, der eigentliche Begründer des englischen Socialismus, der in allen Stadien seiner Entwicklung, treu den Owen'schen Principien, der rein politischen Agitation fern blieb und schliesslich die praktisch eben so maassvolle als nützliche Cooperativbewegung erzeugte. Wenn Owen in seinen Ideen nur auffallend einseitig war, und in dieser Hinsicht sich nur fälschlich für originell, für den Träger einer ganz neuen Offenbarung hielt, so war er in der Anwendung seiner Gedanken zum Besten der von ihm geführten Arbeiter in der That originell. Er flösste den Schaaren seiner Anhänger in der That diese bisher unbekannten Tendenzen selbständig ein. Wenn Burdett, Hunt, Cartwright, Paine und Cobbett für die Arbeiter aussprachen, was diese empfanden, so lehrte Owen seine Arbeiter etwas, worauf diese vor Owen noch ganz unvorbereitet waren. Er hatte eine sehr confuse und ungenügende Bildung, sein kritischer Verstand war von Natur sehr beschränkt, aber er besass die schöpferische Kraft des von reinster Menschenliebe erfüllten Herzens. Die Geschichte seines Lebens hat trotz seiner excentrischen und oft geradezu lächerlichen Verirrungen den grossen Werth zu zeigen, dass ein unbedingt reiner und edler Wille, trotz aller falschen Begriffe, trotz aller unmöglichen directen Ziele im letzten Erfolge Gutes erzeugen muss.

Robert Owen wurde 1771 in Newtown in Wales geboren und bald einem Kaufmann in die Lehre gegeben. Das Lesen religiöser Bücher ohne jegliche Anleitung und die frühzeitige Berührung mit Angehörigen verschiedener Confessionen, die alle die volle Wahrheit ausschliesslich zu besitzen glaubten, erweckten schon in dem zehnjährigen Knaben Zweifel an der Wahrheit aller kirchlichen Dogmen. Er kann dann als Commis nach Manchester, wo er durch seine ungewöhnliche Energie, seine Kunst Menschen zu behandeln und sein grosses natürliches Talent für Technik vor erreichter Volljährigkeit Director der ersten grossen Feingarn-Fabrik wurde.

Aber nicht nur ein gewisse praktische Genialität und eine selbst unter den rauhen erwerbsinnigen Männern Lancashire's ungewöhnliche Arbeitskraft zeichneten ihn aus, sondern schon

damals war er erfüllt vom Drange zu lernen — und noch
mehr zu lehren. In seinen Mussestunden beschäftigte er sich
in autodidaktischer Weise mit wissenschaftlichen Studien und
entwickelte bereits die Tendenz aus höchst beschränkten Kenntnissen und Erfahrungen heraus allgemeine Sätze zu entwickeln.
Er verkehrte mit Aerzten und Technikern und hatte unter
Andern nahe Berührungen mit dem Vervollkommner des
Dampfboots, Robert Fulton.

Der Mann, der an der Theologie bereits irre geworden
war, in dessen Herzen aber die zeitgenössische Idee von dem
gleichen Anrecht aller Menschen auf Glück den wärmsten Anklang fand, der Mann, der in frühester Jugend gegenüber
seinen Arbeitern ein natürliches Talent patriarchalischer
Herrschaft entwickelte und als Techniker sich in der Beherrschung der natürlichen Stoffe übte, betrachtete schon damals
„die ganze Welt als ein grosses Laboratorium, und den Menschen als ein complicirtes chemisches Product." Seine Freunde
nannten ihn scherzend den „Philosophen, der Menschen auf
chemischen Wege machen will."

Und in der That lebte er dem Wahne, dass durch richtige Einrichtung der Verhältnisse nach seinem Plan und unter
seiner Direction alle Menschen sittlich und glücklich gemacht
werden könnten und müssten. Eine rein materialistische und
mechanische Auffassung vom Menschen ergriff er mit heiliger
Begeisterung und mit einer Art von religiöser Wärme, indem
er an seinen Prophetenberuf zum Heile aller Menschen
glaubte — er dachte sich als die Kraft, welche die chemischen
Menschenstoffe in die richtigen Verbindungen bringen konnte
und sollte. Die französischen Ideen unbedingter Volksbeglückung durch eine allein denkende und verantwortliche
Regierung und die materialistische Auffassung vom Menschen
gestalteten sich in der Seele des Mannes, der von Natur ein
unbegrenztes Wohlwollen für die Gefühle, Gedanken und Thaten
seiner Mitmenschen hatte, zu dem unverwüstlichen, trotz aller
Misserfolge stets freundlichen hoffnungs- und liebevollen
Glauben an den eigenen Beruf des Weltheilands.

Seine Stellung als Fabrikdirector verliess er aus überaus

ehrenwerthen Motiven und trat in ein anderes Geschäft ein, das ihn oft nach Glasgow führte, wo Arkwright selbst den zweiten Hauptsitz der britischen Textilindustrie begründet hatte. Dort hatte in Verbindung mit Arkwright ein gewisser Dale Fabriken errichtet und als einer der ersten philanthropischen Arbeitgeber durch Arbeiterhäuser, Schulen etc. seiner Zeit Bedeutendes geleistet. Owen heirathete Dale's Tochter, der er zeitlebens ein treuer und liebender Gatte blieb, ohne sie jedoch in seine agitatorischen Bestrebungen hinein zu ziehen. Er kaufte mit seinen Compagnons Dale's Fabriken und siedelte 1800 als Director derselben nach Lanark über. Er verfolgte alsbald grössere Pläne als sein Schwiegervater, der ihm trefflich vorgearbeitet hatte und mit dem er, so lange er lebte, in herzlichem Einvernehmen blieb, obwohl Dale über Owen's hochfliegende Gedanken und seinen überaus festen Glauben an sich selbst nicht wenig staunte. Er war aber vorsichtig in der Ausführung, fing ohne seine Ziele auszusprechen mit kleinen Verbesserungen an und gewann sich die misstrauischen schottischen Arbeiter durch unerhörten Edelmuth, indem er während einer Krisis 7000 Pfd. Sterl. ausgab, um den Beschäftigungslosen die vollen Löhne auszuzahlen. Nach Dale's Tode musste er sich, da die andern Partner gleiche Milde gegenüber seinen nun ausgesprochenen Ideen nicht entwickelten, neue Partner suchen, was auch 1809 gelang. Nun begann er gleichzeitig in Lanark seine Pläne in ausgedehntem Maasse zu verwirklichen und zugleich seine Ideen zu verbreiten.

Owen's Thätigkeit in Lanark, die er später zu Ehren seines Weltbeglückungsfanatismus aufgab, war nicht nur die schönste erfolgreichste Periode seines Wirkens, sondern überhaupt eine der schönsten Leistungen weiser Philanthropie. Gerechten grossen Ruhm erwarb er sich hierdurch und das Mustergültige, das er hier in engem Kreise vollbrachte, war das grösste Verdienst, das er sich um sein Land und die Menschheit erwerben konnte — hier reichte seine Kraft aus. Seinen Ideen die Welt zu erobern vermochte er nicht, und dass er es später versuchte, war der Grund, dass er schliesslich als halbvergessener Greis ruhmlos ins Grab sank, wenn auch aus seiner Agitation wohlthätige Erfolge — andere aber, als er selbst im Auge gehabt hatte, — hervorgingen.

Owen's Leistungen in Lanark beruhten auf seiner unbedingten geistigen Superiorität über die Arbeiter, sowie auf dem innigen Vertrauen zu seiner Person, das seine unerschütterliche stets milde und zu grossmüthigem Verzeihen bereite Menschenliebe bei den Arbeitern hervorrief. Eine Arbeiterbevölkerung von 2—3000 Seelen hob er aus dem Zustand tiefster Verwahrlosung zu einem gebildeten, sittlichen und glücklichen Dasein empor. Das Gleiche konnte ein minder eifriger und wohlwollender Charakter nirgends leisten und selbst ein gleichartiger Charakter würde dasselbe nicht selbstbewussten, schon höher stehenden Arbeitern gegenüber vollbringen können. Aber Owen stellte damit noch kein Programm auf, das er ohne Rücksicht auf praktische Verhältnisse des Einzelfalls durchsetzen wollte, sondern er ging allmälig und ausserordentlich praktisch vor und gab so in der That ein Beispiel, wie ein wohlwollender Fabrikherr zu seinem und der Arbeiter Vortheil handeln soll — ein Beispiel, das seiner ganzen Natur nach mutatis mutandis allgemein nachgeahmt werden konnte. Er sorgte für gesunde und reinliche Wohnungen, er verkaufte den Arbeitern gegen billige Preise Alles, was sie brauchten, in guter Qualität, er legte Spaziergänge an, sorgte für ärztliche Behandlung etc. etc. Vor Allem aber leitete er seine Arbeiter zu geordneter und sittlicher Lebensweise an, ohne Aussetzung von Belohnungen und ohne Auflegung von Strafen — sondern lediglich dadurch, dass sein liebend sorgendes Auge überall hindrang und dass er eine gegenseitige moralische Controle der Arbeiter einrichtete, so dass das Ehrgefühl gehoben wurde und allein wirkte. Für die Kinder unter 10 Jahren richtete er Schulen ein, in denen der Anschauungsunterricht herrschte. Confessioneller Religionsunterricht war ausgeschlossen, aber die Bibel wurde gelesen und jede einzelne Familie war in der Pflege ihres confessionellen Glaubens völlig ungehemmt.

Bei all dem war Owen von der Idee erfüllt, dass der Mensch nicht selbst verantwortlich sei, sondern durch die Verhältnisse, in denen er lebt, gut oder böse werde und er wollte solche Verhältnisse, die den Menschen gut und glücklich machen, einführen. Während seines Schaffens befestigte sich diese Idee immer mehr in ihm, aber noch handelte er factisch nicht als Doctrinär, sondern was er that war an sich praktisch. Seine Schuleinrichtungen waren dabei ein ganz besonderes Verdienst; er gehört zu den Ersten, die in England die Bewegung für allgemeine Einrichtung von Schulen in Gang brachten. Bell und Lancaster hat er beide grossartig unterstützt. Wie praktisch und erfolgreich er in New-Lanark wirkte, geht daraus hervor, dass ein wahrer Sturm des Jubels unter den Arbeitern ausbrach, als er nach einer abermaligen Krisis unter den Partnern 1813 mit neuen Genossen — darunter Bentham und Allen — die Fabriken erwarb und Herr von Lanark blieb. Sein Ruhm wuchs immer höher, Fürsten und andere einflussreiche Männer wallfahrteten nach Lanark. Im Jahre 1815 war Robert Owen der verdienteste und berühmteste Fabrikherr in England, der in einem technisch und mercantil ungewöhnlich blühenden Etablissement durch seine Humanität und patriarchalische Herrschaft die prosperirendste Arbeitercolonie geschaffen hatte. Schon hatte er auch darüber hinaus zu wirken begonnen, aber auch nur in einer praktisch anerkennenswerthen Weise, indem er Gründung von Schulen beförderte und mit dem älteren Peel für gesetzliche Beschützung der Fabrikkinder arbeitete. Dieselbe natürliche Liebenswürdigkeit und wohlwollend imponirende Haltung, die ihn zum Abgott seiner Arbeiter machte, verschaffte ihm in den weitesten Kreisen Anerkennung und Einfluss.

Doch hier bekümmern uns mehr seine Ideen als seine Thaten. Im Jahre 1812 [1]), als er noch von den Erfolgen seiner kleinen Welt in New-Lanark ganz beherrscht war, verfasste er seine ersten Schriften, deren Hauptgedanke ist, dass **durch rationelle Erziehung die ganze Menschheit glücklich gemacht werden könne und müsse.**

---

[1]) Ein älterer Bericht über Baumwollhandel, d. h. gegen Zölle auf Rohbaumwolle von 1803, ist von keiner socialen Bedeutung.

Was er in Lanark praktisch schuf, war nach seiner Meinung nur der erste Schritt, der gethan werden musste — die Bildung eines neuen vollkommneren Charakters bei den Kindern, die Umformung des Charakters der Eltern. — Seine Idee war, dass daraus „reichlicher Wohlstand für Alle und Basirung der Gesellschaft auf ihre einfachsten Grundlagen" folgen solle.[1]) Schon damals hatte er übertriebene, einseitige, utopische Gedanken; dennoch herrschte in seinen Schriften ein gewisses Maass, sie enthielten — namentlich in damaliger Zeit — noch wenig allzu Excentrisches oder gar Abstossendes. Erst allmälig entwickelte sich bei dem durch Erfolg und Anerkennung berauschten Autodidakten jener Glaube an die eigene Unfehlbarkeit, der ihn zu praktischen Misserfolgen und schliesslich zur Lächerlichkeit führte. Anfangs hielt er glücklich noch mit den einfachsten Principien, auf welche die Gesellschaft basirt werden soll, zurück.

Im Jahre 1812 präsidirte Owen einem Diner zu Ehren von Joseph Lancaster in Glasgow. Owen verstand unter Erziehung „alle Belehrung, die wir von Kindheit an bis zur endgültigen Bildung unseres Charakters empfangen" und ist der Meinung, dass diese Erziehung „die Hauptquelle von allem Guten und Schlimmen, allem Elend und Glück in der Welt ist, soweit diese von unsern Thaten abhänge". Für die ganze Gesellschaft sei es vor Allem wichtig, dass die Arbeiterkinder gut erzogen werden.

Die Rede enthält nicht mehr sanguinischen und einseitigen Eifer für Bildung, als bei einer ersten Anregung unvermeidlich ist. Es verräth sogar hohe Einsicht, dass Owen nicht für einseitig intellectuelle, sondern für moralische Bildung war und dass er die herrschenden Classen auf die Zustände der Arbeiter aufmerksam machte, — das Feuer der Begeisterung war sogar durch einen mässigenden Zusatz, dass unsere Thaten nicht Alles leisten können, gedämpft.

Im Jahre 1813 und 1816 veröffentlichte Owen sodann vier Aufsätze, von denen auch die 1816 veröffentlichten schon 1813

---

[1]) Siehe Life of Robert Owen, written by himself Bd. 1. S. 243.

geschrieben waren: „A New View of Society or Essays on the Principle of the Formation of the Human Character and the Application of the Principle to Practice." Auch in diesen Schriften zeigt der Herr von Lanark noch eine gewisse Bescheidenheit. Das grösste und eigenthümlichste Verdienst derselben ist, dass der durch eigene Kraft emporgekommene Fabrikant seinen Landsleuten das Wesen der durch die Grossindustrie bedingten socialen Frage der Neuzeit klar macht, welches den zeitgenössischen radicalen Volksführern bekanntlich noch ganz unklar war. In der an die Fabrikanten etc. adressirten Vorrede des 3. Essay's heisst es: „Seit der allgemeinen Einführung eines leblosen Mechanismus in die britische Manufactur wurde der Mensch mit wenigen Ausnahmen als eine niedere Maschine zweiten Ranges behandelt; und man hat vielmehr Sorgfalt verwendet, die Rohmaterialien von Holz und Eisen, als die von Leib und Seele zu vervollkommnen. Widmet der Frage nur die gebührende Aufmerksamkeit und Ihr werdet sehen, dass der Mensch, selbst in seiner Eigenschaft als Werkzeug der Production von Reichthum, noch bedeutend vervollkommnet werden kann. Aber es erübrigt noch eine viel interessantere und dankbarere Betrachtung. Benutzet die Mittel, die bald Jedermann verständlich sein werden, und Ihr werdet nicht nur diese lebenden Werkzeuge vervollkommnen, sondern Ihr werdet lernen, sie solcher Vortrefflichkeit theilhaftig zu machen, dass sie die der Gegenwart und aller Vergangenheit unendlich übertreffen." Owens unendlich friedliebender Character, der mit Leidenschaft überall Harmonie der Interessen herzustellen trachtete, konnte nicht dazu gelangen, den Classenkampf zu predigen. Aber er sah den Gegensatz zwischen Capital und Arbeit und er predigte die höheren socialen Pflichten der Besitzenden gegenüber den Arbeitenden. Er war überzeugt, dass die Erfüllung dieser Pflichten im wahren Interesse der Arbeitgeber selbst liege und er erwartete daher von der durch ihn zu verbreitenden Aufklärung den unbedingten socialen Frieden. Dadurch, dass er praktisch eine Pflichtenlehre formulirte, stand er in der That über seinen Zeitgenossen unter den radicalen

Politikern, gerade so wie er Malthus gegenüber im Rechte war, wenn er ein gewisses Maass von Wohlstand als unerlässliche Vorbedingung von sittlichem Lebenswandel betrachtete und eine nicht geringe Steigerung der menschlichen Productivität für möglich hielt.

Sein gutes Herz und seine praktische Erfahrung verschafften ihm manche überlegene, zu seiner Zeit neue Einsicht. Seine theoretischen Ansichten über Mensch und Staat waren dabei freilich ganz von dem durch Bentham repräsentirten Zeitgeist erfüllt, was nicht für die Selbständigkeit seiner wissenschaftlichen Fähigkeiten zeugt, aber die ihm von den Zeitgenossen gewidmete Anerkennung nicht vermindern konnte. Der Mensch ist mit einem natürlichen Streben nach Glück ausgestattet, „die Regierung hat den Zweck, Regierte und Regierende glücklich zu machen; die beste Regierung ist diejenige, welche in der Praxis das grösste Glück der grössten Zahl bewirkt, wobei Alle, die regieren und die gehorchen, mitgerechnet werden müssen." (4. Essay.).

Das ist Bentham unter ausdrücklicher Abweisung aller Aufhetzung gegen die Regierung und mit der ausschliesslichen Tendenz, die Regierung, deren Form und Art Owen gleichgültig war, belehrend zu beeinflussen. Der bei weitem grösste Theil der Bevölkerung gehört zu den arbeitenden Classen oder ist aus diesen emporgestiegen; und durch sie ist Glück und Wohlsein aller Stände inclusive der höchsten, sehr wesentlich beeinflusst (3. Essay) — das heisst die Bentham'sche Glückseligkeitslehre wird in bewusster Weise vorzüglich den Tendenzen der Arbeiter dienstbar gemacht, — jedoch ohne Aufreizung dieser gegen die Reichen. Zu der Benthamitischen Lehre wird principiell und immer ein starker Glaube an die natürliche Harmonie aller Interessen gefügt, der keineswegs ein das Laissez faire motivirendes Sophisma, sondern der Ausdruck des starken Wunsches nach gemeinnützigem Thun ist; man kann sagen, Owen besitzt Bentham's Beschränktheit der Gesichtspuncte und seine Tendenz, den Menschen zu nützen, ohne sein Misstrauen gegen die Menschen und die Herrschenden insbesondere.

„Alle complicirten und widersprechenden Motive für gutes Verhalten werden auf ein einziges Princip der Handlungen (natürlich durch Owen) zurückgeführt, welches durch seine einleuchtende Wirksamkeit und Zulänglichkeit jenes (das alte) verworrene System unnöthig machen und schliesslich in allen Theilen der Welt ersetzen wird. Dies Princip ist das Glück des eigenen Ich's, klar verstanden und gleichförmig verwirklicht, das nur erreicht werden kann durch ein Verhalten, welches das Glück der Gesammtheit befördern muss. Denn jene Macht, welche das Weltall beherrscht und durchdringt, hat ersichtlicher Weise den Menschen so gebildet, dass er progressiv aus einem Zustand der Unwissenheit zu dem einer Intelligenz übergehen muss, deren Grenzen die Menschen nicht bestimmen können, und dass er bei diesem Fortschritt entdecken muss, dass sein individuelles Glück nur durch Wachsen und Ausdehnung des Glücks aller ihn Umgebenden wachsen und zunehmen kann." — — Es ist daher die Quintessenz aller Weisheit für die privilegirten Classen, ehrlich und von Herzen mit Denjenigen zusammen zu wirken, die nicht ein Titelchen ihrer jetzt besessenen Vortheile ihnen zu nehmen gedenken und deren erster und letzter Gedanke ist, das specielle Glück dieser Classen zugleich mit dem allgemeinen Glück der Gesellschaft zu befördern (1. Essay).

In Bentham's Schriften bleibt es ein unaufgeklärter Widerspruch, wie er im Stande ist, alle Menschen für nothwendig egoistisch zu erklären, so dass sie nicht aus Pflichtgefühl oder Instinct das gemeine Wohl befördern und dass er doch sich für berufen und befähigt hielt, die Regeln zu verkünden, welche das allgemeine Wohl begründen. Bentham erkennt diesen Widerspruch nicht, weil er an die berechtigte Alleinherrschaft seiner persönlichen Vernunft unentwegt und ohne den leisesten Zweifel glaubt.

Ebenso ist Owen der unbedingten Ueberzeugung, dass die Welt allein durch richtige Erkenntniss gebessert werden könne, „dass nur in dem Verhältniss, als des Menschen Streben nach eigenem Glück oder seine Selbstliebe durch wahre Erkenntniss geleitet werde, tugendhafte und segensreiche Handlungen überwiegen werden", und seine Charaktererziehung beruht auf dem Erkennen der Wahrheit Er ist der Ueberzeugung, dass bisher alle Menschen „falsch erzogen und gebildet worden sind und daher alles Elend in der Welt stammt" — und glaubt doch ganz naiv, dass er allein der bisher in Irrthum befangenen Welt die volle Wahrheit bringe, obwohl er doch selbst auch falsch erzogen worden sein muss. Bescheidener Weise meint Owen (s. die Adresse von 1816, Life Bd. I, S. 350), dies sei kein Verdienst von ihm, aber er freut sich ohne Bedenken seiner allen anderen Menschen überlegenen Einsicht, die, gewissermaassen zufällig oder durch Wunder entstanden, ihm die Pflicht auflege, für seine Mitmenschen zu sorgen — er sprach auch später selbst von einer ihm gewordenen Offenbarung.

Dieser auf Selbstüberschätzung beruhende Widerspruch war nicht grösser als der ähnliche Widerspruch bei Bentham und that seinem Einfluss vor der Hand um so weniger Eintrag, als Owen damals noch zur Durchsetzung der von ihm erkannten Wahrheiten ein allmäliges Vorgehen und Compromittiren mit der verderbten thörichten Welt für räthlich hielt. Man ist überdies Selbstüberschätzung bei Autodidakten und Neuerern gewöhnt und erträgt sie, weil einseitiger übertriebener Glaube an die Wahrheit der eigenen Principien die praktische Energie wohlthätig fördert. Owen's Ansehen und Ruhm wurde durch diese Selbstüberschätzung damals noch nicht beeinträchtigt, so wenig wie durch die unleugbare schleppende Breite und das ermüdend Didaktische seines Stils, der sich durch einen gänzlichen Mangel packender Bilder, geistreicher und abwechselnder Wendungen auszeichnet. Durchschlagend war, dass er sich in seinen ersten Essays an alle denkenden Menschen jedes Stands und jeder Partei in tendenzloser friedlicher Menschenliebe wandte und dass die einzelnen praktischen Postulate, die er aufstellte, durchaus mässig und verständig waren. Er verlangte (Siehe Life S. 312) eine erfolgreiche Bekämpfung des übermässigen Genusses starker Spirituosen durch allmälige starke Erhöhung der Branntwein- und Erniedrigung der Biersteuer; er verlangte

Abschaffung der Lotterie, Ersetzung der die Armuth befördernden Armengesetze durch rationelle Erziehung der Armen, die Errichtung eines staatlichen Schulamts (S. 224), Lehrerseminarien und Schulen (S. 324), endlich ein Staatsamt zur Erhebung einer Arbeitsstatistik und zur Arbeitsvermittlung — zu dessen Ergänzung nur der Staat diejenigen, die keine Arbeit in Privatgeschäften finden können, durch Wegebau und dergleichen beschäftigen soll.

Owen verlangte also von der Regierung durchaus nichts Ungeheuerliches. Seine Hoffnung, dass durch rationelle Erziehung der Menschen der Krieg aufhören würde, dass in den Erziehungsanstalten aber die Kinder soweit einexercirt werden sollten, dass sie zur Landesvertheidigung fähig werden, war zu seiner Zeit auch nichts sehr Auffallendes und Owen's Idee, mit der Heranbildung der Arbeiter Altersversorgungsanstalten zu verbinden (S. 303) war sogar eine sehr verständige und heilsame Anregung. Freilich lag diesen praktisch mässigen Vorschlägen ein übertriebener Gedanke zu Grunde, den Owen schon in den Essay's ausspricht, der aber hier noch mehr eine nur theoretische Bedeutung hat. Owen glaubt die Einrichtung des menschlichen Lebens auf einfache absolute Wahrheiten begründen zu können, die er entdeckt hat und die zweifellos sind, weil sie in sich selbst consequent und auf Thatsachen begründet sind und er glaubt, dass durch Belehrung über diese Thatsachen und Wahrheiten alle Menschen unbedingt weise, tugendhaft und glücklich werden müssten. Die Thatsachen, auf deren Erkenntniss alle Wahrheit und alles Glück beruhen, sind nun theils Gemeinplätze, aus denen allein sich nichts folgern lässt, so der Satz, dass alle Menschen von Natur nach Glück streben — theils aber unbewiesen und unbeweisbar einseitige Behauptungen (S. 300). Die beständige Berufung auf Thatsachen, der Satz, dass alles Wissen auf Erfahrung beruhe etc., ist bei Owen offenbar ein unbewusstes und unverstandenes Anschliessen an die Philosophie von Baco und Locke, mit deren in England weithin anerkannten Grundsätzen Owen seine fixen Ideen in Einklang zu bringen suchte.

Die wichtigste dieser Behauptungen, die eigentliche immer wiederkehrende Grundidee Owen's ist die, dass der Mensch selbst an seinem Charakter gänzlich unschuldig ist, dass er in seinem ganzen Wesen und in Folge davon in all seinen Handlungen lediglich durch ausser ihm selbst liegende Verhältnisse bestimmt werde. Der Mensch werde ohne seine Schuld im Mutterleib mit gewissen Anlagen ausgerüstet und diese dann durch äussere Eindrücke der Erziehung und Bildung in gewisser Weise entwickelt und Alles hänge davon ab, dass ihm richtige Begriffe beigebracht werden. Sind die ihm beigebrachten Kenntnisse wahr und nicht irrthümlich, so wird und muss er glücklich werden. Der Mensch ist für Owen ein willenloses bildsames Material, das durch Einwirkung der von Owen entdeckten Wahrheit zur absoluten Vollkommenheit gebracht werden kann. „Jeder allgemeine Character vom besten bis zum schlechtesten, vom unwissendsten bis zum aufgeklärtesten kann jeder Gesammtheit, ja der ganzen Welt, durch Anwendung geeigneter Mittel gegeben werden; welche Mittel in grossem Maass unter der Verfügung und Controle derjenigen stehen, welche Einfluss auf die Angelegenheiten der Menschen haben" (S. 266). „Ich zaudere nicht, zu sagen, dass die Glieder jeder Gemeinschaft allmälig dazu erzogen werden können, ohne Trägheit, Armuth, Verbrechen und Krieg zu leben, da all dies nur Folge von Irrthum, nothwendige Consequenz von Unwissenheit ist (285). „Der Charakter des Menschen wird ohne eine einzige Ausnahme für ihn gebildet, d. h. durch seine Vorgänger erzeugt — der Mensch kann aber nie und wird nie seinen eigenen Charakter bilden" (S. 292). „Der Wille des Menschen hat keine Macht über seine Meinungen; er muss immer glauben und hat immer geglaubt, was ihm von seinen Vorgängern und den ihn umgebenden Verhältnissen als Eindruck zugeführt wurde oder wird."

Owen leugnet den freien Willen vollständig und erklärt den einzelnen Menschen für moralisch unverantwortlich. Dass die Leugnung der Willensfreiheit, die schon bei Priestley vorkommt, im Grunde zu der materialistischen Glückseligkeitslehre passt, wird von ihm nicht besprochen. Jede philosophische Untersuchung über das grosse Problem von Freiheit und Nothwendigkeit und die Beantwortung dieser Frage vom Standpunct materialistischer oder idealistischer Weltanschauung fehlt vollständig. Nirgends auch ist eine Andeutung zu finden, ob und wie etwa die calvinistische Prädestinationslehre, schon vor Owen's Beschäftigung mit den Naturwissenschaften bei ihm ähnliche Gedanken angeregt hat. Owen denkt über diese Frage absolut nicht nach. Er spricht nur immer wieder und wieder das Axiom als seine Entdeckung aus, wobei ihm die Frage, wie denn ihm trotz Aufwachsens in der irrenden Welt diese Erkenntniss geworden sei, gar nicht aufstösst. Der Satz ist einfach ein Ausfluss des Selbstvertrauens in seine zur Lenkung der Menschen berufene Person, ein starker Ausdruck seines heissen Wunsches, alle Menschen glücklich zu machen und befindet sich in Harmonie mit seinem milden Charakter, der jeden Fehltritt eines Menschen zu vergeben geneigt ist.

Der wahre Gedanke, dass an dem moralischen Zustand der Einzelnen die Gesellschaft eine Mitschuld habe, wird zu dem falschen verkehrt, dass richtige Bildung Alles vermöge. Er war vergleichsweise harmlos, so lange ihn Owen nur zur Motivirung eines zeitgemässen Bildungsfanatismus verwendete — er erzeugte aber im Laufe der Zeit die natürliche Tendenz das ganze Menschenleben in eine alle Freiheit ertödtende Schablone einzuzwängen. In diesen ersten Schriften geht Owen noch nicht soweit, ja selbst im Kampf gegen die Vertreter anderer Anschauungen bleibt er noch mässig.

Die Hauptvertreter des Irrthums sind ihm die Kirche, die einen dem Wesen aller wahren Religion unnöthigen und störenden Dogmaglauben hinzugefügt habe (S. 281). Die Doctrinen der Secten haben die Liebe der Menschen zu einander getödet, haben Aberglauben, Bigotterie, Heuchelei, Hass, Rachsucht und Krieg hervorgerufen (S. 299). Dennoch soll die Staatskirche nicht zerstört und abgeschafft, sondern sie soll nur reformirt, auf den Grundsatz der Liebe basirt und zur Einrichtung eines segensreichen nationalen Schulwesens verwendet werden (S. 321).

Das waren Owen's Ansichten im Jahre 1813. Geändert hat er sie in seinem Leben im Grunde nie. Noch in seinen letzten Ergüssen von 1858 finden wir dieselben Gedanken, ja dieselben Worte. Er hat sie nur erweitert und radicaler ausgebildet. Die entscheidende Wendung zur Vertretung extremer Consequenzen seiner Grundgedanken fand 1817 statt. In der Zwischenzeit (zwischen 1813 und 1817) beschränkte sich Owen's öffentliche Wirksamkeit noch auf die Agitation zu Gunsten der Abschaffung von Baumwollzöllen und der ersten Anfänge einer die Kinder schützenden Fabrikgesetzgebung.[1] Owen erkennt sehr richtig, dass die Baumwollindustrie für England unendlich vortheilhaft sei und nicht durch Zölle gedrückt werden dürfe — dass aber gerade diese Industrie eine bisher unbekannte Ausbeutung der Kinderarbeitskraft hervorgerufen habe. Daher solle durch Gesetz alle Fabrikarbeit von Kindern unter zwölf Jahren verboten, die allgemeine Arbeitszeit in Fabriken auf zwölf Stunden in maximo inclusive $1^1/_2$ Stunden Pause festgesetzt, nach einer bestimmten Zeit kein Kind in Fabriken angenommen werden, wenn es nicht lesen und schreiben kann und die Elemente der Arithmetik versteht. Diese Owen'schen Vorschläge vom Januar 1815 enthielten in der That die Grundzüge der heutigen englischen Fabrikgesetzgebung, wenn diese den Normalarbeitstag für Erwachsene auch nicht formell eingeführt hat. Im Juni 1815 war er an der Ausarbeitung eines Gesetzesvorschlags betheiligt, der nicht durchging, sondern an dessen Stelle später 1819 ein weniger weitgehendes Gesetz gegeben wurde. Der Vorschlag von 1815 verbot nur die Fabrikarbeit der unter zehnjährigen, setzte einen Normalarbeitstag nur für die unter 18jährigen fest, verlangte Fabrikschulen und Fabrikinspectoren. Owen erkannte völlig die gewaltige Revolution der socialen Verhältnisse durch die Grossindustrie, er sprach es aus, England sei ein vorwiegend industrielles und mercantiles Land geworden; er wollte die Schäden, die daraus, sowie aus dem durch die Concurrenz genährten kurzsichtigen Egoismus her-

---

[1] Siehe Life Vol. I. A, die Schriften S. 13, S. 23, S. 37.

vorgehen, durch einschränkende Intervention der Staatsgewalt corrigiren — er war der erste sociale Reformator in England, noch kein utopischer Weltbeglücker und nur von theoretischen, nicht praktischen Irrthümern erfüllt. Noch 1816, als Owen eine sehr schwülstige und weitschweifige Adresse (s. Life Bd. I. S. 337) an die Bewohner von New Lanark bei Eröffnung der „Institution for the Formation of Character" erliess, sprach er zwar sehr weitgehende Hoffnungen von künftiger allgemeiner Weltbeglückung aus und schon ist von dem „Millennium" die Rede. Allein die Gesetze, die er verlangt, stellen nur eine mässige, heute so ziemlich allgemein anerkannte Staatsintervention, keine Aufhebung der freien individuellen Thätigkeit auf wirthschaftlichem Gebiete dar (S. 348). Er deutet zwar ganz vorübergehend an, seine jetzt begründeten Schulen seien nur eine erste Schule zur Herstellung des Lebens in „Communitäten", aber er verzichtet noch darauf, diese Communitäten auch nur zu schildern und bleibt dabei, die Umgestaltung der Welt zu allgemeinem Glück nach seinem Recept müsse schrittweise, vorsichtig und durch Compromisse mit den bisherigen Zuständen angestrebt werden. Sein kritikloses Selbstvertrauen und seine phantastische Schwärmerei gaben ihm damals noch die nöthige Begeisterung, Mögliches zu versuchen, sie steigerten noch seine Thatkraft, ohne sie positiv irre zu leiten.

Im März 1817 nun reichte Owen bei dem „Committee of the Association for the Relief of the Manufacturing and Labouring Poor" einen Bericht ein, in welchem er ausführte, dass man die unbeschäftigten Armen in grossen Etablissements vereinigen solle, die am besten vom Staate selbst gegründet und geleitet würden. 500—1500 Menschen sollten da in „mutual cooperation" Ackerbau und Industrie treiben, die Kinder sollten da erzogen werden. Jeder solle nach seinen Kräften und keiner zu viel arbeiten, die Mahlzeiten sollten gemeinsam sein etc. etc. Kurz, Owen ersann ein Arbeitshaus voll angenehmster und zugleich erfolgreichster Arbeit, in welchem jeder, für die Gesammtheit arbeitend, zugleich für sich allein gewaltig gewinnen müsse. Rationelle Direction

der Arbeit muss die grösste Productivität erzeugen; da alles
Nöthige in den Etablissemeuts selbst gemacht wird, so sind
sie gegen jeden Mangel und die Noth der Conjuncturen gesichert. Die Einsicht von der Richtigkeit und Nützlichkeit
des Systems muss den Sporn, den die Aussicht auf individuellen Gewinn giebt, reichlich ersetzen — — es ist klar,
dass solche Etablissements für die unbeschäftigten Armen nicht
nur die Kosten der Armenpflege und die anderen Nachtheile
des jetzigen Armenwesens aufheben müssen, sondern dass sich
wegen des gewaltigen Vortheils, den sie darbieten, ihre Einführung auch für alle anderen Menschen empfiehlt. Ganz
allgemein sprach Owen bereits in einem Brief vom 25. Juli
1817 aus, dass in einer „community of mutual and combined
interests" die Arbeit gemässigt aber erfolgreich, leicht zu
reguliren und zu beaufsichtigen sein würde — erfolgreicher
als bei Taglohn, der zur Trägheit reizt oder bei Stücklohn,
der Überarbeit anregt. Die Frage, wie der Streit über die Vertheilung des gemeinschaftlichen Products geschlichtet werden
soll, macht sich Owen leicht durch die feste Hoffnung, dass
solcher Streit in Folge der Zufriedenheit Aller gar nicht entstehen würde.

Dem (gedruckten) Brief vom 25. Juli 1817 folgten nun
rasch im August und September weitere Reden, Adressen und
Briefe Owens über dasselbe Thema. Sie alle sind angeregt
durch die eben wieder lebhaft ventilirte Frage der Noth der
unteren Classen und der öffentlichen Armenpflege. Sie beschäftigen sich damit, die nähere Einrichtung der Armen-
colonien auszuführen, weitere Argumente für ihren unendlichen Nutzen beizubringen — und von ihrer Verallgemeinerung
einen ganz neuen Zustand der menschlichen Gesellschaft zu
prophezeien. Dazwischen kommen die alten Ideen von dem
Glück als Lebenzweck des Menschen, von der Unverantwortlichkeit des Menschen, der Allmacht der Wahrheit und der
Erziehung etc. Das Wesentliche ist, dass Owen zwar auch
jetzt noch eine langsame allmälige Verwirklichung seiner
Pläne will, diese selbst aber ausführlich entwickelt und als
die einzige und zugleich vollkommene Rettung aus aller Noth

der Menschheit anpreist. Es sollen Dörfer gegründet werden, in denen znnächst die Armen und unbeschäftigten Arbeiter Aufnahme finden. Die Dörfer sollen nicht aus Einzelhäusern, sondern aus grossen Gebäuden in Mitten von Gärten bestehen; da sollen die Erwachsenen in 8 Stunden täglich Ueberfluss an Allem, was sie brauchen selbst erzeugen, die Kinder aber sollen erzogen und gebildet werden, — wobei sie charakteristischer Weise Geschichte nur lernen sollen, um ihr Glück mit den Missständen der Vergangenheit zu vergleichen. Ein gewählter Ausschuss soll ohne Strenge und Strafen die Direction in der Hand haben. Wenn einmal der Versuch gemacht sei, sei es, dass der Staat oder ein Privater den nöthigen Vorschuss leiste, sei es dass sich Leute mit einigem Vermögen zur Gründung solch eines Etablissements zusammenthun, so würde der Erfolg die Verallgemeinung des Systems ganz von selbst herbeiführen.

Owen ist also jetzt extrem socialistischer Weltverbesserer geworden; er gründet ein „New State of Society Enrolment office" und bezeichnet ausdrücklich das System individualisirter Thätigkeit, also den Individualismus als den Gegensatz zu seinem System der Liebe und gegenseitigen Cooperation.

So sehr wir Owen's Vorschläge als Utopien und Illusionen zurückweisen müssen, so sehr die ewigen Wiederholungen in seinen Schriften und Reden anwidern, sein Selbstvertrauen lächerlich ist — dennoch ist es noch heute unendlich lehrreich, seine Ideen genau zu verfolgen. Denn keiner der sogenannten Socialisten zeigt so deutlich wie Owen, dass Socialismus und Socialdemokratie nicht identisch sind.

Owen erkennt die Leiden des grossindustriellen Proletariats — aber er predigt keinen Classenhass, sondern er will Alle versöhnen und Allen Gewinn bringen. Er spricht nicht von gerechter Güterverteilung, von dem Recht des Arbeiters auf den vollen Ertrag seiner Arbeit, sondern er preist nur die Ueberlegenheit der collectiven Production über die individualisirte, er will, dass die Menschen aufhören, sich gegenseitig als Feinde zu betrachten und dass sie sich gegenseitig helfen. Er verlangt für alle Zeiten geistige Freiheit und unbedingte Toleranz. Er will Niemanden zum Eintritt in seine Organisation zwingen und ist im Gegensatz zu Anderen der eifrigste Apostel der Selbsthülfe, d. h. des freiwilligen Eintritts in eine als gut erkannte, unter dem bestehenden Gesetz mögliche socialistische Organisation. Vor Allem weist er jede Verbindung mit politischer Agitation principiell zurück und nimmt Stellung gegen die Radicalen seiner Zeit. Die Nationalökonomen seiner Zeit, zu denen er auch Malthus und Bentham rechnet, sind ihm wohlwollende Männer, die belehrt werden müssen, die radicalen Volksführer Männer, die im Jrrthum sind. Ein grösseres Maass von politischer Freiheit hält er bei dem gegenwärtigen Stande der Bildung für geradezu gefährlich, Steuererleichterung für nutzlos. Es sei nur zu helfen durch freiwillige und friedliche Gründung von Dorfcommunitäten unter dem Gesetz.

Er steht freilich selbst auf dem Boden des Individualismus, weil das irdische Glück der einzelnen Menschen sein Lebensziel ist, aber er weist jede daraus folgende Tendenz nach gewaltsamer Umwälzung zurück, weil seine absolut friedliche und liebevolle Natur fest daran glaubt, dass bei richtiger Einsicht der von ihm gewünschte Umschwung zu Aller Befriedigung sich vollziehen müsse. Wenn er von den Vorurtheilen der Stände, Parteien und Nationen spricht, so ist das mehr eine gefühlvolle Phrase als dass er daran dächte, die kosmopolitische Herrschaft des Proletariats und gewaltsame Aufhebung aller Standesunterschiede zu erstreben. Nur in einem Puncte ist er auch praktisch radical: Schon in den ersten vier Essays eiferte er gegen den Intoleranz der Confessionen. Jetzt bezeichnet er die „Vorurtheile der Secten" als die Hauptquelle aller Irrthümer und Uebel und verlangt geradezu eine Religion ohne Glauben, eine reine Religion der Liebe.

Dieser Angriff auf die bestehenden Kirchen hat Owen Feinde gemacht und noch mehr als das offene Aussprechen seiner socialen Utopien bewirkt, dass er seit 1817 aufhörte ein von Allen anerkannter Reformator zu sein. Freilich sagt er, er sei nicht irreligiös, er wolle nicht einmal aufhören, Christ zu sein — aber er will aber nur sein Christenthum ohne Dogmen. Er citirt Bibelstellen und bedient sich eines salbungsvollen Predigertons, aber er hat in der That aufgehört, an die bestehenden Institutionen anzuknüpfen und mit den vorhandenen Kräften zu rechnen. Er träumt von einem Menschen, in dem der Trieb, für sich zu sorgen und für sich allein zu handeln, ganz erstorben ist und seine Lehre der Liebe soll die ererbten Grundlagen sittlicher Zucht bei den Menschen völlig ersetzen.

Er hatte vorher viele Verbindungen mit hochgestellten Personen in Staat und Kirche. Auch von jetzt an blieben viele in Anbetracht seiner absolut uninteressirten Natur, sogar Geistliche, seine persönlichen Freunde. Aber nachdem der grosse Schritt 1817 gethan war, sank er doch mehr und mehr zum Haupt einer Secte von Schwärmern herab, die sich fortwährend in einem wohlthätigen Gegensatz zu den politisch erregten Parteien befand, aus der aber erst langsam und nicht in voller Uebereinstimmung mit Owen's eigenen Ideen etwas dauernd Lebensfähiges und Segenbringendes sich entwickelte.

Socialistische Schwärmer sind im Laufe der Zeit oft ernüchtert und dann gemässigte, praktische Männer geworden. Andere wurden erbittert und zur Revolution gedrängt. Owen ging keinen dieser beiden Wege; seine maasslose Illusionsfähigkeit bewirkte einen unverwüstlichen Glauben an seine Utopien zugleich mit unverwüstlicher Liebe, Friedlichkeit und Milde. Noch als Greis, als er schon die Welt für ein „Narrenhaus" hielt, bewarb er sich um einem Parlamentssitz und glaubte felsenfest an das unbedingte Durchdringen seiner Vorschläge in nächster Zeit.

Owen hatte sich an die Einsichtigen und Wohlwollenden in allen Ständen, besonders an die Einflussreichen und Hochstehenden gewendet; er hörte auch bis zu seinem Tode nicht auf, es zu thun und konnte dies bei seiner allgemeinen Menschenliebe ohne Inconsequenz. Seit 1819[1]) begann er

---

[1]) Siehe An Adress to the Working Classes, April 1819. Life Vol. I A S. 225.

aber zugleich sich an die Arbeiter zu wenden und sich unter den Arbeitern eine Schule zu gründen. Doch war darin bis zum Jahre 1830 wenig System, da Owen viele und lange Reisen machte. Er besuchte den Continent und apostrophirte den Aachener Congress, weil jetzt „die Periode gekommen sei, in der die Mittel, ohne Gewalt und Betrug oder Unordnung Reichthum in solchem Ueberfluss zu schaffen, gegeben seien, dass die Bedürfnisse und Wünsche jedes Menschen mehr als befriedigt werden können." Bei dieser Gelegenheit erfuhr er von Gentz eine witzige Abfertigung[1]). Dann reiste er in Irland und machte in Motherwell den erfolglosen Versuch einer Community, welche ebenso bald zerfiel wie eine von seinem Schüler Abraham Combe gegründete Colonie in Orbiston. 1825 wanderte er nach Amerika und gründete dort eine neue Colonie New Harmony. Sie blühte, so lange das System nicht völlig durchgeführt war; schliesslich musste er selbst zugestehen, dass die jetzigen Menschen für den wahren Communismus nicht reif seien und übergab das gekaufte Land an zersplitterte communistische Gesellschaften. Darauf war er in Mexico, entwarf Colonisationspläne und wirkte nebenbei für Erhaltung des Friedens mit England. Charakteristich für Owens beschränkte Weltanschauung war, dass er in Amerika das Loos der Sklaven gegenüber dem der freien Arbeiter pries, weil die Sklaven zwar keinen selbst gewählten Herrn aber Ueberfluss an irdischen Gütern hätten, also glücklich seien. 1830 hatte sich Owen nicht nur von New Harmony, sondern auch von New Lanark völlig losgelöst, nachdem schon lange vorher mancherlei Differenzen mit den Partnern namentlich dem streng religiösen Allen vorgekommen waren; für seine Familie hatte er gesorgt und wurde nun ausschliesslich Arbeiter-Agitator und Arbeiter-Schriftsteller. Er redete und schrieb in unendlichen Wiederholungen, betheiligte sich — immer in friedlicher Gesinnung — an den verschiedensten Agitationen um schliesslich seit 1835 nach neuen Fehlschlägen mit der Arbeitsbörse unter beständiger Fortsetzung

---

[1]) S. Sargant l. c. S. 140.

seiner schriftstellerischen Thätigkeit in relative Vergessenheit zu versinken. Reybaud zählt, dass Owen 1826—1837 tausend öffentliche Reden gehalten, fünfhundert Adressen erlassen, zweitausend Zeitungsartikel geschrieben und dreihundert Reisen gemacht hat.

Die gescheiterten Versuche in Motherwell, Orbiston und New Harmony sind ein Stück von Owen's Lebensgeschichte, für die sociale Geschichte Englands haben sie nur die Bedeutung von Symptomen schwärmerischer Begeisterung, die sich aus der beginnenden Erkenntniss der Leiden des Proletariats entwickelten. Wichtiger als diese Versuche sind eine Reihe philanthropischer Gesellschaften, die 1820—30 in England entstanden und mehr oder weniger ausschliesslich für Owen's Ideen Propaganda machten. Demselben Zwecke dienten verschiedene Journale, deren ältestes der Economist von 1821 war. 1825 und 1826 begann dann die praktische Cooperativbewegung, die 1830, als Owen definitiv nach England zurückkehrte, schon eine gewisse Stärke hatte.

Diese Bewegung kann hier nicht eingehend geschildert werden; es sei nur das Eine hervorgehoben, dass Owen unbedingt der Schöpfer dieser Bewegung war. So viele Engländer vor Owen und so viele Franzosen gleichzeitig mit ihm die Idee der cooperativen Production und des Gesammteigenthums gegenüber Individualismus und Privateigenthum vertreten hatten, so war es doch die von Owen entzündete Begeisterung allein, welche in England praktische Versuche anregte. New Lanark, wo die Partner des Geschäfts den Gewinn theilweise zur Verbesserung des Looses der Arbeiter verwendeten, war das grosse Vorbild und alle älteren Cooperators in England betrachteten ihre Schöpfung als einen ersten Schritt zur Verwirklichung der vollen Cooperation, welche ihnen identisch war mit dem friedlichen Communismus von Owen. Auch behielt diese Cooperativ-Bewegung stets im Geiste Owen's einen unpolitischen Charakter und blieb den Grundsätzen treu, die Owen schon 1819 den Arbeitern predigte, „dass Arme und Reiche, Regierte und Regierende im Grunde nur ein Interesse haben und dass die Arbeiter alle Mittel zu ihrer Erleichterung **selbst** besitzen mit Ausnahme der Kenntnisse, diese Mittel anzuwenden."

Als Owen 1830 wieder in England war, nahm er sich der cooperativen Vereine bald an, namentlich als sie Congresse abhielten und eifrig Propaganda machten — obwohl er sie zuerst als wenig mit seinen Idealen übereinstimmend betrachtete. Mit dieser neuen Agitation, die trotz der allgemeinen Aufregung wegen der Reformbill eine wachsende Zahl von Philanthropen und Arbeitern erfasste, verband aber Owen eine weitere Idee, die an sich mit dem Gedanken der Cooperation nichts zu thun hatte.

Eine Frage des öffentlichen Lebens, welche grosse Aufregung in allen Ständen hervorrief, war die Währungsfrage. Wir haben schon die Ansichten von Ricardo, Cobbett und Attwood über diese Frage kennen gelernt. Es scheint, dass Owen durch seine Verbindung mit dem älteren Peel auf diese Fragen kam. Ferner wurde auch schon erwähnt, dass die Idee von der Arbeit als dem einzigen Werthmaass im Anfang der dreissiger Jahre in den Köpfen englischer Arbeiter spuckte. Es lag nahe das Geld, das als eine Quelle von Benachtheiligung der Arbeiter erschien, praktisch ersetzen zu wollen durch ein Werthmaass, das in der That alle Waaren nach der Productionsarbeit misst und umsetzt. Es entstand so die Idee der Arbeitsbörse — das letzte grössere praktische Experiment, das unter Owen's eigener Leitung gemacht wurde und noch kläglicher enden musste als die früheren Versuche der Gründung communistischer Genossenschaften. Schon in dem Report to the County of Lanark vom Jahre 1820 entwickelt Owen den Gedanken, dass die Arbeit allein der natürliche Werthmesser sei [1]) und auch zum wirklichen Werthmesser gemacht werden

---

[1]) Marx gilt bekanntlich als derjenige Schriftsteller, welcher zuerst die Lehre von der Productionsarbeit als Werthmaass dazu benutzte, um daraus principiell das Postulat abzuleiten, dass das gesammte Nationaleinkommen allein unter die Arbeiter und nach Maassgabe der Leistung jedes Einzelnen vertheilt werden müsse. Meyer und Andere wiesen nach, dass diese Theorie schon vor Marx in vollendeter Weise von Rodbertus

müsse. Ein irgend nothwendiger Zusammenhang zwischen dieser Theorie und den eigentlichen Hauptgedanken Owens, nämlich dem Eifer für Erziehung und Cooperation, ist nicht zu entdecken. Denn in den cooperativen Communitäten, in

---

entwickelt worden ist. Nachdem ich dies in meiner Schrift „Socialismus, Socialdemokratie und Socialpolitik" von 1878 bestritten, wies A. Wagner auf die unbekannteren älteren Schriften von Rodbertus aus den Vierziger Jahren im ersten Heft der Zeitschrift für die gesammte Staatswissenschaft 1878 hin. — Er widerlegte dadurch nicht meinen Nachweis, dass die Idee jedenfalls schon in den 30er Jahren in England vorkommt. Das im Texte über Owen's Ansichten von 1820 Angeführte ist ein neuer Beweis, wie lange die von Rodbertus und Marx formulirten Ideen schon vorher bekannt waren, wo immer die sociale Frage der Neuzeit ernstlich in Fluss gekommen war. — Interessant erscheint mir besonders die Verwandtschaft von Owen's Ideen mit dem Rodbertus'schen Normalarbeitswerktag. — Freilich hat Owen noch nicht die Lehre von der Arbeit als Werthmaass benutzt, um unbedingt die Berechtigung alles Einkommens von Besitz zu leugnen, aber es ist lediglich eine aus seinem menschenfreundlichen, Allen Vortheil wünschenden Herzen hervorgehende Inconsequenz, dass er dies nicht thut. Alle theoretischen Voraussetzungen dieses Postulats enthält seine Werththeorie bereits. Für verschiedene andere Schriftsteller, z. B. Thomas Spence und Gray, geben wir in diesem Buch die Nachweise, dass die Idee von der Arbeit als alleiniger Quelle und Maass der Werthe mehr oder minder ausgebildet vorkommt. — Kommt doch auch bei Fichte, der gänzlich ohne Zusammenhang mit den socialen Kämpfen der Zeit war, schon 1800 im „Geschlossenen Handelsstaat" der Gedanke vor, dass der Umsatz nach Arbeitsquanten geregelt werden soll. Diese merkwürdige Schrift unseres grossen Philosophen ist in jüngerer Zeit mehrfach neu der Betrachtung unterworfen worden — man kann darin allerlei Gedanken finden, die als Vorläufer späterer socialistischer Ideen erscheinen: Das Interessante dabei ist, dass Fichte von der Vertragstheorie ausgeht, schliesslich aber eine höchst weitgehende Unterdrückung der individuellen Freiheit verlangt. Das treibende Motiv dabei ist aber nicht Sympathie mit den ärmeren Classen oder Feindschaft gegen die bestehende Ordnung — sondern die Sehnsucht nach einem grossen kräftigen Staat, die sich in einer vornehmen Gelehrtennatur entwickelt, deren Gleichheitslust auf relativer Verachtung des materiellen Besitzes beruht. So ist Fichte trotz aller einzelnen utopischen Zwangsvorschläge im Grunde kein Vorbote des Communismus oder der Socialdemokratie, sondern ein extrem unpraktischer Vorläufer jener Richtung, die in dem Dienste der idealen Aufgaben der Gesammtheit ein wichtiges Gegengewicht gegen materialistischen Individualismus suchen.

denen Alles in Liebe und Freundschaft vertheilt wird, braucht man überhaupt kein Werthmaass. Dieses ist nur für den Verkehr, den die Communitäten unter einander behufs Austauschs ihres Ueberflusses treiben, nöthig, allein es ist klar, dass für diesen in dem Leben der Communitäten nur secundären Zweck die Erfindung einer besonderen Werththeorie nicht nöthig war. Es scheint, dass Owen die Lehre von der Arbeit als alleinigem Werthmaass annahm und lehrte aus allgemeiner Arbeiterfreundlichkeit und weil trotz seiner autodidaktischen Einseitigkeit Berührungen mit anderen (radicalen) Volksfreunden nicht ausbleiben konnten und wünschenswerth waren. So steht diese Theorie, wenn nicht in nothwendigem, so doch in natürlicherem Zusammenhang mit der Idee der Cooperation als die von Owen ebenfalls 1820 proclamirte Idee, dass die Spatencultur den Pflug verdrängen solle.

Die Theorie von 1820 hat Owen später als er das Experiment der Arbeitsbörse machte, in der „Crisis" wieder abgedruckt. Obwohl es zum praktischen Versuch erst 1832 kam, so ist es doch interessant, dass diese Ideen, wie alle Ideen Owens schon 1820 vorhanden war. Owen war damals gegen die Wiederherstellung der Baarzahlung, allein auch die Papiergeldvaluta erschien ihm als ungenügend. Geld, ein künstlicher Werthmesser, sei die Ursache alles Uebels; man müsse zum inneren Werth aller Dinge zurückkehren. „Das natürliche Werthmaass sei im Princip die menschliche Arbeit, oder die combinirten in Thätigkeit versetzten, körperlichen und geistigen Kräfte der Menschen; die durchschnittliche menschliche Arbeit und ihr in jedem Product enthaltenes Quantum könnten und müssten constatirt und danach alle Werthe immer für eine gegebene Periode fixirt werden. Dadurch würde erreicht, dass der Unterhalt der Menschen kein Handelsartikel, d. h. die Arbeit keine Waare mehr wäre. Dann würden die Arbeiter nicht mehr die Sklaven eines künstlichen Lohnsystems sein, das in seinen Wirkungen grausamer ist als irgend welche Sklaverei." Es würde damit auch eine unbeschränkt wachsende Kaufkraft entstehen und alle Absatzstockungen würden aufhören. Alle Waaren sollen also lediglich nach den in ihnen enthaltenen Arbeitsmengen umgesetzt werden. Dass dennoch das Einkommen von Besitz nicht aufhören soll, ist eine einfache Inconsequenz, die sich lediglich aus Owens wohlwollender Confusion erklärt und durch die bombastische Berufung auf ein tiefes nationalökonomisches Studium nicht verhüllt wird. Folgende Stellen mögen die Inconsequenz beweisen.

„Das, was neuen Reichthum schaffen kann, ist selbstverständlich diesen geschaffenen Reichthum werth. Die menschliche Arbeit kann, wann immer den Menschen allgemeine Gerechtigkeit erwiesen werden soll, jetzt verwendet werden, um mit Vortheil für alle Stände ein Mehrfaches des Werths zu produciren, der nöthig ist, das Individuum in beträchtlichem Wohlstand zu erhalten. Der Arbeiter, der diesen neugeschaffenen Werth erzeugt, hat gerechten Anspruch auf einen billigen Antheil daran und die besten Interessen jeder Gemeinschaft verlangen, dass der Producent einen billigen, festen Antheil an all seinem Product habe. Dieser kann ihm nur dadurch gewährt werden, dass man Einrichtungen trifft, welche das natürliche Werthmaass zum praktischen machen. Um Arbeit zum Werthmaass zu machen, muss man die in allen verkäuflichen Waaren enthaltene Arbeitsmenge constatiren. Dies ist schon vollbracht und bezeichnet durch das, was man im Handel technisch die „Selbstkosten" nennt oder der reine Werth aller in irgend einer Waare enthaltenen Arbeit und aller darin enthaltenen oder bei der Production verbrauchten Rohstoffe, welche auch einen Theil der ganzen Arbeit ausmachen. — Der grosse Zweck der Gesellschaft ist, Reichthum zu erwerben und zu geniessen." — — „Der Grundbesitzer und Capitalist würde von diesem System ebenso viel Vortheil haben wie der Arbeiter, weil Arbeit die Grundlage aller Werthe ist und nur von reichlich bezahlter Arbeit hohe Gewinne für Agricultur- und Manufacturproducte gezahlt werden können." — Man sieht, Arbeit schafft allein die Werthe und ist des ganzen Products werth — dass sie doch nur einen billigen Antheil haben soll, ist einfach eine Inconsequenz.

Die Arbeitsbörse vom Jahre 1832 entsprach den Ideen

von 1820, Owen wurde aber zu ihrer Gründung mehr gedrängt, als er selbst wünschte. Auch zum Versuch von Motherwell mit ungenügenden Mitteln trieben ihn mehr seine Anhänger als er sie — und jetzt war er im Berufe des Agitators bereits so sehr aufgegangen, dass umständliche praktische Gründungen wenig Reiz mehr für ihn hatten. Die Arbeitsbörse war einfach ein Depot, in welches Jedermann seine Producte bringen sollte, um dafür Noten zu empfangen, welche auf den Werth der abgeschätzten in dem Producte steckenden Arbeit lauteten. Die Producte sollten in der Börse direct umgetauscht werden und jeder Producent sollte auch ohne sofortigen Austausch wenigstens in der Note gleich einen Werthrepräsentanten erhalten.

Die Idee der Werthmessung nach der Productionsarbeit allein ist als eine für die gegenwärtigen Zustände geltende **Behauptung** unbedingt unwahr, da die einzige concrete Erscheinung, die man meinen kann, nämlich die **Preise**, sich nachweislich nicht, auch nicht im Durchschnitt, nach der Hervorbringungsarbeit allein richten. Die Idee tritt aber bei Owen offen als **Postulat auf**[1]) und als Postulat allein kann die ernste Wissenschaft sie betrachten, wenn auch nicht nur Ricardo, sondern namentlich Marx und selbst Rodbertus gelegentlich das Postulat für die Zukunft als allgemeine Behauptung auftreten lassen. Als **Postulat** ist die Lehre eine Utopie, weil die Abschätzung der qualitativ verschiedenen Arbeiten stets willkürlich, die auf **ein** Product verwendeten Arbeitsmengen nie ausscheidbar sein werden. Es ist zugleich eine bedenkliche Utopie, weil ihr die Anschauung zu Grunde liegt, dass die gleichmässige Vertheilung der materiellen Genüsse unter alle Individuen der einzige Zweck des Staats und der Gesellschaft sei.

Die gefährliche Utopie wird aber zum einfachen Unsinn, wenn Jemand die Bestimmung und Vertheilung aller Werthe

---

[1]) Aehnlich wie später bei Proudhon am Schluss der Contradictions économiques.

nach Arbeitsmengen ohne Zwangsgewalt und ohne abgeschlossenes Verkehrsgebiet durchsetzen will.

In Owen's Börse wurde natürlich an eine genaue Abschätzung der Arbeitsmengen nicht gedacht, sondern man schloss sich factisch an die Marktpreise an. Was sollte und konnte nun diese Börse leisten, da doch Niemand zur Annahme der Arbeitsnoten und der Producte in dem Depot gezwungen werden konnte. Owen antwortete: die Börse leistet Abschätzung des Werths durch Unparteiische, giebt jedem Producenten ein Aequivalent seines Products und erspart dem Consumenten den an den Mittelsmann zu zahlenden Aufschlag.

Letzteres aber leisten decentralisirte Consumvereine offenbar besser als ein Riesen-Consum- und Magazinverein und jedenfalls war klar, dass die Gewinne des Mittelmanns durch die Kosten der Depotunterhaltung aufgewogen werden müssten, wenn dauernd in die Börse mehr Waaren eingingen als daraus ausgingen.

Dies trat natürlich ein; Bromley, der Owen das Geld geliehen und die ganze Sache angeregt hatte, verlangte Zinsen; es gab Streit, die Arbeiter nahmen Owen die Verwaltung ab und das ganze Experiment endete mit einem namhaften Geldverlust, den Owen freudig trug — zugleich hatte die ganze Cooperativbewegung einen schweren Schlag erlitten und Owen's Autorität war dauernd geschädigt.

Das Nähere über diesen Vorgang ist in Owen's damaligem Leiborgan, der „Crisis", welche von April 1832 ab erschien, nachzulesen. Als die Börse fehlschlug, verlor er auch den beherrschenden Einfluss auf dieses Blatt. Von 1835—1841 betheiligte er sich an einem andern Blatt „The New Moral World". Auch selbständige Bücher von ihm sind noch erschienen, so die „Six Lectures" von 1839 und die „Revolution in the Mind" von 1849, abgesehen von Zeitungsartikeln etc.

Obwohl diese Literatur in eine spätere Zeit fällt, so sei doch hier noch ein kurzer Blick darauf geworfen, da sie doch nur Anhang und Nachklang von Owen's älteren Schriften ist. Wir erkennen daraus, dass Owen sich immer consequent blieb und können daraus über mancherlei Bewegungen, an denen

Owen sich betheiligte, interessante Notizen entnehmen. Dies gehört freilich, wie die Cooperativbewegung selbst, eigentlich nicht hierher, doch mögen einige Bemerkungen hier Platz finden, damit das Bild des Menschen Owen und seiner Ideen ein vollständiges sei.

Die Crisis hatte das Motto: „Wenn wir nicht alle Ansichten versöhnen können, so lasst uns doch streben, alle Herzen zu einigen." Bald wurde Owen's Sohn, Robert Dale Owen, Mitredacteur; der Titel des Blattes wurde im April 1833 erweitert und lautete: „The Crisis and National Cooperative Trades Union and Equitable Labour Exchange Gazette". April 1834 fiel der Zusatz „Labour Exchange" wieder weg. Aus der „Crisis" kann man vor Allem die Geschichte der Arbeitsbörse entnehmen; ausserdem wird von verschiedenen Vereinen berichtet, die unter Owen's Einfluss entstanden, so die Institution of the Industrial Classes, eine Missionary society zur Ausbreitung der Cooperativbewegung, eine Nationale Gesellschaft zur Erziehung der Kinder und für Frauenarbeit, ein Cooperative College, eine National Redemption Society und schliesslich die Regeneration Society, welche hauptsächlich dahin strebte, Achtstundenarbeit einzuführen und Gewerkvereine zu gründen, welche auch die Herrn umfassen.

Man sieht aus der Crisis, dass die cooperativen Vereine und Congresse Owen trotz religiöser Differenzen als ihren Vater verehrten und dass Owen, um seine Anhänger zusammenzuhalten, auch seinerseits tolerant gegen strenggläubige Freunde war. Owen selbst predigt fortwährend seine alten Grundsätze und fährt vor Allem fort, den politischen Radicalismus der Arbeiter als nutzlos zu verwerfen, nicht nur das Streben nach Republik, sondern auch das nach Wahlreform zu bekämpfen, während er für Abschaffung der Kinderarbeit agitirt und den Arbeitern seine Communitäten in Wort und Bild vorführt. Mehr als zu den politischen Radicalen fühlt er sich zu den Trades Unions hingezogen, die er für seine Cooperativideen zu gewinnen sucht, indem er für unterdrückte Gewerkvereinler (Dorchester Affaire) Partei nimmt und beständig auf Verbindung mit den Arbeitgebern hindrängt.

Die New Moral World zeigt uns die Partei der englischen Socialisten unter Owen's Führung fest normirt gegenüber den Radicalen und Chartisten und berichtet von neuen Vereinen, so der Manchester Association for the Promotion of social happiness, der Philanthropic Society, Labourers friends Society etc. Die wichtigste dieser Gesellschaften, der eigentliche Hauptverein des englischen Socialismus, war die Association of All Classes of All Nations, die schliesslich in vielen Zweigvereinen über das ganze Land verbreitet war. Neben ihr wirkte die Social Missionary and Tract-Society und die Community Society, welche Versuche mit eigentlichen Owen'schen Communitäten machen sollte. Letztere wurde nach Beschluss eines Congresses von 1839 mit der Association of All Nations zu einer Universal Community Society of Rational Religionists verschmolzen. Auch in der New Moral World sehen wir die Oweniten und Socialisten beständig bestrebt, die Trades Unions für sich zu gewinnen, namentlich dazu, dass sie ihre Fonds zur Gründung cooperativer Etablissements verwenden sollen. Irgend welche neue Ideen gegenüber denjenigen, die Owen bis 1820 schon ausgesprochen hatte, sind weder in seinen noch seiner Anhänger Reden und Schriften zu entdecken, es sei denn dass die Nothwendigkeit einer Reform des Eherechts und des geschlechtlichen Verkehrs im Sinne grösserer Gleichberechtigung der Frauen gelegentlich erwähnt wird und dass in dem steigenden Bombast der Vertreter einer weltbeglückenden Idee kosmopolitische Träumereien etwas mehr hervortreten, so dass z. B. Verschwinden der Unterschiede der Sprachen etc. verheissen wird. Im Grunde haben wir nur Wiederholungen der alten Gedanken mit wachsender Ueberspanntheit vorgetragen und nunmehr als Evangelium einer reinen Arbeiterpartei benutzt. Owen und seine Anhänger treten in Verbindung mit Oastler, Stephens und Fielden und versprechen dem Arbeiterstande Erlösung von allen Leiden, in die ihn das System des Lohns und der freien Concurrenz gestürzt haben — aber nur durch Bildung und cooperative Selbsthülfe. Dass die Radicalen resp. Chartisten von dem Grundsatz gleicher Rechte und Pflichten ausgingen, sei richtig; aber das Ziel könne nur langsam und nicht durch politische Institutionen erreicht werden. Kurz, die nächsten Genossen der Socialisten sind die Gewerkvereinler; die Chartisten sind irrende Freunde, die durch Belehrung von ihren politisch-revolutionären Bahnen abgebracht werden sollen und denen man sich in dieser Absicht nähert — während die Freihändler und Leaguisten als Vertreter des Princips der freien Concurrenz zurückgewiesen werden.

Die späteren selbständigen Schriften Owen's haben noch weniger Bedeutung als diese Periodica, in denen wir Owen mit Anderen im Bunde praktisch agitiren sehen. Sie sind wegen der unglaublichen Wiederholungen höchst ermüdend. Der einzige Unterschied gegenüber den älteren ist der, dass sie ein noch grösseres Maass friedlicher Ueberspanntheit enthalten und dass gelegentlich der innere nothwendige Zusammenhang von Owen's Hauptideen besonders klar und deutlich hervortritt.

Die beiden Hauptpostulate des radicalen Individualismus der Neuzeit sind möglichste individuelle Freiheit und möglichste Gleichstellung der Individuen. Owen, selbst aus dem Arbeiterstand hervorgegangen und stets ein wahrer, warmer Freund der Arbeiter, hält von der Gleichheit der politischen Rechte, also namentlich von Abschaffung der Monarchie und Aristokratie und allgemeinem Wahlrecht Nichts. Er nimmt die Gleichheitsidee ernst und verlangt, da Glück der Zweck des Menschen ist, Institutionen, die wirklich Allen gleiches Glück garantiren. Dem Zwecke der Ausgleichung des Glücks, d. h. der materiellen Consumtion, opfert er unbedingt die Freiheit der Individuen — einseitiger, überspannter, Unmöglicheres wollend als seine vorzugsweise freiheitsdurstigen Zeitgenossen unter den Radicalen, aber doch zuerst die volle Wichtigkeit der socialen und wirthschaftlichen Fragen erkennend.

Es liegt eine tiefe, Owen wohl selbst wenig bewusste Consequenz darin, dass der Mann, der für wirthschaftliche Ausgleichung schwärmt und ihr gegenüber die Freiheit der

Individuen für sich allein zu wirthschaften, für werthlos hält, die Freiheit des menschlichen Willens überhaupt leugnet.

Die Lehre, dass der Mensch keinen freien Willen habe, dass sein Charakter nicht durch ihn, sondern für ihn gebildet werde, betrachtet den Menschen als vollständig geleitet durch äussere, gleichsam mechanisch wirkende Einflüsse — als Materie, die völlig passiv von bestimmten Kräften bewegt wird. Das Postulat, dass der Mensch seine Freiheit des Handelns aufgebe und dafür in genossenschaftlichem Leben gleichen Antheil am materiellen Genuss erwerbe, ignorirt die inneren idealen Güter des Menschen und sieht im Sinnengenuss den Zweck des Lebens allein. Es ist ganz richtig, dass die Bethätigung der eigenen freien Kräfte im Dienste selbst gewählter Bestrebungen nicht mehr Lebenszweck sein kann, wenn es überhaupt keinen freien Willen giebt. Mit der Lehre von den Verhältnissen und der Unverantwortlichkeit des Menschen gab Owen in der That seinen materialistischen Gleichheitspostulaten die allein mögliche Grundlage — darin consequenter als Andere, die die Gleichheit von Besitz und Genuss vollständiger und mit schärferen Mitteln anstrebten als Owen und doch den freien Willen des Menschen nicht offen und unbedingt leugneten. Wer den Individualismus in den menschlichen Einrichtungen absolut vernichten will, muss den Begriff der menschlichen Freiheit als Wahn bezeichnen. Owen that dies und der Zusammenhang beider Anschauungen tritt deutlich hervor, wenn er in den Six Lectures (S. 28) sagt: „die kleinlichen Unterscheidungen von Ländern würden verschwinden — — es würde nur eine Nation und ein Volk existiren, zusammengesetzt aus Familien von je 500—2000 Menschen und diese Familien würden in der zweiten Generation alle eine Sprache reden und nur ein Interesse haben, nämlich den beständigen Fortschritt und das beständig wachsende Glück des Ganzen; grosse Städte würden verlassen werden" — — in den Familiensitzen auf dem Lande sei es schöner und besser als in den jetzigen Städten, deren Einrichtungen basirt sind auf „der irrthümlichen Annahme, dass der Mensch in seinen Gedanken, Gefühlen und Handlungen ein freies Agens sei. In dem Maasse, als die wahre Kenntniss von der Natur des Menschen vorwärts schreitet, wird das Privateigenthum aufhören geschätzt zu sein. Es wird von Allen als das erkannt werden, was es längst ist, als der dämonische Gott des Systems des freien Willens, dessen eingebildeter Macht täglich Gesundheit und Seelenfreude und Leben in erschreckend wachsendem Maasse geopfert werden. Das Privateigenthum verhärtet die Herzen — — und was es in der Vergangenheit — — geleistet haben mag, so ist es jetzt eines der grössten Hemmnisse für die Production." — —

Der Gleichheitsfanatismus als Grundtendenz kommt in den Six Lectures selbst deutlicher zum Vorschein als in den älteren Schriften, in denen oft die Beglückung der Welt überhaupt wichtiger erschien als die gleiche Beglückung derjenigen, die jetzt arm und reich sind. Der Umgang mit anderen Agitatoren — man denke nur an die vielen Berührungen mit Carpenter zum Beispiel, der damals Cooperationsapostel war — drängte dasjenige an Owen's Anschauungen, was er mit anderen Arbeiterfreunden gemeinsam hatte, mehr in den Vordergrund. Kaiser, Könige, Fürsten, Richter und Magistrate und alle Aristokratien leiden selbst unter ihrer Unwissenheit, ebenso die Mittelclassen, „die Diener der höheren und Unterdrücker der niederen Stände" müssen als Personen bemitleidet und belehrt werden. Ebenso die Fabrikherren, die auch nicht persönlich an der Unterdrückung der kleinen Meister und dem Elend der Arbeiter schuld sind — welcher traurige Zustand der Capitalherrschaft ein nothwendiger vorbereitender Schritt zu der grossen im Anzug befindlichen socialen Revolution ist etc.[1]). Unter diesen ständischen Unterschieden leiden Alle, Besitzende und Arbeiter; letztere werden nicht ruhen, „bis die Standesunterschiede aufgehoben sind und es verwirklicht ist, dass jedes Individuum ein gleiches Recht auf die Erde und die Dienste der Anderen hat im

---

[1]) Das erinnert wieder an Marx's Lehre, dass die weitere Entwicklung des Grosscapitals von selbst die freie Concurrenz vernichten müsse.

Austausch einzig gegen Dienste. Es giebt kein anderes Recht für das menschliche Geschlecht." — — „Alle Menschen haben von Natur gleiche Rechte." — — Diese werden ihnen gewährt durch die allgemeine Einführung der Communities, deren Nutzen bekannt gemacht werden muss und die 'dann entweder von den Regierungen oder zuerst von Privaten, namentlich Arbeitern, natürlich auf friedlichem Wege, eingeführt werden müssen.

In der Schrift „The Revolution in the Mind and Practice of the human race or coming change from irrationality to rationality" von 1849 enthält noch wärmer und leidenschaftlicher ganz dieselben Gedanken: Herstellung allgemein gleichen Glücks durch die Communities, aber ohne Revolution, nur durch die Macht der Ueberzeugung. Und kurz vor seinem Tode, im März 1858, leitete er seine bis 1820 reichende Autobiographie mit Worten ein, die noch einmal den unverwüstlichen Glauben des alten liebenswürdigen Sanguinikers verriethen:

„Diese Schriften haben den Zweck, eine vollständige Revolution in der Denkweise, dem Geist, den Sitten, den Gewohnheiten und dem Verhalten des Menschengeschlechts hervorzubringen — eine rationelle praktische Revolution, die schrittweise durchgeführt werden muss in Frieden und mit weiser Vorsicht und die für Alle in Zukunft höchst segensreich sein wird; eine Revolution, welche ein System von individuellem, unwissendem Eigennutz, das basirt ist auf der Grundlage von Lüge und Uebel und das nur erhalten werden kann durch Gewalt, Furcht, Betrug und Lüge, ersetzen soll durch ein System, das auf der Grundlage von Wahrheit und Heil basirt ist, das allein den Geist, das Wissen und die Weisheit erzeugen wird, wodurch die Gesellschaft beständig nach socialen Principien geleitet werden kann — lediglich durch Liebe; — ein System, welches jedes unwissende selbstsüchtige Gefühl vernichten, den Menschen mit dem Menschen vereinigen und das dann mit Gott und der Natur harmoniren wird, indem es unsere Erde in ein stets sich vervollkommnendes irdisches Paradies verwandelt, was sichtlich die Absicht

sicht unseres Schöpfers ist. Diese allgemeine Revolution wird durch die natürlichsten Mittel bewirkt werden; einfach durch Basirung der Gesellschaft auf ihre allein wahre Grundlage in Uebereinstimmung mit allen Thatsachen, und dadurch, dass man die äussere Umgebung, in die das Menschengeschlecht versetzt wird, vervollkommnet und mit dieser Grundlage und diesen Thatsachen in Harmonie bringt. Die Mittel, dies Ziel zu erreichen, sind reichlich vorhanden und können durch Einigung der Regierungen leicht ausgeführt werden."

§ 2. Owen's Schüler.

Robert Owen ist unbedingt der Schöpfer des englischen Socialismus. Es mag nun, um Owen's Wirksamkeit zu illustriren, am Platze sein, noch einige mit ihm gleichzeitige Gesinnungsgenossen zu erwähnen.

Abram Combe war ein begeisterter Anhänger Owen's, der, wie erwähnt, auch einen praktischen Versuch zur Herstellung einer Community machte. Auskunft über diesen Versuch giebt das vom 10. November 1825 bis 19. Sept. 1827 in 34 Nummern erschienene Journal: „The Register for the first Society of Adherents to divine Revelation at Orbiston." Combe hat auch „Metaphysical Sketches of the Old and New Systems", Edinburgh 1823, geschrieben. Beide Schriften enthalten lediglich Owen entnommene Gedanken; abgesehen von den über Orbiston mitgetheilten Thatsachen liegt ihr Interesse lediglich darin, dass sie beweisen, wie sehr Owen im Stande war, andere Geister vollständig einzunehmen und zu beherrschen.

Etwas eigenthümlicher ist William Thompson. Dieser begeisterte Anhänger von Owen ist seinem Meister an allgemeiner wissenschaftlicher Bildung und an nationalökonomischen Kenntnissen überlegen. Er ist zugleich den philosophischen und politischen Anschauungen Bentham's ergeben und stellt so eine Verbindung von Radicalismus und Socialismus dar, welche sich unter den Arbeitern, die Owen's Fahnen folgten (z. B. auch bei Lovett), vielfach zeigte, in Owen's Geist aber, der dem eigentlich Politischen abgeneigt war, nur unbewusst vorlag.

In seinem Buche „An Inquiry into the principles of the Distribution of Wealth most conducive to Human Happiness applied to the newly proposed System of voluntary equality of Wealth", London 1824, geht Thompson unbedingt von dem Nützlichkeitsprincip aus, indem er aber sofort betont, der Mensch sei ein complicirtes, zugleich geistiges und materielles Wesen. Er sucht eine Mitte zwischen dem die intellectuellen und moralischen Kräfte einseitig überschätzenden Godwin und den materialistischen Nationalökonomen, denen gegenüber er besonders betont, dass für das wahre Glück der Menschen die Vertheilung der Güter wichtiger sei als die Zunahme ihrer Gesammtmenge; der Grund hiervon liege hauptsächlich darin, dass eine gesunde Vertheilung die Moralität hebe.

Gewaltsame gleiche Vertheilung sei verfehlt; das Problem sei Gleichheit und Sicherheit, gerechte Vertheilung und fortgesetzte Production miteinander zu versöhnen.

Die Begriffe von Glück und Gerechtigkeit sind zwar nicht eingehend untersucht; doch zeugt die Stellung des Problems von Geist und Studium. Sie erinnert stark an Bentham, dem Thompson wörtlich folgt, indem er (Cap. 1) jene Vertheilung verlangt, welche das grösste Glück der grössten Zahl erzeugt. Er fügt aber — sich über den rein individualistischen Standpunct erhebend — hinzu, die „grösste Zahl" dürfe nicht eine Majorität, sondern müsse „das Ganze", die „Gesammtheit" sein. Dies Glück der Gesammtheit werde nicht durch gezwungene Arbeit oder unbeschränkte individuelle Concurrenz, sondern durch „mutual Cooperation" begründet.

Darauf entwickelt Thompson noch im ersten Capitel ein Programm von 15 Sätzen, deren näherer Ausführung dann das ganze Buch gewidmet ist. Das Programm beginnt mit einigen Allgemeinheiten wie: die Arbeit sei die einzige Schöpferin und das einzige allgemeine Maass der werthhabenden Güter (wealth); diese müssten so vertheilt werden, dass die grösste Summe von menschlichem Glück entstehe; alle Menschen (mit Ausnahme von Abnormitäten) seien physisch ähnlich constituirt und daher bei gleicher Behandlung gleichen Glückes fähig; das Glück der Majorität ginge dem der Minorität vor.

Man erkennt in diesen Ausgangspuncten die bei allen socialistisch gefärbten Schriftstellern irgendwie auftauchende Lehre von der Arbeit als Werthmaass, eine extreme Gleichheitsliebe und einen Rückfall in den Individualismus, indem doch die Majorität der Individuen wieder an Stelle der Gesammtheit tritt.

Thompson führt in dem Programm (Satz 5—10) weiter aus, zur Steigerung der Production sei volle Sicherheit der Producenten, ihr Product unbeschränkt geniessen zu können, nöthig. Jede gewaltsame Wegnahme schade dem Benachtheiligten mehr als es Anderen nützen könne und es dürfe daher keinem Arbeitenden von seinem Product oder seiner Arbeit das Geringste genommen werden, es sei denn gegen ein von ihm selbst als genügend anerkanntes Aequivalent. Daraus werden dann einige rein freihändlerische Consequenzen gezogen, zugleich aber wird, soweit es die „Sicherheit" zulässt, grösstmögliche wirthschaftliche Gleichheit verlangt.

Wie dies miteinander vereinigt werden soll, erhellt noch nicht aus den Sätzen des Programms selbst, wohl aber aus den folgenden Erklärungen, denenzufolge sich Thompson's Idee kurz dahin zusammenfassen lässt, dass jedem Arbeitenden der volle Ertrag seiner Arbeit durch freiwillige Association gesichert werden soll, wobei dann factisch ziemlich grosse Gleichheit entstehen wird.

Was nun zunächst diese Idee der annähernden Gleichheit betrifft, so giebt es gewiss ein ungesundes Maass von Ungleichheit. Im Eifer dagegen vergisst aber Thompson unbedingt, dass ein grosses Maass von Ungleichheit eine Culturnothwendigkeit ist. Ein solches wird nothwendig durch die Arbeitstheilung, welche zugleich dem Aermsten mehr bietet, als er ohne Arbeitstheilung haben könnte. Es ist unentbehrlich, um ungewöhnliche Talente zur Entfaltung zu bringen und schliesst sich naturgemäss an an die herrschende Stellung der begünstigten Minorität, welche die Arbeit Aller leitet, organisirt und dadurch fruchtbar macht. Es ist unschädlich, weil es ein unvertilgbarer Trieb jedes Menschen ist, mehr haben zu wollen als Andere und weil ein Theil der Menschen diesen Trieb mehr zur Aneiferung als auf Kosten Anderer befriedigen kann; es ist segensreich, weil nur hervorragende Individuen erfolgreich jene Entfaltung von Herrlichkeit und ästhetischer Pracht leisten können, welche auch von Anderen mitgenossen wird und als leuchtendes Vorbild menschlicher Macht, Grösse und Schönheit Alle hebt.

Der Uebereifer für Gleichheit bei Thompson beruht zumeist darauf, dass er constant die Ungleichheit der menschlichen Anlagen ignorirt (s. z. B. S. 21), womit es zusammenhängt, dass er mit Owen von richtiger Bildung und Erziehung der Menschen die höchsten Erwartungen hegt und die menschliche Willensfreiheit leugnet (S. 339—491, 579).

Eine Abschwächung oder Modification der Schwärmerei für Gleichheit ist die Idee, alle Güter nur nach Gerechtigkeit zu vertheilen, so dass nur die Arbeitenden je nach ihren Leistungen Einkommen beziehen. Um dies durchzusetzen, schlagen die eigentlichen Socialdemokraten völlig consequent gewaltsame Abschaffung alles individuellen Capitalbesitzes vor.

Es ist nun sehr interessant zu sehen, wie Thompson diese Idee als Ideal vollständig ausgebildet und die späteren Marx'schen Sätze vielfach der Sache nach schon entwickelt hat — die revolutionäre Consequenz der Abschaffung des Capitalbesitzes aber nicht zieht, weil er zu viel von Benthamitischer Freiheitsliebe in sich hat und noch tief in dem regierungsfeindlichen Radicalismus Cobbetts steckt. Er ist ja Cobbett überlegen, indem er die socialen Probleme der Zeit überhaupt erfasst. Aber er kommt weder dazu, seine extremen Vordersätze über ökonomische Gleichheit zu modificiren, noch dazu, die richtigen extremen Consequenzen daraus zu ziehen.

Seite 15—16 ist ähnlich wie später bei Marx ausgeführt, dass das Durchschnittsmaass der Leistung gewöhnlicher Arbeit, auf welches anders geartete Arbeit reducirt werden müsse, zu gegebener Zeit das einzige und genaue Maass aller Werthe sei. An vielen Stellen (z. B. S. 581) spricht Thompson es aus, dass das Ideal die vollständige Vereinigung von Arbeiter und Capitalist in einer Person, die Aufhebung einer besonderen Capitalistenclasse sei, worauf der Arbeiter dann wirklich **sein ganzes** Product geniessen könne.

Er will aber nicht, dass dies gewaltsam erreicht werde, weil solche Gewalt die Freiheit und Sicherheit beeinträchtige und es nöthig sei, dass Jedermann die Früchte seiner Arbeit gegen Entgelt nach **freiem** Vertrag Anderen zur Verfügung stellen könne.

Diese Tendenz, die Gleichheit nicht ausschliesslich auf Kosten der Freiheit zur Geltung bringen zu wollen, ist gewiss richtig. Auch in den Einzelausführungen zeigt sich Thompson oft erleuchtet. Gut ist z. B. S. 241 seine Definition von Capital als „demjenigen Theil der Producte der Arbeit, der, mag er von dauernder Natur sein oder nicht, zu einem Mittel des Gewinnmachens werden kann;" gut seine Auseinandersetzung S. 165, dass der Kampf zwischen Arbeit und Capital um den höchsten Antheil am Gesammtproduct um so mehr zu Ungunsten des Arbeiters ausschlage, **nicht** je weniger Capital da ist, sondern je ungleichmässiger es vertheilt ist.

Aber mit dieser berechtigten Anerkennung der Freiheit und des Eigenthums verträgt sich nicht der Satz, „dass die **volle** ökonomische Gleichheit das grösste Glück der Gesammtheit erzeuge" (S. 381), denn solche Gleichheit ist nur bei Unfreiheit, d. h. Unmenschlichkeit, möglich. Die Verbindung der Tendenz nach grösstmöglicher Gleichheit mit der nach individueller Freiheit beruht nun bei Thompson auf dem Wahn, dass die ökonomische Ungleichheit zumeist aus **politischer** Unfreiheit erwachse. Durch diesen Wahn unterscheidet sich Thompson zu seinem Nachtheil von Owen, den er sonst an Scharfsinn vielfach übertrifft.

S. 172 spricht Thompson aus, dass **gewaltsame** Bekämpfung von überhohem Capitalgewinn ein Uebel sei, und dass die einfache Aufhebung von Zwangseinrichtungen und

Verbreitung von Bildung genüge, den Tribut der Arbeit an das Capital auf den niedrigsten mit den Interessen der Reproduction verträglichen Stand zu bringen. Ein mässiger Capitalgewinn und mässige Grundrente, hergestellt durch **ganz freien** Vertrag, seien zu dulden (S. 163 ff.). Jetzt aber herrsche **erzwungene** Ungleichheit in der Lage beider Parteien und die Löhne würden durch alle erdenklichen Mittel politischer Gewalt künstlich niedergehalten (S. 241). Der Gegensatz dazu sei wahres **Repräsentativsystem**, das alle Steuern zu einer Sache des freien Vertrags macht (S. 178 ff., 225) und **gleiche** Sicherheit verbürgt (S. 267). „Das Princip der Unsicherheit, Unfreiwilligkeit und Beraubung ist wesentlich für Monarchie, Aristokratie und jede Mischung von beiden" und es ist die wahre Ursache der zu niedrigen Löhne. Es handelt sich vor Allem darum, die Jagdgesetze, Schutzzölle, Beschränkungen der Gewerbefreiheit und Freizügigkeit, die Gebote der Sonntagsheiligung, die Coalitionsverbote, Zehnten, die Entails etc. abzuschaffen (S. 363). Hierdurch schützt die Staatsgewalt ihren Besitz und den der begünstigten Minorität (S. 381).

Es ist kaum nöthig, diesen naiven Radicalismus zu widerlegen durch Hinweis auf die einfache Thatsache, dass gerade bei grösster Freiheit von Person und Eigenthum die Stärksten, d. h. die Reichsten, am meisten profitiren. Es ist auch bei Thompson selbst kein nothwendiger Causalzusammenhang zu entdecken zwischen diesem politischen Radicalismus und dem Satze, dass die unbeschränkte freie Concurrenz nicht das Heil bringe, sondern dass Owen's System der „mutual Cooperation" das Problem der Versöhnung von Sicherheit und Gleichheit völlig löse (S. 367, 334).

Auch hier kommen theilweise schöne Auseinandersetzungen über die Schattenseiten der Concurrenz, über Egoismus u. dgl. vor und anzuerkennen ist, dass Thompson stets mit besonderem Eifer betont, der Eintritt in die Owen'schen Communitäten müsse **freiwillig** sein.

Das Buch von Thompson enthält, wie man sieht, viele

bedeutende Ansätze richtiger Erkenntniss; leidet aber an mannigfachen groben Inconsequenzen, sowie an übertriebener Gleichheitsliebe, verfehlter Einmischung von politischem Radicalismus und an utopischen Hoffnungen, die auf Owen's Pläne gesetzt werden.

In einem späteren Buche: „Practical Directions for the speedy and economical Establishment of Communities on the Principles of Mutual Cooperation, united possessions, Equality of exertions and of the means of Enjoyments", London 1830, sehen wir Thompson schon weiter und unbedingter im Owen'schen Socialismus vorgeschritten.

Auch hier wird der freiwillige Eintritt in die Communitäten noch vorausgesetzt, im Uebrigen aber ist die Freiheit der Gleichheit völlig geopfert. Das Buch giebt Auskunft über die Versuche in New Harmony und Orbiston, sowie über die 1830 schon auf 300 angewachsenen Cooperativgenossenschaften, welche William Brien zuerst in Brighton als „Anfangsmodification der cooperativen Production" in's Leben führte, hauptsächlich aber wird geschildert, wie eine wirkliche Communität eingerichtet sein müsse. Danach soll völlige Gleichheit in der Communität herrschen. Die Eintretenden bringen in die Communität entweder gleich viel mit oder ersetzen ein geringeres mitgebrachtes Vermögen durch Extraanstrengungen während der ersten Jahre. Alle Mitglieder arbeiten gleich viel, indem die minder Begabten durch Uebernahme besonders unangenehmer Arbeiten sich ein Anrecht auf gleiche Belohnung erwerben. Die verschiedenen Arbeiten werden den Einzelnen durch die allgemeine Stimme (d. h. durch die gewählte Direction) auferlegt. Das Gesellschaftscapital gehört allen Erwachsenen gemeinsam und seine Benutzung wird wieder durch die „allgemeine Stimme" geregelt. Jeder erhält dann vom Product gleich viel im Verhältniss zu seinen physischen Bedürfnissen.

Wo bleibt da die Sicherheit, das eigene Product geniessen zu können als unentbehrlicher Antrieb zur Production? Das Buch hat seine Bedeutung lediglich darin, dass es concreter

und praktischer als Owen selbst schildert, wie eigentlich die wahren Communitäten organisirt sein sollen [1]). —

Doch wenden wir uns von den Schülern zum Meister zurück. Owen, der nur von Thatsachen auszugehen behauptete und die Kirchen bekämpfte, verfiel schliesslich in Spiritismus — Aberglaube und aufklärungssüchtige Halbbildung liegen ja immer nahe beisammen. Dies machte ihn zum Schlusse noch mehr als seine verfehlten Experimente lächerlich. Dennoch hat es ihm bis zuletzt an Anerkennung nicht gefehlt, namentlich sein alter Freund Brougham blieb ihm persönlich treu ergeben. Man darf nie vergessen, dass er in seinen guten Jahren eine überaus energische, zum Schaffen und erfolg-

---

[1]) Combe und Thompson waren Anhänger und Schüler von Owen. Es kam aber in dieser gährenden an Problemen und Lösungsversuchen reichen Zeit auch vereinzelt vor, dass weltverbesserungsdurstige Schriftsteller selbständig auf Ideen geriethen, die mit denen von Owen verwandt waren. Hierher gehört der wenig bedeutende Autodidakt John Gray, der 1831 in Edinburgh ein Buch „The Social System" als Ueberarbeitung eines älteren aber ungedruckt gebliebenen Manuscripts herausgab.

Gray appellirt nicht agitatorisch an Leidenschaften und ist ferne von neidischer Sucht nach roher Gleichmacherei. Aber er ist durchdrungen davon, dass das bestehende System des Absatzes und Handels absolut schlecht sei, dass die Nachfrage aufhören müsse, das Angebot zu beherrschen und jeder Producent einen sofortigen sicheren Markt finden müsse.

Owen's Pläne, die Gray erst nach Fassung seiner eigenen Ideen kennen lernte, erscheinen ihm unpraktisch, obwohl er sich freut, dass noch Andere als er gründliche Organisationspläne der ganzen Wirthschaft aufstellen. Er bleibt bei seinem Vorschlag, demzufolge alle Production und aller Absatz durch eine einzige, nicht in Communitäten zerfallende Organisation zwangsweise geregelt werden soll. Eine gewählte Handelskammer, die sich der staatlichen Obrigkeit unbedingt unterwirft und um Politik und Religion nicht kümmert, soll mit absoluter Machtvollkommenheit alle wirthschaftliche Thätigkeit der Gesellschaft, d. h. jeder Anzahl von Menschen, die sich zu einer vernünftigen Wirthschaftsweise verbinden, bestimmen.

Das Buch von Gray ist ein Symptom, dass gewisse aus unserer bestehenden Wirthschaftsordnung resultirende Missstände von Einzelnen stark empfunden wurden und daher extreme Vorschläge erzeugten.

reichen Herrschen geeignete Person war; dass er zwar eitel war, aber mehr auf seine Gedanken als auf seine Person und dass er seine Person völlig in seinen selbstlosen Lebenszwecken aufgehen liess; dass er voll ungebildeter, einseitiger Gedanken und voll Illusionen war, aber doch die socialen Uebel der Zeit klar sah und nur Gutes wollte. Er sah Vieles, was Niemand sonst erkannte, wenn er auch oft nicht erkannte, was Jedermann sah. Er hat viel Unmögliches versucht, aber doch mehr Heilsames angeregt. Ein seltsames Original, wuchs er heraus aus einer Zeit, deren Streben es war, alle Einzelnen möglichst glücklich zu machen, frei von der zeitgenössischen Neigung zu anarchischer Gewaltthat, aber auf's Stärkste behaftet mit den Mängeln einer bornirten Weltanschauung, die damals geläufig war.

England wird ihm ewig zu danken haben, dass der ökonomische Socialismus den Bund mit der politischen Revolution principiell ablehnte. So wurde England vor den heftigsten Erschütterungen bewahrt und es gewann lebensfähige Genossenschaften. Dass Owen und Cobbett, dass die Socialisten und Chartisten nicht zusammengingen, sondern jede dieser Richtungen einseitig sich in ein Ziel verrannte, diese gleichsam aus der natürlichen Neigung des Engländers zur Arbeitstheilung hervorgehende Thatsache hat es bewirkt, dass der Geist des Benthamitischen Zeitalters England nicht in Anarchie gestürzt, nicht alles Bestehende zerstört und keine Schlachten zwischen Besitz und Arbeit wie in Frankreich erzeugt hat.